应用文写作

主　编　胡　伟　唐燕儿　温子勤
副主编　傅修海　李清华　陈若蕾

内容简介

本书以提高大学生应用文写作能力和素质修养为目标,着眼于在学习工作中经常使用的文种,试图让学生熟练掌握应用文写作规范。本书在内容上突出规范实操,强调实用有效,在文字上力求通俗易懂,既利于教师课堂讲授,又便于学生课后学习。本书系统阐述了应用文的概念、特点、分类、作用、主旨、材料、格式、结构安排、语言特点和表达方式,并对党政机关公文、事务文书、经济文书、传播文书、规章文书、司法文书等六个大类下的主要应用文种类进行展示和练习,同时详细介绍了毕业论文写作。

本书可作为大学本科、专科学生以及成人教育大学生的教材,也可作为机关、企事业单位相关部门工作人员的日常参考书。

图书在版编目(CIP)数据

应用文写作/胡伟,唐燕儿,温子勤主编. —北京:北京大学出版社,2015.2

ISBN 978-7-301-23817-2

Ⅰ.①应… Ⅱ.①胡… ②唐… ③温… Ⅲ.①汉语-应用文-写作-高等学校-教材 Ⅳ.①H152.3

中国版本图书馆 CIP 数据核字(2014)第 018924 号

书　　名	应用文写作
著作责任者	胡　伟　唐燕儿　温子勤　主　编
责任编辑	王慧馨
标准书号	ISBN 978-7-301-23817-2
出版发行	北京大学出版社
地　　址	北京市海淀区成府路 205 号　100871
网　　址	http://www.pup.cn　新浪微博:@北京大学出版社
电子邮箱	编辑部 zyjy@pup.cn　总编室 zpup@pup.cn
电　　话	邮购部 010-62752015　发行部 010-62750672　编辑部 010-62704142
印　刷　者	北京溢漾印刷有限公司
经　销　者	新华书店
	787 毫米×1092 毫米　16 开本　23.25 印张　563 千字
	2015 年 2 月第 1 版　2024 年 1 月第 9 次印刷
定　　价	59.00 元

未经许可,不得以任何方式复制或抄袭本书之部分或全部内容。

版权所有,侵权必究

举报电话: 010-62752024　电子邮箱: fd@pup.cn

图书如有印装质量问题,请与出版部联系,电话:010-62756370

前　　言

本书着重介绍日常学习和生活中经常使用的应用文的相关知识，既为大学生在校园的学习和生活提供切实的帮助，又为他们走向社会进行写作打下基础，以提高使用者的日常应用文写作能力和相应的素质修养为追求目标。本书在编写中特别注意并努力实现下述两个目标。一是突出实操性。在理论知识够用、管用的前提下，尽可能细化各个文种的写作规范，以期最大限度地提供指导。强化实训的分量，提供与日常的学习和生活相关的写作情境，让使用者依据规范、借鉴例文写出符合要求的应用文。二是体现实用性。这主要体现在参考例文和思考与练习两个部分，选择与学习和生活密切相关的例文和训练，让使用者感受到应用文就在自己的身边，每时每刻都可能要使用应用文。

全书由胡伟、唐燕儿、温子勤任主编，傅修海、李清华、陈若蕾任副主编（排名不分先后）。全书共分八章，分工如下：暨南大学温子勤（第一章、第六章）；广东建设职业技术学院李清华（第二章）；暨南大学唐燕儿、广东药学院柯卓娃、广东药学院冯亚丽（第三章）；重庆商务职业学院赵崇平（第四章）；柳州职业技术学院朱汝群、广州铁路职业技术学院李海兵、广东科贸职业学院陈若蕾（第五章）；暨南大学胡伟、暨南大学王嘉（第七章、附录）；郑州大学傅修海（第八章）。

在编写过程中，本书作者参阅了大量书刊和相关论著，并吸取了其中最新研究成果和经验，恕不一一注明，在此谨向原作者们致以衷心感谢。本书在编写过程中得到了北京大学出版社领导、编辑老师的大力帮助，在此一并表示真诚的感谢。编写《应用文写作》的时候，编者们融入了宝贵的经验和美好的感悟，但由于时间紧迫，水平有限，书中难免存在一些不足和缺点，我们期待着教材使用者的宝贵意见和建议。本书有配套课件，需要的使用者请发邮件至 huwei369hu@126.com 索取。

本书适合全日制本专科和成人教育大学生使用，也适合公务员、企事业单位人员作为参考书。

编　者
2015 年 1 月

目 录

第一章 概论 (1)
- 第一节 应用文的概念和特点 (1)
- 第二节 应用文的分类和作用 (3)
- 第三节 应用文的主旨和材料 (6)
- 第四节 应用文的格式与结构安排 (12)
- 第五节 应用文的语言特点与表达方式 (19)

第二章 党政机关公文 (33)
- 第一节 党政机关公文概述 (33)
- 第二节 决议 (42)
- 第三节 决定 (45)
- 第四节 命令(令) (49)
- 第五节 公报 (54)
- 第六节 公告 (57)
- 第七节 通告 (60)
- 第八节 意见 (63)
- 第九节 议案 (67)
- 第十节 通知 (69)
- 第十一节 通报 (75)
- 第十二节 报告 (81)
- 第十三节 请示 (86)
- 第十四节 批复 (89)
- 第十五节 函 (92)
- 第十六节 纪要 (94)

第三章 事务文书 (101)
- 第一节 计划 (101)
- 第二节 总结 (108)
- 第三节 个人简历 (115)
- 第四节 求职信 (118)
- 第五节 述职报告 (121)
- 第六节 策划书 (126)
- 第七节 简报 (131)

第八节　会议记录 ……………………………………………… (139)
　　第九节　条据 …………………………………………………… (143)
　　第十节　感谢信与慰问信 ……………………………………… (147)
　　第十一节　请柬与邀请书 ……………………………………… (153)
　　第十二节　聘书 ………………………………………………… (160)
　　第十三节　建议书与倡议书 …………………………………… (163)
　　第十四节　申请书 ……………………………………………… (169)
　　第十五节　决心书与保证书 …………………………………… (172)
　　第十六节　启事与海报 ………………………………………… (175)
第四章　经济文书 …………………………………………………… (183)
　　第一节　市场调查报告、市场预测报告和可行性报告 ……… (183)
　　第二节　经济活动分析报告 …………………………………… (197)
　　第三节　招标书与投标书 ……………………………………… (202)
　　第四节　合同 …………………………………………………… (209)
　　第五节　意向书与协议书 ……………………………………… (216)
　　第六节　商业计划书与市场策划书 …………………………… (220)
　　第七节　业务洽谈纪要与备忘录 ……………………………… (226)
　　第八节　商务函电、商务书信、商务传真和电子邮件 ……… (229)
第五章　传播文书 …………………………………………………… (236)
　　第一节　消息 …………………………………………………… (236)
　　第二节　通讯 …………………………………………………… (245)
　　第三节　新闻评论 ……………………………………………… (251)
　　第四节　广播新闻 ……………………………………………… (255)
　　第五节　新闻发布稿 …………………………………………… (260)
　　第六节　广告 …………………………………………………… (262)
　　第七节　信息 …………………………………………………… (268)
第六章　规章文书 …………………………………………………… (278)
　　第一节　规章文书概述 ………………………………………… (278)
　　第二节　条例 …………………………………………………… (281)
　　第三节　规定 …………………………………………………… (286)
　　第四节　办法 …………………………………………………… (290)
　　第五节　细则 …………………………………………………… (295)
　　第六节　章程 …………………………………………………… (299)
　　第七节　规则与守则 …………………………………………… (304)
　　第八节　制度 …………………………………………………… (309)
　　第九节　公约与承诺书 ………………………………………… (311)
第七章　司法文书 …………………………………………………… (321)
　　第一节　司法文书概述 ………………………………………… (321)
　　第二节　起诉状 ………………………………………………… (325)

第三节　上诉状 …………………………………………………………………… (330)
　第四节　答辩状 …………………………………………………………………… (334)
　第五节　判决书 …………………………………………………………………… (336)
　第六节　公证书 …………………………………………………………………… (339)
第八章　毕业论文写作 ………………………………………………………………… (342)
　第一节　毕业论文概述 …………………………………………………………… (342)
　第二节　毕业论文的特点 ………………………………………………………… (343)
　第三节　毕业论文的选题 ………………………………………………………… (345)
　第四节　毕业论文的材料收集、整理和分析 …………………………………… (347)
　第五节　毕业论文的构成与写作 ………………………………………………… (349)
附录　党政机关公文处理工作条例 …………………………………………………… (357)
参考文献 ………………………………………………………………………………… (363)

第一章 概 论

 学习目标

1. 理解应用文的概念、特点、分类和作用。
2. 掌握应用文的主旨与材料的关系及其运用。
3. 了解应用文的格式与结构安排等要求。
4. 把握应用文的语言特点和表达方式。

第一节 应用文的概念和特点

在社会生活工作中,无论是组织或个人,相互之间会形成各种关系,或为交流信息,或为合作办事,或为探讨问题,或为解决矛盾等。要有效地处理这些关系和事务,一般必须借助文字(即应用文)作为规范说明和凭证依据。可见,应用文已成为人际交往、处理事务、治理社会,乃至管理国家不可或缺的重要工具。

由于撰写应用文的基本目的是处理现实中出现的各种事务和问题,它涉及面广,使用频率高,实用价值大。为此,应用文写作已成为大学许多专业的必修课程。我国著名作家和教育家叶圣陶先生在《作文要道》中指出:"大学毕业生不一定要能写小说诗歌,但一定要能写工作和生活中实用的文章,而且非写得既通顺又扎实不可。"

一、应用文的概念

写作学是一门研究各种文章体裁的写作规律和技巧的科学。尽管文章体裁种类繁多,可以根据其性质和用途,将各种文章体裁(以下简称文体)大致划分为两大类:一类是主要用于审美欣赏的,称为"文学性文体"(即文学作品);另一类主要是为了处理现实事务及问题使用的,称为"实用性文体"(即广义应用文)。前者侧重于审美价值,多以文学作品特有的艺术和虚构等手法,形象地反映社会生活,如诗歌、小说、散文、戏剧等;后者则突出它的社会实用价值,主要为应对现实生活、学习和工作的各种需要及问题。

实用性文体具有很强的实用性和广泛的社会性,其范畴较广,大致可划分为四个大类:(1) 新闻文体(消息、通讯、特写等);(2) 理论文体(评论、学术论文、工作研究、理论专著、教材等);(3) 记传文体(史书、传记、方志、年鉴、回忆录等);(4) 实务文体(即一般所说的应用文,或称之为"狭义应用文",亦是本书的主要研究范畴),其写作目的主要用于直接处理日常发生的公务和私事,如行政文书、事务文书、规章文书、会议文书、经济文书、司法文书、日常

文书、礼仪文书等。

关于应用文的准确概念,学界目前尚无一个统一定论。通俗地理解,应用文是为了"应"付生活,"用"于实务的文章。本书认为,比较严谨的定义是:应用文,亦称应用文书,是各种组织(国家机关、企事业单位、社会团体等)及个人在日常生活、学习和工作中,为办理公务或私事所形成并使用的,具有直接应用价值和一定规范格式的文章。

二、应用文的特点

应用文的特点可以由它的概念及其内涵归纳或推论得出,主要有以下几点。

(一)实用性

应用文具有"直接应用价值",实用性是其最基本的特点,应用文的其他特点是由这个特点派生出来的。所谓实用性,就是具有实际用途。它是人们为了解决现实中出现的问题而写作的。几乎每一篇应用文的写作,都是为了解决工作、学习和生活中的实际问题。

实用性亦是应用文区别于其他文体的本质属性。文学作品给人以艺术享受,用于陶冶性情;应用文则注重于在工作、学习和生活的过程中发挥它的实际效用。

(二)被动性

由于应用文是人们为解决现实中出现的问题而写作,它一般是"被动写作"。换言之,应用文通常是"被迫写"的,是为了必须解决现实生活中出现的各种实际问题,而"不得不写"的相关文章。例如,学生因有事不能到课,不得不写"请假条";单位召开会议,应该事先发"通知"告知有关与会人员;行政机关执法,必须出台相关的各种"法规"等。

应用文的被动性写作特点,亦是它与其他文体的重要区别。例如文学类文章,作者一般是主动写作,想写就写,不写亦无伤大雅。

(三)针对性

应用文写作主要是为了"办理公务或私事",因而具有很强的针对性。各种应用文一般都有特定目的、内容、范围和明确的接受对象,有关要求具体、清楚、一目了然;一般都只针对所要解决的具体问题和处理的具体事务而写,往往还要求特定对象必须阅读和作出反应。这些都和其他文体不同,应用文的针对性,亦是由应用文的实用性和被动性所决定的。

(四)真实性

真实性是指应用文的内容及材料等必须真实确凿。应用文的真实性是由它的实用性决定的,唯有真实,才能实用。如果写一个不真实的报告或总结,最终只会误人误己;如果向用人单位呈交一份不真实的求职信被发现造假,不仅求职之事落空,求职者的诚信亦大打折扣。因此,为了实用,就得真实;为求真实,应用文写作就需严谨认真,来不得半点儿戏、马虎。

（五）时效性

应用文往往是为了在特定的时间来处理特定的事情和问题，而事物又是在不断变化的。要在一定的时间内解决问题，必须及时地传递相关信息，因此它的时效性很强。不及时发文，拖拖拉拉，或时过境迁再放马后炮，就会失去应用文的实用价值。例如，事情紧迫，应用文的成文时间就要快，公文中的急件、特急件就是如此。即使对时间要求不太严格的也有一个时限性的问题，如计划要在工作开始前写，总结要在工作完成后不久写。可见，成文时间和应用文能否发生作用或作用的大小有密切关系。应用文的时效性主要表现在三个方面：快写、快发、快办。有些应用文正是由发文日期来表示它的生效期限或正式执行的日期，有些应用文还明确规定了执行的有效期限。而相比之下，其他文体，如文学作品，则一般没有明确的时效性。

（六）简约性

为了体现应用文的实用价值，提高办事效率，除法规规章类公文外，一般应用文的篇幅不宜太长，要用简练准确的语言交代事由、解说事理、陈述办法；在表达上多使用说明、叙述，也使用简洁的议论，叙述多用直笔，议论多就事论事，不旁征博引；语言运用要求简洁、准确、庄重、严谨，且符合文体要求。

（七）规范性

应用文的实用性规定了其必须具有规范性，才能更有效地办理公私事务和解决实际问题。规范性是指应用文的格式、结构和内容等，具有相对统一的要求，而不能随意更改或任意编造。应用文（尤其是公文）从主旨的提炼和表达、材料的选择、结构的安排、表达方式的选择、语言的锤炼、文本的格式到制作的程序，都必须按照一定的要求和标准。法定公文的规范性，既体现了公文本身的严肃性和权威性，也是提高办事效率的需要。

应用文的规范性的形成主要有两方面：一是由国家机关发文统一规定；二是约定俗成，在长期实践中逐步发展形成。规范性既便于作者制作文章，又便于读者的阅读。

学习应用文写作，必须了解和掌握法定公文的标准规范和其他应用文约定俗成的规范，才可能写出具有实用价值的应用文。

第二节　应用文的分类和作用

分类是人们认识事物的一种重要的逻辑方法。了解应用文的分类有助于进一步认识应用文的内涵、范畴和体系。应用文作为一种办理事务的工具，对整个国家和社会的政治、军事、外交、经济、文化、生活等方面都起着重要的作用。任何一个国家、政党或组织，欲使其行政、组织机构正常运作、不断发展，都离不开应用文。

一、应用文的分类

应用文种类繁多,可以从不同的角度划分成不同的类别。

(一) 按应用文办理事务的公私性质划分

按应用文办理事务的公私性质划分,应用文可以分为公务类应用文(公务文书)和私务类应用文(私务文书)两大类。公务文书是指为处理国家和各种组织的公务而写作并使用的应用文,即通常所说的公文,如公告、通知、通报、条例、规定等。私务文书是指为办理个人的私事而写作和使用的应用文,主要是个人日常应用文书,如求职信、请假条、日记等。

(二) 按应用文的不同使用领域划分

按应用文的不同使用领域划分,应用文大致分为党政机关应用文、日常事务应用文和专业工作应用文三大类。

1. 党政机关应用文

党政机关应用文主要分为党政机关公文和日常工作公文。

最新的党政机关公文,是由中共中央办公厅、国务院办公厅于 2012 年 4 月联合印发的《党政机关公文处理工作条例》(中办发〔2012〕14 号),规定的 15 种党政机关公文种类,即决议、决定、命令(令)、公报、公告、通告、意见、通知、通报、报告、请示、批复、议案、函、纪要。这一类公文格式要求严格,具有法定的权威性。

上述 15 种党政机关公文中,除决议、命令(令)、公报、公告、议案外,其他社会组织可以参照使用。

日常工作公文是指上述 15 种国家法定的党政机关公文以外的其他事务性公文,主要有简报、规章、制度、计划、总结、调查报告等。

2. 日常事务应用文

日常事务应用文主要指组织或个人用来处理日常生活事务和礼仪的应用文,如计划、总结、启事、请柬、日记、书信、读书笔记等。

3. 专业工作应用文

专业工作应用文主要指在一定专业机关或专门的业务活动领域内,因特殊需要而专门形成和使用的应用文,如经济应用文、司法应用文、外交文书、学术论文等。

专业工作应用文有很强的专业特点,外行人一般是较难写好的,如财经部门常用的预决算报告、审计报告、市场预测报告、项目可行性研究报告、外贸函电等;司法部门常用的起诉书、判决书、证词、辩护词、立案报告、破案报告等;文教部门常用的教学计划、教学大纲、教案、教学管理条例;医务工作常用的病历、处方、护理日志、诊断证明书、死亡报告等;外事工作常用的照会、声明、国书、备忘录、国际公约、联合公报等。

(三) 按应用文的不同使用功能划分

按应用文的不同使用功能,有各种不同的划分方法。本书按应用文在实际中的不同使用范围,将其划分为党政文书、事务文书、规章文书、会议文书、经济文书、司法文书、日常文书、传播文书、社交礼仪文书、专业文书等。

事务文书、规章文书、会议文书、经济文书、司法文书、日常文书、传播文书、社交礼仪文书等的格式则不像公文那样严格,制作也相对比较自由。

专业文书如毕业论文与毕业调查报告等。专业应用文写作除了要遵守应用文的一般规则外,还有很强的专业特点,有其自身的独特要求。

二、应用文的作用

（一）凭证和依据作用

这是应用文最基本,也是最重要的作用,其他作用亦由此衍生而来。应用文作为人们办理事务、解决问题的工具,其最主要的作用,就是它可以作为处理事务、解决问题的凭证和依据。例如,上级机关发布的有关"决定""决议""批复"等公文,不仅成为下级机关开展工作、处理事务的重要依据,而且成为他们解决问题和判断是非的凭证。俗话说:"口说无凭,立字为据。"即是这个道理。无论是日常的"借据""合同",或是国家的行政法规如"条例""规定"等文书,都具有凭证和依据的作用。

应用文的凭据作用,既使人们办事时有所遵循,又使人们对办事情况进行检查和评估时有所依据。它可以增加人们的责任感,亦可为后人办事提供先例或借鉴。

（二）沟通和协调作用

人与人组成了社会,社会中的人又形成了各种组织,如国家、政党、企业、社团等,他们之间存在着各式各样纷繁复杂的关系。为了处理好这些纷繁复杂的关系,他们相互之间必须及时有效地进行信息沟通,才可能在出现问题的时候能迅速协调,以避免或减少纷争。一般而言,正式有效的协调沟通必须借助应用文作为工具才能有效实现,例如信函是个人与个人、个人与团体之间沟通协调的工具,公文是组织与组织、组织与个人之间沟通协调的工具。

（三）领导和指导作用

上级机关发给下级机关的公文,一般都具有领导和指导作用。上级机关传达贯彻党和国家的方针政策,比如"决定""规定"等公文,必然要对下属机关产生领导作用;而"批复"等公文,则对下级的具体工作产生指导作用。

（四）规范和约束作用

许多法规性公文,体现了国家政府对有关社会组织和社会成员行为的要求。通过公文发布的法律、法令和行政法规等,对社会组织和社会成员起着规范和约束作用。

应用文的实用性,决定了它必须告诉相关的社会成员什么是应该做的,什么是不应该做的。这里的"应该"和"不应该",是对人们工作、学习、生活的方方面面进行约束和规范。又如礼仪文书规范人际间的礼仪行为;经济文书规范人们的经济行为;行政管理文书规范人们的行政管理行为。可见,应用文是从不同的角度和层次,对人们的社会行为发挥着规范和约束作用。这种作用对于保障人类社会生活的和谐有序是不可或缺的。

（五）宣传和教育作用

发挥宣传和教育作用的主要是公文，尤其是党政机关公文。一般来说，有些政策法规本身就是最好的宣传，并且，传达贯彻党和国家的方针政策又是公文所负的重要任务。在一般情况下，公文在传达某一方针政策、规定人们应该怎么做的同时，还要说明为什么要这样做，这无疑增强了它的宣传和教育作用。

第三节　应用文的主旨和材料

文章内容的基本要素包括主旨与材料。而结构、语言和文体等则属于文章主旨与材料得以表现的外现具体形式。内容决定形式，处于主导地位；形式又服务于内容，并对内容产生影响。本节介绍应用文书的主旨和材料的基本知识。

一篇好的应用文，有两个最基本的要点：一是主旨正确、鲜明、深刻、集中；二是材料切题、确实、典型、新颖、具体。把握主旨、材料及其两者的关系，是写好应用文的重要基础。

一、应用文的主旨

（一）应用文主旨的含义

主旨是作者在文章中通过全部材料表现出来的基本思想和主要观点，体现了作者的写作目的和意图，反映了作者对所写事物的基本看法和评价。

主旨在不同的文体有不同的称谓。根据一般习惯，在文学作品中称为主题或主题思想，在记叙文中称为中心思想，在议论文中称为中心论点或基本观点，而在应用文中一般称为主旨。

（二）应用文主旨的作用

主旨的作用，主要表现在两个方面。

1. 主旨是应用文的灵魂和生命

任何文章都不能没有主旨，否则难以让读者领悟。朱光潜在《选择与安排》中写道："每篇文章必有一个主旨，你须把着重点完全摆在这主旨上，在这上面鞭辟入里，烘染尽致，使你所写的事理情态成一个世界。"应用文的主题一经确立，它就成为全文的中心，全篇文章因它而有了灵魂和生命。应用文的主旨的重要性还在于其社会价值，应用文的主旨是否正确、深刻，在很大程度上决定应用文质量的高低、价值的大小、作用的强弱和影响的好坏。

2. 主旨是应用文的统帅，处于支配全文的地位

主旨是应用文的统帅，它指挥整个行文。每一篇应用文书的材料取舍、布局谋篇、技巧运用，乃至拟定标题、遣词造句等，都受到主旨的制约，并服从于主旨的需要。

写作应用文在下笔前先确定主旨，如此，其材料取舍、结构安排、语言调遣就有了遵循，有了依据，写起来就可以"胸有成竹"，从容成篇；反之，主旨尚未确定即动笔写作，难免"手忙脚乱"，甚至无法成篇。简言之，主旨统领整个应用文撰写的全过程，如材料的取舍、结构的

安排、语言的表达及运用等。

当然，倘若应用文的主旨不正确，即使材料再典型、结构再完善、语言再符合行文的要求，仍然不是好的应用文。

（三）应用文主旨的要求

基于应用文的实用性、被动性和针对性等特征，应用文的主旨一般应该在文章动笔之前就已经形成。这点亦与文学性文体不同。要发挥应用文主旨的作用，必须做到正确、鲜明、深刻、集中。

1. 正确

正确是对应用文主旨的首要和基本要求。

应用文有了正确的主旨，才具有社会意义，才能在实际工作中发挥作用。正确的主旨有两个基本要求：一是要符合事物发展、变化的客观规律，亦包括应用文文中提出的办法与措施，具有可操作性，这样才能有效地解决问题；二是符合国家有关的法律法规。例如，某承包山林的合同上写"不准外人进山，否则电枪打伤人概不负责"的条款；某工厂在厂门口的通告上写"出厂时应该接受行李物品，甚至搜身检查"等，都是有违法律法规的，主旨都不正确。

2. 鲜明

应用文的主旨不能像文学作品的主题那样含蓄隐晦，让人浮想联翩，而必须清楚、明白、突出，无论赞成或反对、提倡或禁止、肯定或否定，都应使人一目了然。

应用文的主旨鲜明有两点基本要求。首先，应用文的主旨及其观点要旗帜鲜明，直截了当，不能模棱两可。其次，态度要明确，肯定什么，否定什么，提倡什么，制止什么，赞成什么，反对什么，必须明白地在文中表达出来，而不能模棱两可、含混笼统，否则就达不到实用的目的，不利于人们提高办事效率。例如，上级在对下级呈报的请示给予批复的公文中，观点不鲜明，态度含糊，下级只能按照自己的需要去揣摩、理解、执行，后果可能会很严重。主旨鲜明，还表现在采用最简洁明了的写法突出主旨。

3. 深刻

主旨深刻是指应用文主旨能揭示事物的本质特征和发展变化规律；能发掘事物内部所隐含的最有价值的思想意义；能提出解决实际问题的富有创造性的办法和主张；能阐明有利于推动社会发展的新思路、新主张、新办法、新见解。

主旨深刻，不仅使读者"知其然"而且知其"所以然"，而且还可以产生巨大的影响力。主旨是否深刻及其程度如何，亦是衡量应用文质量的优劣、价值的高低和社会作用的大小的重要尺度。例如1993年11月14日，中共十四届三中全会通过的《中共中央关于建立社会主义市场经济体制若干问题的决定》，把建立社会主义市场经济体制的目标进一步具体化、系统化，深刻揭示了建立社会主义市场经济体制的重大意义，从而引领我国经济体制改革进入了一个崭新的阶段。

4. 集中

集中是指应用文的主旨一般要单一突出，针对性强，不能散乱。古人说："宾可多，主无二，文之道也。"应用文的主旨单一突出，围绕着一个中心说深论透，才利于读者掌握重点，抓住要害,提高办事效率。一般而言,内容少、篇幅短的应用文,要一文一事一个主旨,内容多篇幅长的应用文,亦应围绕着一个大的主旨去展开,不能面面俱到,不要试图在一篇文章中解决诸多问题,否则可能会导致"意多乱文"。

应用文的主旨散乱不集中,主要是由行文事无巨细、条理不清、思维混乱造成的。一般在演讲稿等发言类文种或内容较多的意见等文种中,较易出现这类情况,听众或读者分不清主次、抓不住中心、满头雾水,行文过程应该避免。

(四)应用文表现主旨的主要方法

1. 标题点旨

应用文常以标题概括点明主旨,这是由应用文讲求实用的特点决定的。它与文学作品迥然不同。文学作品的标题讲究含蓄,如莫泊桑的《项链》、朱自清的《背影》,分别以物品和形象作为标题,读者看了标题很难立即明白文章究竟要表现什么主题,要卒读全篇才能明白。应用文的标题讲究一览无余,经常是标题直接反映主题,例如《国务院关于表彰全国劳动模范和先进工作者的决定》(国发〔2010〕11号)、《广州市公安局交警支队关于2014年广州迎春花市期间临时交通管制的通告》(穗公交〔2014〕22号),标题中"表彰""交通管制"等词语表现了文章的主旨所在。

2. 开宗托旨

为达到开门见山、开宗明义的效果,应用文常在正文的开头即点明发文的主旨,一般用概括全文内容的主旨句来表达。主旨句常以介词结构"为了……""根据……"作为引导。很多公文如通知、通告、规章文书等,常用此方法。例如2007年6月29日颁布的《中华人民共和国劳动合同法》第一条:"为了完善劳动合同制度,明确劳动合同双方当事人的权利和义务,保护劳动者的合法权益,构建和发展和谐稳定的劳动关系,制定本法。"

3. 篇末点旨

应用文,尤其是公文,常在正文的结尾处再次点明文章的主旨,以突出发文目的,加深读者的印象。

4. 呼应显旨

在应用文中,常常是开头点题,结尾重复强调,使上下文前后呼应、首尾圆合。

5. 小标题显旨

小标题显旨即把主旨分解成几个部分,每个部分用一小标题来显示;也有一些主旨不是以小标题形式出现,而是以段旨句或条旨句的形式出现。常见的形式如"第一,""第二,"或"一、""二、"等。

在实际应用文的撰写中,为使应用文的主旨更突出、鲜明,常将上述表现主旨的方法加以综合使用。

二、应用文的材料

(一)材料的含义

应用文的材料是指为了某一写作目的,而写入应用文中的,用于提炼、确立、表现应用主旨的所有事实和观点。

应用文的材料一般包括两类：一是作者在写作前收集、积累的有关各种事实、数据、问题、道理、经验、道理，以及上级有关指示精神等，或简称为"原始材料"；二是指经过具体甄别和选择，写入应用文文稿中的，以更好地表现主旨的上述所有相关材料，或简称为"题材"。

（二）材料的作用

应用文材料的作用，主要表现在两个方面。

1. 材料是应用文主旨形成的基础

材料是构成文章内容的物质基础，亦是应用文主旨形成的前提。

清代章学诚在《文史通义·文理》中说："夫立言之要，在于有物"；宋代学者朱熹亦说："作文字，须是靠实，说得有条理乃好，不可驾空细巧。大率要七分实，只有二三分文。"即是说写文章，材料是最根本的。

在写作学中，人们常将文章比喻成人：主题犹如人的灵魂，材料犹如人的血肉，结构犹如人的骨骼，语言犹如人的细胞，表达犹如人的外貌衣饰。如果没有具体、丰富的材料作为基础，文章必然流于空泛，华而不实，即使勉强写出亦无多大价值。

同样，应用文的主旨决不能凭空想象，而只能从真实的、大量的现实材料中提炼出来，正所谓"巧妇难为无米之炊"。正确的主旨是作者在占有大量客观材料的基础上，加以科学的研究、分析得出的。可见，应用文主旨的形成离不开材料，换言之，材料孕育了应用文主旨的形成。

2. 材料是应用文表现主旨的支柱

主旨一旦形成，需要各种有力材料来表现。

应用文的主旨明确之后，必须依靠材料来支撑，其主旨才站得住脚，才具有说服力；也只有真实、具体、丰富、有力的材料，才能支撑起应用文的主旨，才能发挥对现实工作的指导作用。写应用文一定要摆事实、讲道理，不以事实材料为佐证，道理就说不清，主旨就无法阐明。如果应用文只有观点，没有支持观点的有力材料，受文者看不出上级指导的原因、下级请求的理由、平行机关之间商洽工作的依据，写作目的就不能有效地实现。这一点在应用文写作中至关重要。试看以下例文。

例 文

关于自筹资金建职工宿舍楼的请示

区人民政府：

我局下属单位多、职工更多，职工的住房一直非常困难，再不解决就会影响职工的工作积极性。过去因无资金，从未建过一间职工宿舍。近几年，经过改革，我局下属企业的经济效益有了较大的提高。迄今，我局除向国家上缴利税外，尚有一些盈余。为此，我局

> 准备自筹资金，利用所辖区内的空余地皮，建一栋三门六层的职工宿舍楼。这样既可解决职工的住房问题，亦可使职工更好地安心工作。
>
> 以上请示，恳请批准。
>
> ×××× 年 × 月 × 日（印章）
> ×× 区商业局

例文 1 这篇请示的主旨很明确，即"建职工宿舍楼"。但通篇正文没有一个具体的数字材料来说明它的必要性、紧迫性和可行性，却多次使用难以定性、定量的模糊词语，如"多""更多""非常困难""一些盈余""三门六层"等，这些不具体、不充分的理由（材料），不能有力地支持"建职工宿舍楼"这一主旨。上级看了这篇请示，可能会退回让下级重写或直接批复不同意该请示事项。

（三）材料的选择原则

应用文材料的选择原则主要有切题、确实、典型、新颖。

1. 切题

所谓切题，是指写进应用文中的材料，必须符合表现应用文主旨的需要，要有针对性，能紧扣主旨；能起到支持或说明主旨及其观点的作用。换言之，材料的选择和运用必须以应用文所要表达的主旨为依据，并为主旨服务，受它调遣。

切题是材料选择的最基本，也是最重要的原则。凡是能有力地表现主旨的材料就采用，有的放矢；凡是与表现主旨无关或者关系不大的材料，即使再确实、再典型、再新颖、再具体，都应忍痛割爱。

材料是否切题的实质是主旨及其观点与材料是否统一的问题。材料与观点分离是应用文写作的大忌。我们应当力求观点统率材料、材料表现观点。而对于已经选定的切题材料，亦应根据具体每一篇应用文主旨的具体要求，决定其详略的取舍。

2. 确实

确实是指应用文中运用的材料应准确、真实。准确，即材料要确凿无误，持之有据，例如人名、地名、数字、引文等必须准确。真实是指确有其人，确有其事，符合实际情况，不能杜撰，也不能夸大或缩小。这是应用文选择材料必须坚持的基本原则之一。

材料不准确、不真实，就不可能正确有力地表现应用文的主旨，亦不可能作为有效的处理事务或决策的凭证依据。应用文作为办事的工具，如果使用不准不真的"材料"，小的可能误人误事，大的甚至会危害社会，例如有的下级为了好大喜功，在给上级的工作报告中使用虚假的"注水数字"。

3. 典型

典型材料是指那些能反映事物本质规律、能体现个性与共性统一的材料。典型材料亦是同质材料中最有代表性的材料。因为它最具代表性，当然也就最具说服力。

应用文重在实用，一般篇幅有限，为此它讲求选材要精，精就精在"典型"上。典型的材料能够"以少胜多""以一当十",起到更好地支撑主旨及其观点的作用。

4．新颖

广义的"新颖"包括文章立意新、题材新、角度新和材料新等。

新颖的材料是指那些新近发生的、别人未曾使用过的、鲜为人知的材料,例如新人新事、新的方针政策、新的统计数字、新的成果和新的问题等。新颖的材料能给人耳目一新的感觉,其思想带有一定的深度,同时又具有较强的感染力和吸引力。

应用文中的材料,必须带有强烈的时代气息,能够表现客观事物新的发展变化趋势,反映客观事物的最新面貌,以及现实生活中人们最关心的那些新出现的事物、思想及其问题。为此,作者要紧跟时代步伐,用新的眼光和思维考察各种现象,善于发现新事物、新问题、新规律,以选出新颖的写作材料来。

新颖还有另一种含义,就是善于从那些已为人所知的旧材料中发掘出新的意义和新的价值。

(四)正确运用材料

选好材料之后,还要正确地运用材料,应注意以下几点。

1．量体裁衣,决定取舍

运用材料有如做衣服一般,哪些放在前胸,哪些放在后背,哪些放在领口、袖口,安置恰当才能制作出一件合体的衣服。量体裁衣就是根据应用文体裁不同、主旨不同,对选定的材料进行不同的剪裁加工。所谓取舍,主要针对一些法规性、指令性文书,多数材料只是作为写作的依据,不进入正文,虽然通过了挑选,但在实际写作过程中还是要舍的。

2．主次分明,详略得当

使用材料时,能直接说明和表现主旨的,应置于主要核心地位;配合或间接说明、表现主旨的,应置于次要地位。两者是"红花"与"绿叶"的关系。骨干核心材料要注意详尽,过渡材料、交代性材料要相应从略;读者感到生疏或难以把握的材料应详,读者了解或容易接受的材料则可从略。

3．理顺关系,合理搭配

对已选定的材料,应根据事物发展的过程、人们的认识规律或材料之间的逻辑关系排好顺序,将各种不同类型的材料合理搭配,有条不紊地写出来。大多数应用文,是选择若干材料,从不同角度、不同层次,阐明主旨。在写作过程中,将同类型的材料结合使用,可以优势互补,提高整体表达效果。

常用的结合方式有:理论材料与事实材料相结合;具体材料与概括材料相结合;文字材料与数字材料相结合。理论材料使文章有深度,可以将感性认识上升到理性认识;事实材料的运用使理论有了针对性,更具体地说明了理论材料。具体材料是点的材料,概括材料是面的材料,点面结合既能丰富情节内容,又能反映事物的普遍性和规律性。文字材料可以对数字材料进行分析、说明、评价,数字材料能有力地说明问题。

第四节　应用文的格式与结构安排

上文提到，应用文具有"规范性"，这一特点在应用文的格式中尤为突出，特别是党政机关公文。应用文一般都有法定的或约定俗成的规范格式或惯用体式，它们都有一定的要求和标准。应用文格式规范，不仅眉目清楚，而且有了规矩。这有利于更有效地撰写和阅读应用文，以及处理相关事务和问题。为此，写作应用文必须遵从各种应用文的惯用格式。

有关各种应用文具体的格式及其要求，请参阅本书"第二章　党政机关公文"等相关章节。本节重点论析应用文的结构及其安排。

一、文章结构的概念

"结构"一词，原指建筑物的整体布局及其内部构造，后借用到写文章上，指一篇文章的组织形式和内部构造，以及谋篇布局的艺术。

确立主旨决定了文章"写什么"，选择材料是解决"用什么写"，而安排结构则是要解决"如何写"的问题。即在文章主旨确定之后，作者要考虑先写什么，后写什么，如何开头结尾，如何安排层次段落，如何过渡承接，如何处理详略等问题，以构成一篇完整的文章。这种对文章全部内容的组织和构建就是文章的结构。

所谓安排结构，就是按照表现主题的需要，将所选材料有条不紊地进行组织安排，连缀成有机的统一体。具体而言，文章的结构所要解决的问题，主要包括层次、段落、过渡、照应、开头和结尾、详写与略写。结构是表现主题的重要手段。写文章只有找到恰当、完整的结构形式，才能把主旨和材料组合成一个完美的有机整体。

二、文章思路与文章结构安排的关系

文章思路，就是作者构思和写作文章时，思维活动过程的条理、方向及连贯的"线路"。它是作者对客观事物观察、理解和认识的反映。

思路与文章结构的关系极为密切，思路是形成结构的基础，结构是思路的体现和反映。文章的结构安排，可以说是作者经过系统思考加工所形成的思路在文章中的表现，正如语言学家张志公先生在《怎样锻炼思路》一文中所说："作者的思路是他对客观事物怎样观察、理解、认识的反映。……客观事物反映在作者头脑里，经过观察、理解、认识的过程，形成了他对这件事物的印象、看法、态度或感情。把这些印象、看法、态度或感情理出个头绪来，就是所谓的思路。按照这个思路写成文章，就是所谓组织结构。文章的结构组织是否严密，表明他对所写的客观事物是否形成了鲜明的印象、看法、态度或感情。"这段话对我们认识思路的性质、特点及其与文章结构的关系，有很大的启发。

如果文章结构杂乱无章，则表明作者的思路杂乱不清；如果文章结构不严谨不清楚，则表明作者的思路不缜密不清晰。要想合理有序的安排文章结构，作者的思路有两点基本要求，一是思路开阔，二是思路清晰。要做到这两点，就要打破思维定式，进行多方探索，然后

要理出头绪,掌握事物发展的必然联系和内部规律;在构思文章时,要顺应客观事物的规律去一步步深入进行。尤其是应用文的写作,为了更好地体现它的实用价值,其内容和结构必须能更直接地反映客观事物的外部联系与内在规律,因而它对思路开阔和清晰要比文学创作的要求更高。

三、应用文结构安排原则

（一）服从表现主旨的需要

主旨是文章的灵魂和统帅。应用文的结构安排,必须紧紧围绕主旨的需要来谋篇布局,把内容材料组合成一个统一的有机整体,以更好地表现主旨。为此,应用文结构的各个环节,都要受制于主旨,使其以完美的形式服务于正确的主旨,例如材料详略安排要得体,层次段落的划分要井然,起承转合要恰当,放收要自然。例如写请示,顺序上应先写理由,再叙事项,最后提出请求。详略上,理由部分一般应简明扼要,概括性强;请示事项部分(包括意见与要求),是全文的重点,要详写,要写得具体明确。最后,以模式化请求语结束。

（二）正确反映事物的内在联系及规律

客观世界的表现虽然纷繁复杂,但其发展变化总是有其内在的规律性、规定性。人们在解决问题的时候总是先找出其规律性和规定性,然后再按照这些规律性和规定性进行工作。应用文的结构,亦应按照事物的进程,有层次、有条理地加以说明和阐述。

例如,要写一份市场调查报告,一般要先表明市场调查的目的是什么,然后叙述基本情况,对调查的现象进行分析并得出结论,最后再提出措施与建议。这样的结构与调查的进程一致,也反映了市场调查的特点和规律,成为这一文体的基本范式结构。

（三）层次清楚、周密和谐

这一要求对应用文结构特别重要。

层次的划分及段落的安排,体现了作者的写作思路和文章结构的整体构架。应用文写作,要特别注意根据主旨的需要安排好层次段落,以清晰地展示作者的思路及其写作意图。

例如写事件,一般就有发生、发展、结局的过程,写问题就有暴露、认识和解决的过程,而这些都要求作者遵循"开端→发展→结局"或"发现问题→分析问题→解决问题"的逻辑顺序安排层次。

周密是指结构的安排要使文章的内容完整严谨,有逻辑性,有头有尾,无残缺遗漏,且首尾圆合。和谐是指文章的内容通过有序的结构自然流畅地表现出来,详略得当,上下贯通,通体匀称。

（四）符合不同文种的体式特点

应用文文种都有相对规范和稳定的结构体式,应用文的结构应根据不同的文种及其规范要求加以安排。为此,要注意研究、把握应用文,尤其是公文的文体样式的规范。

例如写通报,一般要指交代事情的基本情况,事情的性质、对事情的评价及提出希望号召等顺序来安排内容;写工作通知,一般先写通知的目的依据,接着写通知的事项,最后是执行事项的要求;写法规、规章则一般要以总则、分则和附则作总体布局。

四、应用文结构的基本内容及表现形式

应用文结构安排一般指正文的整体结构安排，主要包括层次和段落、过渡和照应、开头和结尾。

（一）层次和段落

1. 层次段落的概述

层次指应用文正文各大部分及其次序，是作者在表述主旨过程中形成的相对完整、相对独立的思想和意义单位。层次又称"逻辑段""意义段""大段"，它是作者思路的展开步骤和应用文书内容阶段性的逻辑体现。

段落是组成文章最基本的、相对独立的结构单位，是作者为了表达文章思想内容而做出的划分，习惯上称作"自然段"，一般用换行空两格为标志。应用文书正文分段的目的，在于清晰而有次序地把内容展示出来，它着眼于表达的效果。

段落有规范段和不规范段之分。每段只表达一个中心意思的段落称为规范段，应用文经常用这种段落构建文章。不规范段包括兼义段和不完整段，即通常所说的过渡段，它起到承上启下、总结全文的作用，但没有集中表明一个中心意思。

层次和段落都能表示文章意思的转换和间歇，它们之间关系密切。层次着重于思想内容的划分，段落着重于文字表达的需要。层次蕴涵于文意之中，段落表露于文字之外。有时它们是一致的，一个段落恰好就是一个层次；有时它们并不一致，几个段落表现一个层次；而一个段落内部，有时又可划分为几个小的层次。

2. 层次之间的关系和安排

每篇应用文都是反映一定事理的逻辑体系，一般包含着若干层次。划分层次，就是按照一定的标准将事物划分成既有相对独立性又互相联系的部分。安排层次，就是根据说明主旨的需要，按一定的线索合理安排事物的先后次序。

应用文作为办理公私事务的工具和凭证，一般必须交代它要办理某项公私事务的缘由（原因、依据、目的等）、具体办理事项及其要求。因此，应用文正文层次无论怎么划分安排，其内容顺序一般都由"缘由""事项"和"结尾"三部分构成。试看例文1。

例文1

国务院关于2013年度国家科学技术奖励的决定

国发〔2014〕2号

各省、自治区、直辖市人民政府，国务院各部委、各直属机构：

为全面贯彻党的十八大和十八届二中、三中全会精神，大力实施科教兴国战略、人才强国战略和创新驱动发展战略，国务院决定，对为我国科学技术进步、经济社会发展、国防

现代化建设做出突出贡献的科学技术人员和组织给予奖励。

根据《国家科学技术奖励条例》的规定,经国家科学技术奖励评审委员会评审、国家科学技术奖励委员会审定和科技部审核,国务院批准并报请国家主席习近平签署,授予张存浩院士、程开甲院士国家最高科学技术奖;国务院批准,授予"40K以上铁基高温超导体的发现及若干基本物理性质研究"国家自然科学奖一等奖,授予"大样本恒星演化与特殊恒星的形成"等53项成果国家自然科学奖二等奖,授予"大型结构与土体接触面力学试验系统研制及应用"等2项成果国家技术发明奖一等奖,授予"基于生物敏感膜的便携式传感器关键技术及应用"等69项成果国家技术发明奖二等奖,授予"两系法杂交水稻技术研究与应用"等3项成果国家科学技术进步奖特等奖,授予"上海光源国家重大科学工程"等24项成果国家科学技术进步奖一等奖,授予"近海复杂水体环境的卫星遥感关键技术研究及应用"等161项成果国家科学技术进步奖二等奖,授予法比奥·洛卡等8名外国专家中华人民共和国国际科学技术合作奖。

全国科学技术工作者要向张存浩院士、程开甲院士及全体获奖者学习,继续发扬求真务实、勇于创新的科学精神,坚定不移走中国特色自主创新道路,为加快建设创新型国家、全面建成小康社会和实现中华民族伟大复兴的中国梦作出新的更大贡献。

国务院
××××年×月×日

(资料来源:http://www.gov.cn/gongbao/content/2014/content_2567156.htm)

例文2这篇公文是应用文一种比较典型、规范的外部结构形式,其正文由三个层次构成:第一自然段为奖励"缘由";第二至第四自然段为奖励"事项";最后自然段为奖励"结尾"。

总的来看,应用文层次的安排方式主要有几种。

(1) 并列式

应用文中各个层次之间的内容是一种平等、并列的关系。这种方法常表现为几个观点、问题或事件并列在一起,它们在形式上独立、在内容上共同为说明主旨服务,一般没有谁主谁次、谁先谁后的问题。例如报告中的几方面的情况,规章制度中不同章节的规定。用并列法安排层次的优点是概括面广,可以井然有序地从多方面说明主旨。

(2) 递进式

这是根据应用文说明主旨材料各个层次的内容不同,或按照事物发展的先后次序,或按照事理层层深入的关系来安排层次的方法。这种方法的各层次之间,不仅在说明的时候有先后次序的问题,而且在内容上也存在时间上或空间上的先后次序问题,这种次序一般是不能打乱的。如《××大学××××年教学工作总结》的内容主要分为两部分,第一部分为上一年的教学工作的完成情况,第二部分为下一年的教学工作打算。从内容上来看,第一、第二部分次序不可调乱,只有从工作完成情况中得到的经验教训,才能指导下一年教学工作内容的制定及调整。

(3) 条文式

法规、规章文书和职能部门的一些行业文书,一般都使用这种形式。全文从头到尾都用条文组织内容,显得眉目清楚,排列有序,简洁明了。

应用文中的条文式结构,一般可采用以下两种。

一是章断条连式,适用于内容多、篇幅长的法规、规章。这种结构以章为序划分为有关法规、规章的层次,各章下的"条"不依章断开另起开头,而是连续编号。这便于执行承办时援引有关条文。章下可分条,极少数还在章下分节,节下再分条。章、节、条均用小写汉字数目表示,如第一章、第一节、第一条。条下有的分款,款不带序数,一个自然段就是一款;条下有的列项。项冠以带圆括号的汉字数码,如(一)(二)等。例如,中共中央办公厅、国务院办公厅于2012年4月联合印发的《党政机关公文处理工作条例》(参见本书附录一)。

二是条文并列式,适用于内容不太多、篇幅不太长的法规、规章和其他应用文。条下同样可分款或项、目。若是非法规、规章的其他应用文,通常不用"第×条"标示,而主要使用数字等序数来分层级。序数的层级展开顺序如下:

第一级,用汉字小写数字,如一、二,在每个序数后用顿号,顿号一般要占一格。有时也不用顿号,特别是序号作为小标题时,在序号与小标题之间空一格即可。

第二级,用半圆括号的汉字小写数字,如(一)(二),括号外不用加任何标点符号。

第三级,用阿拉伯字,如"1.""2.",在每个序数后用下脚圆点号。

第四级,用半圆括号阿拉伯字,如(1)(2),括号外不用加任何标点符号。

还可以用汉字甲、乙、丙、丁,也可以用汉语拼音字母大写A、B、C、D,小写a、b、c、d。此外,第一、第二、第三、第四也可作为序数。

要注意四个层级的序数的顺序不能颠倒,也不能混用。例如,在一篇应用文中,第一级的内容用第二级的序数(一)(二)(三)(四),后第二级内容用第一级的序数一、二、三、四,或在同一级的内容把不同层级的序数混用,如1(2)(3)4等,均不规范。容易造成读者对内容理解的混乱。

(4) 总分式

按应用文内容"从总到分""从分到总"或"先总后分再总"的关系安排层次,就是"总分关系"。例如,工作总结的写作,一般先对之前的工作结果进行总的概述,之后再分述各个方面工作的完成情况及其经验教训。

注意这几种关系的层次安排,在一篇应用文中,尤其是结构比较复杂的应用文中,常常是交替使用的,亦可以一种为主,兼用另一种方法,不能将某篇应用文机械地划分属于某种层次关系。例如,如上述例文2正文的3个层次,主要是一种"递进关系",兼具"总分关系";又如本书附录一的《党政机关公文处理工作条例》的层次安排主要为"条文式"结构,其内容亦是典型的"总分式"关系,可称之为"总分条文式"。

3. 段落划分的原则和方法

段落是应用文结构、材料安排,意思表达的最基本单位。它表现了作者的思维步骤及表达上的转折变化。段落的基本作用是表示文章意思的转换、间隔,清晰地反映文章内在层次,帮助读者理解文章的脉络,便于读者阅读、理解。

应用文段落划分的原则是必须做到单一、完整、有序与合理。(1) 单一,指在一个自然段里,只说一个意思,不把其他无关的意思混杂在一起说。(2) 完整,指一个自然段把一个意思说完全,不残缺,不留尾巴,除为了特殊的表达效果,一般不把一个意思分散在几段去说。(3) 有序,段落之间的组合关系要合理,要有逻辑性与连贯性。(4) 合理,指段落的划分,要注意长短适度,匀称得当,既要服从应用文书内容表达的需要,又要注意应用文书阅读者接受心理的需要。

段落安排的方法和层次安排的方法相近,常用并列法、递进法和条文法,亦可3种方法兼用,例如上述例文2正文总体的段落安排主要是递进法,而第二至第四个自然段则属并列法。

应用文的段落安排还有两个重要特点。

其一,普遍使用序数。序数的使用,使应用文各部分内容的连接、转折显得简单、明确,又使其层次划分、段落安排更加清楚有条理。试看例文2。

例文2

××大学关于2013年"五一"节期间放假调课的通知

各院(系):

根据国务院办公厅关于劳动节放假的通知精神,结合我校实际情况,现将"五一"期间全校有关放假、调课的事宜通知如下:

1. 原4月29日(周一)的课,调整为4月27日(周六)上课。
2. 原4月30日(周二)的课,调整为4月28日(周日)上课。
3. 2013年5月1日(劳动节,星期三)为法定节假日,全校停课。
4. 停课期间,若各院(系)确有必要安排上课,请与教务处教务管理科联系。联系电话:8877××××。

请各有关教学单位提前安排好放假期间的工作,确保教学秩序的正常运行。

特此通知。

××大学教务处
××××年×月×日

其二,经常使用过渡性词句,完成段与段之间的转换和衔接。这些词语、句式大多用在开头与主体、主体与结尾、段落与段落、层次与段落的过渡、转折的地方。借助段中的过渡性词句,使读者清晰地了解这一段与前一段,这一层与上一层所表达内容的差异及其相关性。

常用的词语如:根据、现将、如下、以上、总之、为此、对此、但是、另外、一方面、另一方面、同时、此外、一律、所有……

常用的句式如:"根据……现将……如下:"(转下一段,如例文3正文的第一个自然段),"具体做法是:"(转下一段),"综上所述,"(承接上一段)。

(二)过渡和照应

1. 过渡

一篇文章由一层层意思、一段段内容编织、连缀起来。过渡就是段落与段落之间、层次与层次之间的桥梁,它把文章各层的意思沟通融合,使文章成为一个有机整体。过渡不好,或者该过渡时没有过渡,文章就脱了节,结构就不严密,脉络就不畅通。

应用文需要过渡安排之处:一是内容的开合处,如内容由总到分或者由分到总时;二是意思转换处,如由今至昔或由昔至今;三是表达方法的变动处,如由叙入议、由议入叙时需要安排过渡。

应用文正文写作的过渡方式有以下四种。

(1) 过渡词,即以词语过渡,如"为此""对此""总之""由此可见""综上所述""但是""相反"等。

(2) 过渡句,即用总结上文、提示下文、设问句等表承上启下的句子过渡。这些句子可以放在前段的段尾,也可放在后段的段首,例如上述例文3正文第一自然段的尾句"现将'五一'期间全校有关放假、调课的事宜通知如下:"。

(3) 过渡段,即用一个相对独立的自然段来承转过渡。上下文意思空隙较大,往往用段过渡。

(4) 不用任何明显的过渡标志,而是靠文中内容内在联系过渡。

2. 照应

照应指文章中的内容和意思在不同部位,尤其是不相邻的层次、段落之间,前后互相关照与呼应。它的作用是加强文章前后内容的联系,增强文章的整体感。

对应用文而言,照应是为了使文章组织得更周密、严谨。例如某份意见,前文指出3种存在问题,后文应针对性地提出有关的3条建议措施。如果应用文前文叙述了某个问题,后文却没有涉及,或者反之,这样行文不利于应用文主旨的表达,亦会影响办事效率。

应用文常见的照应方式有:

(1) 首尾照应。这种照应使文章首尾圆合,结构严谨。例如在请示里,往往是开头写"现就……请示如下",结束时写"上述请示是否妥当,望予批复"。

(2) 文题照应。应用文书的标题往往体现其主旨,照应标题有突出主旨的作用。

(3) 文中照应。围绕主旨或基本事件,在行文过程针走线行,多处照应。这种方式由于多处相互照应,可以起到强化主旨、突出中心事件的效果。

(三) 开头和结尾

1. 开头

应用文的实用性特点决定了应用文的开头必须直截了当、开门见山、简洁有力。开头应当点题或揭示应用文的内容走向,并领起下文。常用的开头方式如下。

(1) 概述情况。这种方式要求开头简明扼要地介绍有关情况或背景。报告、会议纪要、总结等常用此法开头。

(2) 说明根据。这种方式开头即引用上级指示精神或有关法律、法规,常以"根据""遵照""按照"等词语领起下文,鲜明标示出行文有据,表明应用文书内容的权威性。通知、批复、规章等常用这种方式开头。

(3) 直陈目的。这种方式开头,常用"为了""为"等介词构成的主旨句领起下文。法规、规章、决定、通知等应用文书常用此方式。

(4) 交代原因。这种方式开头,常用"由于""因为""鉴于"等词领起下文,也可直接陈述发文原因。

(5) 阐明观点。这种方式开头先提出观点,或者点明主旨,接着加以解释说明,以引起读者的重视。

(6) 表明态度。这种方式开头直截了当地对批转、转发或发布的文件或者有关的事项、会议表明态度,做出评价,提出看法。批转、转发性通知多如此开头。

(7) 引述来文。这种方式开头引述对方来文、来电的标题、文号,然后引出下文。应用文书中的复函、批复普遍使用此方式开头。

(8) 提出问题。这种方式开头提出问题,提示应用文的主旨或主要内容,以引起阅读者的注意与思考。各类调查报告常用这种方式开头。

应用文的开头,一般是多种方式的综合运用。例如前述例文2正文第一个自然段,属于"概述情况"和"直陈目的"两种开头并用。

2. 结尾

结尾是全文的收束。应用文结尾的主要任务是帮助读者把握主旨,加深理解,达到预期的写作目的。应用文常见的结尾方式如下。

(1) 强调式结尾。对文中的主要问题作强调说明,以引起阅读者的重视。

(2) 请求式结尾。表达请求上级批复、批转、批准或请求对方帮助之类的话语。公文中的请示、函等普遍使用此方式结尾。

(3) 总结式结尾。对文中的主要观点或问题做出归纳或总结,使读者对全文有一个较完整的印象。

(4) 号召式结尾。提出要求、希望或发出号召。例如上述例文2的最后一个自然段。

(5) 补充式结尾。补充交代有关事宜。通知、法规、规章等常用这样的结尾。

(6) 显文种式结尾。以各种应用文惯用结尾模式作结束。例如把名词性文种作动词用,并以此结尾。如"特此通告""特此通报""特此通知""特此报告"等。

(7) 说明式结尾。即把要求或需要补充说明的内容写在文章末尾,多用于法规文书。例如附录一的《党政机关公文处理工作条例》最后一条:

"第四十二条 本条例自2012年7月1日起施行。1996年5月3日中共中央办公厅发布的《中国共产党机关公文处理条例》和2000年8月24日国务院发布的《国家行政机关公文处理办法》停止执行。"

除上述几种结尾方式外,还有祝贺、慰问式的结尾等,亦可在正文的主体部分意尽即文完,正文自然结束,不再另写结尾等方式。

第五节 应用文的语言特点与表达方式

"语言是一切事实和思想的外衣。"(高尔基:《和青年作家谈话》)无论应用文的主旨、材料、结构等,最终都必须借助语言来表达和体现。如果说,应用文的主旨是解决"言之有理"的问题,材料是解决"言之有物"的问题,结构是解决"言之有序"的问题,那么语言则着重解决"言之有文"的问题,亦即怎样运用语言及其表达技巧,更好地体现"有理""有物""有序"。

写应用文,如果没有选择好恰当的语言及其表达方法,就不能把思想内容有秩序地、完美地表现出来,也会影响处理相关事务的效果。为此,必须掌握应用文的语言特点及其表达方式。

一、应用文的语言特点

上文提到文章体裁大致分为"文学性文体"和"实用性文体"两大类。据此标准,写文章所用的书面语体亦可大致分为"文学性语体"和"实用性语体"。两种语体的风格有较大差异:文学作品是供人欣赏的,它的语体风格讲求生动形象、委婉含蓄,表现手法夸张,力求多变,以吸引读者的想象和兴趣;而各种实用性文章侧重于解决现实需要,讲求实用性,它的语体一般要求实话实说、简洁明白。应用文作为处理现实事务及问题的依据和凭证,属于实用语体,它的语言特点主要体现在四个方面:词语明晰准确;语句简练严谨得体;文风朴实庄重;使用规范化的专用词语。

(一)词语明晰、准确

1. 明晰

明晰,指词语的意思明白清楚,不晦涩,没有歧义。

应用文尤其是公文,要在办理事务中发挥有效的作用,从语言方面看,首先是要让人看得懂,能清楚地理解发文者的意思。如果应用文的语言晦涩难懂、语有歧义,会使受文者捉摸不透,对内容产生不一致的理解,必然会影响有关事务的办理效果。

例如:"新中国成立后,妇女在法律上已经平等了。"

从字面上看,是说在法律面前妇女已没有高低贵贱之分,也就是"妇女之间在法律上平等"。实际上是要说明"妇女与男子在法律上平等"。应在"妇女"之后加上"与男子",句子的意思才完全清楚。

要特别注意的是,有时可能作者的心里明白,但由于表达的语句不明晰,让读者一头雾水。

例如,"×××老师因病故不能到会。"(该老师是生病,抑或是死亡,不清楚。)

又如,"参加会议的人员,请于 5 月 15 日前来报到。"(究竟是 5 月 15 日当天报到,或是 5 月 15 日之前报到。)

再如,"×××的弟弟和他的妻子一同到访。"(指代不明,产生歧义。)

要使应用文语言明晰,应掌握两个基本功:

(1)思路清晰

语言是思想的载体,只有作者思路清晰,词语的运用才可能明晰。

(2)提高语文素养

重点是加强书面语的学习。平时应重视这方面的积累,使用的词语应力求准确规范,句子合乎语法,句意合乎逻辑。

2. 准确

准确,即用正确恰当的词语和句子反映客观事物,表达作者的思想。准确是对应用文语言的基本要求。叶圣陶曾在《公文写得含糊草率的现象应当改变》一文中指出,"公文必须写得一清二楚,十分明确,句稳词当,通体通顺,让人家不折不扣地了解你说的是什么。"

应用文作为办理事务的工具,对词语准确性的要求极高。尤其是公文,它体现的是机关领导的意图,如果选字用词疏忽大意,一旦把关键词语用错,将可能给工作造成无可挽回的损失。

例如,有一公文标题写着:"××县公安局关于偷猎国家珍稀野生动物的通告"。从字面上理解,好像是公安局让市民去偷猎国家珍稀野生动物,但似乎又应该理解为公安局是要禁止市民去偷猎野生动物。这显然是语义表达不准确,缺少了关键词"禁止"。

又如,某上级给下级的行文:"据了解,各地对××问题反应很强烈,请注意清理这些流言,并及时报告总局政策研究室。"上句中"清理"这个动词,不宜与名词"流言"搭配,且"流言"一词在此处属贬义词,用之既不妥当,亦不准确。可将"请注意清理这些流言",改为"请注意收集这些意见"。

再如,某公司欲聘用员工,要求应聘者的学历为大专或大专以上,但招聘启事却写:"学历要求:大专以上毕业。"这句话的用词和语法本身没有任何问题。但按字面理解,大专学历是不符合应聘要求的,亦即具有本科或以上学历的才可以。这是许多招聘广告的通病,主要是没有准确把握"以上"这个词的词义。可改为"学历要求:大专或以上毕业。"

类似的错误例子还有"60分以上为及格,60分以下为不及格。"

为使词语准确,须从以下几个基本方面入手。

(1) 辨析词语的准确意义

最基本的是要分清词性,辨明词义,注意在不同的场合,选用最贴切的词语。

汉语词汇丰富,同义词、近义词很多,必须辨别它们之间在词义上的轻重(如损失严重、损失惨重)、词义范围的大小(如事情、事件、事故)和词义的褒贬情感色彩(如果断——褒义词,决断——中性词,武断——贬义词)等方面的差别。如果不加区别随意使用,很容易出现表达不准确的问题。例如优异、优秀、优良、良好4个近义词的语义,就明显有轻重的差别。还应注意词语之间的正确搭配,包括是指人还是指物。有的词只适用于人,有的词只适用于物,不能混用。

例如,"××大学已跻身中国名校之一。"这里的动词"跻身"和宾语"之一"搭配不当。应将"跻身"改为"成为",或将"之一"改为"之列"。

又如,"××省今年遭受严重水灾,使农业生产感到极大困难。""感到"这个词只适用于人(文学作品中的拟人写法例外),不适用于物。

再如,"要统筹安排生产和生活用水,把城市所有用水户逐步纳入计划,按季分月下达用水指标,严格执行,认真考核。"1982年第18号《国务院公报·二十五个城市用水会议纪要(摘要)》文中的"考核"应改为"查核"。"考核"的对象只能是人,而"用水指标"是不能"考核"的。

(2) 使用规范词语

使用规范词语有两点最基本的要求。

一是不使用生造词语。

例如,某请柬写道:"雅启亲驾,敝舍馈光。"8个字中只有"敝舍"属于规范词语。如此会使读者感到晦涩难懂,不知所云。

注意生造词语不同于新造词语。后者是指被普遍接受和官方正式认可的,从各方言中吸收的词语、从港台社区词语中吸收的成分、从外来词语中吸收的新鲜语言成分,例如"埋单""房奴""博客"等。

二是避免写错别字。

近年来,报刊、网络等媒体的错别字似有有增无减之势,常见的如把"自卑"写成"自悲""震撼"写成"震憾""辩护"写成"辨护""水龙头"写成"水笼头""漫不经心"写成"慢不经心""川流不息"写成"穿流不息"等。

生造词语和错别字不仅会造成语言文字运用的混乱,而且容易以讹传讹,对青少年和社会都会造成不良影响。应用文如果出现错别字,其后果往往比其他文章更严重。拟写应用文,要做到词语规范,应以2000年10月颁布的《中华人民共和国国家通用语言文字法》为基本准则。

(3) 遣词造句要合乎语法规范

遣词造句必须合乎语法规范,是应用文词语运用准确的要求之一。应避免出现不合乎语法规范的词句。

例如:

① 我们要努力提高产品质量,提高优质服务,提高经济效益和社会效益。
② 构思得好坏,能显示出作家的艺术本领。
③ 我们的产品远销海外,质量达到了国际水平。

例①中,属于宾语残缺,"提高优质服务"后应加上"水平"二字;例②中,好坏是两面的,而后半句则只有一面,须对应起来,可改为"构思得好坏,能显示出作家艺术本领的高低"。例③中,属于定语残缺,"国际水平"描述不确切,应改为"国际先进(或中等)水平"。

(4) 正确使用模糊性词语

模糊性词语,即表述对象类属边界不清晰和性质状态不确定的词语。由于客观存在着大量的模糊事物和人们对事物的模糊认识,很难用精确词语来表达。在这种情况下,恰当地选用相应的模糊性词语来表达,反而更能准确地反映客观实际。

模糊词语不等于含糊不清,而是表现在事物的定性上是确定的,而在定量上是不确定的。在应用文中,当需要作模糊性表达时,选用恰当的模糊词语亦属于用词准确。例如,1983年9月2日公布施行的《全国人民代表大会常务委员会关于严惩危害社会治安的犯罪分子的决定》第二项规定:"传授犯罪方法,情节较轻的,处五年以下有期徒刑;情节严重的,处五年以上有期徒刑;情节特别严重的处无期徒刑或死刑。"这项规定中的"情节较轻的""情节严重的""五年以下""五年以上"等都属于模糊性词语,但用它们来表述犯罪行为的情节轻重及相应的量刑幅度,对于立法者所要表达的意思,则是很确切的。

应用文的词语,首先应该选用含义精确或比较精确的名词、动词、数词、量词等,但同时亦要求审慎使用模糊性词语,例如"大概""可能""或许""差不多""也许是"等,一般都不能用。在必须使用模糊性词语时,应力求比较准确地反映事实,尽量减少其模糊性。例如,"某项工程实际只完成了一半"不能说是"基本完成任务";"一年只有一到两次的调查研究"不能说成"经常组织调研活动";"禁止贪污受贿"不能说成"原则上禁止贪污受贿"。

（二）语句简练严谨得体

2012年7月1日正式施行的《党政机关公文处理工作条例》，"第十九条　公文起草应当做到：……内容简洁，主题突出，观点鲜明，结构严谨，表述准确，文字精练。"

1. 简练

应用文作为办理事务的工具，它的针对性、时效性极强。为此，应用文尤其是公文的撰写和处理，都需要快速度、高效率。语言表达的简练，对公文来说极为重要。应用文一般应避免使用比拟、夸张、描写等文学性手法，亦不宜过多地使用形容词，行文不宜拖泥带水、画蛇添足。应用文的语言表达，叙事要直陈其事，明确晓畅；说明要简洁明了，要言不烦；议论要鞭辟入里，切中要害。

应用文要符合语句简练的要求，应把握几个要点。

（1）围绕主旨，删繁就简

应用文作为处理事务的工具和凭证，一般应开门见山，直奔主题。为了简明扼要、让人一目了然，应用文的句子结构一般是以单句、短句为主，较少用复句和长句。一般应避免冗长句子。

例如，"全公司党组织普遍开展了职工生病住院、婚丧喜庆、家庭纠纷，遇到特殊困难和情绪低落时，必须派专人造访，并给以帮助的'五必访'活动。"

这个长句中"活动"前面的定语太复杂，读起来颇费劲。可以拆成短小句子："全公司党组织普遍开展了'五必访'活动，职工生病住院、婚丧喜庆、家庭纠纷、遇到特殊困难和情绪低落时，必须派专人造访并给以帮助。"

另外，要特别注意避免大话、空话、套话。

（2）力戒堆砌重复

堆砌重复亦是应用文之大忌。例如，"中华民族是一个有着悠久文明历史的民族，中华民族是一个勤劳勇敢的民族，中华民族是一个富于创造精神的民族。"可以把以上三个小句中的谓语成分集中起来，共用一个相同的主语和宾语："中华民族是一个有着悠久文明历史、勤劳勇敢和富于创造精神的民族。"这样句子就显得语意集中，句式紧凑，便于阅读和理解。

又如，"党委成员在讨论中，心情格外激动，有的热泪盈眶，泣不成声，一致表示……""热泪盈眶""泣不成声"实属过分的修饰，不仅造成一种浮夸，而且也破坏了公文的庄重色彩。

再如，"他用目不转睛的目光看着她"，这句话中的"目光"显然是重复多余，写成"他目不转睛地看着她"即可。

（3）运用应用文习惯用语

应用文中有许多规范的或约定俗成的习惯用语，恰当地使用可达言简意赅之效，亦可使用语显得庄重。例如公文中经常出现的词语"收悉""妥否""鉴于"，分别表示"收到并且了解""不知是否妥当""考虑到"。

需要指出的是"简"要得当、规范，不能随意简化，"简"得让人不明白或者产生歧义。例如某单位在醒目的地方挂的横幅上写着"五讲四美三热爱，六个遵守七不要"，后半句使人摸不着头脑，不可取。

2. 严谨

严谨是指语句紧凑，表达意思确切缜密。

应用文作为办理公务、私事的凭证，其行文的语句应力求严谨，尤其是法规性公文关键字词的分量，可以说是"一字千金"，必须再三斟酌，力求万无一失。否则，小则影响办事效率，大则可能留下隐患。

例如，某上级在下发的《关于精简会议和文件的意见》中说："各级领导机关要从文山会海中解放出来，就要少发不必要的文件，少开不解决问题的会议。"按字面意思，"少发""少开"，说明还是要"发一些""开一些"。这是修饰词与中心词搭配不当，造成逻辑上的错误。

又如，中日甲午战争后，清政府掀起了借洋债修铁路的热潮，清政府曾向德国借款修胶济铁路，在签订的条约中有一个条款写道："沿铁路线左右三十里内煤铁等矿，德国有权开采。"清政府原意是左右加起来共三十里，然而由于条款的语句不严谨，让德国人钻了文字的空子，其坚持在胶济铁路左右各三十里开采。为此，清政府白白丢失了一倍土地的矿产开采权。正所谓"一字入公文，九牛拔不出"。

值得注意的是，正确使用标点符号，亦是应用文把好"严谨关"的重要环节。这点在经济类应用文特别重要。例如《误用一个标点损失十余万元》：据《钱江晚报》（1992年6月11日）报道，浙江三门县的一家商行，与内蒙古呼和浩特市的一家皮货收购站签订合同，购买一批优质羊皮。三门县这家商行对羊皮的质量要求是："大小4平方尺以上。有剪刀斑（即有刀伤痕）的不要。"但在购销合同上却写成："羊皮4平方尺以上、有剪刀斑的不要。"这里该用句号的地方误用了顿号，意思变成4平方尺以上和有刀伤痕的羊皮都不要。这样，羊皮大小要求刚好与原意相反。结果，卖方利用了合同上的这一破绽，卖给买方的尽是4平方尺以下的羊皮，优劣差价达十余万元。这个例子印证了"失之毫厘，差之千里"的古训。

应用文的语句要达到严谨，有几点基本要求：一是词语表达的概念要准确贴切；二是注意词语表达的概念的限制；三是词语之间有严密的逻辑性；四是正确使用标点符号。

3. 得体

得体，即说话要适度、讲究分寸。它是指应用文使用的词语、语气、语体风格要与行文目的、使用文种、接受对象、使用场合等相适应。

应用文是为特定的需要服务的，要限定写作目的、读者对象、适用场合等条件，因此其语气使用一定要恰如其分。这点在公文中尤为重要，公文的用词、语气，应当符合公文的行文关系、使用范围及作者的职权范围。

一般而言，上行文用语应谦敬、简要，体现出下级机关对上级机关的敬重；下行文用语应明确、具体，不能模棱两可，要体现出领导机关的权威与政策水平；平行机关之间行文，用语应谦和礼貌，要体现出坦诚协商、互利合作的态度和愿望；公布性应用文的用语宜通俗、明白，尽力避免生僻难懂的词语、典故及专业术语；用于社会公共服务的应用文，更要注意词语平和而有礼貌，表示出热诚服务的愿望。例如，"遵照"多用于上行文，"准予"多用于下行文，而"为荷""恳请"则多用于平行文。

下面是用语不得体的两个常见的例子。

其一，某煤气公司写的通知："各户注意，请在规定时间内家中留人，以便查煤气表。如家中不留人，一切后果由个人负责。"这则通知的语气很不礼貌，有如一份强硬的通牒，使人看了很不愉快。

其二，某下级部门请求上级同意拨款修路，在请示结尾写道"此事紧急，希尽快加以办理"。"希"一般用在下行文中，上级对下级的要求，用在这里有督促上级的意味，显然不妥。

做到应用文语言得体有以下几个基本点：

(1) 要适合发文者的身份，注意发文机关的隶属关系；
(2) 要适合主旨的要求，语言的语气色彩要体现出应用文的发文目的；
(3) 要适合受文对象；
(4) 要适合不同语境。

(三) 文风朴实庄重

1. 朴实

朴实，即文风要朴实无华，语言实在，强调直接叙述。

朴实是应用文不同于其他文章语言的基本风格，这是应用文的特点和作用决定的。应用文的写作是为了解决实际问题，在笔法上要做到求真务实、直陈其事；在表达上多用叙述、说明、议论，而少用或不用描写、夸张、烘托、渲染等手法；在遣词造句上使用大众化、易懂和惯用的语词，力避生僻晦涩的字句。如果应用文的词语过于华丽，大量使用过分形容的修饰词，以及各种不适当的修辞方法，不仅破坏应用文的语体风格，影响了公文内容的表达，而且会造成浮夸，给人以假、大、空的感觉。

例如，某篇讲话稿写道："我们怀着无比激动、无比崇敬、无比兴奋、无比自豪的心情，在这里举行空前热烈、空前盛大、空前隆重、空前美好的大会，欢迎从浴血奋战的前线凯旋的最亲密、最可爱、最真挚的战友，怎能不热血沸腾、群情激奋、汹涌澎湃、斗志昂扬呢！……"

这个讲话稿连续使用了三个排比句，显得做作而虚假。特别是几个"最"字，更有言过其实之嫌。而"热血沸腾""汹涌澎湃"之类的华丽词语不仅是一种累赘，而且与内容也很不相干。

应用文语言要达到朴实，应做到叙事说理，开门见山；实事求是，实话实说；遣词造句，规范明了。

2. 庄重

庄重，就是端庄、郑重。应用文中的公文，代表的是机关发言，具有法定的权威性和约束力，在运用语言时一般必须庄重，以体现出公文的严肃性，因此，既不宜使用口语，又不宜运用文学语言。公文在语言的运用上要达到庄重，有两个基本要求。

(1) 使用规范的书面语言

规范化的书面语言词义要严谨周密，正确使用它可以使读者准确理解公文，从而能认真执行。使用规范的书面语言应要注意以下两个基本点。

一是尽量不使用口语。例如，在应用文用语中，使用"商榷""诞辰""业经""拟"等书面语言，代替"商量""生日""早已经过""打算"等口语，以示庄重。试对比下面几段写法：

其一，某物流总公司给分公司的一份批复中写道："仓库扩建需要的钱，由你们自己想办法去解决好了。"可改为："仓库扩建所需资金，自行解决。"

其二，某电视机厂给某显像管厂的函写道："二季度快到了，我们厂还缺两万支显像管,希望尽快调拨给我们,好用来满足紧急需要,可以不可以?等待着你们迅速来信答复。"可改为:"二季度在即,我厂尚缺显像管两万支,希速拨付,以应急需。可否,望速函复。"

上述两个原句是典型的口语写法,既不庄重,亦不简练;而改正句则显出公文语言的端庄持重。

二是尽量少用方言词语。一些较为通俗且家喻户晓的方言可在适当的场合酌情使用,如"炒鱿鱼""埋单""走穴""山寨"等,但不能使用得太多太滥,特别是一些较为生僻的方言词语就不宜使用,例如广东方言中的"碎纸"(零钱)、"细妹子"(少女)、"流野"(假冒伪劣产品)等。

（2）使用规范化的专用词语

掌握这些词语,有助于应用文表述得庄重而简练。

（四）使用规范化的专用词语

长期以来,人们在应用文中沿用一些使用频率较高的专用词语。这些词语虽非全部法定,但已约定俗成。例如用于征询对方意见的商洽词,有"妥否""当否""是否妥当""是否同意""是否可行"等。这些专用词语简洁明了,有针对性,有助于更准确、严谨、得体地表达,并富有节奏感,从而赋予其庄重、严肃的色彩。

应用文,特别是行政公文,使用的规范化专用词语十分丰富,有"开端用语""结尾用语""称谓用语""经办用语""征询用语""过渡用语"等(参见表1-1)。

表1-1 公文常用特定用语简表

类 别	用语名称	作　用	常用特定用语
1	开端用语	主要用于文章开头,表示发语、引据	为、为了、为着、查、接、顷接、根据、据、遵照、依照、按照、按、鉴于、关于、兹、兹定于、今、随着、由于
2	称谓用语	用于表示人称或对单位的称谓	第一人称:我、我单位、本人、本公司、我们、敝单位 第二人称:你、你局、贵公司、贵方 第三人称:他、该公司、该项目
3	递送用语	用于表示文、物递送方向	上行:报、呈 平行:送 下行:发、颁发、颁布、发布、印发、下达
4	引叙用语	用于复文引据	悉、接、顷接、据、收悉
5	拟办用语	用于审批、拟办	拟办:责成、交办、试办、办理、执行
6	经办用语	用于表明进程	经、业经、已经、兹经
7	过渡用语	用于承上启下	鉴于、为此、对此、为使、对于、关于、如下
8	期请用语	用于表示期望请求	上行:请、恳请、拟请、特请、报请 平行:请、拟请、特请、务请、如蒙、即请、切盼 下行:希、望、尚望、切望、请、希予、勿误

续表

类　别	用语名称	作　用	常用特定用语
9	结尾用语	用于结尾表示收束	上行：当否，请批示；可否，请指示；如无不当，请批转；如无不妥，请批准；特此报告；以上报告，请批转；以上报告，请审核 平行：此致敬礼；为盼；为荷；特此函达；特此证明；尚望函复 下行：为要；为宜；为妥；希遵照执行；特此通知；此复；为……而努力；……现予公布
10	谦敬用语	用于表示谦敬	承蒙惠允、不胜感激、鼎力相助、蒙、承蒙
11	批转用语	用于上级对下级来文的批转处理	批转、转发
12	征询用语	用于征请、询问对有关事项的意见、态度	当否、妥否、可否、是否妥当、是否同意、如无不当、如无不妥、如果可行等

引自：杨文丰.现代应用文书写作[M].第4版.北京：中国人民大学出版社，2011.

值得注意的是，上述应用文语言的四大特点，不是孤立存在的，而是互相联系，统一于一篇应用文中。为此，在撰写应用文时，遣词造句，要从体现这些特点出发，综合运用，不可顾此失彼。

二、应用文语言的表达方式

语言表达方式，古人称为"笔法"。语言表达方式是一种运用语言反映客观事物的手段。人们在使用语言文字进行表达时，目的不同、方法各异，或叙事明理，或介绍事物，或阐明观点，或抒发感情，或描摹形象，于是就产生了叙述、议论、说明、抒情、描写这五种基本的语言表达方式。

应用文作为一种实用性的文体，主要是为了处理现实问题的，它的表达方式一般只用叙述、议论、说明。这三种表达方式在不同的应用文中，或交替使用，或以一种为主。抒情和描写这两种表达方式，除了在一些通讯报道、广告语中使用外，其他应用文一般较少使用。

应用文在运用叙述、议论、说明等表达手段时，应该同时体现应用文的语言特点。下文将应用文这三种表达方式作简略介绍。

（一）叙述

叙述是作者对人物的经历和事件的发展变化过程以及场景空间的转换所作的叙说和交代。无论是文学作品还是非文学作品都要用到叙述，叙述是最基本、最常用的表达方式。叙述的方法有顺叙、倒叙、插叙等。

应用文的叙述具有以下特点。

1. 以叙事为主

应用文用于反映现实，解决问题，与一般记叙文以写人为主不同，而是多以叙述事情为主，如阐述事情原委、反映情况、总结工作、传达信息、介绍经验等。

2. 如实叙述

应用文的实用性特点,决定了应用文的叙述应符合生活的真实,不应为了某种需要而夸大或缩小。例如,市场调查所叙述的材料不真实,就会使企业决策错误,蒙受损失。相比之下,文学作品允许"艺术的真实",使文章波澜起伏,从而感染读者。

3. 交代清楚

应用文要将叙述的六要素——何时、何地、何人、何事、何因、何果交代清楚。有时,这六要素中一些要素可以省略,但应以读者对事情有较清楚全面的了解为前提。文学作品交代六要素没有这么严格,有时可以略而不提,有时交代不够清楚,只要不影响读者对情节的理解即可。

4. 概述为主

概述是用概括、简明的语言把事情的全貌或本质简单地交代出来。应用文多用简明扼要的概括来叙述,即使是比较详细的典型材料的叙述,也不宜像写小说那样铺陈、细描,而是尽可能用概括的语言,说明它的前因后果、来龙去脉。初学应用文写作,要特别注意把握分寸,力求言简意赅。

5. 语句平直

由于应用文表达的核心是把握住问题的实质,为表现主旨服务的,应用文叙述的用语一般要求平铺直叙,较少使用修饰性词语,不拐弯抹角;一般采用顺叙,即按时间的推移、事件的发展顺序来写。这样便于读者清晰地掌握事情的来龙去脉。

(二)议论

议论是作者运用各种材料进行逻辑推理来阐明自己观点的一种表达方式。它分为立论和驳论两大类。

议论的三要素是论点、论据、论证。论点是作者对所论述的问题提出的见解、主张和表示的态度;论据是用来证明论点的理由和依据;论证是运用论据证明论点的过程。这三者在议论文中是紧密相连的。

论证的方法多种多样,常用的有归纳法、演绎法、比较法、分析法、例证法、引证法、喻证法、归谬法、反证法等。应用文中常用的是引证法、例证法、比较法、分析法等。

应用文中的议论与文学作品不同,一般不能渗入个人主观好恶情感,而应以事实为根据,以法规为依据,抓住要点,作简洁、明了的议论。应用文议论的特点如下。

1. 一般采用不完整论证,以简化论证过程

应用文一般不通过完整的逻辑推理进行议论得出结论,而是经常以国家的法规、政策为依据,以客观的活动事实为基础,论证力求简单明确,直接表明论证结果、立场、主张等。这样不仅论据可靠、论证权威,亦可使应用文的篇幅、行文节奏得到较好的控制。

2. 多以正面论述为主,旗帜鲜明地表明观点

正面论述体现了实事求是的精神,强调应用文的真实性。从社会整体来看,当前社会正在不断发展。虽然也有前进路上的杂草,但我们所要反映的事物总体情况是良好的,是积极向上的,或者是可以向积极方面转化的。以正面论述为主是应用文凭证依据、沟通协调、领

导指导、规范约束和宣传教育作用的必然要求。应用文中也可以使用少量的反面材料加以论证,但必须以正面论述为主,紧紧围绕主题,立规范、促协调、多鼓舞、树信心,只有这样才是应用文发挥作用的前提。应用文必须旗帜鲜明地表达观点,毫不含糊地说出见解,使读者一目了然,明确理解。

3. 往往与叙述、说明等结合使用

其中,夹叙夹议是应用文最常见的方式。应用文的夹叙夹议可以节省叙述、说明的笔墨,有助于将材料与观点、材料与主旨更好地结合,以更好地表明观点和凸显主旨。

(三)说明

说明是用言简意赅的文字对事物、事理进行解说的表达方式。说明的目的是为了使读者了解事物、明白事理。简言之就是"知物、解事"。说明可以使读者对事物的性质、成因、构造、功能,对事理的概念、内容、规律、特点、关系等有一个鲜明的了解和认识。在应用文中,介绍事物、剖析原因、提出方案等都要用到说明这一表达方式,例如产品说明书、商业广告、市场预测报告等。

常用的说明方法有定义说明法、诠释说明法、分类说明法、比较说明法、例证说明法、数据说明法、图表说明法等。应用文的说明有以下几个特点。

1. 客观准确

应用文的说明要求站在客观的立场解释和介绍事物、事理,不夸大、不缩小;不能以作者的主观兴趣与好恶作为解说事物的标准、阐明事理的依据。否则,可能害人害己,比如某些夸大其词的医药产品说明书。

应用文的说明不仅要求态度客观,而且表述要准确。因此,在说明事物解释事理时,语言要准确、贴切,可以适当使用专业术语,并能抓住事物的主要特征。

2. 注意顺序

为了使读者更好地阅读理解,应用文的说明应力求有序。说明的顺序一般有时间顺序、空间顺序、时空顺序、逻辑顺序。应用文选用什么顺序进行说明,视被说明对象的情况而定。例如运用逻辑顺序说明,要注意从总到分、从主到次、由浅入深、由表及里的逻辑顺序,分条分类地进行。

3. 综合使用多种说明方法

应用文在运用说明方法的过程中,经常是多种说明方法综合使用,例如数据说明和比较说明、定义说明和分类说明。这样可以把事物表述得更具体、准确。

 思考与练习

一、名词解释

应用文 主旨 材料 结构

二、简答题

1. 应用文有哪些特点?

2. 应用文的种类有哪些?
3. 应用文主旨的含义、作用、要求是什么?
4. 应用文主旨的表现方法有哪些?
5. 应用文材料的含义及作用是什么?
6. 应用文材料的选择原则有哪几点?
7. 应用文结构安排原则有哪些?
8. 应用文语言具有哪些特点?
9. 应用文的叙述、议论、说明等表达方式各具有哪些特点?

三、阅读与分析题

（一）下面四段话,从不同的角度加以分析,可以产生出多个主旨,请你给每一段话拟出3个不同的主旨,并用主旨句表现出来。

1. 国外有两家鞋厂,各派一位推销员到太平洋某个岛屿去推销本厂的产品。上岛后不久,他们各发回一份电报。一位的电文是:"此岛上的人都不穿鞋子,明天我就回去。"另一位的电文是:"太好了! 这个岛上的人都没有穿上鞋子,我打算长驻此岛。"

2. 齐国有个齐宣王,喜欢听合奏,南郭先生不会吹竽,也混在其中。后来齐湣王即位,他喜欢听独奏,南郭先生只有逃之夭夭。这是成语"滥竽充数"的由来。

3. 某日,某国驻广州领事馆的外交官员去珠江三角洲某市参观,市长亲自接待,但因讲不好普通话请了一个翻译,本来10分钟就可讲完的内容,结果用了20分钟。此外交官用标准的普通话问:广东不是在大力推广普通话吗?

4. 一辆满载瓦瓮的大车在山间行驶。忽然,车子出了毛病,不能再走,把山道给堵死了。不多会儿,前前后后聚起了很多车辆,大家都很着急,但想不出办法。这时,有个叫刘颇的向车主人问明车辆与所载瓦瓮的代价,如数付了钱(全部买下的意思)后,随即招呼众人一起动手,把车子推下山崖。车辆又欢快地继续赶路了。

（二）请根据以下给定的材料归纳出文章的主旨。

入春以来,中国北方和西南地区发生了十年来同期最严重的春夏连旱,包括北京市在内,许多地区缺水问题十分严重。解决首都水资源问题已到了刻不容缓的地步。

北京市每年排出的污水量达12亿~13亿立方米,而目前的污水处理率仅有22%,大量未经处理的废污水排入河道,使全市一半以上的河道受到污染。

由于上游污染日趋严重,北京市两个大水库之一的官厅水库已经在1997年丧失饮用水功能。几年来,北京密云水库和超采地下水维持供水,形成大面积的地下水超采区,地面已出现沉降。

北京决心在今后3年投入巨资恢复官厅水库的饮用水功能,同时建立16座污水处理厂,使全市的污水处理率达到90%。

水资源利用效率问题是我们应该向国外借鉴的,像法国的塞纳河在入海之前,已经被利用过9次;尼罗河在入海之前,已被利用过了50次。

（三）在一篇关于抗震救灾的工作报告中,要介绍救灾工作的进展情况。下列9个小标题应该如何合理地排序。

1. 精心救治伤病人员
2. 加强卫生防疫工作

3. 抢修损毁基础设施
4. 及时公布灾情和抗震救灾工作情况
5. 做好灾后重建准备
6. 迅速解救被困群众
7. 降低次生灾害威胁
8. 全力安置受灾群众
9. 做好物资的保障和监管

(四) 阅读下面的文章,找出结构不妥之处,并将文章自然段调整到最佳顺序。

澳洲孩子怎么学语文

1. 澳洲小学从三年级就开始让学生写研究报告。或者说,他们的作文学习是从写研究报告开始,并且贯穿始终的。我见过当地小学生写的报告题目有"埃及金字塔""人的心脏"和"国家的管理研究"等。教师给出研究题目,并且告诉学生报告的内容要求和写作格式,由学生自己去图书馆和国际互联网上查找资料,按要求完成。

2. 下面我想用孩子所在的小学的一个教学实例来说明。

3. 这种教学方法有一举多得的好处。要求学生自己查找资料,进行分析整理,最后用文字作客观的表述。所以在这个过程中学生既学习了知识,锻炼了收集和分析资料的能力,同时也学习了写作技能。这种方式有助于学生从小养成理性的思维习惯和科学的工作态度。

4. 这所公立小学六年级的学生要完成一项关于国家管理的研究报告。教师把全班学生分成若干小组,每组5人。5人分别研究国家总督、总理、国家机构、州政府和地方政府。然后,学生分头去图书馆和互联网查找资料。

5. 我曾在澳大利亚旅居两年多,那里的教育有许多值得我们借鉴的方面。

6. 完成资料收集后的学生并不马上回到自己的组里,而是和其他组中收集同一类资料的同学进行交流,使每个人所掌握的专门资料都更加充实。然后,回到自己的研究小组中去,进行关于国家管理的综合讨论。

7. 在这次研究活动中,学生不仅学习了写作和演说,还学习了行动,当然,通过这次活动,"国家"对于学生们来说,也不再仅仅是每周一次的唱国歌、升国旗和校长训话了。

8. "竞选"的日子到了。每个小组都推出代表发表"执政"演讲。六年级其他班的同学作"选民"参选,场面十分热烈。最后由"选民"投票选出了"总理"。

9. 下一步的做法是每个研究小组都成为一个内阁,每个成员担任一个"部长",他们根据对国家的研究结果提出"本届政府"的执政纲领。

四、病文析改

(一) 试指出下列句子不符合应用文语言特点之处,并加以改正。

1. 峨眉山市的矿泉水主要消费者是前来旅游的港澳台和侨胞、华侨和外国人。

2. 厂里收到《关于举办质量检查科(股)长培训的通知》一文,派张员同志3月14日前来参加培训。

3. 《关于清理整顿基金联谊会等社会团体乱拉赞助问题的通知》。

4. 对纪律松弛现象,经过贯彻中央有关文件,有了显著改变。

5. 读了这本书,使我懂得了一个人应该有革命的理想。
6. 应聘的外国专家的工资,一般应高于或维持试用期工资而不能低于试用期工资。
7. 年终,某工厂对上级规定的任务已基本上差不多全部完成了。
8. 领导们严肃地研究了这个问题,提出了处理意见。
9. 校园里随时可以看见沉思的身影和琅琅的读书声。
10. 复方灵芝片主治喘息、气管炎、神经衰弱、心力衰竭、健胃强壮、消化不良。
11. 今年的小麦和粮食又获得了大丰收。
12. 公安部门将这些不法分子逮捕法办,确实罪有应得。

（二）下面是某制药厂生产的"感冒清胶囊"说明书的主体部分,请对这段说明书的结构、文字作出修改。

感冒初期轻症,俗称伤风,如喷嚏、鼻塞、流涕、咽痛、咳嗽等病情继续发展,而感染病毒引起呼吸道传染病。主要表现为以上呼吸道局部的炎症病状为主,出现高热、剧烈头痛、全身疼痛、四肢关节痛、咽痛、咳嗽、痰多、声嘶等症。

上述症状,因职业的影响,劳累过度,休息不同,年老体弱等,因而使整个人抵抗力减弱而感染发病。

虽然感冒都比较容易恢复,但也有人可能会继续引发鼻窦炎、中耳炎、喉炎、支气管炎或肺炎等疾病,因而经久不愈。

感冒清是根据上述疾病,搜集民间验方,采用金盏银盆等中草药精制品与抗病毒新药药物。

按照中西医结合的原则制成的胶丸,感冒清是感冒特效良药,它有消炎退热的功效,特别对病毒性感冒有显著效果。

（三）以下是一则请示,请找出其中语言使用不当之处进行修改,使其符合应用文的语言要求。

××中学关于筹建印刷厂的请示

××教育厅：

在改革大潮面前,在以经济为中心的形势面前,我们不甘落后。我们要做时代的弄潮儿。所以,我们决定筹建印刷厂。

我们有技术力量,不是吗?我们有三名老师家属是印刷厂退休工人,这还不够吗?我们有36个教学班,将近2000名学生,而且还有周围的四五所兄弟学校愿做我们未来的"上帝",这不是产品的好销路吗?

我们学校去年建立了一所教学楼,学生空出平房喜迁高楼,这不是工厂场地吗?如果上级不答复我们的请求,那学校经费紧张,教育厅就不得不多拨一点,我们的教师子弟没活干,由此造成教师队伍不稳定,我们也不负责。

××中学
××××年×月×日

第二章 党政机关公文

学习目标

1. 了解党政机关公文的概念、特点和种类。
2. 熟悉党政机关公文格式的构成要素和编排要求。
3. 熟悉党政机关公文的行文方向与行文规则。
4. 熟悉常用的党政机关公文的结构、正文的写法和要求。
5. 体会各种党政机关公文的例文,模拟写作,培养党政机关公文的写作能力。

第一节 党政机关公文概述

一、党政机关公文的概念

《党政机关公文处理工作条例》(中办发〔2012〕14号)(以下简称《条例》)规定:"党政机关公文是党政机关实施领导、履行职能、处理公务的具有特定效力和规范体式的文书,是传达贯彻党和国家方针政策,公布法规和规章,指导、布置和商洽工作,请示和答复问题,报告、通报和交流情况等的重要工具。"

二、党政机关公文的特点

党政机关公文是党政机关实施领导、履行职能、处理公务的重要工具,作为一种特殊的实用文体,它有着自己鲜明的特点。

(一)政治性

党政机关公文是传达贯彻党和国家方针政策,公布法规和规章,指导、布置和商洽工作,请示和答复问题,报告、通报和交流情况等的重要工具。公文的内容与国家的政治、政策密切相关,体现着统治阶级的意志,并为统治阶级服务。

(二)权威性

党政机关公文是代党政机关立言,公文的内容是各机关组织、开展工作的依据,正式发布的公文,对其适用范围内的机关、团体和个人起规范约束作用,具有法定的权威性和特定的效力。

（三）实用性

党政机关公文是以完成特定的公务活动为目的，为承担某种具体而明确的公务职能而写作的。

（四）规范性

党政机关公文的规范性主要体现在两个方面，一是体式规范，二是程序规范。

1. 体式规范

公文的体式指的是公文的文体、结构、格式和语言。公文作为一种特殊的应用文文体，具有特定的结构、格式和语言要求。公文格式遵照国家有关部门专门制定的规范化标准，现行的是《党政机关公文格式》(GB/T 9704—2012)（以下简称《格式》），对公文用纸、版面要求、印制装订要求、公文格式各要素编排规则、公文中横排表格、计量单位、标点符号和数字的用法等作了详细、明确的规定。该标准适应了现代办公自动化的要求，既突出了公文庄重、醒目、实用、美观的文面形态，又利于电子公文的处理。

2. 程序规范

公文处理工作是指公文拟制、办理、管理等一系列相互关联、衔接有序的工作。而公文的拟制、办理和管理都必须经过规定的处理程序。如公文的拟制一般要经过起草、审核、签发等程序。只有经过领导人签发的文稿才能印刷、用印和传递。联合发文由所有联署机关的负责人会签。公文办理包括收文办理、发文办理和整理归档。收文办理的主要程序包括签收、登记、初审、承办、传阅、催办、答复。发文办理的主要程序包括复核、登记、印制、核发。公文管理包括密级的确定、变更或解除，公文印发传达范围的确定和变更，公文的撤销和废止，涉密公文的清退或销毁等内容，其中每一项内容都有对应的具体的办理程序。任何人不得违反公文办理程序擅自处理，只有这样才能维护公文的严肃性与权威性，才能实现公文处理工作的规范化、科学化、制度化，提高办公效率。

（五）时效性

党政机关公文是为解决现实工作中存在的实际问题而形成和使用的，为推动现实工作服务。一项工作一旦完成，公文的使命亦随之结束。失去时效后，公文依法具有查考的价值。

三、党政机关公文的分类

《条例》中规定的公文有决议、决定、命令（令）、公报、公告、通告、意见、议案、通知、通报、报告、请示、批复、函、纪要，共计15种。这15种公文根据不同的标准、从不同的角度，可以有不同的分类方法。较常见的分类方法有：

（1）按适用范围划分，公文可划分为《条例》规定的15种主要文种。

（2）按紧急程度划分，公文可分为平件和急件，急件又可分为"特急"和"加急"两类。

（3）按秘密程度划分，公文可分为一般公文和涉密公文，涉密公文又可分为"绝密""机密"和"秘密"三类。

（4）按行文方向划分，公文可分为下行文、上行文和平行文。下行文是指具有隶属关系的上级机关发给下级机关的公文；上行文是指具有隶属关系的下级机关发给上级机关的公文；平行文是指同系统内的平级机关或不相隶属的机关之间来往的公文。

四、党政机关公文的格式

公文的格式是公文的外部组织形式，体现了公文的权威性，是公文的重要组成部分。它包括用纸格式、版面格式、印制装订格式和文面格式等内容。《格式》对其作了细致而明确的规定。

（一）公文的用纸格式

公文用纸一般使用纸张定量为 $60 \text{ g/m}^2 \sim 80 \text{ g/m}^2$ 的胶版印刷纸或复印纸。纸张白度 $80\% \sim 90\%$，横向耐折度 ≥ 15 次，不透明度 $\geq 85\%$，pH 值为 $7.5 \sim 9.5$。公文用纸采用 GB/T 148 中规定的 A4 型纸，其成品幅面尺寸为 210 mm×297 mm。特殊形式的公文用纸幅面，可以参照《格式》标准并按照有关规定执行。

（二）公文的版面格式

1. 页边与版心尺寸

公文用纸天头（上白边）为 37 mm±1 mm，公文用纸订口（左白边）为 28 mm±1 mm，版心尺寸为 156 mm×225 mm（不含页码）。

2. 字体和字号

如无特殊说明，公文格式各要素一般用 3 号仿宋体字。特定情况可以作适当调整。公文使用的汉字、数字、外文字符、计量单位和标点符号等，按照有关国家标准和规定执行。民族自治地区的公文，可以并用汉字和当地通用的少数民族文字。

3. 行数和字数

公文一般每面排 22 行，每行排 28 个字，并撑满版心。特定情况可以作适当调整。

4. 文字的颜色

如无特殊说明，公文中文字的颜色均为黑色。

（三）公文的印制装订格式

1. 制版要求

版面干净、无底灰，字迹清楚、无断划，尺寸标准，版心不斜，误差不超过 1 mm。

2. 印刷要求

双面印刷，页码套正，两面误差不超过 2 mm。黑色油墨应当达到色谱所标 BL100%，红色油墨应当达到色谱所标 Y80%、M80%。印品着墨实、均匀；字面不花、不白、无断划。

3. 装订要求

公文应当左侧装订,不掉页,两页页码之间误差不超过 4 mm,裁切后的成品尺寸允许误差为±2 mm,四角成 90°,无毛茬或缺损。

骑马订或平订的公文应当:

(1) 订位为两钉外订眼距版面上下边缘各 70 mm 处,允许误差±4 mm;

(2) 无坏钉、漏钉、重钉,钉脚平伏牢固;

(3) 骑马订钉锯均订在折缝线上,平订钉锯与书脊间的距离为 3~5 mm。

包本装订公文的封皮(封面、书脊、封底)与书芯应吻合、包紧、包平、不脱落。

(四)公文的文面格式

公文的文面格式是指公文的数据项目在公文文面上所处的位置和书写的形式。这些构成要素及其编排规则不是随意而定的,而是由党和国家有关部门颁布的法规性公文所规定的,任何单位在拟制公文时都必须遵照执行。

《条例》规定,公文一般由份号、密级和保密期限、紧急程度、发文机关标志、发文字号、签发人、标题、主送机关、正文、附件说明、发文机关署名、成文日期、印章、附注、附件、抄送机关、印发机关和印发日期、页码等 18 个要素组成。外加版头与版记中的分隔线,共 20 个要素构成完整的公文文面格式。《格式》将版心内的公文格式各要素划分为版头、主体、版记三部分,加上版心外的页码,共四部分。

1. 版头

公文首页红色分隔线以上的部分称为版头。版头由份号、密级和保密期限、紧急程度、发文机关标志、发文字号、签发人、版头中的分隔线等 7 个要素构成。

(1) 份号

份号,即公文印制份数的顺序号,是指将同一文稿印制若干份时每份公文的顺序编号。编制份号的目的是准确掌握公文的印刷份数、分发范围和对象。当文件需要收回保管或销毁时,可以对照份号掌握其是否有遗漏或丢失。并不是所有公文都必须编制份号。《条例》规定,涉密公文应当标注份号。如需标注份号,一般用 6 位 3 号阿拉伯数字,顶格编排在版心左上角第一行。

(2) 密级和保密期限

密级即公文的秘密等级,是由发文机关根据公文内容涉及国家安全和利益的程度来划定的。《条例》规定,涉密公文应当根据涉密程度分别标注"绝密""机密""秘密"和保密期限。保密期限根据实际情况确定,期满自动解密。《中华人民共和国保守国家秘密法》(1988 年 9 月 5 日第七届全国人民代表大会常务委员会第三次会议通过 2010 年 4 月 29 日第十一届全国人民代表大会常务委员会第十四次会议修订)规定:"国家秘密的保密期限,除另有规定外,绝密级不超过 30 年,机密级不超过 20 年,秘密级不超过 10 年。"如需标注密级和保密期限,一般用 3 号黑体字,顶格编排在版心左上角第二行;保密期限中的数字用阿拉伯数字标注。

(3) 紧急程度

紧急程度是指公文送达和办理的时限要求。《条例》规定,根据紧急程度,紧急公文应当分别标注"特急""加急",电报应当分别标注"特提""特急""加急""平急"。公文的紧急程度要根据情况标注,不可滥标急件或随意升格紧急程度。如需标注紧急程度,一般用3号黑体字,顶格编排在版心左上角;如需同时标注份号、密级和保密期限、紧急程度,按照份号、密级和保密期限、紧急程度的顺序自上而下分行排列。

(4) 发文机关标志

《条例》规定,发文机关标志由发文机关全称或者规范化简称加"文件"二字组成,也可以使用发文机关全称或者规范化简称。发文机关标志居中排布,上边缘至版心上边缘为35 mm,推荐使用小标宋体字,颜色为红色,以醒目、美观、庄重为原则。联合行文时,发文机关标志可以并用联合发文机关名称,也可以单独用主办机关名称。如需同时标注联署发文机关名称,一般应当将主办机关名称排列在前;如有"文件"二字,应当置于发文机关名称右侧,以联署发文机关名称为准上下居中排布。

(5) 发文字号

发文字号是由发文机关编排的文件代号,其主要作用是便于统计和管理公文,便于查找和引用公文。《条例》规定,发文字号由发文机关代字、年份、发文顺序号组成。联合行文时,使用主办机关的发文字号。发文字号编排在发文机关标志下空两行位置,居中排布。年份、发文顺序号用阿拉伯数字标注;年份应标全称,用六角括号"〔〕"括入;发文顺序号不加"第"字,不编虚位(即"1"不编为"01"),在阿拉伯数字后加"号"字。上行文的发文字号居左空一字编排,与最后一个签发人姓名处在同一行。

(6) 签发人

《条例》规定,上行文应当标注签发人姓名。公文应当经本机关负责人审批签发。重要公文和上行文由机关主要负责人签发。党委、政府的办公厅(室)根据党委、政府授权制发的公文,由受权机关主要负责人签发或者按照有关规定签发。签发人签发公文,应当签署意见、姓名和完整日期;圈阅或者签名的,视为同意。联合发文由所有联署机关的负责人会签。签发人的标识方法由"签发人"三字加全角冒号和签发人姓名组成,居右空一字,编排在发文机关标志下空两行位置。"签发人"三字用3号仿宋体字,签发人姓名用3号楷体字。如有多个签发人,签发人姓名按照发文机关的排列顺序从左到右、自上而下依次均匀编排,一般每行排两个姓名,回行时与上一行第一个签发人姓名对齐。

(7) 版头中的分隔线

版头中的分隔线为发文字号之下4 mm处居中印一条与版心等宽的红色分隔线。

2. 主体

《格式》规定,公文首页红色分隔线(不含)以下、公文末页首条分隔线(不含)以上的部分称为主体。公文主体部分包括标题、主送机关、正文、附件说明、发文机关署名、成文日期、印章、附注、附件等9个要素。

(1) 标题

标题由发文机关名称、事由和文种组成,例如《国务院关于促进稀土行业持续健康发展的若干意见》。标题一般用2号小标宋体字,编排于红色分隔线下空两行位置,分一行或多行居中排布;回行时,要做到词意完整,排列对称,长短适宜,间距恰当,标题排列应当使用梯形或菱形。除法规、规章需要加书名号、荣誉称号要加双引号外,标题尽可能不用或少用标点符号。

（2）主送机关

主送机关是指公文的主要受理机关,应当使用机关全称、规范化简称或者同类型机关统称。主送机关编排于标题下空一行位置,居左顶格,回行时仍顶格。多个主送机关之间用顿号或逗号隔开,一般按系统和级别分,在各系统之间加逗号,在同一系统内各单位之间加顿号,最后一个机关名称后标全角冒号。例如,"各省、自治区、直辖市人民政府,国务院各部委、各直属机构:"。如主送机关名称过多导致公文首页不能显示正文时,应当将主送机关名称移至版记。如需把主送机关移至版记,除将"抄送"改为"主送"外,编排方法同抄送机关。既有主送机关又有抄送机关时,应当将主送机关置于抄送机关之上一行,中间不加分隔线。

（3）正文

正文是公文的核心部分,其内容一般包括发文缘由、事项、结尾三大部分,每部分之间用过渡语明显提示。缘由部分可长可短,视实际需要撰写。事项部分常常采用分条列写的方式,使阅读者一目了然。结尾部分用习惯用语。公文结构原则上要求简明清晰,切忌花里胡哨,故弄玄虚。公文首页必须显示正文。一般用3号仿宋体字,编排于主送机关名称下一行,每个自然段左空两字,回行顶格。文中结构层级序数依次可以用"一、""（一）""1.""（1）"标注；一般第一级用黑体字、第二级用楷体字、第三级和第四级用仿宋体字标注。

（4）附件说明

附件说明包括公文附件的顺序号和名称。公文附件是对正文内容的补充说明或参考资料。公文如有附件,在正文下空一行左空两字编排"附件"二字,后标全角冒号和附件名称。如有多个附件,使用阿拉伯数字标注附件顺序号,如"附件:1.×××××";附件名称后不加标点符号。附件名称较长需回行时,应当与上一行附件名称的首字对齐。

（5）发文机关署名与成文日期

发文机关署名,署发文机关全称或者规范化简称。成文日期,署会议通过或者发文机关负责人签发的日期。联合行文时,署最后签发机关负责人签发的日期。加盖印章的公文,成文日期一般右空四字编排；单一机关行文时,一般在成文日期之上、以成文日期为准居中编排发文机关署名；联合行文时,一般将各发文机关署名按照发文机关顺序整齐排列在相应位置。不加盖印章的公文,单一机关行文时,在正文（或附件说明）下空一行右空两字编排发文机关署名,在发文机关署名下一行编排成文日期,首字比发文机关署名首字右移两字,如成文日期长于发文机关署名,应当使成文日期右空两字编排,并相应增加发文机关署名右空字数；联合行文时,应当先编排主办机关署名,其余发文机关署名依次向下编排。成文日期中的数字用阿拉伯数字将年、月、日标全,年份应标全称,月、日不编虚位（即"1"不编为"01"）。

（6）印章

公文中有发文机关署名的,应当加盖发文机关印章,并与署名机关相符。印章用红色,不得出现空白印章。印章端正、居中下压发文机关署名和成文日期,使发文机关署名和成文日期居印章中心偏下位置,印章顶端应当上距正文（或附件说明）一行之内。联合行文时,将印章一一对应、端正、居中下压各发文机关署名,最后一个印章端正、居中下压发文机关署名和成文日期,印章之间排列整齐、互不相交或相切,每排印章两端不得超出版心,首排印章顶端应当上距正文（或附件说明）一行之内。有特定发文机关标志的普发性公文和电报可以不加盖印章。

单一机关制发的公文加盖签发人签名章时,在正文（或附件说明）下空两行右空四字加盖签发人签名章,签名章左空二字标注签发人职务,以签名章为准上下居中排布,在签发人签名章下空一行右空四字编排成文日期;联合行文时,应当先编排主办机关签发人职务、签名章,其余机关签发人职务、签名章依次向下编排,与主办机关签发人职务、签名章上下对齐;每行只编排一个机关的签发人职务、签名章;签发人职务应当标注全称;签名章一般用红色。

加盖发文机关印章或加盖签发人签名章,是证明公文效力的形式,即公文生效标识。

当公文排版后所剩空白处不能容下印章或签发人签名章、成文日期时,可以采取调整行距、字距的措施解决。

(7) 附注

附注用于说明其他项目不便说明的事项,如公文印发传达范围等。公文如有附注,居左空二字加圆括号编排在成文日期下一行。

(8) 附件

附件是公文正文的说明、补充或者参考资料。附件应当另面编排,并在版记之前,与公文正文一起装订。"附件"两字及附件顺序号用3号黑体字顶格编排在版心左上角第一行。附件标题居中编排在版心第三行。附件顺序号和附件标题应当与附件说明的表述一致。附件格式要求同正文。如附件与正文不能一起装订,应当在附件左上角第一行顶格编排公文的发文字号并在其后标注"附件"两字及附件顺序号。

3. 版记

《格式》规定,公文末页首条分隔线以下、末条分隔线以上的部分称为版记。公文的版记包括版记中的分割线、抄送机关、印发机关和印发日期等3个要素。

(1) 版记中的分割线

版记中的分隔线与版心等宽,首条分隔线和末条分隔线用粗线(推荐高度为0.35 mm),中间的分隔线用细线(推荐高度为0.25 mm)。首条分隔线位于版记中第一个要素之上,末条分隔线与公文最后一面的版心下边缘重合。

(2) 抄送机关

抄送机关是指除主送机关外需要执行或者知晓公文内容的其他机关,应当使用机关全称、规范化简称或者同类型机关统称。公文如有抄送机关,一般用4号仿宋体字,在印发机关和印发日期之上一行、左右各空一字编排。"抄送"二字后加全角冒号和抄送机关名称,回行时与冒号后的首字对齐,最后一个抄送机关名称后标句号。

(3) 印发机关和印发日期

即公文的送印机关和送印日期。印发机关和印发日期一般用4号仿宋体字,编排在末条分隔线之上,印发机关左空一字,印发日期右空一字,用阿拉伯数字将年、月、日标全,年份应标全称,月、日不编虚位(即"1"不编为"01"),后加"印发"二字。版记中如有其他要素,应当将其与印发机关和印发日期用一条细分隔线隔开。

4. 页码

页码即公文页数顺序号。页码位于版心外。一般用4号半角宋体阿拉伯数字,编排在公文版心边缘之下,数字左右各放一条一字线;一字线距版心下边缘7 mm。单页码居右空一字,双页码居左空一字。公文的版记页前有空白页的,空白页和版记页均不编排页码。公文的附件与正文一起装订时,页码应当连续编排。

（五）公文的特殊格式

1. 公文中的横排表格

当表格横排时，页码位置与公文其他页码保持一致，单页码表头在订口一边，双页码表头在切口一边。

2. 公文中计量单位、标点符号和数字的用法

公文中计量单位的用法应当符合 GB 3100、GB 3101 和 GB 3102（所有部分），标点符号的用法应当符合 GB/T 15834，数字用法应当符合 GB/T 15835。

（六）公文的特定格式

1. 信函格式

发文机关标志使用发文机关全称或者规范化简称，居中排布，上边缘至上页边为 30 mm，推荐使用红色小标宋体字。联合行文时，使用主办机关标志。

发文机关标志下 4 mm 处印一条红色双线（上粗下细），距下页边 20 mm 处印一条红色双线（上细下粗），线长均为 170 mm，居中排布。

如需标注份号、密级和保密期限、紧急程度，应当顶格居版心左边缘编排在第一条红色双线下，按照份号、密级和保密期限、紧急程度的顺序自上而下分行排列，第一个要素与该线的距离为 3 号汉字高度的 7/8。

发文字号顶格居版心右边缘编排在第一条红色双线下，与该线的距离为 3 号汉字高度的 7/8。

标题居中编排，与其上最后一个要素相距两行。

第二条红色双线上一行如有文字，与该线的距离为 3 号汉字高度的 7/8。

首页不显示页码。

版记不加印发机关和印发日期、分隔线，位于公文最后一面版心内最下方。

2. 命令（令）格式

发文机关标志由发文机关全称加"命令"或"令"字组成，居中排布，命令标志上边缘至版心上边缘为 20 mm，推荐使用红色小标宋体字。发文机关标志下空两行居中编排令号，令号下空二行编排正文。

3. 纪要格式

纪要标志由"××××纪要"组成，居中排布，上边缘至版心上边缘为 35 mm，推荐使用红色小标宋体字。

标注出席人员名单，一般用 3 号黑体字，在正文或附件说明下空一行左空两字编排"出席"二字，后标全角冒号，冒号后用 3 号仿宋体字标注出席人单位、姓名，回行时与冒号后的首字对齐。

标注请假和列席人员名单，除依次另起一行并将"出席"两字改为"请假"或"列席"外，编排方法同出席人员名单。

纪要格式可以根据实际制定。

五、公文的行文规则

行文规则是指公文在运行传递中应遵守的各项规定。为了准确运用行文规则,确保公文的正常运行,首先应了解并正确地确定公文的行文关系和行文方向。

（一）公文的行文关系

行文关系是行文时发文单位与受文单位的关系,是机关单位之间的组织关系在公文运行中的体现。我国党政机关、企事业单位、社会组织之间及其内部各部门之间的组织关系和行文关系主要有以下3种。

1. 上下级关系

上下级关系包括领导和被领导关系、指导与被指导关系、监督与被监督关系等。领导和被领导关系,指同一垂直组织系统中存在直接职能往来的上下级机关之间的关系,如党中央和省委、国务院和省政府等都是隶属的领导关系。省委宣传部和市委宣传部、省经贸委和市经贸委则是指导关系。监督关系,如纪检对同级、下级机关的纪律监督、政协对党政部门和社会组织的民主监督等。上级可向下级行文指挥、布置工作,了解情况,处理问题,回答请示询问;下级则应按照上级来文精神开展工作,向上级行文报告情况,请求帮助和指示。

2. 平级关系

平级关系即相同级别的机关或者部门、单位之间的关系。如省政府与省政府之间,县政府与县政府之间,省政府下属的各个厅之间,厅所属的各个处之间,都是平级关系。其代表性文种是平行文"函"。

3. 非隶属关系

非隶属关系指不是同一垂直组织系统、不发生直接职能往来的机关之间的关系。这些机关包括平级机关或不同级别的机关,如省政府各厅之间、省政府各厅与市政府之间,都属于非隶属关系。这些机关之间,若有公务需要联系,用函行文即可。

（二）公文的行文方向

行文方向是指公文以发文机关为立足点向不同机关运行的方向。根据行文关系,可将公文的行文方向划分为上行文、下行文和平行文三种。

（三）公文的行文规则

行文规则作为公文运行中应遵循的规矩、法则,《条例》第四章对公文的行文规则进行了详细的规定:

(1) 行文应当确有必要,讲求实效,注重针对性和可操作性。

(2) 行文关系根据隶属关系和职权范围确定。一般不得越级行文,特殊情况需要越级行文的,应当同时抄送被越过的机关。

(3) 向上级机关行文,应是遵循以下规则:

① 原则上主送一个上级机关,根据需要同时抄送相关上级机关和同级机关,不抄送下

级机关。

②党委、政府的部门向上级主管部门请示、报告重大事项,应当经本级党委、政府同意或者授权;属于部门职权范围内的事项应当直接报送上级主管部门。

③下级机关的请示事项,如需以本机关名义向上级机关请示,应当提出倾向性意见后上报,不得原文转报上级机关。

④请示应当一文一事。不得在报告等非请示性公文中夹带请示事项。

⑤除上级机关负责人直接交办事项外,不得以本机关名义向上级机关负责人报送公文,不得以本机关负责人名义向上级机关报送公文。

⑥受双重领导的机关向一个上级机关行文,必要时抄送另一个上级机关。

(4) 向下级机关行文,应当遵循以下规则。

①主送受理机关,根据需要抄送相关机关。重要行文应当同时抄送发文机关的直接上级机关。

②党委、政府的办公厅(室)根据本级党委、政府授权,可以向下级党委、政府行文,其他部门和单位不得向下级党委、政府发布指令性公文或者在公文中向下级党委、政府提出指令性要求。需经政府审批的具体事项,经政府同意后可以由政府职能部门行文,文中须注明政府已经同意。

③党委、政府的部门在各自职权范围内可以向下级党委、政府的相关部门行文。

④涉及多个部门职权范围内的事务,部门之间未协商一致的,不得向下行文;擅自行文的,上级机关应当责令其纠正或者撤销。

⑤上级机关向受双重领导的下级机关行文,必要时抄送该下级机关的另一个上级机关。

(5) 同级党政机关、党政机关与其他同级机关必要时可以联合行文。属于党委、政府各自职权范围内的工作,不得联合行文。

党委、政府的部门依据职权可以相互行文。

部门内设机构除办公厅(室)外不得对外正式行文。

第二节 决 议

一、决议的概念

《条例》规定:"决议。适用于会议讨论通过的重大决策事项。"

决议是党政领导机关就重要事项,经会议讨论通过其决策,并要求进行贯彻执行的重要公文,是党政领导机关意志的体现,具有权威性和指导性,其表述的观点和对事项的评价都具有指导意义,一经公布,全党、全国上下都必须坚决执行。

决议一般由全国人民代表大会、全国人民代表大会常务委员会、地方各级人民代表大会及其常务委员会发布。

二、决议的种类

决议一般分为公布性决议、批准性决议和阐述性决议三种类型。

公布性决议是为公布某项法规、提案而写作的公文,如《全国人民代表大会常务委员会关于公布〈中华人民共和国宪法修改草案〉的决议》。

批准性决议是肯定或否定某种议案的公文,如《十堰市人民代表大会常务委员会关于批准 2011 年市级财政决算的决议》。

阐述性决议是对某些重大结论的具体内容加以展开阐述的公文,如《中国共产党第十八次全国代表大会关于十七届中央委员会报告的决议》。

三、决议的结构与写法

(一)标题

标题由"发文机关+事由+文种"组成,如《中国共产党第十八次全国代表大会关于十七届中央委员会报告的决议》。

(二)成文时间

成文时间即决议正式通过的日期。一般放在标题下,在圆括号内注明会议名称及通过时间。

(三)正文

决议的正文一般由导语、决议事项和结语三部分组成。

1. 导语

简要说明有关会议审议、决议涉及事项的情况,陈述作出决议的原因、根据、背景、目的或意义。

2. 决议事项

写明会议通过的决议事项,或会议对有关文件、事项作出的评价和决定,或对有关工作作出的部署安排和要求、措施。

3. 结语

结语一般紧扣决议事项,有针对性地提出希望、号召和执行要求。有的决议可不单列这部分。

四、决议的写作要求

(一)主题要鲜明

决议是会议的结论性意见,是会议的重要成果,因此需要把会议的主要精神准确、鲜明地体现出来。

（二）用语要庄重

决议的表态要斩钉截铁,肯定庄重;结语要号召有力,鼓舞人心;决议还通常使用"会议认为""会议强调""会议号召"等语言作为启承。

（三）结构要严谨

决议的内容要逐段或逐条阐述清楚,详略得当,逻辑性强。

五、参考例文

例文1

十堰市人民代表大会常务委员会关于批准2011年市级财政决算的决议

（2012年10月31日市四届人大常委会第十三次会议通过）

十堰市第四届人民代表大会常务委员会第十三次会议听取了市财政局局长吴先锋受市人民政府委托作的《关于2011年市级财政决算的报告》和市审计局局长陈勇受市人民政府委托作的《关于2011年度市级预算执行和其他财政收支的审计工作报告》。会议结合审议审计工作报告,对《2011年市级财政决算（草案）和市级财政决算报告》进行了审查,同意市人大常委会预算工作委员会提出的《关于2011年市级财政决算的审查报告》,决定批准《2011年市级财政决算》,批准《关于2011年市级财政决算的报告》。

例文2

中国共产党第十八次全国代表大会关于十七届中央委员会报告的决议

（2012年11月14日中国共产党第十八次全国代表大会通过）

中国共产党第十八次全国代表大会批准胡锦涛同志代表十七届中央委员会所作的报告。报告高举中国特色社会主义伟大旗帜,以马克思列宁主义、毛泽东思想、邓小平理论、"三个代表"重要思想、科学发展观为指导,分析了国际国内形势的发展变化,回顾总结了过去五年的工作和党的十六大以来的奋斗历程及取得的历史性成就,确立了科学发展观的历史地位,提出了夺取中国特色社会主义新胜利的基本要求,确定了全面建成小康社会和全面深化改革开放的目标,对新的时代条件下推进中国特色社会主义事业作出了全面部署,对全面提高党的建设科学化水平提出了明确要求。报告描绘了全面建成小康社会、加快推进社会主义现代化的宏伟蓝图,为党和国家事业进一步发展指明了方向,是全党全国各族人民智慧的结晶,是我们党团结带领全国各族人民夺取中国特色社会主义新胜利的政治宣言和行动纲领,是马克思主义的纲领性文献。

大会认为,报告阐明的大会主题对我们党带领人民继往开来、奋勇前进具有十分重大的意义。全党要高举中国特色社会主义伟大旗帜,以邓小平理论、"三个代表"重要思想、科学发展观为指导,解放思想,改革开放,凝聚力量,攻坚克难,坚定不移沿着中国特色社会主义道路前进,为全面建成小康社会而奋斗。

　　……

　　大会强调,反对腐败、建设廉洁政治,是党一贯坚持的鲜明政治立场,是人民关注的重大政治问题。反腐倡廉必须常抓不懈,拒腐防变必须警钟长鸣。要坚持中国特色反腐倡廉道路,坚持标本兼治、综合治理、惩防并举、注重预防方针,全面推进惩治和预防腐败体系建设,做到干部清正、政府清廉、政治清明。

　　大会强调,党的集中统一是党的力量所在,是实现经济社会发展、民族团结进步、国家长治久安的根本保证。党面临的形势越复杂,肩负的任务越艰巨,就越要加强党的纪律建设,越要维护党的集中统一,形成全党上下步调一致、奋发进取的强大力量。

　　大会强调,面对人民的信任和重托,面对新的历史条件和考验,全党必须增强忧患意识,谦虚谨慎,戒骄戒躁,始终保持清醒头脑;必须增强创新意识,坚持真理,修正错误,始终保持奋发有为的精神状态;必须增强宗旨意识,相信群众,依靠群众,始终把人民放在心中最高位置;必须增强使命意识,求真务实,艰苦奋斗,始终保持共产党人的政治本色。

　　大会号召,全党全国各族人民高举中国特色社会主义伟大旗帜,更加紧密地团结在党中央周围,为全面建成小康社会而奋斗,不断夺取中国特色社会主义新胜利,共同创造中国人民和中华民族更加幸福美好的未来!

第三节　决　　定

一、决定的概念

　　《条例》规定,决定是"适用于对重要事项作出决策和部署、奖惩有关单位和人员、变更或者撤销下级机关不适当的决定事项"的公文。决定是领导机关发出的,带有制约、规范和指导作用的下行公文。

二、决定的种类

　　按内容和作用划分,决定大体可以分为以下四类。

　　（一）知照性决定

　　知照性决定用于向人们宣告对某一问题的主张、态度或解决问题的结果,如《国务院关于修改和废止部分行政法规的决定》。

（二）指挥部署性决定

指挥部署性决定主要用于对重大工作或重大行动作出安排部署，具有很强的方针政策性，能充分体现领导机关的意图，如《国务院安委会关于进一步加强安全培训工作的决定》。

（三）奖惩性决定

奖惩性决定用于对有关单位或人员进行表彰或处理，如《广东省人民政府关于给省公安消防总队记集体一等功的决定》。

（四）变更或撤销性决定

变更或撤销性决定用于各级领导机关在自己权限范围内的变更或撤销不适当的决议、决定事项，如《国务院关于第六批取消和调整行政审批项目的决定》。

三、决定的结构与写法

（一）标题

标题由"发文机关＋事由＋文种"组成，如《中共中央关于加强党的执政能力建设的决定》。

（二）正文

决定的正文一般由决定缘由和决定事项两部分构成。

1. 决定缘由

决定缘由是指对某项工作或重大行动作出安排的依据，行文要求简明扼要，依据要恰当充分，令人信服。

2. 决定事项

决定事项是全文的主体内容，主要包括开展工作的有关政策原则、执行的事项及有关规定要求等。涉及材料较多的，一般采用分条或分题式表述，行文要条理清楚，用语要简洁明了，易于有关人员把握和执行。

（三）落款和成文日期

落款和成文日期按一般公文文面格式的要求执行。

四、决定的写作要求

（一）缘由阐述简明

决定的依据要写得简短、明确、充分，所引用的法律、法规条文必须准确。

（二）事项列写具体

决定事项要写得准确、具体，条理清楚，具有可操作性，确保受文机关能准确理解和贯彻执行。

（三）语气坚决得体

决定的语气要坚决明确，但也不能盛气凌人。

五、决议和决定的区别

（一）制作程序不同

决议须经某一级机关或组织机构的法定会议对某一议题进行集体讨论，由法定多数表决通过，然后形成正式文件，并以会议的名义公布。而决定却不一定经过法定会议讨论通过的程序。它既可以是某种会议讨论研究的成果，形成正式文件予以公布，也可由各级领导机关直接制作并予以公布。因此，可以认定，凡未经有关法定会议讨论通过这一程序，而是以领导机关的名义发布的议决性文件，就只能使用决定。

（二）作用不同

决议一律要求下级机关执行。而决定只有部署性决定才要求下级机关执行，知照性决定只起知照性作用，一般不要求下级机关执行。

（三）内容不同

在会议讨论通过的前提下，凡作出了具体的规定和要求，履行法定的权力，强制有关部门贯彻执行的，用决定。若只是简要地表示肯定或否定的意见，履行法律程序，指导有关部门遵照办理的，用决议。由会议或领导机关直接制定发布行政法规，用决定。由会议审议批准某项议案、重要报告、法规，用决议，所审议批准的条文作为"决议"的正件。授予荣誉称号或给予处分，用决定。审议机构成立或撤销，用决议。

（四）写法不同

公布性决议、批准性决议一般写得比较简要、笼统。阐述性决议不仅要指出指令性意见，还要对决议事项本身的有关问题作若干必要的论述或说明，即作一些理论上的阐述。而决定不多说理论上的道理，而往往着重提出开展某项工作的步骤、措施、要求等。决定要求写得明确、具体，措施也就更有落实性，行政约束力强，可以直接成为下级机关行动的准则。而决议往往写得比较概括，原则性条文多，下级机关在贯彻执行时，多数还要根据决议制定相应的具体办法或实施措施。

（五）使用权限不同

决议一般是由全国人民代表大会、全国人民代表大会常务委员会、地方各级人民代表大会及其常务委员会发布。决定则可以较普遍地使用，通常由各级领导机关在自己的职权范围内制定并公布。

六、参考例文

例文1

广东省人民政府关于给省公安消防总队记集体一等功的决定

各地级以上市人民政府,各县(市、区)人民政府,省政府各部门、各直属机构:

省公安消防总队深入贯彻落实科学发展观,忠实实践胡锦涛总书记"忠诚可靠、服务人民、竭诚奉献"的要求,围绕中心,服务大局,依法履职,充分发挥防火灭火和应急救援的主力军作用。近3年来,省公安消防总队参加灭火和应急救援16万余次,抢救遇险群众3万多人,抢救和保护财产价值780多亿元,出色完成了青海玉树抗震救灾、超强台风"凡亚比"抗洪救灾、广州亚运会亚残运会和深圳大运会消防安保及2011年"7·11"中海油惠州炼油厂泄漏爆炸等重特大灭火救援战斗和消防安全保卫任务。特别在今年连续处置"4·9"东莞市建晖纸业有限公司火灾、"5·11"深圳市空港油库泄漏事故、"5·28"惠州市大亚湾石化区苯乙烯储罐火灾、"6·6"云浮市郁南县大湾工业园甲醇储罐爆炸火灾等重特大事故中,省公安消防总队快速反应、科学指挥、英勇善战,圆满完成了扑救任务,最大限度降低了事故损失,最大程度保护了人民群众生命和财产安全,得到公安部及省委、省政府领导同志的高度肯定和人民群众的普遍赞誉。

为表彰省公安消防总队做出的突出贡献,大力弘扬他们的先进事迹和崇高精神,省人民政府决定给省公安消防总队记集体一等功。希望全省公安消防部队全体官兵珍惜荣誉,戒骄戒躁,再立新功。全省各地、各部门要学习省公安消防总队忠于祖国、忠于人民的崇高品质和忠诚履职、勇于献身的无私精神,立足本职、勤奋工作,为加快转型升级、建设幸福广东做出新的更大贡献。

广东省人民政府
2012年8月9日

例文2

国务院关于第六批取消和调整行政审批项目的决定

各省、自治区、直辖市人民政府,国务院各部委、各直属机构:

2011年以来,按照深入推进行政审批制度改革工作电视电话会议的部署和行政审批制度改革的要求,行政审批制度改革工作部际联席会议依据行政许可法等法律法规的规定,对国务院部门的行政审批项目进行了第六轮集中清理。经严格审核论证,国务院决定第六批取消和调整314项行政审批项目。各地区、各部门要加强组织领导,明确工作分工,抓好监督检查,完善规章制度,确保行政审批项目的取消和调整及时落实到位。同时,要强化后续监管,明确监管责任,制定监管措施,做好工作衔接,避免出现监管真空。

深化行政审批制度改革是一项长期任务。各地区、各部门要按照党中央、国务院的部署和要求,在现有工作基础上,积极适应经济社会发展需要,坚定不移地深入推进行政审批制度改革。

一、进一步取消和调整行政审批项目。凡公民、法人或者其他组织能够自主决定,市场竞争机制能够有效调节,行业组织或者中介机构能够自律管理的事项,政府都要退出。凡可以采用事后监管和间接管理方式的事项,一律不设前置审批。以部门规章、文件等形式违反行政许可法规定设定的行政许可,要限期改正。探索建立审批项目动态清理工作机制。

二、积极推进行政审批规范化建设。新设审批项目必须于法有据,并严格按照法定程序进行合法性、必要性、合理性审查论证。没有法律法规依据,任何地方和部门不得以规章、文件等形式设定或变相设定行政审批项目。研究制定非行政许可审批项目设定和管理办法。

三、加快推进事业单位改革和社会组织管理改革。把适合事业单位和社会组织承担的事务性工作和管理服务事项,通过委托、招标、合同外包等方式交给事业单位或社会组织承担。抓紧培育相关行业组织,推动行业组织规范、公开、高效、廉洁办事。

四、进一步健全行政审批服务体系。继续推进政务中心建设,健全省市县乡四级联动的政务服务体系,并逐步向村和社区延伸。加强行政审批绩效管理,推行网上审批、并联审批和服务质量公开承诺等做法,不断提高行政审批服务水平。审批项目较多的部门要建立政务大厅或服务窗口。

五、深入推进行政审批领域防治腐败工作。深化审批公开,推行"阳光审批"。加快推广行政审批电子监察系统。严肃查处利用审批权违纪违法案件。

六、把行政审批制度改革与投资体制、财税金融体制、社会体制和行政管理体制改革紧密结合起来。进一步理顺和规范政府与企业、政府与社会的关系,规范上下级政府的关系。进一步优化政府机构设置和职能配置,提高行政效能和公共管理服务质量。

附件:1. 国务院决定取消的行政审批项目目录(171项)
　　　2. 国务院决定调整的行政审批项目目录(143项)

国务院
2012 年 9 月 23 日

第四节　命令(令)

一、命令(令)的概念

《条例》规定:"命令(令)。适用于公布行政法规和规章、宣布施行重大强制性措施、批准授予和晋升衔级、嘉奖有关单位和人员。"

命令(令)是具有严肃性、强制性、权威性和指挥性的下行公文。命令是针对重大事项，由级别较高的国家领导机关或首脑发布，《中华人民共和国宪法》规定，中华人民共和国主席、国务院、国务院各部和各委员会、县级以上地方各级人民政府有权发布命令，其他单位和个人则无权使用这一文种；命令一旦发布，就具有法定的效力和权威，下级机关必须无条件、不折不扣地执行。

二、命令(令)的种类

根据《条例》对命令(令)的功能的阐述，大致可将其分为四种基本类型。

（1）发布令是指依照有关法律公布行政法规和规章，如《中华人民共和国主席令》。

（2）行政令是指依照有关法律宣布施行重大强制性措施，如戒严令、通缉令等。

（3）任免令是指依照有关法律批准授予和晋升衔级。

（4）嘉奖令是指依照有关法律嘉奖有关单位和人员。嘉奖令是奖励的最高级别，用于奖励贡献突出的个人或集体。

三、命令(令)的结构与写法

（一）标题(发文机关标志)

命令的标题主要有以下两种：

一是由"发文机关＋事由＋文种"组成，如《重庆市永川区森林防火戒严令》；

二是由"发文机关＋文种"组成，如《中华人民共和国主席令》《中华人民共和国国务院令》等。《格式》将此定义为发文机关标志"居中排布，上边缘至版心上边缘为 20 mm，推荐使用红色小标宋体字"。

（二）发文字号(令号)

标题(发文机关标志)下空两行编排发文字号(令号)，命令的发文字号有两种格式，以机关名义发布的命令一般标注公文发文字号："机关代字＋年份＋序号"；以首长个人名义发布的命令直接标注顺序号："第××号"，自首长上任开始至任职期满为止统一编号。

（三）正文

发文字号(令号)下空两行编排正文。不同种类发布令的正文写法各不相同。

1. 发布令

发布令依照有关法律公布行政法规和规章，要写清发布命令的原因、具体命令事项(所公布的行政法规、规章的名称)和施行日期。至于行政法规和规章的全文，一般作为正件同时发布。

2. 行政令

行政令依照有关法律宣布施行重大强制性措施，要写清发布命令的原因、目的、依据，以及命令事项和执行要求。

3. 任免令

任免令依照有关法律批准授予和晋升衔级,要写清任免的依据及具体任免的职务。

4. 嘉奖令

嘉奖令依照有关法律嘉奖有关单位和人员,要写明嘉奖的理由、被嘉奖者的具体成绩、嘉奖的目的、具体的勉励内容等,并在结尾提出希望和号召。

(四)落款与署时

命令的落款有两种形式:一是签署发文机关的名称及成文日期,参照一般公文格式进行;二是签署发令人的职务和姓名,在正文(或附件说明)下空两行右空四字加盖签发人签名章(一般用红色),签名章左空两字标注签发人职务,以签名章为准上下居中排布,在签发人签名章下空一行右空四字编排成文日期。

四、命令(令)的写作要求

(1) 内容要符合有关法律和政策,使用权限要符合要求。
(2) 态度要鲜明,语言要肯定。
(3) 文字要简练,结构要严谨,中心要突出。

五、命令(令)与决定的区别

(一)使用权限不同

命令(令)的使用权限非常严格,《宪法》规定,只有中华人民共和国主席、国务院、国务院各部委、县级以上地方各级人民政府有权发布命令,其他单位和个人则无权使用这一文种。决定则可以较普遍地使用。

(二)适用范围不同

命令(令)涉及的是特定的具体事务,如《宪法》规定:"中华人民共和国主席根据全国人民代表大会的决定和全国人民代表大会常务委员会的决定,公布法律,任命国务院总理、副总理、国务委员、各部部长、各委员会主任、审计长、秘书长,授予国家的勋章和荣誉称号,发布特赦令,宣布进入紧急状态,宣布战争状态,发布动员令。"决定既涉及特定的具体事务,也涉及一部分非特定的、具有普遍性的、反复发生的事务。

(三)表达要求不同

命令(令)高度简洁,一般只表达发文者的意志和要求。决定既要表达意志、要求,又要交代执行方面的具体要求,以及有关的界定标准等。

六、参考例文

例文 1

中华人民共和国主席令

第六十九号

《全国人民代表大会常务委员会关于修改〈中华人民共和国人民警察法〉的决定》已由中华人民共和国第十一届全国人民代表大会常务委员会第二十九次会议于 2012 年 10 月 26 日通过,现予公布,自 2013 年 1 月 1 日起施行。

中华人民共和国主席　　胡锦涛

2012 年 10 月 26 日

例文 2

中华人民共和国国务院令

第 629 号

《农业保险条例》已经 2012 年 10 月 24 日国务院第 222 次常务会议通过,现予公布,自 2013 年 3 月 1 日起施行。

总理　　温家宝

2012 年 11 月 12 日

例文 3

重庆市永川区人民政府森林防火戒严令

永川府〔2012〕63 号

由于受持续高温酷暑天气影响,我区森林火险等级居高不下,森林防火形势异常严峻。为确保我区的森林资源和林区群众的生命财产安全,根据国务院《森林防火条例》等法律法规及市政府有关规定,区人民政府决定自即日起对我区所有林区实行森林防火戒严,现将有关事项紧急通告如下。

一、森林防火戒严时间

自本戒严令发布之日起至高温伏旱天气解除之日止(解除时间另行通知)。

二、森林防火戒严范围

我区境内所有森林、森林工程林、城市园林风景区及林缘200米以内范围。

三、在本戒严令规定的戒严时间及戒严范围内,禁止以下行为：

（一）禁止野外吸烟、野炊、玩火、打火把、燃放孔明灯等；

（二）禁止烧荒、烧灰积肥等农事用火；

（三）禁止上坟烧烛烧纸、燃放鞭炮；

（四）禁止打靶、放炮等一切野外用火行为。

四、各防火责任单位要在重要路段、重点区域和关键部位,设立森林防火检查站,对过往车辆和人员进行检查。

五、本戒严令规定的戒严时间及戒严范围内,所有驻山单位、招待所、农家乐、度假村等经营场所必须接受森林防火安全检查,如有违反将依法追究经营者的经济和法律责任。茶山竹海景区内停止一切商业活动,加强施工监管,禁止游客上山,如有违反将依法追究经营者和相关责任人的经济和法律责任。

六、违反本戒严令第三条的,由区林业主管部门根据国务院《森林防火条例》的相关规定予以处罚；情节严重的由公安机关根据《中华人民共和国治安管理处罚法》予以处罚；情节特别严重或引起严重后果构成犯罪的,依法追究刑事责任。

七、违反本戒严令第四条规定的,由公安交通管理等部门依据《中华人民共和国道路交通安全法》的相关规定予以严肃处理。

八、本戒严令自发布之日起施行。

重庆市永川区人民政府

二〇一一年九月二日

例文4

瑞安市人民政府嘉奖令

瑞政发〔2012〕132号

各功能区管委会,各镇人民政府,各街道办事处,市政府直属各单位：

2012年7月23日11时45分,位于瑞安市仙降街道林光工业区倚丽格鞋业有限公司发生火灾,瑞安市公安消防局接到报警后,一次性调集了3个现役中队、7个政府专职队、1个志愿消防队,共20辆消防车、107名消防指战员到场扑救火灾,并向温州市消防支队和省总队请求增援。经过全体参战官兵8小时的奋力扑救,火灾被成功扑灭。

在此次火灾扑救中,瑞安市公安消防局第一时间赶赴现场,坚持"先控制、后消灭"的战术原则和"确保人员安全"的指导思想,最大限度地发挥人员与装备相结合的优势,及时有效地控制火势,实现事故现场人员零伤亡,保护了周边3万平方米的厂房,抢救财产价值约1亿元,赢得了一致好评,树立了消防队伍为人民赴汤蹈火的"铁军"形象。为鼓舞先进,树立典型,市政府决定,对瑞安市公安消防局予以通令嘉奖一次。希望广大官兵和专职消防队员戒骄戒躁、再接再厉,为"打造品质之城、建设幸福瑞安"再立新功。

瑞安市人民政府
2012年8月1日

第五节　公　　报

一、公报的概念

《条例》规定:"公报。适用于公布重要决定或者重大事项。"公报作为党政机关公文,其内容多是关于重大事件或重要会议作出议决的事项。

公报的发文机关是党的代表大会、党中央全会或中共中央等党和政府的最高机关,规格高,具有至高的权威性。公报是以知晓为目的,通过媒体面向国内外公开发布的,具有公开性和晓谕性。

二、公报的种类

（一）会议公报

党或政府的重要会议闭幕后,就会议的重要活动、选举结果或其他重要成果发布公报,如《中国共产党第十八届中央委员会第一次全体会议公报》。

（二）新闻公报

新闻公报是党或政府就某一重大事件、活动或问题发布的带有新闻性质的公报,如《中华人民共和国和阿拉伯埃及共和国联合新闻公报》。

三、公报的结构与写法

（一）标题

会议公报的标题往往由"会议名称＋文种"构成,新闻公报的标题一般由"发文机关＋文种"组成。

（二）成文时间

成文时间一般放在标题下,在小括号内注明会议名称及通过时间。

(三) 公报的正文

公报的正文一般由导语、主要事项和结语三部分组成。

1. 导语

会议公报的导语主要交代会议召开的时间、地点、会议名称、出席情况等，新闻公报的导语主要交代事件，以及事件发生的时间、地点。

2. 主要事项

主要事项包括会议或事件的主要内容、会议的任务及决定事项等。一般采取分条的方式说明。

3. 结语

结语以祝贺或期待的语言简要结束全文。有的可省略结语。

四、公报的写作要求

（一）专文专用

公报的内容和使用权限必须符合要求。

（二）庄重严肃

无论是会议公报还是新闻公报，都是党和国家的重大事项，因此必须使用庄重严肃的书面语言，实事求是，简洁准确。

五、参考例文

例文1

中国共产党第十八届中央委员会第一次全体会议公报

（2012年11月15日中国共产党第十八届中央委员会第一次全体会议通过）

中国共产党第十八届中央委员会第一次全体会议，于2012年11月15日在北京举行。

出席会议的有中央委员205人，候补中央委员171人。中央纪律检查委员会委员列席会议。

习近平同志主持会议并作了重要讲话。

全会选举了中央政治局委员、中央政治局常务委员会委员、中央委员会总书记；根据中央政治局常务委员会的提名，通过了中央书记处成员，决定了中央军事委员会组成人员；批准了十八届中央纪律检查委员会第一次全体会议选举产生的书记、副书记和常务委员会委员人选。名单如下：

一、中央政治局委员

（按姓氏笔画为序）

习近平 马凯 王岐山 王沪宁 刘云山 刘延东（女） 刘奇葆 许其亮 孙春兰（女） 孙政才 李克强 李建国 李源潮 汪洋 张春贤 张高丽 张德江 范长龙 孟建柱 赵乐际 胡春华 俞正声 栗战书 郭金龙 韩正

二、中央政治局常务委员会委员

习近平 李克强 张德江 俞正声 刘云山 王岐山 张高丽

三、中央委员会总书记

习近平

四、中央书记处书记

刘云山 刘奇葆 赵乐际 栗战书 杜青林 赵洪祝 杨晶（蒙古族）

五、中央军事委员会主席、副主席、委员

主　席　习近平

副主席　范长龙　许其亮

委　员　常万全　房峰辉　张阳　赵克石　张又侠　吴胜利　马晓天　魏凤和

六、中央纪律检查委员会书记、副书记、常务委员会委员

书　记　王岐山

副书记　赵洪祝　黄树贤　李玉赋　杜金才　吴玉良　张军　陈文清　王伟

常务委员会委员（按姓氏笔画为序）

王伟 王岐山 刘滨 江必新 杜金才 李玉赋 吴玉良 邱学强 张军 张纪南 陈文清 周福启 赵洪祝 侯凯 俞贵麟 姚增科 黄树贤 黄晓薇（女） 崔少鹏

例文2

第十五次中欧领导人会晤联合新闻公报

（2012年9月20日，布鲁塞尔）

进一步深化中欧全面战略伙伴关系

一、第十五次中欧领导人会晤于2012年9月20日在布鲁塞尔举行。中华人民共和国国务院总理温家宝代表中国出席了会晤。欧洲理事会主席赫尔曼·范龙佩和欧盟委员会主席若泽·曼努埃尔·巴罗佐代表欧盟出席了会晤。欧盟外交与安全政策高级代表凯瑟琳·阿什顿女士陪同出席。

中欧全面战略伙伴关系

双方领导人：

二、回顾了中欧关系发展历程，特别是2003年中欧建立全面战略伙伴关系以来取得

的重要进展。领导人满意地注意到中欧全面战略伙伴关系日臻成熟,内涵不断丰富,业已形成多层次、宽领域的合作格局。双方决心继续发展伙伴关系,以进一步拓展和提升中欧关系的战略内涵和合作水平。

三、就重大全球和国际问题交换看法,并一致认为,中欧互动与相互依存日益紧密。中欧关系已超越双边范畴,具有全球影响。中欧在21世纪的国际舞台上具有重要影响,都是推动世界和平、繁荣与稳定的关键力量,都强调多边主义和联合国在国际事务中的核心作用。双方将进一步共同努力应对国际金融和经济危机、可持续发展、环境保护、气候变化、粮食和水安全、能源安全以及核安全等全球性挑战。

四、强调年度领导人会晤对中欧关系至关重要的战略引领作用,肯定高级别战略对话、经贸高层对话和高级别人文交流对话对推动中欧关系发展的重要作用,致力于进一步完善和加强上述定期机制。

五、强调应积极看待并支持彼此发展。中方重申将继续支持欧洲一体化进程,相信欧方正采取适当措施应对欧元区主权债务危机。欧方重申支持中国的和平发展,尊重中国的主权和领土完整,相信中方保持经济持续、平稳、较快增长。

六、强调照顾彼此关切对从战略高度推进中欧整体关系的重要性。一致认为应本着相互尊重、平等相待的精神讨论和处理有关分歧。

七、强调促进和保护人权与法治的重要性。双方期待在平等和相互尊重的基础上加强在人权领域的对话与合作,有意在华举行下一轮人权对话,愿共同努力推动对话不断取得切实进展。双方同意于10月在爱尔兰举行新一轮司法研讨会。双方确认将致力于与联合国人权机制开展合作。

八、表示将积极努力,寻找中国"十二五"规划与"欧洲2020"战略的契合点,拓展并深化各领域务实合作。

九、强调双方致力于进一步挖掘中欧合作潜力,同意制定一份面向未来、具有雄心的中欧一揽子合作规划,为促进中欧全面战略伙伴关系提供战略指导。

经济、贸易与投资(略)

双边合作(略)

和平与安全(略)

会议问题(略)

第六节 公 告

一、公告的概念

公告是一种由级别较高的机关在较广的范围内发布重要事项的公文。《条例》规定:"公告。适用于向国内外宣布重要事项或者法定事项。"

公告是知照性的下行文,主要用于国家机关向人民群众公布政策法令,说明采取重大行动的目的,宣布禁止妨害国家和公共利益的行为的有关规定,以及其他需要人民群众了解的事项。

公告没有划定具体的发布范围,通常向全社会发布,有的同时向国内外发布。发文机关是较高级别的机关,特别是向国外发布公告,经常是全国人民代表大会、国务院或者各省、市、县人民政府,也可以授权职能部门发布,如新华社等。

公告往往通过广播、电视、网络、报纸等新闻媒介发布,使公众及时了解重大事项,具有明显的新闻特点。

二、公告的种类

（一）重要事项公告

凡是用来宣布有关国家的政治、经济、军事、科技、教育、人事、外交等方面需要告知全民的重要事项都属于重要事项公告。常见的有国家重要领导人的出访或其他重大活动、重要科技成果的公布、重要军事行动等。

（二）法定事项公告

依照有关法律和法规的规定,一些重要事情和主要环节必须以公告的方式向全民公布。如《国家公务员暂行条例》第十六条规定,录用公务员要"发布招考公告";《中华人民共和国专利法》第三十九条规定:"发明专利申请经实质审查没有发现驳回理由的,由国务院专利行政部门作出授予发明专利权的决定,发给发明专利证书,同时予以登记和公告。发明专利权自公告之日起生效。"

三、公告的结构与写法

（一）标题

公告的标题由"发文机关＋事由＋文种"组成,如《中共中央组织部　人力资源和社会保障部　国家公务员局　中央机关及其直属机构2013年度考试录用公务员公告》。

（二）公告的正文

公告的正文一般包括缘由、事项和结语三方面的内容。

1. 缘由

简要写明发布公告的原因、目的或根据。多数公告都采用这样的开头。一般要用"现将有关事项公告如下"等语句作为过渡。但也有不写公告缘由,一开始就进入公告事项的。如《国家税务总局关于消费税有关政策问题的公告》的开头就以"现将消费税有关政策公告如下"直奔主题。

2. 事项

事项是公告的主体。有的公告内容较少、事项单一,便采用篇段合一的方法,直接写明告知公众的事项。对于较复杂的事项,则可采用分条列述的方法。

3. 结语

结语常用"特此公告"作为结语。有的公告也会省略结语部分。

(三) 落款

公告要签署发布公告的机关的名称,并写明发布公告的年、月、日。在实际操作中,如果发文机关名称已在标题中出现,在报纸上刊登时也常省略不写。

四、公告的写作要求

(1) 公告一般通过新闻媒体发布,不采取张贴形式,不用发文字号,没有主送机关和抄送机关。

(2) 慎用公告。公告适用于向国内外宣布重要事项或者法定事项,应避免滥用公告的现象,如丢失证件、出租房屋、变更电话号码等,应使用启事、广告、声明等,不能用公告。

(3) 用语得当。公告要采用简洁庄重的语言直陈其事。公告的内容虽然重要,但它主要是公布有关事项,不能用命令口气。

五、参考例文

例文1

中共中央办公厅　中共中央对外联络部公告

在中国共产党召开第十八次全国代表大会期间和习近平同志当选为中共中央总书记后,许多国家政党、政府、民间团体及其领导人,驻华使节、友好人士以及旅居国外的华侨华人,香港特别行政区同胞、澳门特别行政区同胞和台湾同胞等,向大会、向中共中央、向新当选领导人发来贺电函,表示热烈祝贺和良好祝愿。中共中央办公厅、中共中央对外联络部受中共中央和习近平总书记的委托,谨表示衷心的感谢。

2012年11月26日

例文2

中共中央组织部　人力资源和社会保障部　国家公务员局
中央机关及其直属机构2013年度考试录用公务员公告

为满足中央机关及其直属机构录用公务员的需要,根据公务员法和公务员录用的有关规定,中共中央组织部、人力资源和社会保障部、国家公务员局将组织实施2013年度中央机关及其直属机构考试录用担任主任科员以下及其他相当职务层次非领导职务公务员工作。中央机关及其省级直属机构除特殊职位外,全部招录具有2年以上基层工作经历的人员,其中12%左右的职位专门用于招收服务期满、考核合格的大学生村官、"三支一扶"计划、"农村义务教育阶段学校教师特设岗位计划""大学生志愿服务西部计划"等服务基层项目人员;中央直属机构市(地)级职位、县(区)级及以下职位(含参照公务员法管理的事业单位),10%左右的职位专门用于招录服务期满、考核合格的大学生村官等服务基层项目人员。现将有关事项公告如下:

一、报考条件(略)

二、报考程序(略)

三、考试内容、时间和地点(略)

四、体检和考察(略)

五、公示拟录用人员名单(略)

特别提示:(略)

二〇一二年十月

第七节 通 告

一、通告的概念

《条例》规定:"通告。适用于在一定范围内公布应当遵守或者周知的事项。"通告一般不用文本形式印发,而是采用张贴或者在报纸等媒体上公布。

二、通告的种类

根据通告的内容,可将通告分为知照性通告和规定性通告。

(一)知照性通告

知照性通告用于告知一定范围内的单位或个人一些具体的事项,如《阳江市人民政府2013年夏秋季征兵工作的通告》。

(二)规定性通告

规定性通告用于向社会公布各有关方面应当遵守或执行的事项,如《山东省临沂市地方海事局禁航通告》。遵守什么,怎样遵守,需要十分明确清楚,具有很强的强制性和约束力。

三、通告的结构与写法

通告由标题、正文和落款三部分组成。

（一）标题

通告的标题由"发文机关＋事由＋文种"组成,如《山东省临沂市地方海事局禁航通告》。

（二）正文

通告的正文一般包括缘由、事项和结语三方面的内容。

1. 缘由

简要写明发布通告的目的、意义,规定性通告还要写明法律依据。接着用"现通告如下""特作如下通告"等语句作为过渡。

2. 事项

事项是通告的主体。要写明需要一定范围内的有关方面遵守或周知的事项。有的通告内容较少、事项单一,便采用篇段合一的方法,直接写明告知公众的事项。对于较复杂的事项,一般采用分条列述的方法。

3. 结语

常用"特此通告"或"本通告自发布之日起实施"等作为结语。

（三）落款

通告要签署发布通告的机关的名称,并写明发布通告的年、月、日。如果发文机关名称已在标题中出现,可省略发文机关,只签署日期。

四、通告的写作要求

（1）内容要合法。通告的内容必须与有关的法律法规相符合。

（2）事项要完整具体。需要有关方面周知、遵守的事项要写得明确具体,如事项的起止时间、应该怎么做、不应该怎么做、要遵守、执行什么、禁止做什么等。

（3）语言要通俗易懂。通告面向社会公众,语言要简单明了,便于群众理解和执行。

五、通告与公告的区别

通告和公告都是知照性、公布性的公文,它们之间的区别如下。

（1）发文机关的级别限制不同。通告对发文机关没有特别限制,各级党政机关、企事业单位、社会团体都可以使用,公告要求级别较高的国家机关发布。因此,通告的使用频率比公告要高得多。

（2）通告是向社会公布各有关方面应当遵守的事项,经常用来颁布一些地方性法规,更多的是公布各有关方面知照和遵守的事项,但通告面向的有关方面是不具体的、模糊的,比如城市封路维修的通告,其有关方面就涉及往该路通行的人和车辆,可以理解为有条件的周知,而不是如公告那样的无条件的周知。

（3）通告发布的内容多是具体的业务性或事务性的要求,不仅需要有关方面知晓,还需要有关方面遵照执行。公告发布的是具有重大影响的重要事项或法定事项,内容重要,告知性强。

六、参考例文

例文1

阳江市人民政府二〇一三年夏秋季征兵工作的通告

经国务院、中央军委批准,从2013年起,全国征兵时间由冬季调整为夏秋季,征兵工作从8月1日开始,9月30日征兵结束。现将有关事项通告如下:

一、征集新兵的对象。应征男青年,以普通高中、高职高专和高等院校应届毕业生为重点,同等条件下,优先征集学历高的青年和应届毕业生,特别是普通高等学校应届毕业生入伍;征集的非农业户口青年应具备高中毕业以上文化程度,征集的农业户口青年,应具备初中毕业以上文化程度。应征女青年,为普通高中应届毕业生和普通高等学校全日制应届毕业生及在校生;普通高等教育五年制大专的应届毕业生及正在大专阶段学习的在校生,符合条件的可以征集,已被普通高等学校录取未报到入学的学生也可以征集;同等条件下,优先征集高中应届毕业生。

二、征集新兵的年龄。男青年为2013年9月30日前年满18至20周岁,高中毕业文化程度青年可放宽到21周岁,普通高等学校在校生可放宽到22周岁,高职(专科)毕业生可放宽到23周岁,本科及以上学历毕业生可放宽到24周岁。女青年为2013年年满18至19周岁,普通高等学校在校生可放宽到20周岁,普通高等学校应届毕业生可放宽到22周岁;根据本人自愿,可征集年满17周岁的高中应届毕业生入伍。

三、征集新兵的办法。适龄青年必须在本人常住户口所在地应征,经体检、政审合格并符合其他征集条件的,由县(市、区)人民政府征兵办公室批准入伍。其中,普通高中、高职高专、普通高等学校应届毕业生应征报名需登录网上报名系统填写报名信息,网址是:http://zbbm.chsi.com.cn。初选预征对象登录网上报名系统,打印《应征毕业生网上报名登记表》《应届毕业生预征对象登记表存根》等相应资料,前往户口所在地兵役机关应征报名;大学应届毕业生既可以在学校也可以在户籍所在地报名入伍。女兵继续实行网上报名,坚持公开征集、择优征集,身高160厘米以上。网址是:http://zbbm.chsi.com.cn,时间从6月20日至7月31日,过后不再补报。

四、依法服兵役是适龄青年的光荣义务,广大人民群众要增强国防观念,教育和支持子女踊跃报名参军。适龄青年要自觉履行兵役义务,保卫祖国。拒绝、逃避征集,经教育不改,或接到《应征公民体检通知书》后不按时到指定的体检站接受体格检查者,将按《中华人民共和国兵役法》《广东省征兵工作规定》和《关于加强新形势下征兵工作的意见》处理。对破坏征兵工作者,按有关法规处理。各级政府要加强对征兵工作的领导,各有关单位要在各级政府领导下,密切配合,认真做好组织、宣传、教育和协调工作,保证征兵工作顺利进行。

阳江市人民政府
2013年7月9日

例文 2

山东省临沂市地方海事局禁航通告

　　为预防船舶碰撞和水上交通事故发生,确保2012"中国体育彩票杯"兰山区"喜迎十八大,欢度重阳节"龙舟比赛顺利进行,根据《中华人民共和国内河交通安全管理条例》第二十三条规定,决定对滨河景区部分水域实行禁航。现将有关事项通知如下:
　　一、禁航水域:沂河水域金雀山路沂河大桥至小埠东橡胶坝之间;
　　二、禁航时间:10月22日上午8:30—下午17:30;
　　三、注意事项:
　　1. 禁航区域周围设置明显禁航标志,严禁其他船舶进入该水域;
　　2. 活动结束后,如无变动,禁航自动解除,不再另行通知。

市地方海事局
××××年×月×日

第八节　意　见

一、意见的概念

　　《条例》规定:"意见。适用于对重要问题提出见解和处理办法。"意见可以上行、可以下行,也可以平行。

二、意见的种类

（一）根据发布形式的不同,意见可分为两种

1. 直接行文的意见

直接行文,上行、下行、平行都可以。

2. 要求批转、转发的意见

意见有时候也不单独行文,而是通过批转、转发性的通知行文,一般是有关部门就其主管的某一工作或重大问题提出意见与建议、原则与方法,经上级机关同意后,由上级机关批转给下属单位结合实际情况贯彻执行,如《国务院办公厅转发安全监管总局等部门关于依法做好金属非金属矿山整顿工作意见的通知》。

（二）根据行文方向的不同,意见可以分为三种

1. 上行的呈报呈转意见

上行的呈报呈转意见是下级机关就工作中的重要问题提出见解和处理办法,并向上级

行文,是一种请示性公文。呈报,就工作中重要问题提出自己的见解和处理办法,供上级机关决策参考;呈转,报请上级机关批准转发,上级机关要答复,一旦上级机关同意和转发,该意见便代表着上级机关的意图。

2. 下行的指导性意见

下行的指导性意见是上级机关或主管部门对当前的重要工作和重大问题提出建设性意见和改进措施,并要求有关部门遵照执行的指示性公文,如《北京市人民政府关于进一步加强农业科技工作的意见》。下行的"意见"同"命令""决定"和"通知"等都具有规范和约束作用,但意见的指示性相对较弱,指导性较强。

3. 平行的参考性意见

平行的参考性意见是平级机关间就有关工作和问题提出意见或实际操作方式,供对方参考的一种函件式公文。

三、意见的结构与写法

意见一般由标题、主送机关、正文和落款等部分组成。

(一)标题

意见的标题由"发文机关＋事由＋文种"组成,如《广东省人民政府关于深化教育体制综合改革的意见》。

(二)主送机关

主送机关指公文的主要受理机关,其名称应当是全称或规范化简称、统称。意见的主送机关既可能是上级机关,也可能是下级或平级机关。

(三)正文

正文一般由发文缘由、主体和结语三个部分组成。

1. 发文缘由

发文缘由是意见的导语部分,主要写发布意见的背景、依据、目的、意义等,但不必面面俱到。最后以"现提出以下意见""特制定本实施意见"等过渡语引起下文。

2. 主体

主体部分一般写明对问题或事件的见解或处理办法,包括指导思想、目标、任务、步骤、措施等。可以采用小标题分层次表述,使得表达更有条理。

3. 结语

结语可以提出要求、号召,还可以写明注意事项、建议性意见、提出批转相关部门参照执行的请求等。报请上级批转或转发的意见,结束语要另起一行,并以"以上意见如无不妥,请批转各地区、各部门执行"等作为结语。

(四)落款

意见要签署发文机关的名称,并写明发布通知的年、月、日。若发文机关名称已在标题中出现,则可省略发文机关只签署日期。

四、参考例文

例文1

<h3 style="text-align:center">北京市人民政府关于进一步加强农业科技工作的意见</h3>

各区、县人民政府,市政府各委、办、局,各市属机构:

中共中央、国务院《关于加快推进农业科技创新持续增强农产品供给保障能力的若干意见》(中发〔2012〕1号)指出,实现农业持续稳定发展、长期确保农产品有效供给,根本出路在科技。要把农业科技摆上更加突出的位置,推动农业科技跨越发展,为农业增产、农民增收、农村繁荣注入强劲动力。为深入贯彻落实中央决策部署,进一步加强全市农业科技工作,强化创新驱动,完善创新体系,加快成果转化,充实人才队伍,提升都市型现代农业发展的内生动力,适应中国特色世界城市建设要求,现就有关工作提出如下意见。

一、明确农业科技创新方向与重点

1. 突出高端高效引领。(略)
2. 突破资源环境约束。(略)
3. 促进产业优化升级。(略)
4. 深化国际交流合作。(略)

二、深入推进北京国家现代农业科技城建设

1. 创新农业科技体制机制。(略)
2. 搭建国家级农业科技创新平台。(略)
3. 实施"现代农业产业技术体系北京创新团队建设工程"。(略)
4. 实施"重大农业科技成果惠民工程"和"先进农业科技成果助农工程"。(略)

三、加快现代种业科技创新(略)

四、加强农业技术推广服务体系和能力建设

1. 完善农业技术推广服务体系。(略)
2. 深化基层农业技术推广体系改革。(略)
3. 探索农业技术推广服务新形式。(略)

五、着力培养农业科技人才和新型职业农民

1. 着力培养农业科技人才。(略)
2. 进一步加大新型职业农民培养力度。(略)

六、持续加大农业科技投入力度(略)

北京市人民政府
2012年11月29日

例文 2

广东省财政厅关于切实解决市县财政拖欠工资问题的意见

省人民政府：

近几年，我省部分市县出现财政拖欠工资问题。对这一问题如处理不当，不仅会影响政府正常运转和社会稳定，而且会影响我省经济和社会发展目标的实现。根据省委常委会议决定，现就解决市县财政拖欠工资问题提出以下意见：

一、提高认识，明确责任

各级地方党委、政府及省直有关部门应从讲政治的高度，提高对解决财政拖欠工资问题的认识，增强责任心和紧迫感，坚决、迅速采取措施，按照"一是吃饭、二要建设"的原则，从制度上、机制上切实解决拖欠工资问题。

二、建立科学有效的人事管理制度

结合市县机构改革，各级政府人事、编制主管部门应以定编核资为基础，对本地区编制、人员、工资，特别是对超编、混岗、假分流、虚列人员编制、计划外雇佣临时工以及提高补贴标准等问题进行全面清理。在此基础上，建立健全机关事业单位用人制度，从根本上解决财政供养人员过多、增长过快的问题，各单位没有编制一律不得进人。省教育厅、省编办应按照精简、高效的原则，抓紧修订"广东省全日制普通中小学教职工编制标准"。要将教师编制管理法制化，对学校进行定岗、定编和定员；同时要加强中小学教师队伍的总量控制，调整现有人员结构。清理临时和长期外借的教学人员，不得新增民办教师，对于1993年以后吸收的"代课教师"，一律不确认为民办教师，并予以清退。

三、统一执行工资补贴标准

各市县工资发放应首先保证落实中央、省明确规定的统一工资标准，对参照执行和地方自定的补贴项目，要进行清理，在未解决拖欠工资的地区一律停止执行，待地方财力状况好转后再根据财力可能增加机关事业单位人员的收入。

四、开源节流，确保工资发放

各地应加快地方经济发展，在巩固现有主体财源的基础上，大力培育新的财源增长点，挖掘财政收入增长潜力，增强地方财政保障能力。要按照公共财政的要求调整优化财政支出结构，大力压缩经营性和竞争性领域的支出，集中财力优先保证工资等公共支出需要，严格控制新开财政支出口子，确保财政收支平衡。全省机关事业单位应大力推进人员工资集中支付制度，拖欠工资地区可在本级国库开设工资专户，落实资金来源，确保工资及时、足额发放。未解决拖欠工资的地区，不得新上使用财政性资金的基建项目，并立即冻结投入在建基建项目的财政性资金（国债项目除外），优先确保工资发放。凡未解决拖欠工资的县（市）、乡镇、单位要严格执行四不准：（一）领导不准自行组团出国、出境；（二）不准购买和更换小汽车；（三）不准新建、装修办公楼；（四）不准用财政性资金搞项目建设（国债项目除外）。

五、适当加大省对市县财政转移支付力度

根据省委、省政府决策，省财政将视省级财力状况逐步加大对欠发达地区的转移支付力度。同时,为强化地方政府解决拖欠工资的责任,各有关市政府应与省签订责任书,保证在今年年底前消化今年新增拖欠工资,明年消化以前年度累计拖欠工资,并不得再出现新的拖欠。责任书明确以下要求:

(一)彻底解决拖欠工资问题。提高一般性转移支付补助标准后各市县所增加的财力,必须首先用于解决拖欠工资问题。各市县也应通过调整支出结构,相应集中部分财力,与省财政转移支付一起,用于解决拖欠工资。对未在限期内解决拖欠工资的市县,省财政停止对其实行一般性转移支付补助。

(二)确保新增调资政策落实到位。各市县在2001年预算安排中,必须落实中央出台的调资政策,按规定的标准打足预算。财力比较薄弱的市县,必须按公共财政要求,大力调整支出结构,优先保证工资支付的预算安排,严禁出现新的缺口和拖欠。今后,凡出现新欠工资的市县,省财政停止对其实行一般性的转移支付补助。

以上意见如无不妥,请批转各地各部门贯彻执行。

广东省财政厅
二〇〇〇年十一月二十五日

第九节 议　　案

一、议案的概念

《条例》规定:"议案。适用于各级人民政府按照法律程序向同级人民代表大会或者人民代表大会常务委员会提请审议事项。"议案是《条例》中唯一明确规定只属于行政公文的文种。议案的使用主体是法定的,是具备法定权限的各级人民政府,其他机关单位无权使用。

二、议案的种类

人民代表大会依法享有四大职权:立法权、重大事项决策权、法律监督权、人事任免权。议案的内容必须是在法定的人大职权范围内、人民政府无权决定的重大事项。

根据议案的内容,可将议案分为以下种类。

(一)立法议案

立法议案是指用于提请审议法律和法规草案的议案。

(二)重大事项议案

涉及经济、社会、文化、外交等的重大事项,人民政府无权决定的,须向同级人民代表大会或其常委会提请审议,如变动行政机构、行政区划,确立某种节日、国民经济年度预算、特别重大建设项目等。

（三）任免议案

任免议案用于提请审议任免国家机关主要领导人、政府组成人员，以及国家驻外机构主要负责人。

三、议案的结构与写法

议案由标题、主送机关、正文和落款组成。

（一）标题

议案的标题由"发文机关＋事由＋文种"组成，如《国务院关于提请审议国务院机构改革方案的议案》。

（二）主送机关

议案的主送机关为同级人民代表大会或其常务委员会的全称，或是规范化的简称，如"全国人民代表大会""全国人民代表大会常务委员会""市人大""市人大常委会"等；在人大或人大常委会开会期间提出议案，应标明人大的届次，如"第八届全国人民代表大会第四次会议"。

（三）正文

议案的正文由缘由、事项和结语三部分组成。

缘由，阐明提出议案的原因、目的和依据。说明案由既要简明扼要，又要将理由说充分，以引起重视。

事项，即所提出的审议事项，应提出具体的措施、方案以及解决议案所提出的问题，要求明确、可行。

结语，是议案的结尾部分，通常以祈使句来提出审议请求并结束全文，言简意赅。如"请审议批准""现提请审议"等。

（四）落款

标明提出此议案的政府名称或政府首长的职务与姓名。写明成文日期并加盖印章，日期以行政首长签发的日期为准。

四、议案的写作要求

（一）内容完整

议案正文要写明案由和事项，不能有所缺漏。如立法议案，应提出法规的主要内容或修改意见。

（二）一事一案

议案的内容具备单一性和有限性。一事一案，以便处理，不能把内容不同的两件或以上事项写进同一议案。议案事项必须限定在本级人大及其常委会的职权范围内。

（三）充分调研

为写好议案，提案机关或代表应在提案前充分调研，广泛听取人民群众的意见和要求，熟悉有关法律法规，了解具体实际，使提出的议案既能反映广大人民的意见又切实可行。

五、参考例文

例 文

国务院关于提请审议国务院机构改革方案的议案

全国人民代表大会：

中国共产党第十七次全国代表大会明确提出，要加快行政管理体制改革，抓紧制订行政管理体制改革总体方案。根据党中央的部署，经过认真调研，广泛听取意见，反复研究论证，形成了《关于深化行政管理体制改革的意见》和《国务院机构改革方案（草案）》，并先后经国务院常务会议、中央政治局常务委员会会议、中央政治局会议讨论和修改。党的十七届二中全会审议通过了这两个文件。现将《国务院机构改革方案》提请第十一届全国人民代表大会第一次会议审议。

国务院总理　温家宝
2008 年 3 月 4 日

国务院机构改革方案（略）

第十节　通　知

一、通知的概念

《条例》规定："通知。适用于发布、传达要求下级机关执行和有关单位周知或者执行的事项，批转、转发公文。"通知是党政机关、企事业单位使用频率最高、适用范围广泛的一种常用公文。

二、通知的种类

根据通知的内容、性质和作用,一般可以分为以下三种。

(一)发布性通知

这类通知要告知的是本机关决定的事项,发文对象包括下属机关、平行机关和不相隶属的机关,如《国务院办公厅关于印发中央预算单位 2013—2014 年政府集中采购目录及标准的通知》。当某个机关单位认为本单位的特定文书需要正式发文,或需要将某个特定部门制定的规章制度上升为机关单位共同执行的事项,又或需要将机关单位负责人的讲话等转化成单位的意志,可通过印发来完成。

印发的功能有三类:其一,将非公文(如计划、规划、纲要等)转化为公文,以增强被印发文件的效力,如《广东省人民政府办公厅关于印发广东省城镇化发展"十二五"规划的通知》;其二,将单位内部某机构制定的表达部门意图的规章制度等,上升为整个单位的意图,如《××省人事厅、教育厅关于印发××省高等学校专业技术职务结构比例管理试行意见的通知》;其三,将领导的讲话、发言等上升为单位的集体意志,如《×局关于印发××同志在×××座谈会上讲话的通知》。

(二)批转、转发性通知

批转,将某一下级机关报来的文件(如请示、报告、意见、纪要等)审核批准并转发给有关下级机关,如《××省人民政府关于批转省发展改革委××省 2012 年改革指导意见的通知》。当某一机关认为下级机关所发的公文具有一定的参照、指导、借鉴作用,便可在表明自身态度的基础上,将下级机关的文件发送到其他下级单位,要求其学习、效仿、借鉴或执行。

转发,将上级机关、平级机关或不相隶属机关发来的公文转发给下级机关,如《广东省人民政府转发国务院关于开展第三次全国经济普查的通知》。当某一机关认为上级的文件需要办理,或认为平级机关、不相隶属的机关单位的文件值得本单位参照、学习、借鉴时,便可将该文件转发到有关下级单位。

"批转"有时也可转化为"转发",对下级机关要求批转的公文,若是重大事项、重要工作或影响全局的问题,一般用批转;若是一般性工作意见或事项,可在批准后,以所属办公厅(室)的名义转发。

(三)事项性通知

要求下级机关办理与有关单位共同执行或周知的事项,用以部署工作,安排活动,解决具体问题,如《科技部高新司关于召开国家级示范生产力促进中心绩效评价整改评审会的通知》。

三、通知的结构与写法

通知由标题、主送机关、正文和落款组成。批转、转发性通知还需要在落款后附上批转、转发的文件的主体。

（一）标题

通知的标题由"发文机关＋事由＋文种"组成，如《国务院关于开展第三次全国经济普查的通知》。

批转、转发性通知的标题比较复杂，实际操作中，为了避免重复"关于"和"通知"，在文字处理上通常可以采用以下方式。

（1）转发的公文不是通知时，省略第一个"关于"。如原题《国务院办公厅关于转发安全监管总局等部门〈关于依法做好金属非金属矿山整顿工作意见〉的通知》，省略后成为《国务院办公厅转发安全监管总局等部门关于依法做好金属非金属矿山整顿工作意见的通知》。

（2）转发的公文是通知时，省略第一个"关于"和最后的"通知"。如原题《广东省人民政府关于转发〈国务院关于开展第三次全国经济普查的通知〉的通知》，省略后成为《广东省人民政府转发国务院关于开展第三次全国经济普查的通知》。

（3）多次转发的公文，省略发文事由中多余的文字。如《××市人民政府关于转发〈××省人民政府转发人事部关于××同志恢复名誉后享受××级待遇〉的通知》，标题可简化为《××市人民政府转发人事部关于××同志恢复名誉后享受××级待遇的通知》，标题中省略的"省人民政府转发"的过程，在正文中交代清楚即可。

（二）主送机关

通知的主送机关必须是需要阅知和办理通知事项的单位，应当使用机关全称、规范化简称或者同类型机关统称。

（三）正文

通知的正文一般包括缘由、事项和结语三方面的内容。不同种类的通知正文，在写法上，侧重点各有不同。

（1）发布性通知和批转、转发性通知的正文一般包括三部分内容：一是标明将发布、批转、转发的文件或法规、规章的名称，并表明发文的态度，说明该文件或法规、规章通过或施行的日期；二是写明与被发文件或法规、规章相关的事项，如缘由、法规、规章如何处置，或本次所发文件的意义及注意事项；三是提出执行希望和要求。其中，第二项、第三项内容可酌情省略。

（2）事项性通知的正文要写出通知的缘由、具体的事项、执行要求等。特殊情况下，可不写缘由。事项性通知常以"特此通知"等语句作为结束语。但批转、转发以及指示性强的通知，一般不用结尾语"特此通知"。

（四）落款

通知要签署发文机关的名称，并写明发布通知的年、月、日。若发文机关名称已在标题中出现，则可省略发文机关，只签署日期。

四、对被批转、转发文件的技术处理

批转、转发文件时,要将被批转、转发的文件"斩头去尾",留下主体部分,以取消被批转、转发文件的独立性,将不能取消的信息补进相应位置,使其成为被批转、转发的对象,大致需要分四步进行:

(1) 取消被批转、转发文件的版头,原文件版头中的发文字号在通知正文的"引用文件"部分体现,如"现将《国务院关于开展第三次全国经济普查的通知》(国发〔2012〕60号)转发给你们";

(2) 取消被批转、转发文件的主送机关;

(3) 取消被批转、转发文件的印章、附注,保留原发文机关署名和成文日期;若原文件无发文机关署名的,则需要补加;

(4) 取消被批转、转发文件的版记。

五、通知的写作要求

(1) 立意鲜明、语言简练。首先要明确写作目的,根据客观实际和开展工作的需要确定行文的范围与对象;写作时要开门见山,不拐弯抹角,叙述事项要主次分明;通知的语言以叙事为主。

(2) 行文要及时。通知往往要求下级机关和有关人员周知或执行某些事项,必须及时办理,所以要及时行文。

(3) 印发、批转、转发的文件要先认真审核。

(4) 联合行文,要先协商一致。

(5) 必要时使用"紧急通知""补充通知"。

六、参考例文

例文1

国务院办公厅关于印发中央预算单位
2013—2014年政府集中采购目录及标准的通知

国务院各部委、各直属机构:

《中央预算单位2013—2014年政府集中采购目录及标准》已经国务院同意,现印发给你们,请遵照执行。

国务院办公厅
2012年12月9日

中央预算单位2013—2014年政府集中采购目录及标准(略)

例文 2

××省人民政府关于批转省发展改革委××省2012年改革指导意见的通知

各地级以上市人民政府，各县（市、区）人民政府，省政府各部门、各直属机构：

省政府同意省发展改革委《××省2012年改革指导意见》，现转发给你们，请认真贯彻执行。

××省人民政府
××××年×月×日

××省2012年改革指导意见（略）

例文 3

广东省人民政府转发国务院关于开展第三次全国经济普查的通知

各地级以上市人民政府，各县（市、区）人民政府，省政府各部门、各直属机构：

现将《国务院关于开展第三次全国经济普查的通知》（国发〔2012〕60号）转发给你们，并结合我省实际提出以下意见，请一并贯彻执行。

一、充分认识开展经济普查的重要意义

经济普查是一项周期性的重大国情国力、省情省力调查。通过经济普查，摸清全省第二产业和第三产业的发展规模、结构和效益，准确反映我省经济发展状况，对加强和改善宏观调控、加快经济结构战略性调整、科学制定中长期发展规划，推动我省加快转型升级、建设幸福广东具有重要意义。各地、各有关部门要进一步提高认识，把第三次经济普查工作列入重要议事日程，采取切实有效措施，按时完成各项普查任务。

二、加强对经济普查工作的组织领导

此次经济普查调查范围广、任务重、参与部门多、技术要求高、工作难度大。为加强对普查工作的组织领导，省成立第三次全国经济普查领导小组，统一组织和协调全省经济普查工作。领导小组由分管副省长任组长，省委宣传部，省编办，省统计局、发展改革委、监察厅、民政厅、财政厅、地税局、工商局、质监局，省国税局和国家统计局广东调查总队等单位负责同志为成员。领导小组办公室设在省统计局，负责普查的具体组织实施和协调工作。各地级以上市、县（市、区）政府要建立相应的普查工作协调机制，抓紧组织实施本地区经济普查工作。省各有关部门要进一步明确职责分工，各负其责、通力协作、密切配合，共同做好普查工作。

三、依法组织实施经济普查

各地、各有关部门以及所有普查对象必须严格按照《中华人民共和国统计法》《全国经济普查条例》的规定以及国家和省的统一要求，依法组织实施经济普查，建立普查工作责任制,制定数据质量控制办法,确保普查结果真实、可靠。各级普查机构要在当地政府的领导下,严格按照国务院的统一部署,结合本地实际,制订切实可行的普查方案,高质量地完成普查各环节的工作。各地政府要按照国发〔2012〕60号文规定,按照财政分级负担的原则,根据本地区普查的需要,将普查工作经费列入相应年度的财政预算,按时拨付,确保到位,保证普查工作顺利实施。省财政对东西北地区给予适当补助。

广东省人民政府
2012年12月26日

国务院关于开展第三次全国经济普查的通知(略)

例文4

科技部高新司关于召开国家级示范生产力促进中心绩效评价整改评审会的通知

天津、河北、山西、内蒙古、辽宁、黑龙江、江苏、浙江、安徽、湖北、广西、重庆、贵州、陕西、新疆科技厅(委),有关国家级示范生产力促进中心:

为加强国家级示范生产力促进中心的管理,对2011年度绩效评价为E类的中心,召开整改情况评审会。现将有关事项通知如下。

一、整改要求

1. 根据《国家级示范生产力促进中心认定和管理办法》(国科发高〔2011〕173号)第十条第三款,对限期整改、但未能通过整改评审的中心,将取消其国家级示范生产力促进中心资格。

2. 按照《科技部办公厅关于公布国家级示范生产力促进中心2011年度绩效评价结果的通知》(国科办高〔2012〕45号)的要求,评价结果为E的示范中心,须制订整改方案,认真整改,并将整改情况报省级科技部门审查通过后,于9月30日前报送我司和火炬中心。

3. 请有关省、自治区、直辖市科技部门,通知相关中心,按时参加评审会。未参加评审会或未通过评审的中心,将被取消国家级示范生产力促进中心资格。

二、评审会要求

1. 已报送整改方案的示范中心

共17家。请围绕整改工作进展、自身发展、典型业务、下一步工作打算等内容,准备汇报材料。

2. 未报送整改方案的示范中心

共4家。请说明未报送整改方案的具体原因;并围绕整改工作进展和下一步工作打算,准备汇报材料。

三、其他事项

1. 会议时间:2012年11月9日,8日报到。

2. 会议地点：五洲大酒店（重庆市渝北区红锦大道63号，嘉州花园附近，电话：023—67676666）

3. 汇报要求

每个单位汇报时间为10分钟（请采用Powerpoint格式），答辩时间5—10分钟。各汇报单位必须严格控制时间。

4. 各中心报到时，须提交以下材料：

（1）书面材料。一式7份，5000字左右（不得过度装订）。

（2）答辩材料。采用Powerpoint格式，提交电子版。

5. 各中心须于11月3日前，将参会人员反馈我司。

四、联系人和联系方式

1. 高新司：迟明、李志农，电话：010-58881565/4。

2. 火炬中心：金学奇，电话：010-88656271。

专此通知。

附件：参加答辩生产力促进中心名单

科技部高新技术发展及产业化司
2012年10月22日

第十一节　通　　报

一、通报的概念

《条例》规定："通报。适用于表彰先进、批评错误、传达重要精神和告知重要情况。"通报属于下行文。

二、通报的种类

通报可以分为表彰性通报、批评性通报和情况通报三类。

（一）表彰性通报

表彰性通报用于宣传个人或集体的先进事迹，如《广东省人民政府关于表彰全省就业创业工作及新型农村和城镇居民社会养老保险工作先进单位先进个人的通报》。

（二）批评性通报

批评性通报用于批评典型人物或单位的错误行为、不良倾向、丑恶现象和违章事故等，如《××市监察局关于对××同志违纪问题的通报》。

（三）情况通报

上级机关把现实社会生活中出现的重要精神、情况告知所属单位和群众，以供工作参考，如《国家安全监管总局办公厅关于矿用安标产品专项检查情况的通报》。

三、通报的结构与写法

通报由标题、主送机关、正文和落款四部分组成。

（一）标题

通报的标题由"发文机关＋事由＋文种"组成，如《广东省人民政府关于表彰全省就业创业工作及新型农村和城镇居民社会养老保险工作先进单位先进个人的通报》。

（二）主送机关

主送机关指发文的主要对象。有的通报特指某一范围内，可以不标注主送机关。

（三）正文

不同种类的通报，正文的写法也有所不同。

1. 表彰或批评性通报

表彰或批评性通报，既可按时间顺序来写，也可以按逻辑关系安排结构，大致分为4个部分。

（1）概述主要事实，把表彰或批评对象的名字，事情发生的时间、地点、经过、结果等要素写清楚。此部分标准是表彰性通报要详写，批评性通报要略写。

（2）分析事实性质，表彰性通报简要分析人物行为品质或事件的典型意义；批评性通报详细分析错误的行为或事故的原因，说明其性质和危害。

（3）阐明有关决定，简要阐明有关表彰或处理决定。

（4）提出号召、要求，学习先进人物的优秀品质，或从错误中吸取教训。为了防止类似事件再次发生，批评性通报还要求提出改进措施。

由于写作目的各有不同，表彰性通报和批评性通报内容的详略也有所不同，写作时要注意适应写作目的，详略得当，重点突出。

2. 情况通报

情况通报正文一般包括两项内容：通报有关情况；分析并作出结论。具体写法多样，有的先讲情况，然后分析情况并得出结论；有的先简要分析作出结论，再列举情况来说明结论的正确性。但由于事故通报的目的是为了防止类似事件再度发生，所以在正文的尾部往往用较长的篇幅，说明改进措施等。

情况通报的情况交代大多按照事情的轻重安排顺序，若只通报一件事情，一般按时间顺序组织材料；若通报同一主题下的多件事情，则先写重要、突出情况，后写次要、一般的情况；

或根据逻辑关系，按并列顺序或因果顺序等组织材料。事故通报，则可采取倒叙形式，先写事故造成的重大损失，再写事故的发生、经过及处理情况，详略需根据通报的主题进行安排。

（四）落款

通报要签署发布通报的机关名称，并写明发布通报的年、月、日。如果发文机关名称已在标题中出现，可省略发文机关只签署日期。

四、通报的写作要求

（一）事实清楚

把事实交代清楚，是写好通报的关键。通报的写作要注意用事实说话，以观点事实和确凿的数据为依据，言之有物，切忌空发议论。注意使用叙述性语言。

（二）分析入理

通报的分析要实事求是，入情入理，准确精当，不能妄加议论，无限上纲。事例要典型，行文要及时，用语要得当。

五、通报与通知的区别

（一）适用范围不同

通报用于传达重要的精神或情况，通知用于传达一般精神和情况，通知没有通报的表彰或批评功能。

（二）写作方式不同

通报注重教育性，有一定的议论；通知注重执行，很少议论或不议论。

六、参考例文

例文1

广东省人民政府关于表彰全省就业创业工作及
新型农村和城镇居民社会养老保险工作先进单位先进个人的通报

各地级以上市人民政府，各县（市、区）人民政府，省政府各部门、各直属机构：

近年来，我省认真贯彻落实党中央、国务院有关重大决策部署，广泛开展创业型城市创建活动，不断深化实施就业优先战略，大力推进新型农村和城镇居民社会养老保险工作，有力地促进了经济平稳较快发展和社会和谐稳定，全省涌现出一批积极参与、成绩突出的先进单位和个人。省人民政府决定,授予中国南方人才市场等60家单位"全省就业先进工作单位"称号,授予马见效等60人"全省就业先进工作者"称号,授予广州港集团有限公司等58家企业"全省就业先进企业"称号,授予林永飞等73人"全省就业创业优秀个人"称号,授予汕头市濠江区等8个城市(县、区)"全省创业先进城市"称号,授予广州市白云区人力资源和社会保障局等30家单位"全省新型农村和城镇居民社会养老保险工作先进单位"称号,授予潘伟文等60人"全省新型农村和城镇居民社会养老保险工作先进个人"称号,并在全省通报表彰。

受表彰的单位和个人要珍惜荣誉,戒骄戒躁,再接再厉,再创佳绩。全省各地区、各部门要继续大力推进就业创业工作及新型农村和城镇居民社会养老保险工作,勇于进取、开拓创新,进一步促进我省经济持续健康发展和社会和谐稳定,为加快转型升级、建设幸福广东作出新的更大贡献。

附件:全省就业创业工作及新型农村和城镇居民社会养老保险工作先进单位先进个人名单

广东省人民政府
2013年1月4日

例文2

中共××市纪委 ××市监察局关于对李××等同志违纪问题的通报

各区(市)县纪委、监察局,市级各部门纪检监察机构:

最近,市纪委、市监察局严肃查处了××县国土资源局、××港街道办事处和县环保局、县建设局等单位部分领导干部在工作中严重失职的违纪问题。现通报如下:

××××年×月,××有限公司(法定代表人郭××)以修建度假村和建材厂的名义,租用了××街道××社区358.72亩土地。郭××等人在没有合法用地、建设和环评手续的情况下,以××建材有限责任公司、××混凝土有限公司等名义,违法在该宗地上修建砂石厂和商品混凝土搅拌站,并私自盗挖砂石。期间,当地群众通过信访、媒体、互联网等途径多次向有关部门反映,但××县国土资源局、××港街道办事处和县环保局、县建设局等职能部门不认真履行职责,互相推诿扯皮、敷衍塞责,一直未对郭××等人的违法行为依法进行有效制止,也未及时向上级报告,致使违法行为不断延续和扩大,最终损毁耕地达246.83亩,对当地环境造成了严重破坏,产生了恶劣的社会影响,严重损害了党和政府在人民群众中的形象。

××××年×月×日,经市纪委常委会研究,给予××县政协副主席李××(时任县国土资源局局长)党内警告处分。按照干部管理权限,分别给予××区国土资源局副局长×松(时任××县国土资源局副局长)行政记大过处分,免去其现任职务;给予县国土局副局级干部华××(时任县国土资源局执法监察大队负责人)行政撤职处分;给予万安镇党委书记蒲××(时任西航港街道办事处主任)党内警告处分;给予××港街道办事处副主任史××行政记大过处分,免去其现任职务;给予县环保局党组成员陈×、县建设局规建科科长李×行政记过处分。责令县国土资源局、××港街道办事处和县环保局、县建设局作深刻书面检查。

同时,××县有关部门依法拆除了砂石厂、商混站,对被破坏的耕地进行了复耕;县公安局对郭××等人涉嫌非法采矿和破坏农用地立案侦查,现该案已移送县人民检察院审查起诉。

这是一起党员领导干部严重失职的违纪案件,涉及部门多、时间跨度长、社会影响大,暴露出当前一些党员干部中存在的责任意识不强、群众观念淡漠、执行力缺失、作风不实等问题。全市各级各部门特别是党员领导干部,要从这起严重失职违纪案件中汲取教训,举一反三,引以为戒。

一是要进一步强化责任意识,认真履职尽责。(略)

二是要进一步强化群众观念,切实维护民利。(略)

三是要进一步强化干部作风建设,提高行政效能。(略)

中共××市纪委 ××市监察局

××××年×月×日

例文3

国家安全监管总局办公厅关于矿用安标产品专项检查情况的通报

各省、自治区、直辖市及新疆生产建设兵团安全生产监督管理局,各省级煤矿安全监察局:

为进一步强化矿用产品安全标志监管,促进矿用安标产品生产企业提高安全责任意识,按照国家安全监管总局的统一部署,2012年1月至6月,安标国家矿用产品安全标志中心(以下简称安标国家中心)对重点矿用安标产品进行了专项检查。现将有关情况通报如下:

一、专项检查总体情况

截至6月底,安标国家中心共对2007家企业生产的矿用安标产品进行了抽查,重点对浙江省温州市、山西省太原市等地区的矿灯、自救器产品生产企业进行了集中检查,多数生产企业和产品符合矿用产品安全标志管理规定,产品安全性能和质量控制比较好,产品检验能力符合国家标准和行业标准的相关要求。其中,1752家生产企业基本合格,检查合格率为87.3%;有177家生产企业在生产条件、安全标志管理、产品检验等方面存在问题,部分违规矿用产品的安全标志被暂停、撤销;另有78家生产企业的462个产品的安全标志被注销。

二、发现的主要问题

（一）安全意识淡薄，质量把关不严。个别企业片面追逐经济利益，安全责任意识和产品质量意识淡薄，在取得矿用产品安全标志证书后，未严格按照矿用产品安全标志管理规定组织生产，有的甚至私自变更安标产品的性能指标和参数，严重影响了产品安全质量。

（二）重视程度不够，问题整改不到位。一些生产企业对检查发现的问题重视程度不够，没有制订详细的整改计划、采取有效的整改措施，存在以书面材料代替整改落实，以拖延塞责代替停产整顿的现象，有的生产企业甚至同样的问题多次重复发生，安全管理制度形同虚设，虚以应付、疏于管理、整改不力的问题比较突出。

（三）内部管理混乱，标识使用不规范。有的企业没有建立覆盖安标申请、使用和日常维护等各个环节的管理制度，对矿用安标标识的管理不够严格，使用不够规范，存在实施与备案的标识不一致、张贴位置不准确等问题。

（四）技术水平差异大，产品性能不稳定。一些生产企业在技术装备、人员配备、管理能力等方面存在一定差距，行业水平参差不齐，同一产品的质量差异较大。一些中小生产企业技术水平较低，专业人员流动性大，难以保持长期、稳定的技术能力和水平。

三、违规企业的处理情况

安标国家中心依据安标管理规定，分别对255家生产企业和1476个矿用安标产品作出了如下处理：

（一）撤销28个产品的安全标志。对监督评审不合格且未在规定时间内完成整改、监督复审不合格、重要安全性能延续监督检验不合格的长沙和光矿灯有限公司等12家生产企业的28个产品（详见附件），撤销其安全标志。

（二）暂停986个产品的安全标志。对监督评审不合格、重要安全性能延续监督检验不合格的徐州华泽工程材料有限公司、淮北四兴工贸有限责任公司机电修配分公司等165家生产单位的986个产品，暂停其安全标志，限期进行整改。

（三）注销462个产品的安全标志。对不再生产安标产品的天津市祥泰煤矿设备有限公司等78家生产单位的462个产品，注销其安全标志。

四、进一步加强矿用产品安标管理的措施

（一）落实责任，严肃整改。安标产品生产企业要牢固树立安全责任意识和产品质量意识，对通报中指出的共性问题，认真全面开展自查自纠，举一反三，防微杜渐，防止类似问题的重复发生。存在问题的生产企业要认真吸取教训，严格落实主体责任，采取有效措施严肃整改，并将整改落实情况及时报安标国家中心。

（二）严格审查，动态管理。安标国家中心要继续强化矿用安标产品的监督检查，针对检查中发现的共性问题，认真搞好调查研究，从安全标志申办、评审、监督等环节健全完善制度，严格准入，规范行为，强化措施，不断完善安标管理工作体系。要进一步加大监督考核力度，严格督促企业整改并跟踪落实情况。对整改措施不落实、整改不到位的生产企业，坚决依规撤销其安标产品生产资质。

（三）加强监管，防范隐患。各省级安全监管局、煤矿安监局要督促生产企业严格落实矿用产品安标管理制度，加大对生产企业执行安全标志管理制度的监管监察工作力度，对通报批评的企业要实施重点监管监察，督促其严格落实企业主体责任，保证生产出合格、安全的矿用产品。要加大对矿用产品使用企业的执法检查力度，防止无安全标志产品和不合格产品进入矿山井下使用，有效杜绝安全生产隐患，有效发挥安全标志管理制度对矿山安全生产的支撑和保障作用。

附件：被撤销安全标志的产品及其生产单位

国家安全生产监督管理总局办公厅
2012年7月20日

第十二节　报　　告

一、报告的概念

《条例》规定："报告。适用于向上级机关汇报工作、反映情况，回复上级机关的询问。"报告是党政机关、企事业单位和社会团体广泛使用的一种陈述性上行公文。

二、报告的种类

根据报告的内容，报告可分为工作报告、情况报告和回复报告。

（一）工作报告

工作报告用于向上级机关汇报工作，以便于上级机关掌握工作的进展。工作报告一般要汇报工作的进展、成绩、经验、问题和打算，其内容和写法类似于工作总结，如常见的《政府工作报告》。

（二）情况报告

情况报告用于向上级机关反映某一方面的专门情况，传递专题信息，包括本地区、本单位发生的重大事件，以及一些带倾向性的问题，如某一时期的社会思想动态等，如《全国人民代表大会常务委员会执法检查组关于检查〈中华人民共和国文物保护法〉实施情况的报告》。

（三）回复报告

回复报告用于针对性地回复上级机关的询问。

三、报告的结构与写法

报告一般由标题、主送机关、正文和落款署时等部分组成。

（一）标题

报告的标题一般由"发文机关＋事由＋文种"组成，如《农业部2011年度绩效管理总结报告》。

（二）主送机关

主送机关指发文的主要对象。要根据报告内容，选准主送机关。不能送个人，不能越级。

（三）正文

报告的正文一般包括缘由、事项和结语三方面的内容。

1. 缘由

概括说明报告的目的、意义或根据，然后用"现将有关情况汇报如下""现报告如下"等过渡语引出报告事项。

2. 事项

事项主要包括基本情况概括陈述、取得的成绩和经验或存在的问题和教训等总结回顾、今后工作的安排或将采取的措施等。不同类型的报告侧重点不同。

（1）工作报告综合性强，常用总结式写法，主体部分的内容以成绩、做法、经验、体会、打算、安排为主，在叙述基本情况的同时，有所分析、归纳，找出规律性认识，侧重于陈述已取得的成绩和经验。

（2）情况报告侧重于陈述问题的来龙去脉，分析其产生的原因及后果，提出针对性的解决方法和措施。要一事一报，体现其专一性，切忌在同一报告中反映几件各不相干的事项和问题。

（3）回复报告主要是围绕上级机关的询问和要求进行答复，有问必答、答其所问，重点陈述对上级所询问问题的处理情况，包括处理的依据、态度、意见、措施和效果等。答复要具备针对性和及时性。

3. 结语

常用的结束语有"特此报告""专此报告"等。

（四）落款署时

报告要签署作出报告的机关名称，并写明发布的年、月、日。若是在会议上所作的报告，一般在标题下标明会议名称、时间和报告人的姓名，不需再在文后落款署时。

四、报告的写作要求

（1）实事求是。报告的目的是下情上达，让上级机关了解具体的情况，帮助决策者作出正确的决策。这就要求报告必须真实反映客观事实。

（2）重点突出。报告的内容要根据主题的要求安排主次，重点的、主要的内容，安排在前面，详写；非重点的、次要的内容，略写。同时要注意点面结合，增强说服力。

（3）简明扼要。在突出重点的情况下，力求简明扼要。切忌流水账似地罗列事实或文学化描述。

（4）切忌将报告当作请示，要求上级指示或批准。报告也不得夹带请示事项。如需请示，则另用请示行文。

五、参考例文

例文 1

政府工作报告

——2013 年 3 月 5 日在第十二届全国人民代表大会第一次会议上

国务院总理　　温家宝

各位代表：

现在，我代表国务院，向大会报告过去五年的政府工作，并对今年工作提出建议，请各位代表审议，并请全国政协委员提出意见。

一、过去五年工作回顾

第十一届全国人民代表大会第一次会议以来的五年，是我国发展进程中极不平凡的五年。我们有效应对国际金融危机的严重冲击，保持经济平稳较快发展，国内生产总值从 26.6 万亿元增加到 51.9 万亿元，跃升到世界第二位；公共财政收入从 5.1 万亿元增加到 11.7 万亿元；累计新增城镇就业 5870 万人，城镇居民人均可支配收入和农村居民人均纯收入年均分别增长 8.8%、9.9%；粮食产量实现"九连增"；重要领域改革取得新进展，开放型经济达到新水平；创新型国家建设取得新成就，载人航天、探月工程、载人深潜、北斗卫星导航系统、超级计算机、高速铁路等实现重大突破，第一艘航母"辽宁舰"入列；成功举办北京奥运会、残奥会和上海世博会；夺取抗击汶川特大地震、玉树强烈地震、舟曲特大山洪泥石流等严重自然灾害和灾后恢复重建重大胜利。我国社会生产力和综合国力显著提高，人民生活水平和社会保障水平显著提高，国际地位和国际影响力显著提高。我们圆满完成"十一五"规划，顺利实施"十二五"规划。社会主义经济建设、政治建设、文化建设、社会建设、生态文明建设取得重大进展，谱写了中国特色社会主义事业新篇章。

五年来的主要工作及特点：

一是有效应对国际金融危机,促进经济平稳较快发展。过去五年,我们是在持续应对国际金融危机严重冲击中走过来的。这场危机来势之猛、扩散之快、影响之深,百年罕见。我们沉着应对,及时果断调整宏观调控着力点,出台进一步扩大内需、促进经济平稳较快增长的十项措施,全面实施一揽子计划。两年新增4万亿元投资,其中中央财政投资1.26万亿元,主要用于保障性安居工程、农村民生工程、基础设施、社会事业、生态环保、自主创新等方面建设和灾后恢复重建。五年来,新建各类保障性住房1800多万套,棚户区改造住房1200多万套;完成大中型和重点小型水库除险加固1.8万座,治理重点中小河流2.45万公里,新增节水灌溉面积770万公顷;新增铁路里程1.97万公里,其中高速铁路8951公里,京沪、京广、哈大等高铁和一批城际铁路相继投入运营;新增公路60.9万公里,其中高速公路4.2万公里,高速公路总里程达9.56万公里;新建机场31个;新增万吨级港口泊位602个;一批跨江跨海大桥、连岛工程相继建成;西气东输、西电东送、南水北调等重大工程顺利推进或建成;非化石能源快速发展,水电、风电装机位居世界第一;重建后的汶川、玉树、舟曲等灾区发生了翻天覆地的变化。这些举世瞩目的成就,对我们有效应对国际金融危机严重冲击发挥了至关重要的作用,为经济社会长远发展打下了坚实基础,已经并将继续造福亿万人民。我们始终注重处理好保持经济平稳较快发展、调整经济结构和管理通胀预期的关系,增强宏观政策的前瞻性、科学性、有效性,注意把握好政策的取向、力度和重点。在国际金融危机冲击最严重时,果断实施积极的财政政策和适度宽松的货币政策,综合运用多种财政政策工具,增加政府支出,实行结构性减税;有效运用存款准备金率、利率等货币政策工具,保持货币信贷合理增长。根据宏观经济走势的变化,我们及时调整政策力度,适时退出刺激政策,实施积极的财政政策和稳健的货币政策。在财政政策运用上,坚持统筹兼顾,注重综合平衡。财政赤字占国内生产总值的比重从2009年的2.8%降到去年的1.5%左右,赤字率和债务负担率保持在安全水平。加强地方政府性债务全面审计和地方政府融资平台管理,有效控制经济运行中的风险隐患。在货币政策运用上,始终注意把握稳增长、控物价和防风险之间的平衡。金融体系运行稳健,银行业风险抵御能力持续增强,资本充足率从2007年底的8.4%提升到去年底的13.3%,不良贷款率由6.1%下降到0.95%。坚持搞好房地产市场调控不动摇,遏制了房价过快上涨势头。2012年,在世界各大经济体增长全面减速、各种风险不断暴露的情况下,我们合理把握政策力度,保持财政预算支出规模不变,优化支出结构,扭转经济下滑趋势,全面实现年初确定的主要目标,国内生产总值增长7.8%,城镇新增就业1266万人,居民消费价格涨幅回落到2.6%,为今年经济发展打下好的基础。

这五年,我国宏观经济总体上保持增速平稳较快、物价相对稳定、就业持续增加、国际收支趋于平衡的良好态势,国内生产总值年均增长9.3%,显著高于同期全球和新兴经济体的增速,通货膨胀率远低于其他新兴经济体。我国经济稳定,充满活力。

回首这五年,面对国际经济形势复杂多变、持续低迷的严峻挑战,中央科学判断、果断决策,有效避免了我国现代化进程因巨大的外部冲击而出现大的波折,实践证明这些决策部署是完全正确的。

（以下略）

例文2

全国人民代表大会常务委员会执法检查组关于检查《中华人民共和国文物保护法》实施情况的报告

2012年6月26日在第十一届全国人民代表大会常务委员会第二十七次会议上

全国人大常委会副委员长 路甬祥

全国人民代表大会常务委员会：

2012年4月至5月，全国人大常委会执法检查组开展了文物保护法执法检查。现在，我代表执法检查组向常委会报告有关情况：

一、执法检查的工作情况

这次执法检查是1982年11月文物保护法颁布实施以来，由全国人大常委会在全国范围内组织开展的第一次执法检查。吴邦国委员长对这次执法检查工作十分重视，作出重要批示："我国是历史悠久的文明古国，有着丰富灿烂的文化遗产。全面贯彻落实文物保护法，是继承和弘扬中华民族优秀传统文化、推动社会主义文化大发展大繁荣的必然要求。全国人大常委会这次在全国范围内开展文物保护法执法检查，主要目的就是在党的十七大和十七届六中全会精神指导下，督促、支持各级政府和有关国家机关依法履行职责，改进工作，加强管理，推动我国文物保护事业全面发展。希望检查组精心准备，扎实工作，组织开展好这次执法检查，圆满完成工作任务，为建设中华民族共有精神家园做出积极贡献。"

4月5日，执法检查组召开第一次全体会议，听取国务院有关部门的情况汇报，部署相关工作。王兆国副委员长出席会议并作了重要讲话。会议明确，这次执法检查的重点是文物安全情况，处理文物保护与经济建设、社会发展关系情况，文物流通领域管理情况，执法能力建设和配套法规制定情况，以及进一步修改完善法律的意见和建议。

这次执法检查由我任组长，韩启德、周铁农、李建国、严隽琪副委员长以及白克明同志任副组长。执法检查组分为5个小组，成员包括28位全国人大常委会委员和全国人大教科文卫委员会委员、全国人大法律委员会委员，以及21位全国人大代表。检查组重点对北京、河北、浙江、江西、山东、河南、湖北、四川、甘肃、新疆10个省（区、市）进行了检查，并委托其他省（区、市）人大常委会对本行政区域内文物保护法的实施情况进行检查。检查组先后召开了48次汇报会、座谈会，听取了有关省、市、县政府的工作汇报，与有关部门、文博专家以及文物保护一线工作人员进行了座谈交流，广泛听取意见和建议，并实地考察了186个文物、博物馆等单位。

国务院有关部门和地方各级政府对这次执法检查很重视，国家文物局予以积极协助，相关省（区、市）人大、政府认真准备，全国人大常委会办公厅和全国人大教科文卫委员会做了大量细致的具体工作；全国人大教科文卫委员会还专门到辽宁省、故宫博物院、国家博物馆开展前期执法调研，并邀请在京部分文物保护专家召开了座谈会，保证了执法检查任务顺利完成。中央和地方主要新闻媒体及时报道了执法检查有关情况。

现在,各检查小组已经形成了报告,受委托检查的21个省(区、市)人大常委会也向全国人大常委会办公厅提供了书面报告。6月7日,执法检查组召开第二次全体会议,研究讨论了执法检查报告稿,并听取了国务院有关部门的意见。

检查组认为,文物保护法颁布实施30年来,随着我国经济发展和社会进步,文物保护事业与时俱进、开拓创新,取得了显著成绩。各级政府越来越重视文物工作,社会力量积极参与文物保护,法律规定得到贯彻执行,形成了许多好的经验和做法。但也要看到,我国文物保护与利用的整体水平与我们这个文明古国的地位还不相称,还不能很好适应经济社会协调发展和文化大发展大繁荣的要求,不能完全满足人民群众日益增长的精神文化需求。文物工作中还存在一些实际困难和问题,面临着新的挑战,贯彻实施文物保护法的任务依然艰巨而繁重。

二、贯彻实施文物保护法的主要工作及成效(略)

三、存在的主要问题(略)

四、对进一步贯彻实施文物保护法的建议(略)

全面贯彻实施文物保护法,依法做好文物工作,是一项长期而艰巨的任务,需要我们坚持不懈的努力。我们要以这次执法检查为新起点,充分发挥监督职能,继续督促和支持各级政府依法履行职责,改进工作,推动我国文物保护事业取得新进展。

以上报告,请审议。

第十三节 请 示

一、请示的概念

《条例》规定:"请示。适用于向上级机关请求指示、批准。"请示的主要功能在于向上级机关请求对某项工作、问题作出指示,对某项政策界限给予明确,对某事予以审核批准。请示是典型的上行文。必须请示的事项有:

(1) 主管上级单位明确规定必须请示批准才能办理的事项;

(2) 对现行方针、政策、法令、规章、制度不甚了解,需要上级明确答复才能办理的事项;

(3) 工作中发生了新情况,又无章可循,需要上级明确指示才能办理的事项;

(4) 因情况特殊难以执行现行规定,需要上级重新指示才能办理的事项;

(5) 因意见分歧而无法统一,难以工作,需要上级裁决才能办理的事项;

(6) 事关重大,为防止工作失误,需请示上级审核的事项。

二、请示的种类

请示可分为请求指示的请示、请求批准的请示和批转性的请示。

（一）请求指示的请示

在工作中，遇到新情况、新问题，对有关方针、政策、规定等有疑问，需要上级机关解释和说明等，就用这类请示，如《××市××区人事劳动社会保障局关于执行就业援助政策有关问题的请示》。

（二）请求批准的请示

在工作过程中，如果要求上级批准下级制定的有关规定、方案、规划或遇到人、财、物等方面的困难，自己无法解决，提出解决的方案请上级审批帮助等，往往用这类指示，如《××区人民政府关于报废车辆的请示》。

（三）批转性的请示

请示事项较为重大复杂，具有一定的普遍意义，不但需要上级批准，还需要上级转发。

批准性请示和批转性请示除了在行文目的上的不同，在执行范围上也不一样，批准性请示的执行范围一般就是请示单位；批转性请示的执行范围不仅包括请示单位，而且还包括其他有关单位。

三、请示的结构与写法

请示由标题、主送机关、正文、落款和联系人等部分组成。

（一）标题

请示的标题由"发文机关＋事由＋文种"组成。需要注意的是，请示的标题中对于事由的概括，不能出现"申请""请求"之类的词语，否则会与文种"请示"本身所含有的请求之意重复。另外，文种也不能写成"请示报告"。

（二）主送机关

请示的主送机关就是负责受理和答复请示的机关。

（三）正文

请示的正文一般包括缘由、事项和结语三方面的内容。

1. 缘由

缘由是提出请求的具体原因，关系请示事项是否成立，因此要写得具体明白，有理有据。

2. 事项

事项陈述具体的请示要求，必须一事一请，明确具体。

3. 结语

结语常用"当否，请批示""当否，请指示""以上请示，如无不妥，请批转×××贯彻执行"

等作为结束语。结语应单独成段。

（四）落款

请示要签署发布请示的机关的名称，并写明请示的年、月、日。如果发文机关名称已在标题中出现，可省略发文机关只签署日期。

（五）联系人

请示一定要注明联系人姓名和电话，便于及时联系，以免贻误工作，写法同附注，即居左空两字加圆括号编排在成文日期下一行。

四、请示的写作要求

（1）请示必须一文一事。

（2）请示不得多头主送，不得抄送下级和平级，不能送上级机关领导个人，一般不能越级。

（3）两个及以上单位联合请示时，需确定好主送机关，协商一致后主送领导机关。

（4）写作时要做到有理有据，条理分明。论证要论据充分，说理透彻，善于选择典型材料，能从全局的高度紧紧抓住受文者的心理。事实、数据要准确；把审核时需要了解的有关情况写清楚，为上级审核提供可靠依据。必要时，对所请示事项，提出几种明确、切实可行的参考意见或方案请上级裁决。较长的内容要分条分项来写。有些情况简单，或有条文和规定可依据，则只需写明依据的条文或规定名称，不必详细阐述道理。

（5）下级机关的请示事项，如需以本机关名义向上级机关请示，应当提出倾向性意见后上报，不得原文转报上级机关。

五、请示与报告的区别

请示和公告都是上行公文。它们之间的区别如下。

（1）行文目的不同。请示是向上级机关请求指示、批准，是请求性公文，重在呈请，目的在于希望得到上级机关的支持或批准，上级机关必须批复；报告是向上级机关汇报工作、反映情况、回复上级机关的询问，是陈述性公文，重在呈报，目的在于下情上达，不需上级机关答复。

（2）行文时间不同。请示必须在事前行文，绝不允许先斩后奏；报告则比较灵活，根据实际情况，多在事中、事后行文。

（3）请示必须一头主送，以防意见不一而互相推诿，贻误工作；报告根据需要可同时报送两个或多个主送机关。

（4）请示必须一文一事，报告可以"一文多事"。

六、参考例文

例　文

××区人民政府关于报废车辆的请示

市财政局：

　　我区公务车(车牌号×××××××)为普通型桑塔纳，购于××××年×月，账面原值为145 991.9元，行驶里程已逾30万公里，车况差，维修保养费用极高，且经政府汽车定点维修部门检测，该车已过报废期，无继续维修价值，特申请为该车办理报废手续。

　　特此请示，请批复。

××区人民政府
××××年×月×日

(联系人：×××;联系电话：××××××××)

第十四节　批　复

一、批复的概念

《条例》规定："批复。适用于答复下级机关请示事项。"批复是上级机关答复下级机关某一请示时所使用的下行文。

二、批复的种类

根据内容、性质的不同，批复可分为审批性批复和指示性批复两类。

(一) 审批性批复

这类批复主要针对下级机关请求批准的请示，经审核后所作出的答复，常见的有关于机构设置、人事安排、项目设立、资金划拨等事项的审批，如《国务院关于同意设立"全国交通安全日"的批复》。

(二) 指示性批复

这类批复主要针对方针、政策性问题进行答复，批复的内容在其管辖范围内具有普遍指导和规范作用，如《国务院关于上海市海洋功能区划(2011—2020年)的批复》。

三、批复的结构与写法

批复由标题、主送机关、正文和落款等部分组成。

（一）标题

批复的标题由"发文机关＋事由＋文种"组成，如《国务院关于同意设立"全国交通安全日"的批复》。

（二）主送机关

主送机关为提出该请示事项的下级机关。

（三）正文

批复的正文一般包括批复依据、批复内容和结语三方面的内容。

1. 批复依据

批复依据涉及两个方面，一是对方的请示，二是与请示事项有关的方针、政策和上级规定。对方的请示是批复最主要的依据，要完整引用请示的标题并加括号注明其请示的发文字号，如"你部《关于将12月2日设立为'全国交通安全日'的请示》（公部请〔2012〕83号）收悉"，用以交代批复的根据，点出批复的对象，必要时还要简述来文请示事项。

2. 批复内容

批复内容是正文的主体，说明批复事项，一般不需进行议论。批复内容必须紧扣请示内容，不能含糊不清或避而不答。

3. 结语

结语常用"此复"或"特此批复"等作为结语，也可省去不写。

（四）落款

批复要签署作出批复的机关的名称，并写明批复的年、月、日。如果发文机关名称已在标题中出现，可省略发文机关只签署日期。

四、批复的写作要求

（1）批复只适用于上级机关答复下级机关的请示事项，平级和不相隶属的机关之间不得使用批复。

（2）批复只能主送原请示机关，如批复内容必须通知其他机关时，可同时抄送其他机关。

（3）行文要有针对性。批复的内容必须针对下级机关的请示事项，不得答非所问。

（4）批复的观点要明确。无论是审批性批复还是指示性批复，态度都必须明确，不得模棱两可，以免下级机关无所适从。

（5）批复要及时。
（6）批复要言简意赅，做到言尽意止，庄重周密，以充分体现批复的权威性。

五、参考例文

例文1

国务院关于同意设立"全国交通安全日"的批复

公安部：

你部《关于将12月2日设立为"全国交通安全日"的请示》（公部请〔2012〕83号）收悉。同意自2012年起，将每年12月2日设立为"全国交通安全日"。具体工作由你部商有关部门组织实施。

国务院
2012年11月18日

例文2

国务院关于上海市海洋功能区划（2011—2020年）的批复

上海市人民政府、海洋局：

上海市人民政府关于审批上海市海洋功能区划的请示收悉。现批复如下：

一、原则同意《上海市海洋功能区划（2011—2020年）》（以下简称《区划》）。

二、上海市位于我国大陆海岸线中部，是我国经济中心城市，长江三角洲城市群的核心。全市海洋资源丰富，开发程度高，产业基础雄厚。要坚持在发展中保护、在保护中发展的原则，合理配置海域资源，优化海洋开发空间布局，实现规划用海、集约用海、生态用海、科技用海、依法用海，促进经济平稳较快发展和社会和谐稳定。

三、通过实施《区划》，到2020年，全市建设用围填海规模控制在2300公顷以内，海水养殖功能区面积不少于600公顷，河口海洋保护区面积不少于12.3万公顷，保留区面积12.617万公顷，整治修复海岸线长度不少于60公里；围填海等改变海域自然属性的用海活动得到合理控制，渔民生产生活和现代化渔业发展得到保障，主要污染物排海总量得到控制，海洋生态环境质量明显改善，海洋可持续发展能力显著增强。

四、《区划》是合理开发利用海洋资源、有效保护海洋生态环境的法定依据，一经批准，任何单位和个人不得随意修改；确需修改《区划》范围、海岸线和海洋功能区类型的，由上海市人民政府提出修改方案，报国务院批准。编制各类产业规划涉及海域使用的，应当符合《区划》的要求。

五、要认真落实《区划》提出的各项任务和措施，不断完善海域管理的体制机制，严格执行项目用海预审、审批制度和围填海计划，健全海域使用权市场机制。坚持陆海统筹方针，切实加强海洋环境保护，地方海域使用金收入要支持海域海岸带开展综合整治修复。加大海洋执法监察力度，规范海洋开发利用秩序。加强社会和舆论监督。

国家海洋局要加强对《区划》修改工作的管理，对《区划》的实施工作予以指导、协调和监督检查。

国务院
2012年11月1日

第十五节　函

一、函的概念

《条例》规定："函。适用于不相隶属机关之间商洽工作、询问和答复问题、请求批准和答复审批事项。"函的使用非常广泛，各级党政机关、企事业单位、社会团体都可以使用。函不用正式文件的文头纸，也不按正式文件编制文号，而是另行编号，或不编号。

二、函的种类

按内容和目的分类，函可分为商洽函、询问函、答复函、告知函、请求函等，也可按行文方向分为发函和复函。

三、函的结构与写法

函由标题、主送机关、正文和落款四部分组成。

（一）标题

函的标题由"发文机关＋事由＋文种"组成，如《××大学关于同意办理派出手续的函》。函有去函和复函之分。去函一般叫《××××关于××××的函》，复函一般叫《××××关于××××的复函》。

（二）主送机关

函的主送机关就是授收函的机关。一般是明确单一的，但有时内容涉及部门多，也有排列多个主送机关的情况。

（三）正文

函的正文一般包括缘由、事项和结语三方面的内容。

1. 缘由

简要写明发函的依据、缘由、背景和目的。

2. 事项

事项是函的主体，说明函告或函请事项。不同种类的函，正文写法不同：商洽函，要以协商的语气说话，要清楚表述希望对方协助解决什么问题；询问函与答复函，如同问卷或试题，提问要简洁、明确、具体，回答要针对提问一一作答；请求批准函，类似请示；审批复函类似批复；告知函类似通知。

3. 结语

常用"可否，盼函复""妥否，请函复""特此函告""敬请大力支持为盼""此函""特此函复""此复"等作为结束语，也可随正文结束而结束，不写结语。

（四）落款

函要签署发函的机关名称，并写明发函的年、月、日。如果发文机关名称已在标题中出现，可省略发文机关只签署日期。

四、函的写作要求

（1）一事一函。

（2）开门见山，直截了当。函有"轻骑兵"之称，一般篇幅短小，写作时要注意用语简洁。

（3）用语要把握分寸。无论是平行机关或者是不相隶属的行文，都要注意语气平和有礼，不要倚势压人或强人所难，也不必逢迎恭维、曲意客套。

五、参考例文

例文1

广东省环境保护厅关于广东达志环保科技股份有限公司上市环保核查情况的函

中国证券监督管理委员会：

根据广东达志环保科技股份有限公司的上市环保核查申请，我厅按照《关于对申请上市的企业和申请再融资的上市企业进行环境保护核查的通知》（环发〔2003〕101号）、《进一步规范重污染行业生产经营公司申请上市或再融资环境保护核查工作的通知》（环办〔2007〕105号）及《关于进一步优化调整上市环保核查制度的通知》（环发〔2012〕118号）要求，对该公司组织进行了上市环保核查。

本次核查范围为该公司所属的3家企业,具体情况见附件。经广州市环境保护局和江门市环境保护局初审,以及我厅组织的核查与社会公示,该公司核查范围内企业基本符合上市公司环保要求。经审议,我厅原则同意广东达志环保科技股份有限公司通过上市环保核查。

附件:广东达志环保科技股份有限公司核查范围内企业概况

广东省环境保护厅
2013年5月14日

例文2

广东省人民政府办公厅关于广三高速公路车辆通行费有关问题的复函

省交通运输厅、物价局:

粤交费〔2013〕155、224号请示收悉。省人民政府同意广三高速公路改扩建工程设立云东海匝道收费站。该扩建工程交工验收通车和收费站收费设施经验收符合省联网收费技术要求后,广三高速公路按全省高速公路统一标准进行收费,即收费车型按车辆轴(轮)数及车头高度等物理参数进行分类,一至五类车的收费系数分别为1、1.5、2、3、3.5;收费标准为0.6元/标准车公里。

附件:1. 广三高速公路收费车辆车型分类标准及收费系数表
　　　2. 广三高速公路车辆通行费收费标准表

省府办公厅
2013年3月14日

第十六节　纪　　要

一、纪要的概念

《条例》规定:"纪要。适用于记载会议主要情况和议定事项。"纪要是根据会议记录摘要整理而形成的一种纪实性公文,用于记载、传达会议主要情况和议定事项,要求与会单位共同遵守、贯彻执行。

二、纪要的种类

根据纪要的用途,纪要可分为记载性纪要和传达性纪要。

（一）记载性纪要

主要记载会议情况和议定事项，用于归档备查，有时也可发有关单位知照和执行。

（二）传达性纪要

把会议情况和议定事项综合整理成文，发给与会单位，或者传达给下级单位，以便遵守和执行。这类纪要有时可上报，要求上级机关批转给有关单位和地方落实。需要下发执行的纪要，可以"通知"形式发出。

三、纪要的结构与写法

纪要由标题、正文、出席人员名单和落款等部分组成。

（一）标题

纪要的标题一般由"发文机关＋事由＋文种"组成。

（二）正文

纪要的正文一般包括导语、主体和结尾三部分。

1. 导语

简要概述会议基本情况，一般包括会议目的、名称、时间、地点、规模、与会人员、主要议程、会议情况、对会议的总体评价等。往往以"现纪要如下"等作为连接下文的过渡语。

2. 主体

主体是纪要的核心部分，根据会议的中心议题，有主次、轻重地写出会议的情况和成果，写法多样。

（1）集中概述法：多用于小型会议，而且讨论的问题比较集中、单一。

（2）分项叙述法：适用于大中型会议或议题较多的会议。

（3）发言提要法：如上级需要了解与会人员的不同意见，则可以采用这种写法，把会议上具有典型性、代表性的发言加以整理，提炼出内容要点和精神实质，然后按照发言顺序或不同内容，分别加以阐述说明。

3. 结尾

纪要可以提出希望和要求，也可以没有。

（三）出席人员名单

标注出席人员名单，一般用 3 号黑体字，在正文或附件说明下空一行左空两字编排"出席"二字，后标全角冒号，冒号后用 3 号仿宋体字标注出席人单位、姓名，回行时与冒号后的首字对齐。

标注请假和列席人员名单，除依次另起一行并将"出席"二字改为"请假"或"列席"外，编排方法同出席人员名单。

（四）落款

落款可在标题下，也可在人员名单之后。根据实际情况确定。

四、纪要的写作要求

（1）"要"是关键，分清主次，条理清楚，突出重点，简明扼要。

（2）真实、准确。忠实于会议实际，不能随意取舍，会议没有涉及的内容不能写入，更不能掺杂个人的意见或随意发挥。写成后应提请会议主持人审核与签发，对于重要会议的纪要，应会签。

（3）采取第三人称叙述，如"会议听取了""会议指出""会议强调""会议要求"等。

五、参考例文

例 文

政府常务会议纪要（第61次）

泾源县人民政府办公室　　2012年4月27日

2012年4月25日，政府县长李志达主持召开了县人民政府第61次常务会议，研究决定了有关事项。现纪要如下：

（一）审定了《泾源县基本普及高中阶段教育工作整改方案》

会议指出，基本普及高中阶段教育是自治区党委、政府着眼于未来提出的一项战略性决策，也是推动教育改革发展的重点工作，更是建设富裕和谐新宁夏的关键所在。近年来，我县高度重视教育事业发展，不断深化改革，加大投入，教育事业取得跨越发展，相继通过国家"两基"和自治区"教育强县"验收，高中阶段教育更是获得长足发展，普通高中教育和中等职业教育在校生数稳步增加，教育教学水平持续提升。但仍存在高中阶段毛入学率偏低、教育师资队伍短缺、经费投入不足等问题，各乡镇、各部门要深刻认识基本普及高中阶段教育的重要意义，切实把思想和行动统一到县委、政府的决策部署上来，把基本普及高中阶段教育摆上重要议事日程，以更加强烈的责任感，采取更加有力的措施，扎扎实实地推进各项工作，确保如期实现普及高中阶段教育目标。

会议要求，(1)加大"控辍保学"力度。由各乡镇人民政府牵头，教育等有关部门配合，继续实行"控辍保学"工作责任制和动员学生包片负责制，加大宣传动员，确保初中毕业生升学率达到95%以上、高中阶段教育毛入学率达到85%。要进一步扩大"东西部联合办学"规模，拓展办学领域，提高职业教育发展水平。(2)加大教育投入力度。要充分发挥财政主渠道的作用，整合教育资源和资金，不断加大教育投入，配备必要的教学设备和器材，着力改善高中阶段教育办学条件，确保基础教育经费财政拨款做到"三个增长"。

(3)加强教师队伍建设。健全完善教师补充机制,在现有教师编制中重新调剂,补充完善。同时,积极争取自治区"特岗"教师名额,着力解决专任教师缺编问题。对于职业中学专业课教师和"双师型"短缺的现状,要根据专业教育特点,不拘一格选聘专业课教师。要继续加大对中青年教师、骨干教师、学科带头人的培养力度,鼓励在职教师参加各类进修培训,不断提高教师的学历层次和业务素质。(4)加快教育档案建设。要尽快摸清三个学年度全县初中毕业生去向,做好外出取证工作,做到真实、有效。同时,严格建档程序、标准和时限,建立近三年普及高中阶段教育档案,为顺利通过评估验收打下坚实基础。

会议决定,(1)原则同意县教育体育局提交的《泾源县基本普及高中阶段教育工作整改方案》。(2)县教育体育局按照会议讨论意见认真修改完善,鄢志杰副县长把关审核后,以县人民政府办公室文件印发实施。(3)近期召开全县普及高中阶段教育推进会,对全县基本普及高中阶段教育工作进行再安排,再部署,县政府办公室、教育体育局共同做好会务筹备工作。

(二)听取了全县旅游工作情况汇报

会议指出,旅游是无烟工业、朝阳产业,是最能实现可持续发展的产业,对带动我县经济社会快速发展、加快经济结构调整等都有着重要的作用和意义。我县旅游资源丰富,处在六盘山红色生态旅游板块的核心地带,旅游产业发展潜力巨大、前景广阔。近年来,我县坚持以规划为引领,切实抓好旅游品牌开发、精品景区打造、基础设施建设、行业监督管理、旅游宣传促销等重点工作,旅游产业发展步伐进一步加快。但仍然存在配套基础设施建设滞后、旅游服务功能不完善、宣传促销力度不够、旅游吸引力不足等问题,客观上制约了旅游产业的发展。

会议要求,(1)扎实开展环境卫生综合整治。各乡镇、各有关部门要结合全县机关干部"下基层、解民忧、帮发展、促和谐"活动,组织动员广大干部群众,开展一场声势浩大的环境卫生整治攻坚战,以优美整洁的环境迎接"五一"旅游黄金周。(2)加强"农家乐"旅游管理。文化旅游、卫生等有关部门要切实履行职责,加强监督管理,强化教育培训,提高服务质量,努力建设一批特色鲜明、经营规范、服务周到、安全卫生、深受游客欢迎的星级农家乐,确保游客"吃得放心、住得安心、行得顺心、玩得开心"。由牛金才副县长牵头,近期组织相关部门开展全县文化旅游"农家乐"规范经营,特别是食品安全监督大检查,着力打造一流食品安全品牌的农家乐餐饮业。(3)加强旅游安全管理。县文化旅游广播电视局要切实履行好旅游行业管理职能,组织开展旅游安全专项检查和整治,排查和消除各种安全隐患,督促各景区、旅行社、饭店落实安全措施、制度和责任,确保旅游安全。要进一步加强森林(草原)防火和道路交通安全。(4)要突出重点,着力抓好旅游基础设施建设,充分挖掘整理民族文化,打造特色品牌,加大旅游宣传促销力度,积极拓展旅游客源市场,加快旅游产品开发步伐,搞活旅游经济。

(三)审定了《泾源县救灾资金管理和使用实施细则(试行)》

会议指出,制定《泾源县救灾资金管理和使用实施细则(试行)》,对于加强救灾资金管理和使用,确保救灾资金安全运行和及时拨付,确保救灾和救助工作的顺利健康开展具有十分重要意义。

会议决定,(1)原则同意县民政局提交的《泾源县救灾资金管理和使用实施细则(试行)》。(2)县民政局按照会议讨论意见修改完善,县政府法制办认真把关后,由马保相副县长审核,以县人民政府文件印发实施。

(四)研究了卫生和医改工作有关事宜

1. 审定了《泾源县2012年人人享有基本医疗卫生服务实施方案》

会议决定,(1)原则同意县卫生局提交的《泾源县2012年人人享有基本医疗卫生服务实施方案》。(2)县卫生局按照会议讨论意见认真修改完善,马保相副县长把关审核后,以县人民政府办公室文件印发实施。

2. 审定了《泾源县2012年村卫生室标准化建设实施方案》

会议指出,实施村卫生室标准化建设,对于完善农村卫生服务体系,提高基层医疗卫生机构服务能力,实现农村人人享有基本医疗卫生服务目标具有显著作用。各乡镇、各有关部门要高度重视,紧密配合,全面完成今年99所村卫生室的标准化建设任务。

会议决定,(1)原则同意县卫生局提交的《泾源县2012年村卫生室标准化建设实施方案》。(2)县卫生局按照会议讨论意见认真修改完善,马保相副县长把关审核后,以县人民政府办公室文件印发实施。

3. 审定了《泾源县妇幼卫生"六免一救助"实施方案》

会议决定,(1)原则同意县卫生局提交的《泾源县妇幼卫生"六免一救助"实施方案》。(2)县卫生局按照会议讨论意见认真修改完善,马保相副县长把关审核后,以县人民政府办公室文件印发实施。

(五)研究了国土资源有关事宜

1. 研究了东毛高速公路泾源县段工程建设征地拆迁安置补偿标准事宜

会议指出,青岛至兰州高速公路(宁夏境)东山坡至毛家沟段是国家高速公路网和我区干线公路网的重要组成部分,对于带动区域资源开发,促进区域经济社会发展具有重要的作用。各有关部门及乡镇要站在战略和全局的高度,全力配合做好高速公路的建设,加快建设进度,确保项目如期完工。

会议决定,(1)原则同意县国土资源局提交的《东毛高速公路泾源县段工程建设征地拆迁安置补偿标准》。(2)县国土资源局按照会议讨论意见认真修改完善,高建军副县长把关审核后,以县人民政府文件印发实施。

会议要求,(1)要坚持统一标准、公开透明的原则,实施征地拆迁安置补偿,保障工程建设用地,维护群众合法权益。(2)要根据需要依法办理临时用地审批手续,及时复垦,保护耕地。(3)要强化协作,紧密配合,确保高速公路建设顺利实施。

2. 挂牌出让泾源县天然气站办公及商服区国有土地使用权事宜

会议决定,(1)依据《中华人民共和国土地管理法》、自治区人民政府《关于泾源县2011年第四批次城镇建设用地的批复》(宁政土批字〔2011〕392号)和县城乡规划领导小组有关会议精神,同意县国土资源局提交的《关于挂牌出让国有土地使用权的请示》(泾国土资发〔2012〕76号)。(2)将位于北环路北侧、思源村以西、大庄村以东8268平方米(折合12.4亩)国有土地使用权,以宁夏恒正不动产咨询有限公司评估的208元/平方米(宁恒正〔2012〕[估T-J]字第125号)作为起始价(总地价为171.97万元),以挂牌方式进行公开出让,每次挂牌增幅为 2 万元。(3)确定该宗土地为商业用地,出让年限为 40 年,容积率为 0.13,建筑密度为 4%,绿地率为 38.3%,建筑高度≤9 米标准。(4)以政府文件批复,县国土资源局按照有关规定办理。

3. 挂牌出让泾源县天然气站国有土地使用权事宜

会议决定,(1)依据《中华人民共和国土地管理法》、自治区人民政府《关于泾源县 2011 年第四批次城镇建设用地的批复》(宁政土批字〔2011〕392 号)和县城乡规划领导小组有关会议精神,同意县国土资源局提交的《关于挂牌出让国有土地使用权的请示》(泾国土资发〔2012〕77 号)。(2)将位于北环路北侧、思源村以西、大庄村以东 5355 平方米(折合 8.03 亩)国有土地使用权,以宁夏恒正不动产咨询有限公司评估的 208 元/平方米(宁恒正〔2012〕[估 T-J]字第 125 号)作为起始价(总地价为 111.38 万元),以挂牌方式进行公开出让,每次挂牌增幅为 2 万元。(3)确定该宗土地为商业用地,出让年限为 40 年,容积率为 0.13,建筑密度为 4%,绿地率为 38.3%,建筑高度≤9 米标准。(4)以政府文件批复,县国土资源局按照有关规定办理。

出　　席:高建军　马保相　鄢志杰　牛金才
请　　假:许正清　陈晓东
应邀出席:政协禹红霞
列　　席:政府办公室李存慧、徐万兴、马恩荣、马义杰、马锋,经济发展和改革局拜春亮,监察局吴平,财政局鄢生勇,审计局兰海平,教育体育局李白虎、赵万仓、张玉平,民政局杨三军,人力资源和社会保障局拜艳丽,国土资源局秦志喜,交通运输局赫生全,文化旅游广播电视局惠俊、马义红,卫生局马德才,妇联田孝贤,新民乡马卫荣,泾河源镇咸永升,兴盛乡糟海学,香水镇李志强,黄花乡陈宝,六盘山镇禹新仓,大湾乡张青云。

思考与练习

一、改正或简化下列公文的标题

1. ××部关于几起重大安全事故的通知
2. ××市人民政府关于印发××省人民政府〔2013〕8 号文件的通知
3. ××县物价局《会议通知》
4. 国务院办公厅转发国家旅游局关于进一步清理整顿旅行社意见的通知
5. ××省财政厅关于同意××大学新建图书馆的复函
6. ××研究所关于请求提高拨款待遇的报告
7. ××大学关于报送××省教育厅今年招生工作情况的请示
8. ××市人民政府办公厅转发××省人民政府办公厅《转发国务院办公厅〈关于贯彻执行国务院"关于解决企业社会负担过重的若干规定"中有关问题的通知〉的通知》的通知。

二、简答题

1. 重要的上行文规则有哪些?重要的下行文规则有哪些?
2. 通告与公告的区别主要体现在哪些方面?

3. 通知与通报的区别主要体现在哪些方面?
4. 请示与报告的区别主要体现在哪些方面?
5. 撰写报告有哪些注意事项?
6. 不同类型通报的正文内容及写法有何不同?

三、病例析改

××股份有限公司关于召开20××年度股东大会会议的通知

各位股东:

　　为了贯彻执行《上市公司股东大会规范意见》和我公司《公司章程》的有关规定,公司拟定于20××年12月20日在公司第三会议室召开20××年度股东大会,会议将就董事会、监事会提出的有关事项进行审议。

××股份有限公司
××××年×月×日

四、根据给定材料拟写公文

1. 自2005年来,××有限公司广州办事处的办公设备一直未进行大的更换,原有设备日益老化,维护成本高,且性能难以满足现代办公要求,因此向总公司请求增加办公经费10万元,用于购置10台电脑,1台复印机,3台打印机。

2. 2013年6月25日凌晨,××公司保安王强在值班时,看见一个瘦小男子慌兮兮地夹着一个黑色皮包向东门走去,便上前盘问,该男子于是翻门而逃,王强追了上去。可疑男子见王强追上来,就说:"给你5000元,放了我吧。"王强没有答应。歹徒拔出一把刀,对王强威胁说:"别过来,过来就捅死你!"王强不惧威胁,一步一步逼近歹徒。搏斗中,王强胸口不慎被歹徒捅了一刀,但仍然忍痛与歹徒搏斗,直至将歹徒制服。事后,公司奖励王强1000元,并在公司内发出向王强学习的倡议。

3. ××公司拟邀请××大学的校领导和负责就业工作的相关老师参加该公司举办的校企合作见面会,洽谈秋季校园招聘和校企合作相关事宜。

第三章 事务文书

学习目标

1. 了解各种事务文书概念、种类。
2. 熟悉各种事务文书的结构、正文的写法和要求。
3. 体会各种事务文书的例文。

事务文书是指法定的行政公文之外的,党政机关、社会团体、企事业单位及个人在处理日常事务时经常使用的公务文书,有时被称为"常规文书"。与法定公文相比,事务文书仅在体式的规范、行文的规则和收发的处理上略有减弱,实用办事功能却更为普遍。事务文书种类很多,本章重点介绍计划、总结、简历、述职报告等常用文种。

第一节 计 划

一、计划概述

"凡事预则立,不预则废。"我们在工作、学习、生活中都需要有计划。有了计划,就有了奋斗的目标、行动的方向。

(一)计划的含义

计划是各级机关、企事业单位、社会团体和个人对未来一定时期的活动提出预想目标,制定相应措施和要求,以便完成工作或学习任务而写作的一种事务文书。目标、措施和要求称为计划的"三要素"。

计划是一个统称,除了一般所说"××计划"之外,常见的"方案""安排""打算""规划""设想""要点"等都属于计划类文书。它们的区别主要体现在涉及范围的大小、时限的长短和内容的详略上。

方案——是从工作方法到工作步骤,作出全面细致的部署与安排,如《××大学中华经典诗词诵读大赛实施方案》。

安排——是对短期内的工作进行具体布置。

打算——是短期内工作的要点式计划,如《本学期学生会开展各项活动的打算》。

规划——是具有全局性的、较长时期的长远设想,如《××市 2009—2014 年城市发展规划》《个人职业生涯规划》。

设想——是初步的草案性的较长期的工作框架,如《××公司关于发展对外贸易及设立驻外分公司的设想》。

要点——是列出工作主要目标的计划,如《××学院 2012 年下半年工作要点》。

在拟写计划时,应根据具体情况选择恰当的名称。

(二) 计划的特点

1. 预想性

计划是在行动之前制订的,它必须建立在预测的基础上,是对未来工作进程及其结果的设想和策划。计划中提出的目标、措施虽然依据现实的可行性而定,但着眼点是对下一阶段工作进行规划和安排。因此,只有高瞻远瞩,对未来工作中可能发生的情况和遇到的问题有充分的估计,提出切实可行的方案,才能保证计划的顺利实施。

2. 可操作性

计划的制订总是在总结历史经验教训、进行综合分析的基础上,提出既具有积极意义,又是切实可行、经过努力能够达到的新目标和相应措施。因此,计划必须定得具体明确,切实可行,符合实际。目标定得过高,无法实现和完成;定得过低,计划又无法起指导、激励作用。离开实际或操作性差的计划,将是一纸空文。

3. 指导性

计划是未来一定阶段的具体行动纲领。计划一旦制订,就要对完成任务的实际活动起到指导和约束作用。工作的开展、时间的安排等,都必须按计划严格执行。

(三) 计划的类型

(1) 按内容分,计划可分为学习计划、工作计划、生产计划、销售计划、教学计划等。

(2) 按范围分,计划可分为个人计划、班组计划、部门计划、单位计划、地区计划、国家计划等。

(3) 按时限分,计划可分为长期计划(计划期一般在 5 年以上)、中期计划(计划期一般在 3 年以上、5 年以下)、短期计划(包括年度、季度和月度计划)。

(4) 按性质分,计划可分为综合性计划、专题计划。

(5) 按形式分,计划可分为条文式计划、表格式计划、文表结合式计划。

(四) 计划的形式

计划的形式比较灵活,有条文式计划、表格式计划、文表结合式计划三种。

1. 条文式

条文式是把计划中的各项内容分解成若干条目用文字表述,一条条写清楚,大多数计划采用的是这种形式。

2. 表格式

表格式是指先要把各项内容划分成若干个栏目,再把制订好的各项具体计划内容填写进栏目中,形成表格。这种方式适用于时间较短、方式变化不大、内容项目较多的具体安排,如销售计划、生产计划等。

3. 文表结合式

文表结合式即表格式和条文式相结合的计划。一般是将各项目的内容填进表格后,再用简短文字作解释说明。

二、计划的结构和写法

计划一般由标题、正文和落款三部分组成。

(一)标题

计划标题的写法,常见的有以下三种。

1. 完整式标题

完整式标题由计划单位名称、时限、内容和文种四要素构成,如《××大学 2013 年教学工作计划》。

2. 省略式标题

这类标题省略单位名称或时限,但不能省略内容和文种。

(1)由计划时限、内容和文种构成,如《2014 年信贷计划》。

(2)由单位名称、内容和文种构成,如《××集团公司员工培训工作安排》。

(3)由计划内容和文种构成,如《业务考核计划》。

3. 公文式标题

公文式标题由单位名称、(关于……的)事由和文种构成,如《××局关于治理商业贿赂的实施方案》。

如果是个人计划,姓名不必写在标题内。如果计划尚不成熟或仅供讨论,则要在标题后面或下一行用圆括号注明"草案""初稿"或"讨论稿""征求意见稿"等字样。

(二)正文

正文一般由前言、主体和结尾三部分组成。

1. 前言

这是计划的开头部分。通常用简明扼要的文字概述制订计划的指导思想、依据、目的、意义及有关背景情况等,即说明"为什么制订计划"和"为什么要这样制订"。常用"为此,制订如下计划"之类的过渡句引出主体内容。

2. 主体

正文主体包括目标、措施和要求"三要素"内容。

目标即"做什么",要求提出明确的目标,也就是先写出一定时间内要完成的工作总体目标和基本任务,然后具体写出任务的数量、质量指标。

措施即"怎么做",要求具体说明开展工作的步骤,如工作程序、时间安排、相关要求等,以及确保目标实现拟采取的办法,这是实现目标和完成任务的具体手段,是计划是否具有可操作性的关键所在。

要求即"如何做完",主要是质量、数量、时间上的要求,如果属于个人计划,即是对自己的要求。这是计划效益指标的具体设想,能否多快好省,就要在"要求"这一项里加以具体设计。

3. 结尾

结尾要简短有力。结尾可以表示决心,或提出希望和发出号召,也可以展望计划实施的前景,还可以补充说明一些注意事项。有的计划主体内容表述完毕就结束全文,因此,写不写结尾,要根据内容表述的需要确定。

(三) 落款

落款包括署名和时间两个项目。

署名写上制订计划的单位名称、个人姓名。标题中已标明单位名称的,这里可以不写,时间写计划通过或批准的年、月、日。有附件的计划,附件名称应注于正文之后,署名的左上方。

三、计划的写作要求

(一) 服从大局,统筹兼顾

制订计划要下级服从上级,局部服从全局,把自己的小计划融合到大计划里,还要处理好当前与长远、局部与整体的关系。

(二) 实事求是,从实际出发

制订计划一定要从本单位、本人的实际出发,既要尽力而为,又要量力而行;既不应盲目,又不应保守,目标不能订得过高或过低。

(三) 突出重点,主次分明

一段时间内所要完成的事情很多,先做什么,后做什么,主要做什么,次要做什么,必须有重有轻,有先有后,有条不紊,这样才有利于工作的全面展开,达到事半功倍的效果。

(四) 目标明确,步骤具体

计划是要执行的,写得越具体明确,操作性就越强。一定要把目标、措施、要求写得清清楚楚,以便落实和监督检查。

四、参考例文

例文1

××市××××年春季义务植树造林工作计划

（草案）

根据全国五届人大第四次会议通过的《关于开展全民义务植树运动的决议》，希望我市广大人民群众积极响应党和政府的号召，人人争当义务植树的突击手，争当保护林木的哨兵，个个为绿化祖国贡献力量。为此，我市在今年春季要做好以下几项工作：

一、目标

（一）我市今年春季计划造林面积××亩，植树××株。要求每人平均3～5株，栽下后要有人管理，保证成活，植树不要只用好地。春季植树造林要在植树节前基本完成。

（二）以市政府为领导，以各区为单位，以全民义务植树造林指挥部为指导的群众性的植树造林运动，具体要求：

1. 各机关、团体的领导要带头，并指定专人负责此项工作。
2. 充分发动群众组织的力量，采取分片包干的办法。
3. 要因地制宜，根据气候、土壤等不同条件，栽植不同品种的树。
4. 各苗圃要及时做好挖苗备运工作。
5. 加强各环节工作的检查，2月中旬做一次全面检查。

二、措施

（一）于2月下旬召开一次植树造林工作会议，参加人员：本市机关、团体、学校、工厂的有关负责人及政府区以上的主要负责人等。重点研究植树造林的各项准备工作，采取必要措施予以落实。

（二）加强各单位各部门的植树造林的领导工作，认真解决各单位存在的问题。

（三）抽调××名干部到植树造林第一线做具体指导工作。

（四）在植树节前把春季植树造林基本完成。

××市人民政府
××××年×月

例文2

远程教育教师培训计划

为了全面贯彻教育部《关于实施"现代远程教育扶贫示范工程项目"的通知》精神，扎实有效地做好教师培训工作，切实发挥"远程教育"设备的独特效益，全面提高我校教师素质，积极推动我校教育教学工作的顺利开展，结合我校实际，特制订本计划。

一、培训目标

通过培训,使学校骨干教师和学科教师进一步了解农村中小学现代远程教育工程的目的和意义;认识教育信息化对提高教育教学水平的重要作用;了解接收资源的内容及资源的分类和特点;使学校技术骨干教师掌握软硬件系统的操作使用和维护管理的方法;使学校骨干教师和学科教师具有使用系统和应用资源上课的能力,掌握获取、传输、处理和应用信息基本能力;通过培训,使学校的骨干教师和学科骨干教师能够承担起完成校本培训、教学示范、为教学和当地经济建设服务的重任。

二、培训的组织管理

培训工作在学校实施农村中小学现代远程教育工程领导小组的领导下进行,分层次有序开展培训。

三、培训对象及培训内容

1. 全体教师:农村中小学现代远程教育工程的目的和意义;远教设备使用与维护;IP资源下载与调用;各类配套软件的操作使用;资源应用(新课标、教学设计和教学应用)。农村中小学现代远程教育工程的目的和意义;模式的组成及特点;计算机基础知识;Windows的基本操作;常用办公软件的使用方法;简单课件制作(远教资源二次开发);Internet网络基本知识,电子邮件的收发;IP资源下载与调用;远教IP资源应用(新课标、教学设计和教学应用);电视机和DVD机的使用方法等;电视教学的特点和配套教学光盘的使用方法。

2. 学科骨干教师和学科教师:农村中小学现代远程教育工程的目的和意义;电视机和DVD机的使用方法;机房的使用;电视教学的特点和配套教学光盘的使用方法。

四、培训安排

培训时间:每月至少2次,安排在周二或周四进行。

培训方式:培训将采取集中培训的方式进行;

培训地点:学校计算机教室

五、有关要求

1. 要充分认识到教师接受远程教育应用培训的紧迫性和重要性,积极鼓励教师参加培训,为教师培训提供必要的时间和物质保证。

2. 要加强培训学习工作的管理,要订计划、定时间、定任务、定考核。要充分利用好远程教育项目配备的教学设备,严格按照培训学习要求和培训内容组织好校本培训学习工作。

3. 各类受训教师一定要端正学习态度,通过培训学习,要切实提高自己应用现代教育技术的能力。要高度重视此项工作,要将培训学习考核成绩作为教师年度考核与职称评定的重要依据。

4. 按时进行培训学习,凡是任课教师都要参加学习培训,迟到、早退、旷课等作息奖惩制度按平时所上课的情节一样等同处理。(除非特殊事情如大型集体活动以及放假耽误培训学习时间,还有放假和停电可以不学习外,其余时间照常进行培训学习。)

5. 对于培训和学习所要求的各种远程教育个人相关资料表册,计划、总结等在规定时间内上交完成,如果不完成者或不按时完成者,情节视为和平时的教学业务工作表册计划、总结等一样的奖惩制度执行。每次参加培训的教师必须在每期培训学习完后进行签字,如果培训学习了没有签字,那么奖惩制度按照和平时的教师考勤一样的奖惩制度执行。

(资料来源:http://www.diyifanwen.com/fanwen/peixunjihua/20101011181816344902751.htm)

例文3

××大学2010届毕业生就业工作第一阶段日程安排

序号	时间	主要工作内容	负责单位	具体要求
1	2009年11月4日	开始发放毕业生就业推荐材料	就业指导中心,各学院	以班为单位统一到校就业指导中心办理
2	2009年11月10日—25日	赴省外进行毕业生跟踪调研	各学院	各学院党委书记参加
3	2009年12月24日—25日	召开××大学2005届毕业生供需见面会	就业指导中心,各学院	各学院积极组织毕业生参加
4	2009年12月底	学历证书电子采集	教务处	具体见教务处安排
5	2010年3月8日—9日	教材费结算	教务处 财务处	由教务处教材科承办
6	2010年3月12日—13日	毕业生五项身体素质检测	体育部	具体安排由体育部提出
7	2010年3月15日前	完成毕业生七个学期测评排名,结果交招生就业处	各学院	具体由学生处确定
8	2010年3月30日前	结束《推荐表》发放,收集需求信息	就业指导中心,各学院及联办院校相关部门	各学院以班为单位统一到就业指导中心办理推荐表
9	2010年4月11日—15日	补照学历证书相片	教务处	补拍地点:新华社广东分社(广州市越秀区连新路158号)

知识链接

不同管理层制订计划类型及特点

管理层	花费时间	计划类型及特点	不确定性	计划期
高层：公司总裁和总经理	75%的时间	战略性：全面长期的目标策略	具有很大的不确定性	3～10年的滚动计划
中层：部门经理	少于50%的时间	战术性：部门业务行动计划	有一定的确定性	6个月到3年的滚动计划
下层：主管	10%的时间	作业性：每周每天作业计划	不确定性最小	低于1年的滚动计划

第二节 总　　结

一、总结概述

（一）总结的含义

总结是各级机关、企事业单位、社会团体和个人对前一段的实践活动进行回顾检查、分析评价，从中找出经验教训和规律性认识，以便指导今后工作而形成的一种书面材料。总结是总结类文书常用的名称，它有时还称为"小结""回顾""体会""经验""做法"等。

（二）总结的作用

1. 检查工作的必要手段

单位通过总结能够发现典型，表彰先进，督促后进；个人通过总结能够发现问题，找出差距。因而总结是检查工作的必要手段。

2. 使感性认识上升为理性认识

通过总结把一个阶段的实践活动进行分析、研究、归纳，使许多零散的、片面的、肤浅的感性认识形成深刻的观念，认识事物的本质，掌握事物发展的规律。因而，总结是将感性认识上升为理性认识的手段。

（三）总结的特点

1. 自述性

总结是自身实践活动的产物，以第一人称行文，作者是本人或本单位。

2. 经验性

总结旨在把实践中的成功经验归纳出来，把教训总结出来。

3. 说理性

总结既不只是对自身工作实践活动的简单陈述,也不只是对已做的工作过程和情况的表面反映,它是对工作实践活动的本质概括,要在回顾工作实践全过程的基础上,进行研究分析,找出规律性的东西,从感性认识上升到理性认识,用以指导今后的工作,这正是总结的价值所在。

(四)总结的类型

按内容分,总结可分为生产总结、工作总结、科研总结、学习总结、思想总结等。
按范围分,总结可分为个人总结、班组总结、部门和单位总结、地区总结等。
按时间分,总结可分为年度总结、季度总结、阶段总结、月份总结等。
按性质分,总结可分为综合性总结、专题性总结。

二、总结的结构和写法

总结的结构一般由标题、正文和落款三部分构成。

(一)标题

1. 公文式标题

公文式标题一般由单位名称、时限、内容、文种构成,如《××局二〇〇×年拥军拥属工作总结》。

2. 文章式标题

文章式标题以单行标题概括主要内容或揭示主题,不出现"总结"字样,如《我们是怎样吸引客户的》《以改革为中心严格管理提高经济效益》等。

3. 双行式标题

双行式标题即分正标题和副标题。正标题概括主要内容或主旨,副标题补充说明单位、时限、内容和总结种类,如《知名教授上讲台　教书育人放异彩——××大学2010年德育工作总结》。

(二)正文

总结的正文因内容种类不同,写法也不尽相同。从结构上看,一般由前言、主体和结尾三部分组成。

1. 前言

前言又称引言,概括介绍基本情况,交代背景,点明主旨或说明成绩,主要回答"做了什么"的问题。可以是概述式,概述工作的基本情况或基本成效;可以是结论式,将工作经验的结论先写明;可以是提示式,对总结的内容先作提示,点明总结的范围。常用"现将有关工作具体总结如下""一年来,我们主要开展了以下几方面的工作"等语句过渡到下文。

2. 主体

主体是总结的核心部分,其内容包括:

(1) 成绩和经验（即做法或体会）

这部分的写法一般有两种：一是先概述所做的各项工作及其所取得的成绩，然后分析取得成绩的原因，提出主要经验；二是在写工作及成绩的同时，写出经验，寓经验于各项工作及成绩之中。有的总结的小标题本身就是经验或体会的概括。

在这一部分，应详细地、分门别类地介绍那些独特的、与众不同的、有借鉴意义的做法，以引起别人的注意，回答"怎样做的"的问题。

(2) 问题和教训

在总结成绩、经验的基础上，还应对存在的问题和不足作认真的分析，找出原因，以期达到吸取教训、改进工作的目的。这部分内容的安排要根据写作总结的需要而定，如果是综合性总结，这部分一般要写得较为简单，不必详细展开；如果是着重反映问题的总结，就要把这部分作为重点来写。开头可用一句话引入，如"一年来，我们虽然取得了一些成绩，积累了一些经验，但还存在一些不容忽视的问题"。

(3) 今后的打算

经过总结经验教训，明确了任务和方向，提出今后的打算。这部分内容应写得比较简略，因为制订解决问题的具体方案是计划的任务。

总结的主体部分的有下列三种结构形式。

(1) 横式结构

横式结构也称并列结构，即按内容性质的不同把工作分成若干方面，分别介绍各方面的工作情况，归纳出几个并列的观点，以小标题的形式点明，经验性总结多用此结构。采用横式结构应注意并列的各部分内容不要互相交叉或有重要遗漏。

(2) 纵式结构

纵式结构也称阶段式结构，即按时间顺序、工作进程或事物发展的逻辑顺序来安排内容。采用这种结构方式，可以使全文条理清晰，便于掌握工作的进程和每一工作阶段任务的完成情况，此结构适用于阶段性较强的工作总结，如专题性总结。

(3) 纵横结构

纵横结构是横式结构和纵式结构的综合，即把工作过程按时间顺序分成几个阶段，每个阶段又分成并列的几个部分叙述，每个阶段总结出几条经验，纵横交织，全面总结，内容复杂的综合性工作总结常用这种结构。

3. 结尾

结尾应简短有力，常见的有以下几种写法。

(1) 自然式

即正文主体内容结束后，意尽言止，不另写结尾。

(2) 总括式

结尾对总结内容进行概括，或作出结论。

(3) 谦虚式

结尾表示谦虚的态度，如"虽然我们的工作取得了一定的成绩和经验，但还存在不少缺点和不足，跟先进单位相比，还有不少差距，今后要谦虚谨慎，戒骄戒躁，百尺竿头更进一步。"经验总结常用这种结尾。

(4) 展望式

结尾表示决心,展望未来,满怀信心,团结一致,争取更大的成绩。大会总结常用这种结尾。

(三) 落款

落款包括署名和时间两项内容。在正文右下方写明总结的单位名称(或个人姓名)和具体日期。如标题中已注明单位名称,此处可以省略。也可以在标题下面署名。

三、总结的写作要求

(一) 材料充分,实事求是

保证总结的观点正确、内容充实,资料充分,全面掌握情况,是写总结的首要前提。实事求是是总结写作时应有的态度。写总结是为了使人了解工作的真实情况,总结的内容必须真实准确,做到反映成绩不夸大其词,总结经验不随意拔高,指出问题不敷衍了事,申明教训不浮于表面。

(二) 善于分析,找出规律

要善于分析材料,从掌握的事实和材料中探求规律,这样的总结才有意义。如记流水账一样罗列材料,或一味地就事论事,写出的总结就不可能对今后的工作有太大的指导意义。

(三) 合理取舍,突出重点

撰写总结,要根据具体的写作目的和工作状况的特点取舍内容,确定重点,各方面的内容不能平均使用笔墨,而要有所侧重,要做到重点工作重点总结,避免采用面面俱到、泛泛而谈的写作方式。

(四) 叙议得当,结构严谨

叙议得当,是总结在表述上的特别要求。应以叙述为主,叙议结合。一般在交代工作的过程、列举典型事例时,以叙述为主;在分析经验教训、指明努力方向时则多发议论。

四、参考例文

例文1

中国写作学会2005年工作总结

2005年学会主要做了这样一些工作:组织编辑出版了两套部颁教材,敦促各专业委员会积极开展活动,进一步办好会刊《写作》杂志,召开会长办公会议研究学会工作,增进与挂靠单位的联系、沟通等。现将这些工作具体总结如下:

一、编辑出版写作丛书

接受教育部委托,学会积极组织力量高标准地完成了两套写作丛书的编辑工作。两套丛书已由高教出版社正式出版发行,正在全国的高校作为教材应用,反应都很不错,其中的《应用写作教程》《公文写作教程》《经济写作教程》《影视写作教程》《新闻写作教程》等尤佳。

二、敦促专业委员会开展活动

按照教育部、民政部的规定,凡长期不开展活动的专业委员会应予取消,为此学会曾专门制定管理办法进行督促检查。在2005年中,各专业委员会都按要求开展了活动。如司法文书专业委员会曾于2005年7月18日—20日在武汉市召开了第12次学术年会,就"我国法律文书的现状和发展趋势"问题开展学术讨论。再如军事写作专业委员会曾于2005年7月27日在北京召开了常务理事(扩大)会议,就"军事写作专业委员会与大学语文协作组分离"问题开展讨论并达成共识。

三、办好会刊《写作》杂志

《写作》杂志自创刊迄今的25年来,一直以其高格调、高品位、高编校质量铸就了自己的个性和风格,深得社会各界好评,长期享有优秀期刊荣誉并率先进入中国期刊方阵。而时下的报刊市场却是以休闲、享乐为时尚,内容严肃的报刊生存空间愈来愈小。《写作》杂志全体同人就是在这种形势下既要保持风格不失个性,又要全力抢占市场,求得生存和发展,其艰辛与付出不难想见。

四、召开会长办公会

学会于2005年11月25日—27日在湖北省鄂州市召开了会长办公会议,参加会议的有会长、副会长及秘书长共11人。

会议回顾和总结了学会前一阶段的工作,肯定了队伍建设和学术研究方面取得的成绩,确定了学会领导班子换届的基本原则及初步人选。会议还讨论了今后学科工作的重点以及学会如何更好地适应市场经济,搞好内联外引,开展丰富多彩的活动等问题。此次办公会议最终确定了中国写作学会第七届理事(扩大)会暨第十三次学术年会的议事内容、研讨主题、会议时间、地点等事项。

五、增进与挂靠单位的联系

中国写作学会25年来一直挂靠在武汉大学,武大为学会,为学会秘书处提供了极大的支持和帮助,使学会及其秘书处得以正常地从事活动,开展工作。二十多年来学会及其秘书处与武大的工作联系、沟通良好,但凡学会的重大活动或重要事务,都直接向武大党委请示汇报,听取校党委的指示意见。但凡是武汉大学交办的事项,学会都圆满地加以完成。

中国写作学会
××××年×月×日

例文2

××市纺织品交易团××××年春季交易会调研工作总结

在今年春季交易会上,我纺织品交易团重视调研工作,组成工贸结合的调研组。调研人员通过业务洽谈和召开专题座谈会进行调研,取得了一些成绩。

一、本届调研会工作取得的成绩

(一)通过调研,基本上弄清了当前纺织品市场情况、供求关系、价格水平。对搞好本届交易会的业务成交起了良好的作用。

(二)通过调研,对于当前和今年下半年纺织品市场供求关系和价格趋势较前有更为明确的认识,有利于完成全年的经营计划,为领导确定经营决策、制定措施提供了参考。

(三)对一些重点城市和重点商品的产、销、存等情况及趋势进行了调研,积累了资料,有利于今后进行系统研究。

(四)调查了解国外纺织品和服装的品种、花色、款式、后处理等方面的流行趋势及用户对我产品的反映,提供给我生产部门以便改进生产,使我产品适合国外市场需要,扩大纺织品出口。

二、本届交易会调研工作的经验和体会

(一)领导重视,不断地强调和宣传搞好调研工作的重要性,调动调研员的积极性,是搞好调研工作的保证。

(二)本届交易会采用工贸结合的调研组织形式,是可行的较好的形式。只要加强统一领导,互相通气配合,工贸双方既可分头活动,也可合作活动。

(三)调研中要注意不断提高调研工作的质量,不仅要及时反映情况,还要在一定时间内进行分析研究,提出意见和看法。调研期间,可分阶段进行,前半段应着重调研当前市场和价格,为本届交易会工作服务;后半段应着重强调调研趋势,为今后工作服务。

(四)调研会是进行调研的好方法,今后可多搞一些专题性的商人座谈会和业务员座谈会。

三、存在的问题和建议

(一)工作中调查多,分析研究少。在编印的简报中,介绍商人的反映多,而经过分析拿出我们的看法、建议少。调查偏重于商品,对地区市场情况缺乏系统归纳分析,拿不出有参考价值的意见。

(二)建议今后在交易会前,各有关公司都应提出本公司的调研提纲,以便调研组及时制订反映实际要求的调研方案。

××市纺织品交易团
××××年×月×日

例文3

我写一手好字的"秘诀"
——学练书法的总结

李××

　　面临就业,能写一手漂亮的字,会使自己增加一项和同龄人竞争的能力。上高职后,经过两年多的书法练习,我基本上掌握了写字的方法和规律,获得了省级高职书法大赛一等奖。我的练字经验,概括起来就是五个字:准、勤、巧、韧、迷。

一准

　　准,就是在选择学习字体时,要看准是否符合自己所练习的实际情况。我初练字,只练正楷,到能把字写得和字帖的字结构和笔画相似时,才开始学练行书;选准字帖,我坚持从正楷到行书,都选一个书家的书体,使练字有系统性。准,还要看准字的结构练习,看对字帖上字的横、竖、撇、捺等是否临摹到位;所写的字是否与字帖上的字大小一致。这样的学习,避免了练字开始阶段的随心所欲。

二勤

　　俗话说:"一勤天下无难事。"从进入高职的第一学期起,我就自己规定坚持每天练字60分钟,每次学练10个字,每5天做一次书法作业,10天做一次学练小结,每隔半个月向书法辅导老师交软笔、硬笔书法作品各一份。我这样坚持下来,已经有整整四个学期了。我不仅按照规定完成这些训练任务,而且在晚上熄灯前10分钟,也常常对帖在空中比画,临摹所练的字,我还把每次练完字的纸收集、整理,以便对前后期作业进行比较,及时总结经验,纠正差错。

三巧

　　巧在于习字要心灵手巧,处理字的笔画、结构要得当合体,运笔灵活。我在练字时巧妙运用了书法结构规律:"天覆者,凡画皆冒于其下;地载者,有画皆托于其上";起笔、停笔、顿笔、折笔时用力适度,灵活转锋。当成功地写出关键一笔时,就要暂停片刻,利用点滴时间体会一下当时书写的动作要领,领会之所以好的原因。我坚持这样学练,写出的字能让人看出有力度,有笔锋。

四韧

　　韧和勤是有联系的。勤是体现练字总的积累,韧是体现毅力和恒心。行书练习时首要的工作是看字、读书,然后对帖空临运笔,直到心有所识,才能行笔练字,这样可以脱离自己原来的写法,按帖写出想象的字体。我学字时,就这样不惜千次万次地练习空临,再反复行笔摹写,两年如一日坚持训练,从未懈怠过。例如我练习繁体的"龍"字时,开始不知怎么着手,怎么写也写不像样,于是,我花时间,下力气,几十次上百次地练习空临运笔,再多次反复行笔练书写,两个月后,一个活灵活现的"龍"字就写成了。我的体会是,学练字,碰到了钉子不能退缩,更不能放弃,而要持之以恒,坚持到底,一定会取得有益的收获。

> **五迷**
>
> 兴趣是最好的老师。对书法到了入迷的境界,才能收获明显。我常常看一些关于书法的书,见识一些优秀的书法作品,这都激起我学字的欲望。有时候,我喜欢上某个字,光看就会花掉个把小时,这种迷的结果是:学起来非常容易,字的形体结构,熟烂于心。一次在图书馆见到一本《书法大全》,看到许多的作品,我竟爱不释手,站在那儿,一看就是大半个小时,书中有一个行体"社"字,写得很合我意,直到还书时,我还想怎样安排行笔,怎样练才能把这个字学到手。由此,我深切体会到,学字到了如痴如醉的地步,一定会做到潜心求知、学有所成。
>
> **结语**
>
> 总的来说,"准"是基础,"勤"是积累,"巧"是技法,"韧"是意志,"迷"是老师。我走过的书法训练道路深刻说明,只要平日多练、多写、多请教、多总结经验,长期学练下去,写一笔好字的目标是可以达到的。

第三节　个 人 简 历

一、个人简历概述

（一）个人简历的含义

个人简历是求职者给招聘单位发的一份个人情况简要介绍,包含自己的基本信息,如姓名、性别、年龄、民族、籍贯、政治面貌、学历、联系方式,学习经历,实践或工作经历,能力、个性、业绩等自我评价,以达到求职或者应聘目的的文书。

（二）个人简历的特点

1. 真实性

简历的内容要实事求是,真实地叙述个人的情况。反映不真实,即使包装再好,也难免"智者千虑,必有一失",可能会给求职或应聘者造成难以预料的不良后果。

2. 自评性

需对个人的专业特长等作出自评,仔细筛选信息,突出个人特点,毛遂自荐,让他人了解自己,达到求职或应聘的目的。

3. 简要性

个人简历是自己学习生活的简短集锦,要简要地介绍个人的学习经历和实践工作经历等相关情况。

（三）个人简历的类型

按写作方式分,简历可分为表格式简历、文字式简历和文字表格式简历。学生求职通常用表格式简历。

按使用类型分,简历可分为时间型简历、功能型简历、专业型简历、业绩型简历、创意型简历。

二、个人简历的结构和写法

个人简历由标题和正文构成。

(一)标题

个人简历的标题一般有"个人简历""简历""求职简历""×××(姓名)简历"等写法。

(二)正文

(1)个人基本信息,包括姓名、性别、联系方式(固定电话、手机、电子邮箱、固定住址)、出生年月、籍贯、政治面貌、婚姻状况、身体状况、兴趣爱好等,其中政治面貌、婚姻状况、籍贯等可视个人以及应聘的岗位情况,可写也可不写。

(2)学业有关内容。毕业学校、学院、学位、所学专业、城市和国家,然后是获得的学位及毕业时间,学过的专业课程(可把详细的成绩单附后)以及一些对工作有利的副修课程以及毕业设计等。

(3)实践和社会工作经历。大学以来的简单经历,主要是学习和担任社会工作的经历,如实习、社会实践、志愿工作者、学生会、团委工作、社团等其他活动。如果有职务也应具体写明。

(4)获奖和获取职业技能证书情况,包括"优秀学生""优秀学生干部""优秀团员"及奖学金和各类比赛等方面所获得的荣誉,相关等级或名次也要写上。相关职业技能证书可作为附件。

(5)能力、特长及个性评价。这方面内容的介绍要恰如其分,尽可能使自己的特长、兴趣、性格等与将要谋求的职业特点和要求相吻合。

(6)求职意向。表明本人想做什么,能为用人单位做些什么以及相关的要求。内容应简短清晰。

(7)附件。个人获奖证明,如优秀党、团员,优秀学生干部证书的复印件,外语四、六级证书的复印件,计算机等级证书的复印件,发表论文或其他作品的复印件等。

(8)封面。可以在个人简历上设计封面,也可以省去封面。封面的要求一般要简洁,可以在封面上出现个人信息,但必须与内文中一致。

三、个人简历的写作要求

(1)实事求是。要求内容实事求是,切忌凭空杜撰。

(2)突出亮点。要求简洁地表述自己的优点和长处,给读者以深刻印象。

(3)针对性强。简历不是个人自传,必须有针对性,与自己申请的工作无关的事情要尽量不写,而对求职者申请的工作有意义的经历和经验绝不能漏掉。

(4)讲究美观。简历一般应打印,图文美观,注意装帧,并附上自己的免冠近照。

四、参考例文

例 文

广播电视新闻学毕业生个人简历

个人基本情况：
姓名：林东
性别：男
身高：176cm
学校：浙江大学城市职业学院
专业：广播电视新闻学
学历：本科在读（大三）
籍贯：浙江
爱好：音乐、策划、影视、自拍
政治面貌：预备党员
手机：136000××××
地址：浙江大学城市学院A1-200

任职情况：
（初高中）文艺委员、宣传委员
（大学）学习委员、心理委员
校社会服务中心办公室干事
城院电视台制片人、新闻记者

个人特点：
心细致，责任心强，善于与人沟通，有较强的亲和力，善于创新，有一定的专业基础，特别喜欢电视文艺。

专业技能：
英语四级：上过半年的日语培训
计算机：二级
普通话：流利

实习和实践情况：
曾在《钱江晚报》呼叫中心实习
在《临安电视台》新闻部
在《淳安电视台》专题部、新闻部
参加西博会志愿者活动
参加联通手机促销员

> 学校毕业典礼策划活动
> 浙大等多方组织的"未来职场之星"评选活动等
>
> **获奖情况：**
> 浙江大学优秀团员
> 城院优秀学生助管
> 优秀学生三等奖学金
> 城院多媒体大赛三等奖
> 城院新闻中心"优秀工作者"
> "未来职场之星"评选优秀实习生
>
> **自我介绍：**
> 1. 自己的专业就是广播电视新闻学，所以对电视媒体还是有一定的了解和熟悉。
> 2. 喜欢做电视节目。尤其是音乐娱乐访谈，当然新闻也是我喜欢的。
> 3. 任劳任怨，不怕吃苦。开朗活泼，积极参加课外活动，待人友好，积极向上，团结友好。
> 4. 工作认真负责，积极主动，敢于承受压力；有很强的团队协作精神和适应能力；工作积极配合，做事有计划、有节奏；待人热情、真诚。上进心强、勤于学习，不断提高自身的能力与综合素质。平时喜好跳健美操，做瑜伽等有氧运动和看散文、时评，听音乐等。在未来的工作中，我将努力工作，稳定地提高自己的工作能力，与企业同步发展。
>
> （资料来源：http://www.jianli-sky.com）

第四节 求 职 信

一、求职信概述

（一）求职信的含义

求职信包括自荐信和应聘信，是个体求职者向有关用人单位或相关领导介绍自己的主观愿望和实际才干，目的是让对方了解自己、相信自己，从而获得某种职位的书信文体。

自荐信和应聘信的写作要求大致相同，不同的是自荐信属于主动型的，用以自我推荐、介绍个人长处、"投石问路式"地寻求职位；应聘信则属于被动型的，根据对方提出的一系列要求，个人选择其中适合的一种工作来提请对方予以考虑。

（二）求职信的特点

1. 针对性

其针对性体现在三个方面：一是针对用人单位的实际情况；二是针对读信人的心理；三是针对自己的实际情况。

2. 自荐性

不论是自荐信还是应聘信,求职者在信中都必须毛遂自荐,恰当地介绍自己。

3. 竞争性

择人与择业的双向选择机制决定了求职行为本身就是一种竞争。自用人单位收到求职信开始,竞争就展开了。

(三)求职信的类型

1. 应聘式求职信

应聘式求职信,即应聘信,求职者是根据用人单位招聘人员的条件向用人单位进行自我介绍而谋职的书信。

2. 非应聘式求职信

非应聘式求职信,即自荐信,求职者不知晓对方单位是否有用人需求而径自投递过去的求职信。

二、求职信的结构和写法

求职信由标题、称谓和正文构成。

(一)标题

求职信的标题一般只有"求职信"三个字,居于首页第一行中间。

(二)称谓

求职信若是写给国有企事业单位,通常称谓写单位名称或单位的人事处(组织人事部)。若是写给民营、私营或合资独资企业,则一般写公司老板或人事部负责人。单位名称后可加"负责同志";个人姓名后可加"先生""女士""同志"等。

(三)正文

1. 开头

开头部分写求职、应聘的缘由。也有求职信不写开头的。

2. 主体

这是求职信的重点部分,写作内容通常包括:

(1)个人的基本情况,包括姓名、性别、学历、年龄、专长、经历、业绩等;

(2)个人的志向、兴趣、性格等;

(3)求聘的工种、职位;

(4)待遇要求(也可不写);

(5)通讯地址、电话、电子邮箱、QQ号码等。

3. 敬语

按信函的格式写上"此致""敬礼"一类的敬语。

4. 署名和时间

在敬语的右下方,要写上"求职者×××",并注明写求职信的具体日期。

5. 附件

附件部分是附在信末用以证明或介绍自己具体情况的书面材料,选用的相关证明材料最好加盖公章,内容包括所读课程及成绩单;获奖证书或等级认定证书;发表的文章;专家、单位提供的推荐信或证明材料等。

三、求职信的写作要求

(1) 多写自己的优势,突出亮点,展示自己的业绩和能力。

(2) 如果是应聘信,则应严格依据招聘条件,有针对性的逐条如实表述。

(3) 态度自信,礼貌并尊重对方,不卑不亢。

(4) 如果必要,可以适当说明自己求职注重的是能更好地发挥个人才能,为单位发展做贡献,而不只是考虑经济上的收入。

四、参考例文

例文1

求 职 信

尊敬的领导:

您好!

我是××××大学××××系的一名学生,即将面临毕业。

××××大学是我国××××人才的重点培养基地,具有悠久的历史和优良的传统,并且素以治学严谨、育人有方而著称;××××大学××××系则是全国××××学科基地之一。在这样的学习环境下,无论是在知识能力,还是在个人素质修养方面,我都受益匪浅。

四年来,在师友的严格教益及个人的努力下,我具备了扎实的专业基础知识,系统地掌握了××××、××××等有关理论;熟悉涉外工作常用礼仪;具备较好的英语听、说、读、写、译等能力;能熟练操作计算机办公软件。同时,我利用课余时间广泛地涉猎了大量书籍,不但充实了自己,也培养了自己多方面的技能。更重要的是,严谨的学风和端正的学习态度塑造了我朴实、稳重、创新的性格特点。

此外,我还积极地参加各种社会活动,抓住每一个机会锻炼自己。大学四年,我深深地感受到,与优秀学生共事,使我在竞争中获益;向实际困难挑战,让我在挫折中成长。祖辈们教我勤奋、尽责、善良、正直;××××大学培养了我实事求是、开拓进取的作风。我热爱贵单位所从事的事业,殷切地期望能够在您的领导下,为这一光荣的事业添砖加瓦;并且在实践中不断学习、进步。

收笔之际,郑重地提一个小小的要求:无论您是否选择我,尊敬的领导,希望您能够接受我诚恳的谢意!

祝愿贵单位事业蒸蒸日上!

求职者:×××
××××年××月××日

例文2

求职信

尊敬的××公司总经理:

上周一个偶然的机会,看到了××月××日的《广州日报》广告栏,知道了贵公司招聘属下部门打字员、会计员等若干名。我有意应聘其中的财务会计一职。

我叫李××,女,今年23岁,本市人,于××××年毕业于××××大学财务会计专业。在校学习期间各科成绩优良。毕业后在××××单位做销售员,由于专业不对口,所学特长无法发挥,很苦闷,也很羡慕那些专业对口具有用武之地的人士。现知悉贵公司需要财务会计专业人员一事,令我非常高兴,觉得终于盼来了施展自己特长的好机会。

希望贵公司能给我一个面试的机会。经考核,如蒙录用,我将竭尽全力搞好本职工作,做一个合格的公司"理财人"。

附件:1.××××大学毕业证书
　　　2.会计人员上岗证

此致

敬礼!

求职人:李××谨上
××××年×月×日

第五节　述职报告

一、述职报告概述

(一)述职报告的含义

述职报告是各级机关、企事业单位、社会团体的各级领导干部及管理人员,向所在单位的组织人事部门、主管领导、上级机关以及本单位的干部群众陈述自己在一定任职期间内履行岗位职责情况的一种事务文书。

（二）述职报告的作用

1. 有利于提高述职人的工作能力和领导水平

述职人通过对过去一段时间工作的回顾和思考，明确职责，总结经验教训，便于更好地开展今后的工作。

2. 有利于考核干部

用人单位及人事部门通过述职报告全面、系统地掌握述职人员的能力素质，从而对其进行综合评定，为考核干部提供依据，是组织对有关人员进行考核的重要途径。

3. 有利于发扬民主

干部向群众汇报自己的工作，接受群众评议，一方面，让群众了解情况，增强透明度，另一方面，密切干群关系，接受群众监督。

（三）述职报告的特点

1. 形式的述评性

述职人使用第一人称，本着对组织对个人负责的态度，陈述任某一职务以来或某一时段的工作情况，并做出恰当的自我评估。

2. 内容的限定性

述职报告要求述职人对照的是所在岗位的行为规范、岗位职责、目标任务，并陈述履行岗位职责的情况。

（四）述职报告的类型

（1）按内容分，述职报告可分为综合性述职报告、专题性述职报告、单项工作述职报告等。

（2）按时间分，述职报告可分为年度述职报告、任期述职报告、临时性述职报告等。

（3）按性质分，述职报告可分为晋职述职报告、例行性述职报告等。

（4）按述职者分，述职报告可分为个人述职报告、领导集体述职报告等。

（5）按表达形式分，述职报告可分为书面述职报告、口头述职报告等。

二、述职报告的结构和写法

述职报告一般由标题、称谓、正文和落款四部分构成。

（一）标题

1. 文种式标题

直接用文种名称，如《述职报告》。

2. 公文式标题

公文式标题即"时限＋文种",如《2013年度述职报告》;"代词＋文种",如《我的述职报告》;"职务＋文种",如《××学院院长的述职报告》;"时限＋职务＋文种",如《2009年7月1日至2013年7月1日任校长职务的述职报告》。

3. 双行式标题

双行式标题即分正标题和副标题。正标题是主旨,副标题是公文式标题,如《忠于职守,确保安全——××公司保卫科科长李××的述职报告》。

(二) 称谓

称谓是对述职报告审议者的称呼,要求规范、得体。书面形式呈送的报告,应写明收文机关或领导负责人,如"党委组织部""人事处""×××总经理"等;口头宣读的报告,应写对听者的称谓,如"各位代表""各位领导、同志们"等。称谓要放在标题之下,空一行顶格书写。

(三) 正文

正文由引言、主体和结尾三部分构成。

1. 引言

概述任职的基本情况,包括所任职务、任职时限、岗位职责和考核期间的目标任务,以及对自己履职尽责的总体评价。这是述职报告的基础,要写得简明、扼要。常用"现在我就履行职责情况报告如下"等作为过渡语,引出主体部分。

2. 主体

主体部分主要写任现职以来履行岗位职责的情况。这是述职报告的核心内容,包括以下几个方面。

(1) 介绍自己的工作目标和工作思路,让领导和群众了解自己主抓什么工作计划,以及指标实现情况。

(2) 决策能力在承担工作中所发挥的作用和效果。尽可能用事实和数据,估评自己在整体工作中作用的大小,突出个体风格和贡献。

(3) 针对现职,做了哪些开拓性工作。

(4) 岗位工作中存在的主要问题和教训。

主体部分的内容,可采用纵式结构形式,以时间为序,把自己任职以来的全部工作按时间划分为几个阶段,分别写出各阶段的工作情况;也可采用横式结构形式,把工作项目用小标题或用序码的形式平行列出,展开叙述。述职者可根据任职时间长短、实际情况作出恰当的安排。

3. 结尾

结尾即结束语。常见用语有"以上报告,请审示""以上报告,请领导和同志们批评指正""以上是我的述职报告,谢谢大家"等。

(四) 落款

落款包括述职人的职务、姓名和成文的日期。一般在正文的右下方写明,有时也可以写在标题之下。如标题中已有述职人的职务和姓名,此处则可省略。

三、述职报告的写作要求

（一）重在职责履行情况，而非"个人总结"

述职报告和个人总结既有区别，又有联系。它们都可以谈经验教训，都要求事实材料与观点紧密结合，但区别如下。

（1）回答的问题不同。个人总结要回答的是做了什么工作，取得哪些成绩，存在什么缺点、经验、教训等。述职报告回答的则是肩负什么职责、履行的能力如何、怎样履行的、称职与否等。

（2）写作重点不同。个人总结重点在于全面归纳工作情况，述职报告则以履行职责方面的情况为主。

（3）表述方式不同。个人总结主要运用叙述和概括的语言，述职报告则可用夹叙夹议的写法。

（二）实事求是地评价自己

述职报告要求述职人正确认识和评价个人的作用和集体的作用，因而对自己的评价要实事求是。陈述时理直气壮摆成绩，诚恳大胆讲失误；既不将集体之功归于个人，也不要抹杀个人作用。

（三）处理好叙和议的关系

注意以叙述为主，旁征博引，根据叙述的事实，对照岗位规范，引出准确的评价。

（四）抓住重点，突出个性

述职报告的写作目的不是为了评功摆好，而是为了说明是否称职。其表述的内容应抓住重点，突出最能显示工作实绩的大事件或关键事；具有自己的特色和贡献，让人能分辨出述职人在具体工作中所起的作用，鲜明地把履行职责的实绩和能力表现出来，通过述职使群众和领导产生鲜明的印象。

四、参考例文

例 文

<u>2007、2008 年广州市徐志彪副市长履行基础教育工作职责的述职报告</u>

尊敬的各位领导、各位专家：

我自 2007 年 6 月开始担任广州市人民政府副市长职务，分管教育工作。根据省委办公厅、省人民政府办公厅转发《广东省地级以上市、县（市、区）党政领导干部基础教育工作责任考核试行办法》（粤办发〔2007〕9 号）等文件的精神，我对照考核指标体系，认真开展自查自评。下面，我就 2007、2008 年履行基础教育工作责任的情况报告如下：

一、对履行基础教育工作职责的认识

广州是广东省的省会城市,把广州建设成为国家中心城市、综合性门户城市和区域文化教育中心,是《珠江三角洲地区改革发展规划纲要(2008—2020)》赋予广州的最新定位和发展战略。广州市委、市政府在推动经济快速发展的同时,促进社会各项事业全面进步,大力实施"科教兴市"战略,努力促进各级各类教育协调健康发展,至2008年年底,全市3岁及以上儿童入园率为108.88%,学龄儿童入学率为100%,小学毕业生升学率为99.76%,初中毕业生升学率为91.26%,普通高中毕业生升学率为82.06%,与建设现代化国际大都市相适应的教育发展格局逐步形成。广州教育以其底蕴深、理念新、规模大、质量高、辐射强的整体优势,始终保持着在全省的领先地位,在全省的教育改革与发展中发挥着重要的排头兵作用。

我任职以来,在市委、市政府的正确领导下,充分认识到教育在社会经济发展和文明进步中的全局性、基础性、先导性作用,深感任重而道远,如何把"教育大市"建设成为"教育强市"?如何保持并实现"创强"效益的再提升?如何满足人民群众从"有学上"到"上好学"的教育需求转变?……这都是我经常关注、思考并加以重点推导的问题。我认为,一方面,要构建社会主义和谐社会、要增强城市文化软实力、要建设国家中心城市并发挥其辐射作用,就必须高度重视以提高人口素质和提供智力支撑为要务的教育事业特别是基础教育事业的发展,推动教育工作与社会经济、政治、文化和生态文明建设的要求相协调、共发展、同提高,不断提高教育事业的贡献力;另一方面,教育公平是社会公平的起点和核心环节,是人民群众最关心、最直接、最现实的需求,我们必须从制度上、机制上促进教育公平的实现,着力提高义务教育优质均衡发展的能力和水平,满足人民群众对优质教育的多元需求。为此,我坚持把教育摆在优先发展的战略地位,坚持把基础教育特别是义务教育作为重中之重的工作来抓,推动政府基本公共服务均等化,为教育发展出实招、办实事、谋实效,努力办好让人民满意的教育,让人民群众共享教育改革与发展的成果。

二、2007、2008年履行基础教育工作职责的主要措施、成效和不足

(一)履行政府职责,推动科学发展,切实把教育特别是基础教育作为民生工程来抓。作为分管教育的副市长,我心系教育,始终把教育摆在优先发展的议事日程上,并做到五个"坚持":一是坚持依法治教。认真贯彻执行《教育法》《教师法》《义务教育法》和《职业教育法》等教育法律法规,重视建立和完善教育监督机制和经费保障机制,落实《广州市教育经费投入与管理条例》,促进广州教育事业的稳步健康发展。2006、2007、2008年,全市财政预算内教育经费投入为86.72亿元、101.89亿元、123.92亿元,分别占财政年度支出总额的20.02%、20.10%、21.04%;市本级财政对教育的投入分别为31.08亿元、32.89亿元、38.12亿元,分别占财政年度一般预算支出的21.0%、19.4%、19.6%,确保教育经费做到"两个提高""三个增长"。二是坚持规划引领。切实落实教育优先发展的战略地位,把教育纳入经济和社会发展的总体规划,确立了在"十一五"期间建设成为"有特色、有聚合能力和辐射能力的现代化教育强市"的总目标;《珠江三角洲地区改革发展规划纲要(2008—2020)》出台后,进一步拓展思路,努力打造区域文化教育中心城市,强化广佛教育的同城化效应,建立多元优势互补的开放格局,进一步增强广州教育的核心竞争力。三是坚持协调发展。注重推进学前教育整体发展、义务教育均衡发展、高中阶段教育优质发

展、高等教育内涵发展、民办教育健康发展、社区教育深入发展,并统筹各级各类教育在规模、结构、质量和效益上相衔接、相协调、相促进,推动广州教育综合实力的不断提升。四是坚持教育普惠性。我重视推动公共教育资源向困难地区、困难学校和困难群体倾斜。近年来,市、区(县级市)两级财政共投入近50亿元用于加快农村教育"创强",有效缩小了城乡教育发展差距;我关注弱势群体,重视特殊教育,先后到新穗学校、市盲人学校、市聋人学校和民办学校进行调研,为学校破解发展难题;2007、2008年,广州的农村地区和城区先后实施免费义务教育。五是坚持安全第一。切实维护学校及其周边治安秩序,加强学校在交通、饮食卫生、消防、房舍、防洪、防震、防雷等方面的安全防范能力,创建安全文明校园。此外,我连续两年参加市教育系统年度工作会议并提出工作思路;多次主持召开研究教育改革发展中的困难和问题的专题会议,如创建省教育强市、提高教职工福利待遇、义务教育规范化学校建设、来穗务工农民子女义务教育、代课教师问题等等,着力解决学校在发展资金、用地、规划以及队伍稳定等方面的问题,及时向主要领导汇报教育工作,确保教育决策科学、教育政策落实、教育监督有力。

(二)凝集合力,增创优势,全覆盖、高水平实现创建省教育强市目标。(以下内容略,下同)

(三)育人为本,质量为先,满足人民群众对优质教育的需求。

(四)统筹规划,紧贴市场,推动职业教育新一轮的改革与发展。

(五)提升素质,保障待遇,以一流人才促进一流教育的发展。

(六)集聚优势,刷亮品牌,广州"教育e时代"工程成效显著。

三、任期内进一步推进基础教育工作的思路、措施

(一)加强规划研究,从更高的起点上谋划广州教育新一轮的发展。要按照《珠江三角洲地区改革发展规划纲要(2008—2020年)》的要求,努力把广州建设成为区域教育中心、教育改革示范区、职业教育基地和教育合作中心,引领珠三角和泛珠三角区域教育发展,并成为辐射东南亚的重要文化教育中心城市。鼓励具备条件的区、县级市,积极创建"广东省推进教育现代化先进区(市)",在更高的起点上谋求新的发展。

(二)加强统筹与指导,从体制和机制上促进义务教育均衡发展。(略)

(三)实施引进、培养与提高相结合,从办人民满意教育的需求上提升教师队伍的素质。(略)

(四)加大教育投入,不断完善义务教育经费保障机制。(略)

第六节 策 划 书

一、策划书概述

(一)策划书的含义

策划书又称策划案、策划文案或企划案,是为实现某一目标,提出具体的策划思路,进行

预先的分析、论证、设计、规划、安排和评估，所形成的富有创意的书面设计方案。

（二）策划书的特点

策划书与其他事前计划类文书相比，具有以下特点：

1. 目标的明确性

策划书是为完成某预期活动，达到预定目标而启动策划的。首先就明确了要达到什么目的，具有较强的功利性。目标的明确性是保证策划顺利进行的关键所在，策划者的策划行为，都受目标制约，为目标而进行。

2. 内容的论证性

策划书为实现某一目标，将具体策划思路形成文字，以期得到推广或实施。为得到他人的认同，论证过程直接体现在文本中，以便他人对其可行性及风险进行论证和预测。

3. 思维的创造性

策划活动是一项创造性思维活动，要充分表现出独特的创意，点子新、内容新、表现形式新，给人以新鲜的感觉，才能先声夺人取得事半功倍的效果。但策划书的创意性要求并非为了创新而创新，而要立足实际，结合自己的优势，体现出与他人之间的差别来。

（三）策划书的类型

（1）按实现的功能分，策划书可分为广告策划书、公关活动策划书和市场营销策划书。广告策划书是反映广告活动策略和具体实施方案的应用文。公关活动策划书是为了帮助完成公共关系专题活动而事先预备的应用文。市场营销策划书是反映企业进行市场拓展和营销活动的应用文。

（2）按适用范围分，策划书可分为企业战略策划书、融资策划书、管理策划书、市场营销策划书、广告策划书、公关策划书、品牌策划书、形象策划书、旅游策划书、新闻策划书、影视策划书、活动策划书等。

二、策划书的结构和写法

策划的种类很多，写法也很灵活，没有固定的写作模式，这里将从宏观上介绍策划书的创作的基本程序、基本结构和基本要求。

（一）策划书的创作的基本程序

策划书的创作的基本程序一般包括五个步骤：
（1）确定策划主题；
（2）对策划对象进行调研；
（3）形成策划创意；
（4）整理制订策划方案；
（5）实施策划方案。

（二）策划书的基本结构

策划书的基本结构，可分为下列11项。

1. 封面和标题

封面和标题是策划书给人的第一印象，要求突出主题和特点、美观整洁、引人注目。所以对于标题的写法和封面的设计应突出特点。

封面可提供以下信息：

（1）策划书的名称；
（2）被策划的客户；
（3）策划机构或策划人的名称；
（4）策划完成日期及策划适用的最佳时间段；
（5）编号。

2. 前言序文

即把策划书所讲的概要加以整理，内容简明扼要，使人感兴趣，让人一目了然。

3. 目录的编制

目录即策划书的大纲，其编写逻辑性较强，是对整个策划书的归纳，其编写有助于人们的审阅和接收策划书中的信息和重点，对策划书相当重要。

4. 策划活动人员安排

该部分是记载策划参与者名录及组织系统。一般包括以下两点：（1）工作人员联系方法及地址明细录；（2）工作人员在策划中的职责和各部门的组织结构。大型活动的策划书，一般还记载有策划者和活动成员的履历职务，给人一种权威感。

5. 策划的背景

策划的背景是对策划对象存在的制约条件、社会环境的调查分析，有助深入了解被策划对象，更能动的设计和实施策划。

6. 策划的宗旨

策划的宗旨是通过科学的分析和调研制定出来，是策划书的纲要，主要包括策划的目的性、必要性、可能性及意义。突出强调策划对象的核心需求和价值。

7. 策划的内容

策划书的具体内容是全书核心所在，阐述的是一种最具效果达到目标的方法。其内容因策划的目的、形式、行业的不同而有所变化，叙述应细致而又条理，通俗而无冗长。

8. 策划效果

策划效果指预测策划实施后的经济效益及对可能产生的社会效果进行评估，有助于判断整个策划成功与否，也对下一次策划提供有价值的参考。

9. 策划预算

策划预算能促使策划更好的实施。策划预算常用"目标估计"法，即按策划确定的目标（总体目标或若干分项目标）逐项列出细目，计算所需经费。这种方法计划性强，开支项目清晰,但有时会因预测不准而造成经费过多或不足。

10. 实施进度表

实施进度表即将策划活动起讫全部过程拟成时间表,明确何月何日做什么,以及各工作阶段,工作任务,工作方式、注意事项等。这样既便于管理和实施,又便于检查和反馈。

11. 基础资料、参考事例

这部分可附可不附,主要是给策划参与者提供决策参考,资料不宜太多,择其要点附之。

(三) 策划书的基本要求

1. 做好前期调研

制定策划书前,要明确策划的主题,并对实际情况进行充分的调查、研究、分析。

2. 体现创新思维

由于新颖的创意是策划活动成功的关键,所以,策划书要体现出创新思维。

3. 抓住类型要点

充分认识和把握好各类型策划书的写作要点,才能更好地制定、完善策划书。如广告策划书在于始终紧扣"创意"和"创新"的理念;营销策划书在于始终将宣传与推销的策略作为写作要点;活动策划书则突出和强调活动策划主题的思想观念和认识水平。

4. 满足客户需求

由于策划书多用于现代商业与经济领域,从客户出发,满足客户需求就成为策划书写作的目标,在内容上要充分体现这一点。

三、参考例文

例 文

××大学70周年校庆策划书

一、前言

70周年校庆既是一次回顾历史、总结经验的庆祝活动,又是一次团结鼓劲、服务社会、开拓资源的难得机遇,也是对学校办学质量、水平和成果的综合检验,对于我校发扬传统、凝聚力量,广泛联络校友和社会各界人士,拓宽与海内外各方面的联系,进一步提升办学水平和综合实力,全面推进学校又快又好地发展,都具有十分重要的意义。

70周年校庆活动要突出"发扬传统、凝聚力量、扩大影响、面向未来"的鲜明主题,以"弘扬师大精神、展示师大成就、团结师大校友、促进师大发展"为目标,坚持"隆重热烈、简朴务实、讲求实效"的原则,取得"凝聚人心、汇聚校友、集聚资源"的实效,力求办出水平、办出特色、办出影响,体现思想性、历史性和学术性的特点。

本次校庆活动内容要抓住重点、做出精品,不求多而全,但要有深度有影响,充分体现学校特色和内涵,做到一切从实际出发,节约成本,提高效率,努力举办一个隆重、务实、鼓劲、创新的校庆。

二、策划目标

1. 通过本次校庆活动，向社会各界传达本校的发展历程、教学成绩，扩大学校在社会的影响力，提升社会的认知度与美誉度。

2. 通过本次活动的规模效应，营造出"校园文化氛围"，加强学生对学校的了解与认识，形成荣誉与自豪感。

3. 以本次活动为契机，完善校园的"软件"，编撰校园的校史、构建"文化长廊"等信息交流平台。

4. 以本次活动为机遇，向与会的各级领导与师生进行汇报，并聆听相关的意见与建议，完善今后的工作领域，并力争取得领导的满意。

5. 借助本次活动，加强本校与校友的联系。彼此关注、支持，营造"校园情怀""师生情感"的氛围，并为日后的相关校园活动奠定基础。

三、实施条件

1. 加强领导、健全组织。（略）

2. 制订方案、细化安排。（略）

3. 加强宣传、营造氛围。（略）

四、活动措施

1. 加强校友会和校友联络工作。（略）

2. 做好校史编撰及珍贵校史资料的抢救工作。（略）

3. 策划大型演出，编排文艺节目。（略）

4. 设立校友基金，广泛发起校友捐赠活动。（略）

5. 设计制作校庆纪念品。（略）

五、校庆活动时间计划

（一）启动阶段（2009年9—12月）

1. 成立筹备领导机构和工作机构。

2. 研究确定校庆日和名称，在校内外营造迎校庆氛围。

3. 启动活动经费筹集工作。

4. 研究确定规划项目和校园景观项目。

5. 完成学校校庆筹备领导小组确定的其他任务。

（二）筹备阶段（2010年1—7月）

1. 建立各地校友联络站，编辑《校友通讯簿》。设立校友网站，开通校友博客，搭建沟通的良好平台。

2. 编撰校史，编印画册，编辑《校庆专刊》，制作光盘（专题片），设计确定校庆纪念品，出版发行校史。

3. 布置校史陈列馆。

4. 组织校园环境美化，校舍整修。

5. 组织文艺活动排练和师生活动布展。（略）

6. 制订学术交流活动方案，开展科技成果洽谈，组织学术报告和专家论坛。

7. 组织实施规划项目和校园景观项目。
8. 继续筹集校庆活动相关经费,设立专项基金。
9. 联系落实领导题词,确定重要领导、来宾和重要校友名单。
10. 制订校庆活动具体实施方案。
11. 完成学校校庆领导小组确定的其他任务。

(三)庆典阶段(2010 年 9—10 月)

1. 邀请领导、来宾、知名校友。
2. 编印(出版)校史、校友录、学术报告集。
3. 起草校庆文稿,印制文字资料。
4. 召开新闻发布会,在各种媒体上加大校庆宣传力度。
5. 登记接收礼品和钱物并进行展示。
6. 邀请知名校友为广大学子开展一系列以"我的师大情"为主题的讲座,讲述自己在师大的学习历程,加强在校学生和校友的联系。
7. 在校庆日举行庆祝活动。

(资料来源:戴盛才.中文应用写作教程[M].上海:复旦大学出版社,2011.)

第七节 简 报

一、简报概述

(一)简报的含义

简报是党政机关、企事业单位、社会团体内部用于及时沟通情况、汇报工作、反映问题、交流经验、传递信息而编发一种简短的有一定新闻性质的文书材料。简报是个统称,各单位内部编发的"工作动态""情况反映""内部参考""简讯""快报"等,都属于简报的范畴。简报是一种内部文件,但不是正式公文。

(二)简报的作用

1. 下情上达

通过简报,可以将工作进展情况以及工作中出现的新情况、新问题、新经验,及时反映给上级领导,便于上级领导及时了解下情,为决策部门制定政策、指导工作提供参考。

2. 上情下达

通过简报,上级领导部门可以向下级机关及时快速宣传党和政府的方针政策,传达有关文件精神,通报有关情况,宣传推广典型经验,布置安排任务,指导工作实践等。

3. 交流经验

简报体现了领导机关的一定指导能力,通过组织交流,可以提供情况、借鉴经验、吸取教训,使彼此得到启发,从而更好地配合工作,加强协作。

(三)简报的特点

1. 简

简,指文字简洁,篇幅小。简报长了就不能称其为简报,它一般是一文一事,字数在1000字左右。

2. 快

快,指反应迅速及时。简报有较强的时效性,它以最快的速度及时反映新情况、新典型、新问题和新动向。错过时效,简报的作用和价值就大打折扣。

3. 新

新,指内容新鲜,有新意。新,是简报的价值所在。简报中所反映的事件要有新闻性,要写新问题、新动态、新趋势、新经验,唯有"新"才有启发和参考价值。

4. 密

密,指机密程度。简报是一种企事业单位内部反映和交流情况的小报,只供一定范围参阅,有不同程度的机密性。一般来说,发行范围越广,机密程度越低,发行范围越窄,机密程度越高。

(四)简报的类型

简报按时间分,有定期简报和不定期简报等;按性质分,有工作简报、学习简报和生产简报等;按内容分,有综合性简报、专题性简报和会议简报等。下面按内容来分类,阐述每类简报的特点。

1. 综合性简报

即把一个时期的全局情况进行汇总化的反映。它往往有一个明确主题,贯串数篇简要报道组成。综合简报多定期编发,或10天,或15天等。如某机关办公室编的《××工作简报》。

2. 专题性简报

即针对某一情况、某一工作、某一问题、某一动态而编发的简报。这种简报反映开展某项工作的主要情况和典型经验,所涉及的内容单一集中,用点上的情况和经验来反映全局的某个方面,如大竹县编发的《化解社会矛盾 确保奥运稳定—— 大竹县深入开展"迎奥运保稳定百日安全行动"》。

3. 会议简报

通常是大型会议、重要会议举行期间编发的,以利于组织与引导会议。它可以是一次性的,也可以是连续性的。其内容一般包括会议概况、进程、议题、决议、发言要点、会议动态及其他重要状况等,重点是要体现会议的精神、主旨。会议结束了,简报也就停办了。因此它是一种阶段性简报。

二、简报的结构和写法

简报一般包括报头、报核和报尾三部分。

(一) 报头

简报的报头,又称版头。一般占首页1/3的版面,用间隔红线与正文部分分隔开。报头包括以下项目。

(1) 简报名称:一个单位的简报一般由固定名称,除用"××简报""××动态"等常用四字名称外,还可以加上单位名称、专项工作等内容。如《××大学"三讲"教育简报》,在居中位置,用套红大号字体,粗体字写出。

(2) 期数:排在简报名称下方正中,可加括号。如果是综合工作简报,一般以年度为单位,统编顺排;如果是专题简报,按本专题统编顺排;如果是增刊,就标明增刊字样。

(3) 编印机关:一般是"××办公室"或"××秘书处",位于期数下面、间隔红线左上方,一般写全称。

(4) 印发日期:包括年、月、日,并以领导签发的日期为准。在编发机关右侧,间隔红线右上方。

(5) 密级:如果需要保密,在报头左上角标注密级并加标识★,如"机密★""秘密★"或"内部刊物";保密时限在标识后写上,如"1年"或"3个月"。

(6) 份号:确有必要,还可在报头右上角印上份号。

(二) 报核

报头以下,报尾以上的部分都是报核,也称主体或正文部分,是简报的核心部分。一般由目录、按语、标题、正文、署名等五个部分构成。

1. 目录

如一期简报有两篇及以上的文稿,横线下要安排目录。由于简报内容单纯,容易查找,目录一般不需标序码和页码,只需将编者按语或各篇标题排列出来即可,为避免混淆,可以每项前加一个星标志。

2. 按语

按语也叫"编者按"。若有必要,在标题前可加一段编者按,主要内容是工作任务来源、本期重点稿件的意义和价值、征稿通知、征求意见等。按语不可太长,但本身语意要独立、完整。

3. 标题

标题要求,引人注意。简报的标题有不同写法:动态性较强的内容多采用单行式新闻标题,简短醒目地交代事实,揭示中心,如《查摆突出问题,研究"三讲"教育方案》等;也有用双行式标题,一种是前标题是整体,概括事实的性质,后副标题,补充叙述基本事实,如《再展宏图创全国一流市场——××农贸市场荣获市信誉市场称号》;一种是前标题是引题,指出作用和意义,后副标题是正题,概括主要报道内容。

4. 正文

正文因体式各异,结构也有所不同。简报因内容和体裁的不同,可以分为报道体、总结体、转引体和汇编体。报道体、汇编体类结构往往前有导语,后有主体、背景等;总结体可完整地将"总结"刊于简报;转引体则因所引文章不同,正文可以是片断章节,也可以是整篇文稿。

5. 署名

一般情况下,由编发单位撰写的简报文稿不署作者的姓名。如果是约稿或征集来的稿件,或是有关部门作者自己送来的稿件,则应署名。署名的位置在文末最后一行后(有时加上括号)或在最后一行右下侧。

(三)报尾

报尾在简报最后一页下 1/3 处,用一条间隔横线与报核部分隔开,一般包括以下内容。

1. 发送范围

上级机关称"报",不相隶属机关称"送",下级机关称"发"。如果发送机关较多,可用同类型机关的统称。发送范围上下各用一横线为界。

2. 印制份数

在发送范围下界线右下方表明本期简报共印份数。

知识链接

简报的格式

(密级)		(编号)
	简报名称 (期数)	
编发单位名称		印发日期
	编者按 标题 正文	
	报:××× 送:××× 发:×××	
	共印××份	

三、简报的写作要求

(一)选材要准

简报不能有事就报,要有的放矢,精挑细选,注意从党的中心工作和单位阶段工作的需要、密切相关的问题出发,在众多的事件中选取那些最有指引意义或必须引起重视的经验、状况、问题,予以全面的、实事求是的报道。

(二)内容要新

针对简报要"新",就要求编写者对客观情况具有灵敏感,思想要敏锐,善于发现工作或社会生活中的"苗头",使简报具有更强的实际效应。

（三）及时迅速

简报是信息传递的重要手段,而信息的价值,很大程度取决于时效。简报能否发挥作用和发挥作用的大小,编写与发送的快慢是十分重要的因素。编写者应反应迅速,及时予以捕捉,并以最快的速度报导。

（四）求简务精

简报要简短精粹。工作内容涉及面广,实际情况真伪并存,主次兼有,且又不断变化,方方面面的材料又丰富而庞杂,简报反映的内容不能兼收并蓄,而必须善于选择、综合,突出要点,力避繁冗。其次,文字要简洁、干净、利索,不说空话、套话,写法直截了当,开门见山,篇幅不宜太长。

四、参考例文

例文1

教育部简报

〔2012〕第 152 期

教育部办公厅编　　　　　　　　　　　　　　　　　　2012 年 9 月 21 日

西南交通大学积极推进心理健康教育

多年来,西南交通大学把心理健康教育作为高素质人才培养的重要部分,高度重视,加大投入,着力构建心理健康教育工作体系和教学、科研、实验创新平台,取得了明显成效。

构建多层次心理健康教育课堂体系。一是建立"第一课堂"教学体系。开设了以国家级精品课《青年心理学》等 3 门核心课程为主,《创新心理学》等为特色的 30 余门系列心理学通识课程群;自主编写了《青年心理发展与健康》《大学生心理健康与成才》等系列教材。二是建立"第二课堂"社团活动体系。举办"心力论坛"系列讲座,成立大学生心理学会和创造学会、研究生心理学会等社团,开展毕业生减压训练、心理沙龙等活动,建立大学生心理健康教育互助体系。三是建立"网上课堂"互动体系。开通心理健康综合服务网站——"心力网",开展网上心理自评、心理咨询预约、在线咨询等特色服务项目。建设"四川省心理援助与咨询网",服务 100 余所四川高校。

打造创新性心理健康教育、研究与实验平台。投入 500 余万元建设了"西南交通大学心理健康教育实验室",先后获批"四川省实验教学示范中心""四川省哲学社会科学科普基地""四川省哲学社会科学重点研究基地",针对灾难（应急）心理援助和灾后心理重建,农民工、干部、军人等职业群体心理特征、危机干预,不同年龄段学生的价值观、人际交往、自我认识规律等问题积极开展研究,取得了丰富的研究成果,在灾难心理学、职业群体心理发展、学校心理健康教育等研究方向上形成了鲜明特色。

开展高水平心理咨询服务和学术交流。一是服务师生。实行24小时心理咨询值班制度，积极发动辅导员和应用心理学专业学生参与心理咨询，构建了针对心理危机个体、问题人群和广大学生的三级防御体系。二是服务社会。多次组织教师到汶川、玉树地震灾区中小学对师生进行心理辅导、灾后心理干预；为理县、都江堰、绵竹、德阳等灾区相关教育单位及医疗机构开展业务培训；受邀为铁路调度人员、司机进行压力调试等系列心理培训；为四川省数千名高校辅导员开展了心理教育培训。三是学术交流。近五年来，许多地方和高校心理健康教育教师来校参观访问，交流研讨。承办或主持了教育部"全国高校心理健康教育骨干教师高级研修班""全国高学心理健康教育骨干教师培训与学术交流研讨会"等多次学术活动。

报：中央政治局、书记处各同志，全国人大常委会、国务院、全国政协领导同志；中央办公厅、全国人大常委会办公厅、国务院办公厅、全国政协办公厅、国家科教领导小组办公室

送：中央和国务院各部委，各省、自治区、直辖市党委、人民政府

发：本部领导，各司局，各直属单位，各省、自治区、直辖市党委教育工作部门、教育厅（教委），各计划单列市教育局，新疆建设兵团教育局，部属各高等学校，有关新闻单位

（印××份）

例文2

广州××职业技术学院简报

第9期（总第101期）

广州××职业技术学院办公室主办　　　　　　　　　　　　2009年9月15日

本期要目

★ 喜迎3832名新生入学　在校生突破万人
★ 庆祝第25个教师节暨年度表彰大会隆重举行
★ 新加坡南洋理工学院在我校设立学生广东研习基地
★ 我校学子获皮革创意公益设计赛特等奖10万奖金

喜迎3832名新生入学　在校生突破万人

9月5日，我校迎来了来自祖国各地前来报到入学的2009级新生。截至目前，我校新生报到3832人，报到率接近93%。至此，我校在校生已达10 464人，跨入万人大校的行列。

为方便新生顺利到校报到，我校分别在××汽车客运站和地铁3号线××站出口安排专人值班，并安排专车接送新生。此外，我校还特地在广州火车站和火车东站设立迎新接待点，专门服务那些乘坐火车前来报到的外市、外省的新生和家长，为他们做好到校路线引导等工作。为确保每个家庭经济困难的新生能够顺利入学，校助学办开设"绿色通道"，当场为家庭经济困难的学生办理助学贷款等相关手续。

9月10日上午,我校2009级新生开学典礼暨军训动员大会在风雨操场隆重举行。校党委书记焦××,副校长张××、王××及各中层单位负责人和2009级3800余名新生参加了开学典礼。典礼由校党委副书记王××主持。

焦××书记发表了热情洋溢的讲话。他首先代表全校师生热烈欢迎新生们成为学校大家庭中的一员。随后,他就学校是否真的能为新生提供理想的发展平台问题,介绍了我国高等职业教育的发展概况和国家对高等职业教育的重视程度,以及我校发展的简要历程、所取得的辉煌成就和软件硬件方面的建设情况。他告诉新生们,以我校目前所具备的条件和迅猛的发展态势一定能为新生们的未来搭建一个很好的发展平台,为他们的成长成才提供优越的条件。对于新生如何较好的度过自己三年的美好大学时光,焦书记向他们提出了三点建议:一要尽快完成从高中到大学的转换,尽快适应新的学习和生活环境;二要培养专业兴趣,保持学习热情,增强学习能力;三要认真处理好设定目标与脚踏实地的关系,合理规划好自己的大学生活。最后,他希望全体新生用积极进取的态度、热情高昂的斗志、锲而不舍的精神和宽容豁达的心态处理好各种问题,走好人生这关键的一步,做德、学、才兼备的学生,在大学这个平台上,努力锻炼自己,展示自己,提升自己,以个人的勤奋努力和不懈奋斗,闯出一片属于自己的天地。

(党委宣传部)

庆祝第25个教师节暨年度表彰大会隆重举行

9月10日下午,我校700多名教职工齐聚学校体育中心,共同欢度第25个教师节。学校领导焦××、王××、张××、何××和王××分别为我校2008—2009年度优秀教师(教育工作者)、国家级教学团队、第四届广东省教学名师奖、各级精品课程、挑战杯竞赛、教学成果奖、科研成果奖等13个项目的获奖集体和个人颁奖。

会上,校党委书记焦××作了讲话。他代表学校党委,向全体教职工致以节日的问候,向受到表彰的集体和个人表示热烈的祝贺,并从师资队伍建设、课程建设、科研水平、对口交流与合作、学生管理、招生就业、校园基础建设等方面回顾了我校一年来所取得的成绩。对于新学年的工作,他向全校教职工提出了三点要求:一要坚持解放思想,创新办学体制;二要坚持内涵建设,狠抓办学质量;三要坚持固本强基,构建校园和谐。他最后希望广大教职工要把在学校示范性建设过程中锤炼和展示的好思想、好作风、好精神长期坚持下去,不断发扬光大,使之成为自己继续前行的强大精神动力和智力支撑,在学校迎接新挑战、把握新机遇和形成新优势的发展新阶段谱写出新的篇章。

(党委组织部)

又讯:在第25个教师节来临之际,广东省委教育工委、省人事厅、省教育厅、省总工会联合下发《关于表彰广东省2009年南粤优秀教师、南粤优秀教育工作者的决定》,对在教育事业中做出突出贡献、具有高尚师德和奉献精神的优秀教师进行表彰。我校余××副教授喜获"南粤优秀教师"称号。至此,我校已拥有1名国家级教学名师、4名广东省教学名师和7名南粤优秀教师。

(党委宣传部)

新加坡南洋理工学院在我校设立学生广东研习基地

近日,我校张××校长和新加坡南洋理工学院林××院长分别代表两校在《中国广州××职业技术学院与新加坡南洋理工学院国际合作意向书》上签字,同意开展互惠友好合作与交流。在此合作的框架下,南洋理工学院将在我校设置该院学生广东研习基地,分批派遣学生到我校进行项目制作、学习与交流。首批南洋理工学院学生到广东研习基地进行研习将于 2010 年 4 月实施。至此,我校与南洋理工学院的交流合作得到了进一步深化和拓展。

积极开展国际交流合作是我校示范性建设的重要工作之一。我校领导高度重视与新加坡南洋理工学院的交流合作,多次派出骨干教师、管理人员赴该院学习培训交流,双方校领导和专业教师还进行了互访。此次南洋理工学院学生广东研习基地的设立,将有利于我校进一步学习境外高职教育的先进理念和做法,提高办学质量和办学水平,有利于促进双方师生的了解和交流合作,推进我校教育国际化进程。

（校办公室）

我校学子获皮革创意公益设计赛特等奖 10 万奖金

近日,历经近半年时间的首届中国皮革创意公益设计大赛在深圳落下帷幕,来自全国各地的 23 件获奖作品脱颖而出。我校艺术设计学院皮具设计专业年仅 19 岁的大一学生李××,以一款配有真丝绣花的皮鞋作品《古今之韵》摘下本届大赛特等奖桂冠,并拿到 10 万元的创业资金奖励。此外,我校艺术设计学院还有 10 名学生获得大赛其他奖项。

据获得大赛特等奖的李××介绍,她作品鞋面的灵感来自于古代妇女的肚兜,为此她还专门挑选了几种不同款式的肚兜进行研究,主要体现民族特色;鞋底则来源于曾经看过的一张建筑物设计图,利用不同弧度的线条,来表现时尚的元素。

本次大赛由深圳慈善会百丽国际创新公益基金主办,以"民族·原创·时尚·公益"主题,以"创新公益,倡导原创,发掘人才,服务企业"为宗旨,自 2 月份启动以来,共收到来自清华大学美术学院、北京服装学院、四川大学等全国 20 多所艺术院校和社会各界 700 多人 682 幅参赛作品。经专家评审,共有 52 幅作品进入决赛,入围作品制作实物样板后于 5 月 15 日在深圳会展中心进行动态展演,在 6 月 30 日举行的总决赛中,共评出特等奖 1 名奖励 10 万、二等奖 2 名每名奖励 2 万元、优秀奖 20 名每名奖励 3000 元。

（党委宣传部、艺术设计学院）

又讯:近日,由广东省劳动和社会保障厅指导、省职业技能鉴定指导中心等单位主办的 2009 广东省"岭南杯"室内装饰设计职业技能大赛落幕,我校艺术设计学院师生在大赛中满载而归,夺得 2 项一等奖、5 项二等奖、5 项三等奖,团体专业组第一名、团体学生一组第二名,同时获得优秀教师奖和优秀组织奖。

（艺术设计学院）

抄报:广东省教育厅领导及有关处（室）,广州市有关领导,广州市教育局领导及有关处（室）,××区委、区政府领导、区档案馆,学院各名誉教授。

抄送:学院各单位

（共印 45 份）

第八节 会议记录

一、会议记录概述

(一) 会议记录的含义

会议记录是在会议过程中,由专业人员把会议的组织概况和具体内容如实地记录下来,以供备查的一种文体。其常常借助录音、录像等手段,以之作为记录内容,最大限度地再现会议情境。

会议记录是传达、执行会议决定和贯彻会议精神的依据,是会议进一步分析、研究、总结工作、编写会议简报、撰写会议纪要的重要参考材料,应妥善保存,以供备查。

(二) 会议记录的特点

1. 原始性

原始性指将会议组织情况、发言讲话内容、会议讨论、研究认定等问题如实记录,不扭曲原意,加工篡改。

2. 同步性

不管采取何种协助手段,会议记录的内容都是开会过程中同步记录下来的。

3. 凭证性

会议记录是会议原始情况的真实记录,其可靠性使它成为会议查对情况的真实凭据。

(三) 会议记录的类型

(1) 按内容分,会议记录可分工作会议记录、座谈会议记录等。
(2) 按范围分,会议记录可分大会会议记录、小组会议记录等。
(3) 按性质分,会议记录可分党委会议记录、群众团体会议记录、企业及事业行政会议记录等。
(4) 按记录方法分,会议记录可分摘要会议记录、详细会议记录等。

二、会议记录的结构和写法

会议记录由标题、会议组织概况、会议进行情况和结尾四个部分组成。

(一) 标题

标题一般由"会议名称+文种"组成,即《××××会议记录》。如果使用专用会议记录纸或本子,"记录"二字可以省略,只写会议名称即可。

(二) 会议组织概况

(1) 会议时间。即写明会议的起止年、月、日,有时甚至精确到分钟。

(2) 会议地点。即具体地点,如"××会议室""××礼堂"等。

(3) 会议主席(主持人)姓名、职务,如"校党委书记×××""公司总经理×××"。

(4) 出席人。指按规定必须参加会议的人员。

(5) 缺席人。写明缺席人姓名及缺席原因,根据会议情况,有时只需写明缺席人数。

(6) 列席人。不是会议成员,但由于工作需要而参加会议的人员。记录方法参照出席人的记录方法。

(7) 记录人姓名、职务,如李××(学院办公室秘书)。

以上内容,最好在会议主持人宣布开会前写好。

(三) 会议进行情况

(1) 会议的议程。即主持人的开场白。一般应记下会议目的、形式,概况的会议内容。

(2) 会议议题。会议讨论的各项问题的标题。

(3) 会议报告、讲话、发言、讨论情况。应写明发言人姓名和发言内容。

会议记录的关键就是发言记录,记录发言的方式一般由两种:一种是摘要式记录,即有重点地、扼要地记录与会人员的讲话和发言,以及决议,不必有闻必录,主要用于一般会议记录;另一种是详细式记录。即对会议的全过程、发言内容和语气做详细记录,主要用于重要会议记录。

(4) 会议议定事项。形成一致决议如实记录,无正式形成决议,仅由主持人归纳,记在主持人名下。

(5) 会议重要文件或决策事项的表决结果。

(四) 结尾

会议结束,记录完毕,要另起一行写"散会"二字,如中途休会,亦需写明"休会"二字。重要的会议记录都应由主持人和记录人,在记录末尾右下方签名,以示负责。

会议专用纸样板如下所示:

会议记录纸(第一页)

会议名称			
会议时间	年 月 日 时 分 至 年 月 日 时 分	地点	
主持人		记录人	
出席人			
缺席人 及原因			
列席人			
(议程、发言和结果)			

常用模式：

结构	模式
标题	会议记录
会议组织概况	时间：×××年×月×日 地点：×××× 主持人：××× 记录人：××× 出席人：张×× 李×× 王×× 列席人：赵×× 周×× 陈××…… 缺席人：贺××（到省开会）……
会议内容与进程	会议议题： 1. × × × × × × 2. × × × × × × 发言人与发言内容： 张××：× × × × × × × × × × × × × × × × 李××：× × × × × × × × × × × × × × × × 会议决议：× ×
结尾	散会。 　　　　　　　　　　　　　　　　　主持人：×××（签名） 　　　　　　　　　　　　　　　　　记录人：×××（签名）

三、会议记录的写作要求

（一）真实、准确、全面

如实记录发言者的原意或原话，不能随意增减或改变原意，也不能掺杂记录人的主观意见和语言表达习惯。有时还要准确记录会议的有关动态，如会场氛围、会场反应、发言插话等。

（二）完整

必须反映会议的全貌，包括会议组织情况的记录完整，会中各种观点力求有所反映，决议过程、决议内容、表决情况要由详细记录。

（三）快速、清楚

会议记录通常都是会议过程当场记录，有时一些重要会议要进行详细记录，因而很有必要掌握和提高速记技能。记录时务必注意字迹清楚可辨，条理清晰。

四、参考例文

例　文

××学院第×次办公会议记录

时间：××××年×月××日上午

地点：院办公楼大会议室

出席人：刘××院长、陈××财务处长、吴××基建处长、张××院办主任、赵××院办秘书。

缺席人：刘××、赵××（外地出差未回）。

主持人：刘××院长

列席人：×××、×××

记录人：赵××（院办秘书）

内容：（1）吴×××处长报告学院××××年基建情况（略）。

（2）陈××传达省财政厅《关于压缩机关行政经费的通知》（略）。

讨论：如何加强我院基建工作的管理。

我院如何贯彻《通知》精神，抓好行政费用的开支。

决议：（一）由财务、基建管理部门共同搞好工程的经费管理和施工质量管理。

（二）各系各单位责成有关人员根据通知精神压缩经费指标，重新审定经费指标，并在一周内报财务处。

（三）各单位必须严格控制派出校外参加会议及外出学习人数，财务部门要严格把关。

（四）重申各单位财务支出"一支笔"审批制度。

散会。

主持人：×××（签名）

记录人：×××（签名）

 知识链接

会议记录与会议纪要的区别

会议记录是形成会议纪要的基础。会议记录与会议纪要密切相关，但性质、作用写作要求等方面存在如下区别。

不同点	会议记录	会议纪要
性质	讨论发言实录，属事务文书	会议要点，属法定行政公文
功能	一般不公开，无须传达传阅，仅资料存档、备查	在一定范围内传达或传阅，要求贯彻执行
写法和要求	与会议进程同步进行、现场记载、照实记录	会议结束后，归纳整理，提炼会议精神和要点
使用	通常有会必记录	不一定写，只对重要会议
写作时间	当场记录	会议结束后

第九节　条　据

一、条据概述

(一) 条据的含义

条据是在日常生活、学习、工作中,单位与单位、单位与个人、个人与个人之间为"收、借、领、欠"钱物或说明某一事项而给对方书写的凭据文书。它是人们在日常生活中经常看到、使用到的一种简便契约。

(二) 条据的分类

条据的种类很多,按内容和性质可以分为说明条据和凭证条据两大类。

1. 说明条据

即一方向另一方说明事实、陈述请求或交代事情时所写的简明文书。这类条据只起说明告知的作用,不具备法律效力。

(1) 便条。向对方表达一定的意愿、请求,或是需要对方给予帮助时所写的条据。

(2) 留言条。因故不能面谈而将有关事项简要写下来告知对方的条据。

(3) 请假条。因事因病未能出勤,向单位、组织或有关负责人请求给予假期的条据。

2. 凭证条据

这种条据是日常生活中互有钱物往来时,给对方留下具有一定效力的简明信誉文书。

(1) 借条(借据)。借得个人或公家的钱物时写给对方的凭据。

(2) 欠条(欠据)。借过个人或公家的钱物,事后追补或部分归还,还有一部分拖欠未还,对仍拖欠部分所打的凭据。

(3) 收条(收据)。收到别人或单位的钱物时。写给对方作为今后查对的凭据。

(4) 领条。一般是下级从上级、个人从单位或单位之间领取钱物时,写给对方发放人留存的凭据。

(5) 代收条(代领条)。归还或领取钱物时主人不在,由别人代收、代领而出具的有代收、代领人签名的凭据。

二、条据的结构和写法

(一) 标题

一般就用文种做标题,如"请假条""留言条""借条""代领条"等。通常写于条据的第一行正中处,字体也稍大于正文字体。

（二）称谓

对接收条据人的称呼，也就是"写给谁"，如"王老师""李局长""刘经理""钱主任"等。说明条据必须有称呼；凭证条据则不单列此项，而把接收条据人写在正文中。

（三）正文

两大类条据内容和作用不同，写法上区别很大。

1. 说明条据

正文内容主要有三层意思。通常是在称谓后另起一行开始写正文，顺序是"谁写的、什么事、何时写的"。

2. 凭证条据

正文内容主要有四层意思。通常是在标题下另起一行，标明条据的性质，即"今收到""今借到"等字样，然后依次写"谁的、什么东西、数量多少"三项内容。数字要用大写，借条要标明还款期限。

（四）结尾

正文后另起一行，说明条据写祝颂语，如"此致、敬礼"；凭证条据一般是一句专用尾语，如"此据"两个字。

（五）落款

最后签署姓名和日期。说明条据签署写条据人自己的姓名和日期，若为单位，还需加盖公章；一般性凭证条据，只由借者或收者签字（盖章）即可，涉及大量钱财或重要物品的凭证条据，则必须双方都要签字（盖章）。

三、条据的写作要求

（一）选对文种

条据虽小，但种类繁多，且不同类型条据，格式内容侧重点不同，且有些条据与其他文种有交叉。因此要选对文种，该用"通知"就不要用"留言"，该用"代收条"就不要用"收条"。

（二）言简意赅

条据为图简易都很短小，但麻雀虽小，五脏要全，撰写时要抓住要害，一语道破。

（三）书写规范

条据上的信息十分重要，书写应工整，用词要准确。在涉及数字、日期等数据时，一般用大写汉字，防止数字被添加或更改。不能出现涂改，也不能使用易褪色的铅笔或其他墨水进行书写。

四、参考例文

例文1

请 假 条

李经理:

  我从昨晚腹泻不止,浑身无力,去医院确诊为急性肠炎,需要休息三天不能上班。特此请假,恳望批准!(附医生诊断书一张)

赵××
××××年×月×日

例文2

便 条

建国:

  听说你明天去北京出差,若方便,请代我购买一张北京地图和一册故宫资料(要详细一点的),钞票请你先代垫,回来再向你付清。有劳大驾,不胜感激!

詹××拜托
××××年×月×日

例文3

留 言 条

李先生:

  今天登门拜访,未能见面,所托之事务请妥为办理为盼。致谢!

罗××
××××年×月×日

例文 4

借 条

今借到清水电机厂人民币伍仟元整,做搬家装修房屋用。借期半年,到时一次还清。此据。

借款人:林××(签名盖章)
××××年×月×日

例文 5

代 收 条

今代收到李××女士归还陈××先生的人民币拾万叁仟贰佰元整。

代收人:方××
××××年×月×日

例文 6

领 到

总务处发给语文教研组七支钢笔、七瓶黑墨水和七本备课本。

经手人:李××(盖章)
××××年×月×日

例文 7

收 条

今收到中心小学书费玖拾元正。系付课外读物杂志费(每册叁元)。

收款人:杜××(签名盖章)
××××年×月×日

第十节　感谢信与慰问信

一、感谢信

（一）感谢信概述

1. 感谢信的含义

感谢信是各类社会组织或个人向给予过自己帮助、支持和关心的单位或个人表示感谢的书信。

2. 感谢信的特点

（1）表彰性

感谢信通过书信格式将感谢对方的事迹写出来,大肆赞誉其品德和可贵精神。

（2）感恩性

感谢信就是为了表达感谢之情,感恩是感谢信的主旨。信中事件、言辞充满了对对方的感激之情。

（3）宣传性

写感谢信不仅是为了赞扬被感谢者,而且应通过这种表彰,起树新风、扬正气的作用,号召别人学习。一般直接送到对方或对方的所在单位,有时也张贴在对方单位内或相关公共场所,或通过报纸、电视台、广播等媒体予以宣传,以表谢意。

（二）感谢信的结构和写法

感谢信通常由标题、称谓、正文、结尾和落款五部分构成。

1. 标题

（1）文种标题。由文种名称"感谢信"三个字构成。

（2）公文标题。即"感谢对象＋文种",如《致×××同志的感谢信》《致××车站的感谢信》等；"发文单位(个人)＋感谢对象＋文种",如《××学校致××医院的感谢信》《××孤儿院致×××同志的感谢信》等。

2. 称谓

称谓,即对被感谢对象的称呼,一般是被感谢方的机关、单位、团体名称或个人姓名。如果是个人,应该在姓名之后加"同志""先生""教授"等身份或职务敬语。如果感谢对象比较多,也可以把感谢对象放在正文中提出。

3. 正文

正文主要是写上感谢的内容和感谢的心情,一般包括以下几个方面内容：

（1）感谢的事由。精炼地叙述事情的前因后果,交代清楚人物、事件、时间、地点、原因和结果,扼要叙述关键时刻对方给予的帮助和产生的客观影响和社会影响。

（2）歌颂品德。表达自己的感激之情，赞誉其品德和可贵精神，并表明今后如何向对方学习。

4. 结尾

结尾处写上敬意的话、感谢的话，一般是"此致、敬礼""致以最诚挚的敬礼"等。

5. 落款

在右下方落款处署上致信单位名称或个人姓名，并署上成文日期。

（三）感谢信的写作要求

感谢信与表扬信比较相似，写作要求也大致相同。不同的是表扬信侧重点是弘扬正气，其作者可以是当事人，也可以是第三人；感谢信侧重点在突出谢意，其作者必须是当事人或与当事人关系密切的人。

1. 事件真实

叙述的事件必须真实具体，人物、地点、时间及相关数字信息要绝对准确，关键环节要鲜明突出。

2. 赞誉恰当

感谢信的作者一般都是当事人，对感谢对象的行为肯定都要进行赞美。但这种赞美不能过分夸大、拔高，不要把感谢信写成像表扬信，以使自己的感谢恰如其分。

3. 感情真挚

感谢信以感谢为主，感动和致谢的色彩应该强烈鲜明。语言真诚、朴素，遣词造句把握分寸，不要过分修饰，不要为了谦恭而溢美奉承。

4. 写作规范

格式要符合一般书信要求，篇幅简短，语句精练。开头称呼、文中用词、结尾敬语要符合双方的身份和社会交往习惯。

（四）参考例文

例文1

感 谢 信

中国驻美国旧金山总领馆全体工作人员：

你们好：

我是中国公民韩淑芝女士，中国吉林人，现居住美国旧金山女儿家中，今年73岁。2013年7月6日，我同女儿及外孙女于中国吉林长春机场启程，乘坐韩亚OZ214航班返回旧金山。在到达旧金山机场飞机降落时发生了空难。面对突如其来的事故，人们惊慌失措，现场一片混乱……我同女儿及外孙女万幸逃过生死劫难，但是由于飞机的坠地几次颠簸，使我的腰部疼痛难忍。在混乱中，我被旧金山机场的营救人员抬到救护车上，送往当地医院治疗。来到医院，由于精神上极度惊吓以及身体撞击所造成的剧烈疼痛，再加上语言沟通的障碍，使我这个七十多岁的老人倍感焦虑！与女儿离散、身体肋骨九根骨折、几日吃不进食物,我强忍剧痛焦急地等待女儿的消息。就在我非常焦虑和无助之时,听说驻旧金山总领馆的工作人员来医院了解关注中国公民的受伤情况了,期间已经来过几次,由于医院方面的制度,没能亲自看到我,几经周折,得到医院的进入许可,总领馆的朱荣先生和其他几位工作人员来看望我,当见到总领馆的同志们时,我激动不已,见到了亲人,有了依靠!朱荣先生向我了解了病情及家里情况,当得知我已经两天因为疼痛而没有吃东西了,第二天很早就来到医院为我送来了调剂胃口的食物,让我感到了亲人的关心!总领馆的徐鹏辉先生、夏先生等几位工作人员相继来到医院看望我、并多次往返于我和女儿分别所住的医院。在这次空难事故中,我和女儿都受了伤,我的左侧肋骨几乎全部断裂,因为国内的儿女们不知详情,他们焦急万分,在这紧要关头,又是在总领馆的帮助下,直接向驻中国的美领馆发出邀请函,使我的孩子们能够顺利办了签证,到达美国医院看望我,使我在精神上得到了极大的安慰。

  目前,我的病情基本平稳,虽然事件已经过去二十余天,悲惨的画面是我们都不愿意再回忆的,但是,对于驻旧金山总领馆所有关心我、帮助过我的工作人员,你们那亲人般的面孔和给予我温暖的关爱,是我心中久久不能忘却的画面!这次空难事故,让我虽身在他乡却真切地感受到了中国人的真情,祖国的温暖!对于你们无私的帮助,我要真诚地说声:谢谢!谢谢你们!

  最后,让我衷心地祝愿你们工作顺利、身体健康!愿祖国强大、人民安康!

中国公民:韩淑芝女士
××××年×月×日于旧金山

(资料来源:http://www.fmprc.gov.cn/ce/cgsf/chn/zlghd/t1069184.htm)

例文2

致公司员工的感谢信

公司全体员工:

  5·12地震发生后,灾区人民的安危牵动着公司员工扶危助困的关爱之情。13日上午起,公司工会及办公室就陆续接到员工的来电,询问捐款事宜。公司董事会发出向灾区捐款的倡议后,立刻得到了积极响应。全体员工发扬中华民族"一方有难、八方支援"的传统美德,为灾区民众伸出了热情的援助之手。5月15日上午8:30,公司在会议室举行了全体员工的捐款献爱心活动,活动中公司领导带头捐款,广大员工踊跃捐款,在公司掀起了为地震灾区献爱心的热潮。

  上午10:00,公司董事长赶到北仑区政协,将一张10万元人民币的支票和3万元的现金交到了区慈善总工会负责人的手中,并请区政协代为转达北仑外贸公司和宁波宏达货柜全体员工对灾区人民的牵挂与慰问。这是在公司董事会捐款倡议书发出后,公司员工在短短1个半小时内为地震灾区捐出的善款。

> 　　在公司的这次捐款活动中,涌现出了一个个令人感动的场面:如原北仑外贸公司干部、现党支部成员刘先生、王先生等慷慨解囊;远在台湾的林董事长携孙女一起捐款3500元,并委托我们公司向灾区送去爱心;宏达车队的驾驶员们捐款相当踊跃,他们尽着自己的力量为灾区奉献爱心;还有一批刚进公司不久的实习生们、公司的勤杂工们,工资不高,但在这次的捐款活动中亦能积极参与,奉献自己的一份爱心……
> 　　我们感谢所有捐献善款的同志和朋友们,感谢你们的爱心捐助!也祝福灾区的人民能够早日得到重建。
> 　　最后,公司董事会及党总支向所有奉献爱心的朋友和员工致以最诚挚的谢意!
> 　　谢谢你们!
>
> 　　　　　　　　　　　　　　　宁波宏达货柜储运有限公司公司董事会、党总支
> 　　　　　　　　　　　　　　　　　　　　　　××××年×月×日

(资料来源:宁波宏达货柜储运有限公司网站)

二、慰问信

(一)慰问信的概述

1. 慰问信的含义

慰问信是以组织或个人的名义向在某方面做出特殊贡献或遇到意外损失、遇到巨大灾难的集体或个人表示表示关怀、慰藉、问候、致意的一种书信。慰问信可以邮寄给当事的个人或集体,也可以通过广播、电视等新闻媒体发表,还可以在公共场所张贴。

2. 慰问信的类型

(1) 对做出特殊贡献的集体或个人的慰问

如慰问"抗洪抢险的解放军战士""保家卫国的边防军人""春节期间坚守岗位的铁路工人"等,鼓励他们继续发扬。

(2) 对遭受困难或蒙受损失的单位以及个人的慰问

如对灾区人民的慰问,对老少边区群众的慰问等,对他们表示同情和安慰,鼓励他们克服暂时的困难而加倍奋进,以期尽早地改变现状。

(3) 节日慰问

如"春节慰问""教师节慰问"等,是上级对下级、机关单位对群众进行的一种节日问候,表达对其工作的肯定和赞扬,并祝愿他们在今后的工作、学习、生活中心情舒畅,做出更大的成绩。

(二)慰问信的写法

慰问信一般包括标题、称谓、正文、结尾和落款五部分。

1. 标题

标题通常有以下两种写法。

(1) 文种标题。慰问信单独使用文种"慰问信"三个字作标题。

(2) 公文式标题。"慰问对象＋文种",如《致玉树地震灾区广大群众的慰问信》《给抗洪部队的慰问信》等。"发文单位＋慰问对象＋文种",如《黑龙江省人民政府致边防部队的慰问信》。

2. 称谓

对慰问对象的称呼,一般顶格写收信单位名称或个人姓名。如收信的是个人,最好在其姓名前加"敬爱的""尊敬的"等定语,在姓名后加"同志""先生"等表示身份敬语。

3. 正文

(1) 慰问事由。交代写慰问信的原因,具体陈述被慰问对象的模范事迹、面临的困难或欢度的节日等,恰当地评价和肯定其发挥的作用、取得的成绩。

(2) 态度和希望。具体表明慰问对象的希望、问候、鼓励及关切。

4. 结尾

结尾写上鼓励或祝愿的话作结,如"此致、敬礼""祝你们取得更大的成绩""祝节日愉快"等。

5. 落款

落款处签署致信单位名称或个人姓名及发信日期。以单位名义的慰问信,落款必须加盖公章,以示郑重。

(三) 慰问信的写作要求

1. 明确对象,根据对象有的放矢

对象明确了,慰问信的内容才好安排。慰问信的内容应根据慰问对象有所区别,不能千篇一律。如果对象是老师、离退休干部,应肯定和赞扬他们的工作,鼓励作出更大贡献;如果是受灾群众,应侧重同情和安慰,并鼓励战胜困难。

2. 感情真挚

要以饱满的热情赞颂和慰藉当事的集体或个人,措辞确当,把握分寸,使对方感觉温暖如春或无比激动和振奋。

3. 语言生动

慰问信忌用刻板的公文语言,使用的语言既要精练、朴实、诚恳,还要生动、亲切、煽情。

(四) 参考例文

例文 3

中共江西省委、江西省人民政府致奋战在抗洪一线的广大军民的慰问信

奋战在抗洪一线的广大军民:

今年入汛以来,我省频遭暴雨袭击,五大江河、鄱阳湖及长江九江段均发生超警戒洪水,特别是赣江、抚河、信江发生五十年一遇的特大洪水,长江和鄱阳湖地区接连两次发生

超警戒洪水。暴雨洪水导致水库圩堤险情不断，部分城镇乡村被淹，大量群众被洪水围困，人民生命财产面临严重威胁。

汛情就是命令。在党中央、国务院的坚强领导下，全省各级党委、政府认真贯彻落实省委、省政府决策部署，以保护人民群众生命安危为己任，加强领导、落实责任，靠前指挥、科学调度；广大军民万众一心、众志成城，不畏艰险、顽强拼搏，与洪水进行殊死搏斗，最大限度地减少了人员伤亡，最大限度地减轻了灾害损失。在此，特向你们表示亲切的慰问，并致以崇高的敬意！

全省防汛抗洪抢险工作取得阶段性的重大胜利充分说明，全省各级党委、政府真正坚持了以人为本的执政理念和对人民高度负责的精神，广大军民始终是战胜各种灾害最可靠的力量。事实证明，只要巡查认真负责，险情发现及时，物料储备充足，抢险队伍到位，处置果断得当，就没有排除不了的险情，就没有保不住的堤坝。

目前，长江正处主汛期。长江九江段、鄱阳湖区水位已全面超警戒线。据预测，长江还将有更大的洪峰到来并将持续较长时间，防汛形势更加严峻，安全度汛的责任更加重大，抗洪抢险工作难度更大！面对新的严峻考验，要进一步弘扬"万众一心、众志成城，不怕困难、顽强拼搏，坚韧不拔、敢于胜利"的伟大抗洪精神，进一步发挥各级党组织的领导核心和战斗堡垒作用，进一步发挥党员的先锋模范作用和干部的示范带头作用，进一步发挥解放军、武警、消防官兵和公安民警、民兵预备役人员的中流砥柱作用，进一步发挥广大人民群众主体作用，深入进行再动员、再部署、再落实，领导靠前指挥、各方团结协作，坚决打好这场硬仗。希望参与抗洪抢险的全体军民，以顽强的意志战酷暑、耐高温，不怕疲劳、严防死守，奋力夺取防汛抗洪抢险的全面胜利！

中共江西省委
江西省人民政府
2010 年 7 月 19 日

（资料来源：http://www.jxnews.com.cn/jxrb/system/2010/07/21/011435466.shtml）

例文 4

致全州广大教师和教育工作者的慰问信

尊敬的全州广大教师和教育工作者：

金风送爽，丹桂飘香。在第 27 个教师节到来之际，州委、州政府谨向辛勤工作在我州教育战线上的广大教师和教育工作者致以节日的祝贺和亲切的慰问！向所有关心、支持我州教育事业改革和发展的社会各界人士表示衷心的感谢！

近年来，全州广大教师和教育工作者认真贯彻党的教育方针和州委、州政府关于加快教育改革发展的决策部署，爱岗敬业、无私奉献、呕心沥血、辛勤耕耘，开拓进取、倾心育人，努力办人民满意教育，取得了可喜成就。学前教育快速推进，义务教育成果巩固提升，高中阶段教育和职业技术教育突破性发展,教育质量稳步提高,教育事业为全州经济发展、社会进步和民生改善作出了重要贡献。州委、州政府感谢你们!全州人民感谢你们!

百年大计,教育为本。恩施自治州站在一个新的历史起点,正面临一系列重大发展机遇。大力实施"三州"战略、推进绿色繁荣,加快湖北武陵山少数民族经济社会发展试验区建设,推动全州跨越式发展,早日建成全国先进自治州,迫切需要教育事业在新的起点上更快发展,不断增强教育对经济社会发展的支撑作用;迫切需要不断扩大优质教育资源,办好每一所学校,教好每一名学生,满足人民群众接受更多更好教育的新期待;迫切需要造就一支师德高尚、业务精湛、结构合理、充满活力的教师队伍,为培养高素质人才提供坚强保证。

教育振兴,全民有责。全州各级各有关部门要切实增强责任感和紧迫感,以贯彻落实全州教育工作会议精神为契机,坚持以科学发展观为统领,牢牢把握"优先发展、育人为本、改革创新、促进公平、提高质量、服务社会"的工作方针,把教育摆在优先发展的战略地位,加快教育改革,加大教育投入,努力改善办学条件,维护教师权益,改善教师待遇,不断提高办学质量和水平。社会各界要一如既往地关心教育、支持教育,真心实意为教育办实事、做好事,在全社会形成尊师重教的良好风尚。

教育大计,教师为本。州委、州政府真诚希望全州广大教师和教育工作者围绕培养全面发展的中国特色社会主义建设者和接班人,继续发扬爱岗敬业、为人师表、淡泊名利、严谨笃学、与时俱进的优良作风,忠实履行好教书育人的重要职责,以高尚的人格感染学生,以丰富的学识教导学生,以博大的胸怀关爱学生,努力成为学生健康成长的引路人,做人民满意的人类灵魂工程师,为促进全州教育事业全面进步,推动我州科学发展、跨越式发展做出新的更大贡献。

祝全州广大教师和教育工作者节日愉快、工作顺利、身体健康、阖家幸福!

中共恩施自治州委
恩施自治州人民政府
2011年9月9日

(资料来源:http://www.enshi.cn/20110617/ca221944.htm)

第十一节　请柬与邀请书

一、请柬

(一)请柬的概述

1. 请柬的含义

请柬,也称请帖,是活动举办方邀请有关单位和个人参加活动而专门制作的一种排版精

应用文写作

美的礼仪性短小书信。

请帖应用广泛,召开纪念会、联欢会、婚宴、诞辰等许多活动都可以发请柬,来表示活动举行的隆重和对来宾的尊重,是人们在社会交际和社会活动中经常使用的文书。

2. 请柬的类型

请柬按其结构,可分为横式请柬、竖式请柬;按其使用范围,可分为会议性请柬、活动性请柬、广告性请柬等类型。

(1)会议性请柬

即召开会议时使用的请柬。召开重要的会议时,为引起被邀请人的重视,常会突出写明会议的意义、目的;召开一些学术会议时,常将被邀请人的身份、业绩写出来,以表示对其的敬重和盼望。

(2)活动性请柬

即用于开展庆典、婚宴、文体等活动,邀请领导、友人参加,以共庆共勉,或联系感情。

(3)广告性请柬

即在商业性活动中,以请柬的形式把企业具体活动项目或展销商品写出来,以便吸引有关人员互通有无或加强合作,具有广告的性质。

(二)请柬的结构和写法

请柬一般分成封面和内页两部分。

1. 封面

封面有竖式和横式两种。不论哪种形式,封面一般应写明这是什么活动(宴请、会议)和"请柬"二字,也可只写"请柬"二字。请柬的颜色多为大红色,为表隆重,封面一般要做艺术加工,如图案修饰、美术体文字、烫金工艺等。通常请柬已按照书信格式印制好,即市面有封面已直接印有"请柬"或"请帖"字样的请柬,发帖人只需填写正文。特制专门请柬的封面,则请专人设计,集中印刷,甚至标配举办方的标识。

2. 内页

内页一般包括称谓、正文、敬语和落款构成。但写法上应与封面结构一致。即如封面是竖式,内页的文字也要从右到左竖写;如封面是横式,内页的文字也要横写。竖式请柬主要沿用古代柬帖的写法和格式,制作较为正规,在庆贺、婚嫁等隆重场合多采用竖式。

(1)称谓

顶格写被邀请人(单位和个人)的全名,并在姓名后加上恰当的称呼,如"××学院""××先生""××教授"等。如将请柬再放入信封,称谓写在信封上,请柬上可不再写称谓。

(2)正文

写明邀请意向、会议或活动内容、时间、地点及提请被邀请人注意的有关事项。如果是请人观看表演或展览会等应将入场券或门票附上。若有其他要求需简要注明,如"请准备发言""请准备节目"等

(3)敬语

可写"敬请光临指导""敬请届时出席""顺致崇高的敬意"或"此致、敬礼"等。

154

（4）落款

注明发请帖的单位或个人姓名，并在下边写日期（年、月、日），若单位所发请柬，有时还需加盖公章；由印刷打印的请柬，署名时应由邀请人亲自签名以示郑重。

（三）请柬的写作要求

1. 内容简洁明了

请柬一般浓缩在一张制作精致的小卡片上，由于版面有限，因此文字要求简短扼要。

2. 措辞文雅得体

请柬是较为庄重正式的书信，为表示郑重其事，用词要文雅、得体，可适当使用文言，一般不适用口语、俗语。

3. 认真核实查对

请柬的称谓、时间、地点和人名等项内容，务必准确无误，否则给邀请人和被邀请人添加不必要的麻烦。

4. 制作排版精美

请柬既是专门制作的礼节性书信，为使被邀请人体会到邀请人的热情和诚意，请柬在款式和装帧设计上要美观精致、庄重大方。

（四）参考例文

例文1

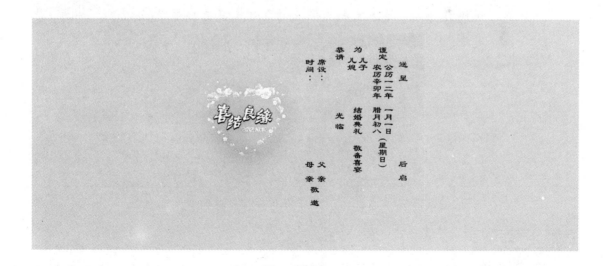

注释

结婚请柬有较固定格式。如请全家人出席，只写户主的姓名，后加"阖府统请"即可；如请夫妻二人出席的，写上一名主要姓名后加"伉俪"即可；如只请个人出席的，在姓名后面加上"先生""女士""小姐"即可。

例文2

封面：

《北京京剧百科全书》出版座谈会暨首发仪式

请 柬

请柬的内页，则可以有两种撰写方式：

尊敬的＿＿＿＿＿＿＿：

　　兹定于2011年10月23日上午9:30于湖广会馆大戏楼举办《北京京剧百科全书》出版座谈会暨首发式。敬请您的光临。

中共北京市××区委

北京市××区人民政府

××××年×月×日

诚邀您出席《北京京剧百科全书》出版座谈会暨首发式

时间：××××年×月×日

上午9:30

地点：××会馆大戏楼

中共北京市××区委

北京市××区人民政府

××××年×月×日

注 释

　　第一种方式顶格写被邀请人的姓名和称谓，在被邀请对象不是很多时，采用这种方式，既体现了对被邀请人的尊重，又便于了解被邀请对象出席活动的实际人数。在被邀请人员较多且具体出席对象不明确时，第二种方式则具有较大灵活性，并被广泛运用于一些大型活动中。

二、邀请书

(一)邀请书的概述

1. 邀请书的含义

邀请书,又称邀请函、邀请信,是团体或个人邀请有关单位、个人参加某项活动并说明活动详细内容所使用的礼节性书信。它除了邀请的作用外,还有提供信息的作用,有利于拓展人际环境,提高工作效能。

2. 邀请函的特点

(1)内容周详性

邀请书对活动的内容、时间、地点等叙述的基本要素,都要交代得清清楚楚,语言通顺明白,不要含糊其辞。

(2)口语性

即语言通俗易懂。

(二)邀请书的结构和写作

邀请书的写作结构由标题、称谓、正文、问候语和落款五部分构成。

1. 标题

(1)文种式标题。直接用文种名称,即写"邀请书""邀请函""邀请信"三个字。

(2)公文式标题。即"事由+文种",如《北京金秋中外诗歌散文研讨会邀请书》等。

2. 称谓

在标题下第二行,顶格写上被邀请人的姓名和称谓。对一些不便直接指明请某同志参加的会议,称呼可写单位名称。

3. 正文

(1)交代在什么时间、什么地点,召开什么会议或举行什么活动。

(2)阐述会议或活动的背景、目的、意义,说明邀请对方的原因。

(3)交代会议、活动的安排、程序及注意事项。

有些邀请函活动时间未确定,应安排多个时间段供对方选择。邀请函一般留有联系人、联系方式,以便对方确认是否应邀。有些邀请函附有"回执",除确认对方参与的意愿,还对对方相关信息和要求做相应的登记,以便根据回执合理安排相应的利益接待程序,避免因安排不周,礼仪失范造成不良影响。

4. 问候语

即结尾写上如"恭候光临""敬请莅临指导"等。

5. 落款

落款要署上发函单位或个人的全称和发函日期,若单位所发函,有时还需加盖公章,以示郑重。

应用文写作

（三）邀请书的写作要求

1. 考虑事务必须周详

在撰写邀请书前，要求对会议或活动安排、有关情况做详细了解，了解被邀请人的总体情况、需求和希望，尽可能具体详实、清晰明确地在邀请书上写明，让受邀者有备而来，减少不必要的麻烦。

2. 语气要恳切、热情、朴实

邀请书的内容与会议通知的内容相似，但含有尊重、商量的口气，没有行政约束力，要多用礼貌用词。

（四）参考例文

例文1

关于幼儿园"快乐体验数学"培训邀请函

为解决当前幼儿园计算教学中普遍存在的重机械记忆，轻逻辑思维；重枯燥说教，轻快乐体验；重课堂时空，轻生活情境等多种问题，加强幼儿园教师更好地掌握计算教学的理论与实践，深入研究计算教学的方式与方法，武汉青蒙早教研究所专家前来海口举办关于幼儿园"快乐数学"教学方法专题培训活动，现将有关信息公布如下：

一、具体培训内容：

（一）理论培训内容：

1. 幼儿园各年龄段数学教育的内容及结构。（托班、小班、中班、大班）
2. 幼儿园数学教育的方法——快乐体验数学教育
3. 帮助幼儿园召开家长会——《和孩子一起体验数学》

（二）现场观摩教学活动

二、培训专家单位：武汉青蒙早教研究所 梁青 杨华丽

专家介绍：

梁青简介　华中师范大学学前教育系研究生、湖北省教科所"十一五"课题组组长、武汉青蒙早教研究所所长，《快乐数学天天学》《智力思维游戏》《湖北省幼儿园整合课程》及《快乐体验数学》主编

杨华丽简介　武汉青蒙早教研究所教研员、"快乐体验数学"金牌讲师、中国驻哥伦比亚文化基金会讲师

三、培训时间、地点：2010年3月13日，上午8：30—11：30，下午3：00—5：30。地点：海南师范大学田家炳二楼多功能报告厅（龙昆南海南师范大学院内）

四、培训人员：每所幼儿园2人（园长及一名骨干教师）

五、培训费用：免费

联系人：黄有益　联系电话：1390751××××　6803××××

举办单位：海南师范大学附属幼儿园

2010年3月3日

例文2

2009年客车供应商大会邀请函

尊敬的供应商：

　　"青年汽车集团2009年供应商大会"定于2009年1月9日至11日，在金华市国贸景澜大饭店（原国贸宾馆）召开。

　　本次会议将围绕"诚信、双赢、共谋发展"的合作理念，在总结2008年成绩的同时，共同探讨在世界金融危机对我国严重冲击下，进一步树立信心，振奋精神，紧密合作，在共克时艰中获得共同发展。会议主要有优秀供应商颁奖，部件招投标及有关协议的签订等内容。为此，我们特邀请贵公司派有决策权的领导来参加本次会议。具体事宜通知如下：

客车供应商大会	时间	日程安排	地点
	1月9日	会议报到	国贸景澜大饭店（原国贸宾馆）
	1月10日	正式会议	地址：金华市双溪西路369号
	1月11日	会议结束	电话：0579-8205××××
会议报名及费用	1. 请在2009年1月6日下午17点前将参会回执传真到我公司 2. 会务费：1800元/人，单间需加200元/晚		
联系方式	客车：王勇军1355799××××　电话：0579-8225××××　传真：8225××××		
	胡志斌1386796××××　电话：0579-8225××××　传真：8225××××		
	会务组：卢俊娅1386795××××　电话：0579-8225××××　传真：8225××××		

★招标须知请登录我司网站下载：http://www.young-man.cn/或http://www.neoplan.com.cn/

青年汽车集团2009年供应商会议回执

单位名称	姓名	性别	职务	移动电话	是否单间	是否参观工厂	到达金华时间

回执请加盖公章

青年汽车集团有限公司
××××年×月×日

 **知识链接**

邀请书与请柬的区别

邀请书和请柬都具有"邀请"的作用,是一种庄重性和礼仪性的专用书信。

不同点	邀请书	请　柬
内容	阐发思想、细节详实、信息量大	简练明了
语言	朴实,口语化	典雅,且经长期使用形成了固定语言习惯
形式	一般A4纸,可多页	浓缩为小卡片,且款式和装帧设计上美观精致、庄重大方
答复	需对方确认是否应邀	无须对方确认是否应邀

第十二节　聘　书

一、聘书概述

（一）聘书的含义

聘书是机关、团体、企事业单位聘请某些有专业特长或有威望的人完成某项任务或担任某项职务时所发的邀请性质的专用书信。聘书不仅固定了用人单位和受聘者之间的关系,也表示对受聘者的尊重,可增加受聘者的责任心和荣誉感。

（二）聘书的特点

1. 聘任性

聘书的用途是聘任人员,确定聘用关系的真实凭据。

2. 通知性

聘书起着通知受聘人被聘事项的作用。

3. 合约性

用人单位和受聘人一旦签聘,双方要信守聘约,其内容受法律保护。

（三）聘书的类型

根据制发聘书的目的和聘书的性质,聘书可分为聘请书和聘任书两类。

1. 聘请书

即聘请各类人员担任某项工作、工程时所出具的聘书。多用于评审、科技鉴定、论证、高考评卷等专业较强的工作,有较明显的临时性。

2. 聘任书

即聘请有关人员担任本单位、部门的某一职位时出具的聘书,一般属约定性聘书。

二、聘书的结构和写法

聘书一般由标题、编号、聘字号、称谓、正文、结语、落款六部分构成。

（一）标题

标题一般是印刷好的，在封面上印有大写的"聘书"或"聘请书"字样组成并加烫金，制作美观、大方。书写的聘书在用纸的第一行中间大写"聘书"或"聘请书"字样，有的聘书也可以不写标题。

（二）编号、聘字号

有的聘书为严格管理，统计有序，查有考据，一般在"聘书"字样下有编号、聘字号，六角号内写年份，如〔2014〕。

（三）称谓

顶格写被聘人的姓名和职务，后加冒号；也可以在正文中写明受聘人的姓名称呼。

（四）正文

聘书的正文一般要求包括以下一些内容：
（1）交代聘请的原因和聘请担任的工作及所担任的职务；
（2）写明聘任期限，如"聘期两年""聘期自 2012 年 2 月 20 日至 2014 年 2 月 20 日"；
（3）说明聘任待遇，聘任待遇可直接写在聘书之上，也可另附详尽的聘约或公函写明具体的待遇，这要视情况而定。

聘书常用的格式有"兹聘请……为……"，或"为……特聘请……为……"等。

（五）结语

为表示敬意和祝颂。敬语多用"此聘""此致 敬礼""敬请台安，诸维垂鉴""敬请大安，诸维爱照"等。敬语因性别及职业性质不同而略有不同，使用时应斟酌。

（六）落款

落款要署上发文单位名称或单位领导的姓名、职务，并署上发文日期，同时要加盖公章。

三、聘书的写作要求

（1）内容清晰明确。对有关招聘的内容要交代清楚，逐一写明，不能含糊其辞，模棱两可。
（2）语言简明扼要。表达精练，篇幅短小。
（3）形式庄重。为表明对被聘者的信任和尊重，不管印刷的聘书还是书写的聘书，都要注意字体、格式的庄重大方。
（4）聘书是以单位名义发出的，所以一定得加盖公章，方视为有效。

四、参考例文

例文 1

聘　书

编号：××聘字〔200×〕××号

　　为提高教学质量,本校总部成立了刊授教学研究会,特聘请李××老师为指导老师,参加教学研究,并指导本校的教学工作。

　　此致

敬礼!

××××刊授大学(印章)
××××年×月×日

例文 2

聘　书

×××教授:

　　为提高学报质量,特聘请您为学报编委,具体指导并参与社会科学版的编辑工作。任期三年(2008 年 9 月至 2011 年 9 月)。

　　此聘

××大学学报编辑部(章)
××××年×月×日

例文 3

聘　书

编号：××号

　　兹聘请王××同志为××家电集团维修部总工程师、主任,聘期自××××年×月×日至××××年×月×日,聘任期间享受集团高级工程师全额工资待遇。

　　此聘

××家电集团(印章)
××××年×月×日

第十三节　建议书与倡议书

一、建议书

（一）建议书概述

1. 建议书的含义

建议书是个人、单位或团体向有关单位或上级机关和领导，就某项工作提出有见解主张的一种书信体文书。它可以充分调动各方面的积极因素，集中大众的智慧，更好地推进工作的顺利开展，是基层发表意见、提供建议的一种工具。

由法律章程规定的机构或个人提请国家代表机关或一定组织的会议讨论处理的建议、批评和意见，一般叫作提案。

2. 建议书的特点

（1）民主性

建议书是社会基层和基层单位为有关单位或上级机关和领导献计献策的文书，是一种充分运用民主权利的主人公精神的体现，具有明显的民主性特点。

（2）建设性

建议书与一般的意见书不同。建议书不仅要指出存在的问题，更要提出解决问题的办法，重在提出建设性意见。而意见书很有可能只是纯粹批评性，仅指出对方存在什么问题即可。

（3）求实性

建议书所提出的建设性意见，期望的是有关单位或上级机关和领导能采纳并实施的。故所提意见、写建议要根据具体问题、实际需要和可能的条件来提，不能凭空想象，不着边际。

（二）建议书的结构和写法

建议书一般由标题、称谓、正文和落款四部分构成。

1. 标题

（1）文种式标题。直接用文种名称，即"建议书"。

（2）公文式标题。以"关于"或"对"领出建议内容与文种，如《对人事制度改革的建议》《关于取消大学英语四六级考试的建议书》等。

（3）单一式标题。即标题中不出现"建议书"三字，只写明事由或内容范围，如《大学校园应设立自动售报亭》等，或动宾式短语标题，把"建议"二字置于开头，后接建议内容，如《建议设立青年教师培养基金》等。

2. 称谓

顶格书写接受建议书的机关、单位或个人姓名及职衔。也可用"抄送"的形式代替顶格称谓。写给报社的大多都不写建议对象。

3. 正文

建议书的正文是主体部分。其内容主要包括建议缘由、建议事项、有所期望三项。

(1) 建议缘由。即说明建议的原因、目的、根据,指出该建议的重要性和可行性,为采纳建议打下基础,一般以"为此我们(本人)建议……"等语句过渡到第二部分。

(2) 建议事项。具体明确地写出解决上述问题的措施和方法,内容较多时,宜分条列项,酌用小标题,便于建议对象逐条考虑,酌情处理。

(3) 有所期望。即表达一下期望建议被采纳的愿望。如"以上建议仅供参考""诚恳希望×××认真考虑此建议"等。

4. 落款

署上建议单位或个人的名称和日期。

(三) 建议书的写作要求

1. 态度认真负责

写建议书是在行使民主权利,要严肃对待,采取认真负责的态度。

2. 言之成理

写建议书既要符合政策要求,又要在情理之中。

3. 言之有物

建议书所提出的方法、措施,要具体清晰,切实可行,不说空话,便于实施。

4. 言简意赅

简洁扼要地表达建议,重点突出、适当议论,语气切当,措辞得体。

(四) 参考例文

例 文

关于孤儿收养问题的建议书

民政部:

此次汶川8级大地震发生以来,灾区状况牵动着全国人民的心,政府和社会各界全力援助。其中,那些因地震而失去亲人、成为孤儿的孩子们,是大家最为关心的群体之一。很多国内外组织和家庭纷纷要求收养灾区儿童,爱心和热情令人感动。

地震孤儿是一个特殊的群体,其心理状况和对收养家庭的要求都有一定特殊之处。为促进地震孤儿收养工作的良好开展,保障地震孤儿今后的顺利成长,中国心理学界危机与灾难心理救援项目组向民政部门郑重建议:

一、对收养家庭进行全方位评估,选择最有利于孤儿成长的家庭环境

评估至少应该包括:收养动机(应以本身喜欢孩子为主要动机);收养家庭的经济状况(并非越有钱越好,但须在当地中等程度及以上);家庭成员的心理健康状况(不能有严重的心理问题)、家庭其他成员对收养的态度(是否能一致支持);收养父母的婚姻状况(要

稳定)、文化水平(高一些对孩子的成长较有利)、沟通技能(是否善于和孩子沟通,如果不会四川话,要会说普通话,减少交流障碍)、是否有儿童养育方面的经验(最好有抚养经验)、是否有足够的时间照顾孩子(如果没有,可能会造成孩子的依恋对象不稳定,对孩子成长不利)。这些评估,可以帮助那些遭受过不幸的孩子来到最合适的、最具关爱的家庭中,使他们有一个能够促进其成长的环境。

另外,需要考虑儿童对未来生活的适应情况。(1)环境:如果收养家庭位于四川或与四川文化、生活习惯相似的地区,儿童可能会更容易适应新的收养环境。(2)社会支持:如果儿童处于青少年期,此时同伴关系对其非常重要。如果可能,对处在这一年龄阶段的孤儿的收养,应考虑其可以和重要伙伴保持联系的可能性。

二、对将被收养的儿童进行收养前的心理教育

孤儿已经经历了大地震和失去亲人的心理创伤,他们可能需要比较长的时间才能够从这种剧痛中走出来。在他们被收养之前,也需要有一定的心理准备,这对于他们以后适应在收养家庭中的生活会有积极的帮助。

对于被其他家庭收养,建议给比较大些的孤儿一定的可选择余地。地震导致个体失去安全感和对自己生活的可控制感,这对孤儿的影响更大。如果他们可以表达自己对未来家庭的愿望,并能够得到尊重,对他们未来的心理康复具有重要意义。

三、对收养家庭进行收养前的心理培训

孤儿们大都经历过严重的心理创伤,可能会出现各种不良的心理反应,因此,有必要对收养家庭进行收养前的心理培训,让收养人掌握相关的技巧。内容包括儿童心理、儿童心理创伤的干预和治疗、各种可能问题的应对,以及儿童抚养、营养保健等方面的培训。

四、残疾孤儿的收养

对于残疾孤儿的抚养,希望政府能够提供医疗(包括安假肢的费用和未来心理治疗的费用等)和教育的保障,给收养家庭以支持,才可能让那些残疾孤儿更有机会被收养。

五、对有兄弟姐妹的孤儿的收养

孤儿的兄弟姐妹尽量不要分离,允许这种情况下一个家庭收养多个孩子,避免儿童的再次心理创伤。如果必须分开收养,建议安置在同一个城市中,让他们可以经常见面。

六、建立收养家庭的自助组织

地震孤儿和他们的收养家庭有很多类似之处,可以建立收养家庭的自助组织,以利于他们相互交流、相互帮助。

七、对收养家庭的追踪指导

希望民政部指定专门机构或以基金会形式,聘用相关的社会工作者、成人和儿童方面的心理治疗师、家庭治疗师,将来对收养家庭进行长期的关注,给收养家庭亲子沟通的指导和其他有关的心理支援。

八、收养家庭退出收养的机制

如果收养家庭有虐待孩子的情况发生,或者收养家庭发生重大变故,希望民政部门能够采取有效的措施,提供替代性的方式转移走孩子。

九、提供和孤儿收养相关的科研和培训方面的支持

从收养评估到孤儿进入家庭后的适应过程,民政部门要能够掌握一手的资料,联手心

理专家和社工参与长期跟踪的科研工作,掌握孤儿收养的动向以供未来制定相关收养政策的依据。

目前还需要完成和科研有关的工作是收集以往所有跟孤儿收养有关的中外文献,为收养家庭提供有借鉴意义的指导原则。寻找国外比较成型的针对收养家庭干预的计划,在民政部门的领导下,能够给收养家庭长期的心理支持和干预,并根据中国的国情加以适当的调整。

对于给孤儿家庭进行心理辅导的相关机构和心理咨询人员能定期提供有关儿童心理治疗以及家庭治疗等的相关培训,让心理工作者和社工等相关人员能够有继续教育的机会,提升自己的专业技能。希望民政部门能够组织国外高水平的专家和国内在儿童领域的专家共同搭建一个强有力的培训平台,形成一套具有指导意义的培训范本。

帮孩子找到自己的家不容易,后期帮孩子适应新的家更不容易,儿童和他们的家庭可能长期需要心理支援,后期的任务还非常艰巨。我们恳切建议民政部将心理评估和心理支持纳入今后的应急机制之中,中国心理学界愿意力尽所能,为灾后重建贡献自己的力量。

中国心理学界危机与灾难心理救援项目组
执笔人:北京大学心理学系易春丽
北京师范大学心理学院侯志瑾
××××年×月×日

(资料来源:http://mall.cnki.net/magazine/Artide/xwzk200819018.htm)

二、倡议书

(一)倡议书概述

1. 倡议书的含义

倡议书是由个人、集体或单位根据形势发展需要,针对多数人共同关心的问题,公开号召大家,鼓动别人响应,共同做好某项工作或活动的一种专用书信。倡议书具有广泛发动群众,调动集体和大多数人团结互助,群策群力,共同奋斗的作用。

2. 倡议书的特点

(1) 公开性

倡议书就是一种广而告之的书信。它就是要让广大的群众知道了解,从而激起更多人的响应,以期在最大的范围内引起共鸣。

(2) 群众性

倡议书不是一方对另一方的激励动员,而是向某一人群、某一地区甚至全国范围发出倡议,凡是看到倡议书的人都可响应。所以,其对象广泛的群众性是倡议书的根本特征。

(3) 鼓动性

倡议书就是要号召广大群众积极响应某项建议并及时行动起来。为达到这个目的,其必须具有强烈的鼓动性和极强的感染力,才能唤起公众的热情,积极行动起来实施倡议。

(二)倡议书的结构和写法

倡议书的写法跟建议书相似,都由标题、称谓、正文和落款四个部分组成。

1. 标题

(1)文种式标题。即直接用文种名称,即"倡议"。

(2)公文式标题。即"事由+文种",如《把遗体交给医学界利用的倡议书》,"单位名称+事由+文种",如《安徽大学节水倡议书》等。

(3)双行式标题。即正标题和副标题。正标题是主旨,副标题介绍发出倡议的部门。如《心系母校文明而行——武汉大学学生会致 2008 届毕业生文明离校倡议书》。

2. 称谓

有明确倡议对象的,直接写上倡议对象,其中受倡议为单位的,直书全称,为公众的,则采用概称,如"同学们""青年朋友们"。

有的倡议面很广,无特定指称对象,可省略称谓。一般会在正文中明确。

3. 正文

正文结构类似建议书,包括倡议缘由、倡议事项、有所期望三项,但内容的倾向性不同。

(1)倡议缘由。即写明所倡议的理由,阐明所提倡议是当前形势的需要,社会的需要,是需要大家一起行动,共同努力才能实现和完成的重要事情,以便激起人们积极响应置身其中的意愿,然后用"我们(本人)倡议如下",或"我们谨向……倡议"等句式转入主体部分。

(2)倡议事项。即倡导大家做什么。倡议事项一定要具体化,做什么,价值、意义、时间等,分条叙述,一目了然,实操性强。

(3)有所期望。表达的是倡议者的决心,希望广大群众积极响应的要求和希望,一般不用敬意和祝愿,而用一些富有鼓舞性和号召力的话语结尾。

4. 落款

署上建议单位或个人的名称和日期。

(三)倡议书的写作要求

1. 选准倡议内容

倡议事项要具有时代性、社会性和时效性,是时代的、公众广泛关心的事情才能引起更多人的积极响应,且倡议内容依形势发展需要而提出,因而具有较强的时效性。

2. 目的清楚,意图明确,理由充分

只有这样,受倡议的对象才能理解,才能变成自觉的行动。

3. 言辞恳切,具有鼓动性和说服力

倡议书的目的是为了得到公众的响应,故语言应有鼓动性和说服力,才能激发公众的激情,从而使倡议能得到很好的开展,达到预期目的。

(四)参考例文

倡 议 书

全市广大人民群众、青年朋友、社会各界人士及海内外侨胞:

今年第11号台风"尤特"给桂平市造成前所未有的影响,全市普降大雨,部分乡镇出现大暴雨或特大暴雨,其中金田、紫荆、垌心3个乡镇遭受两百年一遇的洪水,境内多处山体滑坡,路面多处塌方,道路交通中断,造成巨大损失。截至8月25日,金田、紫荆、垌心等乡镇9.78万人受灾,需紧急生活救助36 505人,需紧急转移安置10 052人,因洪灾和山体滑坡、塌方死亡11人、失踪4人;倒塌房屋1732户3096间,损坏房屋1058户2652间,8000多平方米校舍倒塌或损坏;毁坏农田3.62万亩,农作物受灾面积9.87万亩,其中绝收面积1.98万亩;水产养殖受损面积1.05万亩,水产品损失4500吨。交通、水利、通信、电力、供水等基础设施受损惨重。

面对突如其来的稀遇洪水灾害,全市上下紧急行动、众志成城。市委、市政府及上级领导亲临一线靠前指挥,广大党员、各级干部、部队官兵、民兵迅速奔赴灾区,同受灾群众一道抗击洪魔,保卫家园,谱写了一曲曲可歌可泣的英雄篇章。目前,抗洪救灾工作取得了阶段性成效,灾民安置、生产自救及灾后重建等工作正在紧张有序地进行。但由于灾害涉及面广,危害程度深,造成的经济损失惨重,恢复生产、重建家园的任务十分艰巨。

洪水无情人有情,大灾面前有大爱!目前,已有广西金源生物化工有限公司、桂平市金晟房地产公司、广西鑫炎集团矿业公司等企业和社会各界人士捐款捐物合计484万元。各方面捐款捐物正在陆续进行中。为帮助更多的受灾群众尽早渡过难关、重建家园,市工商联(商会)、总工会、共青团、妇联、侨联、文联倡议各界群众爱国侨胞发扬"一方有难,八方支援"的优良传统,用行动彰显社会责任感,发扬爱我家乡、无私奉献的人道主义精神,慷慨解囊,鼎力相助,为受灾群众献上温情和爱心,让受灾群众早日恢复正常的生产生活!

桂平市工商业联合会 桂平市总工会 共青团桂平市委员会
桂平市妇女联合会 桂平市归国华侨联合会
桂平市文学艺术界联合会
××××年×月×日

倡议书与建议书的区别

相同点:都是在日常工作和社会活动中有所建议,有所提倡,期望实现推广某种意见的专用文书。

不同点：

（1）主要对象不同。倡议书一般要面对群众，提出号召性的主张，带有号召性和鼓动性；建议书主要是向有关领导或部门提出建议，没有发动群众的号召性。

（2）内容有区别。倡议书的内容都是需要马上去做而且能够马上做到的事，建议书的内容则要等领导机关及有关部门研究认可后方能付诸实施。

第十四节　申　请　书

一、申请书概述

（一）申请书的含义

申请书，俗称"申请"，是用于个人、单位、集体向单位组织、机关或社会团体提出请求，要求批准或帮助解决问题的一种专用文书。

（二）申请书的特点

1. 请求性

申请书是为表达愿望而写的，其写作动机带有明显的请求目的；阐述的申请理由和事项也具有明显的请求性。

2. 单一性

申请书的内容单一明确。一事一函，一份申请书只表达一个愿望或只提出一个要求。不能把不同的愿望和请求同写在一份申请书中。

（三）申请的类型

（1）按申请者分，申请书可分个人申请书和单位申请书等。

（2）按形式分，申请书可分文章式申请书和表格式申请书等。

（3）按内容分，申请书可分入党申请书、入团申请书、入会申请书、专利申请书、调动申请书等。

二、申请书的结构和写作

申请书的结构包含标题、称谓、正文、结语、署名和日期。

1. 标题

（1）文种式标题。即第一行用较大字体书写"申请书"三个字。

（2）公文式标题。"事由＋文种"，如《入党申请书》《复学申请书》；以"关于"或"对"领出申请内容与文种，如《关于助学贷款的申请书》等。

(3) 单一式标题。即标题中不出现"申请书"3个字,只写明事由或内容范围,如《申请补办学生证》等。

2. 称谓

称谓写接受申请书的组织、机关、团体的全称,也可以是个人姓名,姓名后应加"先生""女士""老师""校长"等称呼,有时酌情在接受申请对象前加"尊敬的"等敬语。称谓后加冒号。

3. 正文

这是申请书的主要部分。一般包括申请事项、申请理由和申请态度三部分内容。

(1) 申请理由。即申请的依据所在,阐述要求的合理性、必要性,要说得合情合理,切乎实际。可根据申请的实际情况,决定申请理由和申请事项的先后。

(2) 申请事项。即申请的目的所在。申请的事项和请求要明确、具体,不能含糊其辞。

(3) 申请态度。表示意愿实现后的态度和决心。这部分内容可写得简约一些。

4. 结语

结语可用敬辞、敬句。如"此致敬礼""谨请公司领导能够批准我们的请求""望能酌情予以批准""敬请领导批准"等。有的申请书没有结尾语。

5. 署名和日期

署上申请人姓名及申请时间。

三、申请书的写作要求

(一)事情要真实清楚

事实是申请的依据,如果不真实、不清楚就失去了依据,会影响组织的研究处理。

(二)理由要充分

申请理由写得充分且清楚,有说服力和感染力,才便于相关组织、单位、领导等了解和把握申请者的意愿和动机,进而获得申请事项的解决。

(三)感情要充实

申请书的写作目的是希望对方能够接受。要想顺利让对方同意,就必须用充满感情的语言将情况写清楚,以便更容易获得领导的批准。

(四)语言得体简练

针对接受申请的组织或领导来确定申请书的语言和文字。语言应朴实精炼,准确清晰,切忌东拉西扯,空泛冗长,故弄玄虚。

四、参考例文

例 文

入党申请书

敬爱的党组织：

　　我志愿加入中国共产党，拥护党的纲领，遵守党的章程，履行党员义务，执行党的决定，严守党的纪律，保守党的秘密，对党忠诚，积极工作，为共产主义奋斗终身，随时准备为党和人民牺牲一切，永不叛党。中国共产党是中国工人阶级的先锋队，是中国各民族利益的忠实代表，是中国社会主义事业的领导核心。党的最终目标，是实现共产主义的社会制度。马克思列宁主义揭示了人类社会历史发展的普遍规律，分析了资本主义制度本身无法克服的固有矛盾，指出了社会主义社会必然代替资本主义社会、最后必然发展为共产主义社会。《共产党宣言》发表一百多年来的历史证明，科学社会主义理论是正确的，社会主义具有强大的生命力。社会主义的本质，是解放生产力，发展生产力，消灭剥削，消除两极分化，最终达到共同富裕。

　　以毛泽东同志为主要代表的中国共产党人，把马克思列宁主义的基本原理同中国革命的具体实践结合起来创立了毛泽东思想。毛泽东思想是马克思列宁主义在中国的运用和发展，是被实践证明了的关于中国革命建设的正确的理论原则和经验总结，是中国共产党集体智慧的结晶。

　　中国共产党领导全国各族人民，在毛泽东思想指引下，经过长期的反对帝国主义、封建主义、官僚资本主义的革命斗争，取得了新民主主义革命的胜利，建立了人民民主专政的中华人民共和国；建国以后，顺利地进行了社会主义改造，完成了从新民主主义到社会主义的过渡。确立了社会主义制度，发展了社会主义的经济、政治和文化。

　　从1921年建党，经过井冈山和长征的孕育，我们中国共产党凭借顽强的意志，取得了抗日战争与解放战争的胜利，抗美援朝更使我们党在新中国成立伊始经受了一次严峻的考验，改革开放的浪潮让我们更加激昂奋进，阔步走进了新时代！

　　展望新时代，一步步引领中国经济社会建设不断走向新的胜利和辉煌。如今，中国人更加豪迈，全国上下万众一心，众志成城，高举"科学发展观"的伟大旗帜，更加坚信和憧憬着中国人的世纪！这一系列重大的举措，使我深受鼓舞，在感叹我们党的伟大之余，也更加坚定了我加入中国共产党的信念和决心！

　　小时候看着那鲜艳的红领巾，飘扬在胸前，自己是那样的激动与自豪，我是少先队员，是国家发展的后备军，我更以此为准则，遵守队员的规章，努力学习。到了初中以后很荣幸的以第一批团员的身份加入了中国共产主义青年团，共青团是共产党领导的先进青年的群众组织。是广大青年在实践中学习共产主义的学校，是中国共产党的得力助手和后备军。我也积极学习先进的文化知识，了解祖国发展遇到的机遇与挑战。

如今，到了大学，我更加明确自己的使命，利用业余时间在校园广播站工作的我，能够接触到校内大事小情及院系党组织的情况。在学校创建全国百所骨干院校建设之际，学院的建设发展也站在了新的起点之上，广播站也要对学院发展进行全面系统的解读，面对机遇，我会信心满怀，面对挑战，我会乘势而上，在学院党委的带领下，在全校师生的共同努力下，一定会将国家骨干高职院校建设得更加美好。同时，即将进入实习期的我，时刻会按照一名党员的标准严格要求自己，对我而言，明年我就要走向工作岗位了，确确实实能为祖国做点事了，也感到一些责任在肩上。我会更加努力地提高自己的思想认识，形成正确的世界观、人生观，以期早日达到一个共产党员的标准而成为党的一分子。

作为当代大学生的我们是我国社会主义事业的建设者和接班人，要继承前辈开创的伟大事业，在新的历史起点上推动中国特色社会主义航船继续破浪前行。如果能够有幸加入中国共产党，成为一名光荣的共产党员，我一定遵守党的章程，服从党的领导，积极投身于党的建设中。如果名额有限，我也不会气馁，依然会一如既往的拥护党的领导，执行党的决定。请党组织看我以后的实际行动吧！

此致

敬礼

申请人：×××（签名）
××××年××月××日

第十五节　决心书与保证书

一、决心书

（一）决心书概述

决心书是单位或个人为做好某项工作而表示决心的一种文书。

（二）决心书的结构和写法

决心书的写作格式一般由标题、称谓、正文、结尾和落款五部分组成。

1. 标题

（1）文种标题，即在第一行正中以稍大的字体写上"决心书"字样。

（2）"申请事由＋文种"标题，如《争取夺得团体第一的决心书》。

2. 称谓

写明决心书送达的组织机关、团体单位的名称或个人的姓名称呼。有时也在个人姓名前加"尊敬的"等敬语，以示礼貌。称谓后加冒号，如"厂领导："、"敬爱的×××老师："等。如果决心书是面对广大群众的，称呼也可以不写。

3. 正文

决心书的正文包括事情的缘由、决心书的内容两部分。

(1) 事情的缘由

简写表决心的原因。该段一般要求结合社会背景、上级号召、发文人或单位的具体情况来写,要符合实际。

(2) 决心书的内容

主要写决心做到的具体目标,以及实现这些目标的具体措施,一般分条列出。

4. 结尾

结尾处可以再次表示决心,也可写些表示敬意的话,如"此致、敬礼",有的没有结尾。

5. 落款

落款写在全文的右下方,要署上写决心书的单位或个人的称呼姓名。如果是集体或单位所写还可以视情况加盖公章。最后还要署上成文的日期。

(三) 决心书的写作要求

1. 内容切实可行

决心书要从个人或单位的实际出发,实事求是,使决心书的内容切实可行,不哗众取宠。

2. 交代具体、实在

决心书一定要交代清楚为何事定决心,做到何种程度,这才便于组织、领导指导、检查、督促,也便于自己执行、落实。

3. 措施要简明

决心书语言要简洁、明确,这有利于执行和检查。如果内容多,要分条列项。

(四) 参考例文

例 文

决 心 书

敬爱的团支部:

通过学习雷锋的先进事迹,我们受到了极大的教育,决心以雷锋同志为榜样,做好本职工作。

一、集中一切力量,认真搞好科研工作,勤勤恳恳,争取在年内做出新的成绩。

二、工作之中,不为名、不为利,全心全意为人民服务。

三、不怕困难,精益求精,不断提高自己的业务水平。

四、热爱党、热爱祖国,决心为祖国的现代化建设贡献自己的一切。

×××

××××年×月×日

二、保证书

（一）保证书概述

1. 保证书的含义

保证书是某团体或个人，立誓完成某项工作或发誓不再犯某种错误而写的具有承诺性和保证性的文字材料。与决心书相比较，决心书的重点在表决心，保证书的重点在表明完成保证内容的措施。前者重务虚，后者重务实，可根据实际情况采用恰当的名称。

2. 保证书的类型

（1）按范围分，保证书可分为集体保证书、个人保证书。

（2）按内容分，保证书可分为完成任务保证书、改正错误保证书。

（二）保证书的结构和写法

保证书由标题、称谓、正文、结尾和落款等五部分组成。

1. 标题

（1）文种式标题。即直接用文种名称，即第一行正中，用较大字体写"保证书"字样。

（2）"保证事由＋文种"标题，如《完成植树造林保证书》等。

2. 称谓

顶格写受文的单位、组织或个人的称呼或姓名，然后加冒号。有时称呼前加"尊敬的"或"敬爱的"等修饰语，以示礼貌。

3. 正文

（1）保证的缘由。即写明因什么原因而写。

（2）保证事项。重点说明保证什么事情，做到什么程度。尽量具体、实在，内容多的可分条列项。

4. 结尾

结尾处可以再次表示常用"此致、敬礼""希望××组织帮助我、考验我"等敬语；有的没有结尾。

5. 落款

落款处署上保证的组织或个人的名称或姓名，并署上发文的日期。

（三）保证书的写作要求

保证书的写作要求与决心书类似，保证书较多为个人或团体使用文书，机关单位谨慎使用。

1. 要实事求是

要做到保证书的内容，就决定其提出的内容要从实际出发，结合个人或单位的实际，作出实事求是的保证，提出量力而行的措施，不说空话。

2. 交代要具体

与决心书不同的是,保证书侧重写出保证什么事情,做到什么程度,有的还要交代在什么时间完成。

3. 语言简洁,结构简明

与决心书一样,保证书语言要简洁明了,措辞明确,内容要分条开列,以便今后执行、检查。

(四)参考例文

例 文

保 证 书

××街道办事处党委:

为响应党委提出的"组织城市待业青年,发展商业和服务业,方便群众,扩大就业"的号召,我们十名待业青年在广大群众热情支持下,成立了"××街道青年综合服务部"。为了实现街道党委向我们提出的"巩固发展"服务部的殷切期望,我们保证做到以下几点:

一、安心服务工作,钻研业务,努力提高服务质量,根据群众需要增加服务项目。

二、端正经营作风,对顾客负责,替顾客着想,不偷工减料,不以次充好,收费合理,薄利多销。

三、讲文明礼貌,抵制歪风邪气。

四、民主管理,账目公开,分配合理,合法开支,不滥发奖金。

×××街道青年综合服务部全体职工
××××年×月×日

第十六节 启事与海报

一、启事

(一)启事概述

1. 启事的含义

启事是单位或个人,为公开向人们告知、声明某事,请求公众协助支持参与的文书。启事通常张贴在公共场所或刊登在报刊、刊物上。

2. 启事的特点

(1) 告启性

启事是以公开陈述事实，从而向大众告知事宜或寻求帮助，它没有强制力和约束力。

(2) 目的性

无论哪种启事，都有很强的目的性，或有事需要向公众说明，或欲求公众的支持、协助，或希望公众积极参与。

(3) 简明性

启事要求表达简洁明了，既是为了方便读者对启事的内容一目了然，也节约篇幅，力求用最少的物力达到最好的告启效果。

3. 启事的类型

(1) 寻访类，如寻物启事、寻人启事。

(2) 招领类，拾遗者、发寻物或人的失主。

(3) 征求类，如征文启事、征物启事、招聘启事、征婚启事等。

(4) 通知类，如"校庆启事"等此类邀请亲友、校友、会友、社会同人举行某种活动。由于被告知人居住分散或不确定，往往发启事广泛告知，如书刊出版发行的预告、停业通知、公安机关公开的警告和悬赏。

（二）启事的结构和写法

启事一般由标题、正文和落款三部分构成。

1. 标题

(1) 文种式标题。即启事的标题直接用"启事"二字。此类标题适用于任何内容的启事，但不能明显、直观地反映所启事项内容。

(2) 公文式标题。即"事由＋文种"，如《招聘启事》《征文启事》；"单位名称＋事由＋文种"，如《××大学招聘启事》；"单位名单＋文种"，如《××研究所启事》。比较重要或紧急的，还可以在"启事"之前加上"重要""特别"或"紧急"等修辞。

(3) 单一式标题。即标题中不出现"启事"二字，只写明事由或内容范围，如《×××招聘》《失物招领》《征求徽标》等。

2. 正文

正文写想要说明的内容，明确地交代原因、启事要求，相关承诺等。正文因启事所说明的事项不同而异。总的要求是内容真实准确，简明扼要，有条理。

3. 落款

写明告启单位、人的全称、地址、联系方式和发布告启的年、月、日。

（三）启事的写作要求

1. 内容要真实可靠

启事是公开说明某事或希望公众予以帮助或协助，其内容必须完全真实，不能弄虚作假，欺骗大众。

2. 表达要简明完整

启事撰写内容简洁明确，公众才能一目了然，快速准确地给予帮助。启事的原因、特征、联系方法等要写清楚，如寻人启事，应写清楚被寻人的重要特征，寻物启事应写清楚所寻物品的基本特征。

3. 用语诚恳有礼

每一种启事，其写作的目的在于寻求公众的帮助，所以行文应谦逊有礼，避免出现盛气凌人和语言不得体的情况。

4. 不能将"启事"错写成"启示"

"启示"是启发、开导、使人有所领悟的意思。与"启事"的"公开陈述事情"不是一个意思。无论是"招聘启事""征文启事"，指其说明的内容都只能用"事"，而不能用"示"。

（四）参考例文

例文1　寻访类

寻人启事

×××，男，××年×月×日出生，安徽××县人，于2008年6月5日下午上学途中失踪。失踪时，身高1.5米左右，圆方脸，双眼皮，锁骨处有疤痕，右眼下有一颗痣，肤色较黑，性格活泼。失踪当天，平头，身穿军绿色绸绸短衣，脚穿蓝色塑料凉鞋。如有知情者，请与下列联系人联系，定有重谢。如×××本人见此寻人启事，请想尽办法与家人联系。

联系人：×××
手机：××××××××××××

例文2　招领类

招领启事

有顾客近日在本门市部拾到皮包一个，内有人民币若干，请失主前来认领。

光明路微型汽车配件门市部
××××年××月××日

> **注　释**
>
> 在招领启事中，不能写出物品具体特征和详细数量，甚至不写拾到时间、地点，以防冒领。

例文3 ▼ 征求类

招 聘 启 事

×××××有限公司（香港独资）因公司业务需要，经市人才交流服务中心批准，现面向我院应届毕业生招聘销售人员6名，具体事项如下：

1. 应聘条件：

女性，年龄20岁以上，身高1.65米左右，相貌气质佳，口头表达能力强。

2. 待遇：

受聘人员试用期3个月，正式聘任后工资待遇从优，详细事宜可现场咨询。

3. 报名：

应聘人员可于4月7日上午8:30—11:30到学院招待所403房间报名，届时须持简历、照片和学历证明。

联系人：王××

联系电话：××××××

××学院招生就业办公室
××××年×月×日

例文4 ▼ 通知类

青大附中启事

明年（2013年）是青岛大学附属中学建校十周年，学校将于2013年5月17日举行庆典。敬请海内外历届学子及曾在本校工作过的教职工互相转告。为反映我校建校十年来走过的历程，抒写师生情怀，弘扬青大附中精神，现在筹办编辑《校庆文集》、《校庆特刊画册》等。国内外的曾在青大附中工作、学习、生活过的老师、同学以及家长们，母校想念你们。在校庆来临之际，渴望听到你们的声音，见到你们的文字作品。特向大家征集：

1. 回忆在青大附中工作、学习、生活的文章，以及家长与学校共同培养孩子、关注、支持学校发展的文章（题目自拟，字数不限，附1张照片）；
2. 对母校的祝福视频（不超过2分钟）；
3. 能表达您对母校感情的纪念物等；
4. 校友们如保存着有关学校的文物资料，请及时与学校联系，希望您能将原件或复印件寄于学校，以备编辑文集或画册之用。

征文及资料征集截止的时间为2012年11月30日。

联系人：尹老师。邮箱：xiaoqingchoubei@126.com

联系电话：85880733

学校地址：青岛市市南区逍遥三路4号
邮编：266071
亲爱的校友们，青大附中期待着你们的回音！谢谢！

青大附中校庆筹备办公室
2012年9月19日

二、海报

（一）海报概述

1. 海报的含义

海报是向广大群众报道或介绍某一消息或活动时，广泛公开地传递信息招徕群众的招贴式文书。多用于电影、体育、报告会、展览、戏剧预告等文娱体育消息。通常张贴在公共场所、宣传橱窗内，有些海报也通过媒体向公众发布。

2. 海报的特点

（1）特定性

海报只限于主办单位使用，一般告知公众的是举办文化、娱乐、体育等活动方面的消息。

（2）宣传性

海报通过一定的感情语言，广泛告知一定范围的人，积极招揽公众积极参与和了解某种情况，具有宣传和提高活动知名度的效果。

（3）画面性

海报贴在公共场所，为给往来的人们留下印象，根据实际需要，常常选择大画面及突出的形象和色彩。同时，在设计中标题醒目、布局新颖、图文并茂、色彩鲜艳，以增强画面性和印象。

（4）张贴性

海报主要采用张贴形式，一般张贴在引人注目的场所。

3. 海报的种类

（1）根据内容分，海报可分为戏剧海报、联欢会海报、电影海报、体育赛事海报、报告会海报等。

（2）根据表现形式，海报可分为文字海报、图文海报等。

（二）海报的结构和写法

海报包括标题、正文和落款三部分构成。

1. 标题

（1）文种式标题。即以《海报》作标题。

(2) 单一式标题。以内容作标题,如《舞会》《研究生优秀书画展》等;由单位名称和内容构成,如《××杂技团演出精彩杂技大型魔术》。

(3) 双行式标题。即分正标题和副标题。正标题是引题,用生动简短的语言指出作用和意义。副标题介绍举办的单位、内容,如《名角新秀同献艺　轻歌曼舞妙趣横生——××电视台与××部联合举办庆祝春节文艺汇演》。

2. 正文

海报正文要用简洁、生动、准确的文字介绍海报的具体内容。海报内容种类多样,内容表达差别很大,一般包括活动性质、情况介绍、注意事项及说明、时间地点票价等。

根据活动情况,正文可以为简洁的一段话,也可以采取分项列举方法,逐项写清楚活动的内容、时间、地点、参加方式等,使海报清楚明了,通俗易懂。有的文艺演出海报在正文前后加上标语,起到画龙点睛、渲染气氛、美化文面、吸引观众的作用。

3. 落款

在正文后,写上主办单位名称和海报制作日期。如已把这部分内容写到标题和正文中,这里可以省略不写。

(三) 海报的写作要点

1. 内容真实

为了吸引公众关注活动和消息,海报可以使用一些鼓动性的词语,但不可夸张失实,必须真实、准确,不能虚假、欺骗。有些还要加上注意事项,以免引起公众的误会。

2. 力求图文并茂

海报除了文字说明,还常常根据内容需要,设计或添加象征性图案或图画,以突出主题,吸引读者。但海报中传达信息的文字应重点突出。

3. 要简明易懂

在语言上,海报写作力求用最少的文字最大限度的概况活动内容及主旨,力求做到言简意明,让人一看就知晓传达的信息内容。

(四) 参考例文

例　文　▼

海　报

××月××日下午3点30分,我校男子足球队与××学校男子足球队在我校足球场举行友谊比赛。热烈欢迎全校师生到时前往参观、指导、助兴。

××学校学生处
××××年×月×日

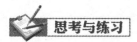 **思考与练习**

一、修改下列计划的标题

1. ××大学××××年招生工作规划。
2. ××市国民经济和社会发展五年计划。
3. ××公司关于第一季度销售计划。
4. 个人职业生涯打算。
5. 华丰电子厂产品直销活动的计划。
6. 广州市未来发展方向的方案。

二、简答题

1. 如何写计划与总结？
2. 个人简历和求职信如何写作？
3. 如何写述职报告？
4. 怎样写策划书？
5. 怎么写请柬和邀请书？
6. 怎么写启事与海报？

三、病例析改

1. 下面是一位同学制订的学习计划，请指出其中存在的问题并加以修改。

学习计划

从轻松的暑假转入新的学习环境真的有点不习惯，为了尽快适应大学生活，我为我自己订了一个学习计划。

1. 早起晨读，每天早上5:30起床，读一篇散文，背英语单词，读一篇英语课文，还要练一练我的普通话。
2. 多读课外书。利用下午不上课的时间去书店看书，丰富自己的课外知识，对外界、对社会都能有所了解。
3. 认真听课，把上课老师讲的重点记到笔记本上，课后巩固，上课前要预习今天要讲的内容，课上能记住的东西一定不留到课后。
4. 上晚自习，做一些白天没有做完的作业，复习一下当天讲的内容，再预习第二天要讲的课程，以免课上跟不上老师讲的进度。
5. 积极参加学校组织的活动，培养自己的组织能力，以适应社会的需要。
6. 多看些新闻，多了解一些世界发展趋势，以便以后能跟上时代步伐，与时俱进。

计划人：×××
××××年×月×日

2. 阅读下面的总结，指出其不足并修改。

××公司上半年工作总结

半年来本公司在精神文明和物质文明方面做了许多工作，取得了很大成绩。半年来，主要做了以下工作：动员组织公司干部和广大群众学习中央文件，安排、落实全年生产计划；推行、落实工作责任制；修建子弟小学校舍；建方便面生产车间厂房；推销果脯、食品、编织产品；解决原材料不足问题；美化环境，栽花种草；办了一期计算机技术培训班；调整了工作人员，开始试行干部招聘制。

半年来，在工作繁杂，头绪多而干部少的情况下，能做这么多工作，主要是：

一、上下团结。公司领导和一般干部都能同甘共苦，劲儿往一处使。工作中有不同看法，当面讲，共同协商。互相间有意见能开展批评与自我批评，不犯自由主义。例如有干部对经理未作商议，擅自更改果脯销售奖励办法，影响产量一事有意见，经当面提出，经理做了自我批评，并共同研究了新的奖励办法，又出现了增产势头。

二、不怕困难。本企业刚刚起步，困难很多，技术力量薄弱，原材料不足；产品销路没有打开等。为此，领导干部共同想办法，他们不怕跑路，放弃自己的休息时间，忍饥挨饿受冻，四处联系，终于解决了今年所需要的原材料，推销了一些产品。

三、领导带头。公司的几位主要领导带头苦干、实干。他们白天到下边去调查了解情况、解决问题，晚上才开会研究问题，寻求解决的办法。领导干部夜以继日地工作，使公司工作上了台阶。

××公司

××××年××月××日

四、写作训练

1. 根据个人的实际情况，以一学期为时限制订自己的学习计划。
2. 请回顾上大学以来的学习、生活实际，写一篇1000字以上的总结。
3. 假定新的一年即将到来，你所在的院系准备举办一台元旦文艺晚会，请你拟写一份策划书。
4. 假定你是××系学生会主席，拟写一份年终述职报告。
5. 请代你班班委、团支部编写一份反映班级学习情况的简报。要求自拟简报名称，设计版面，写好简报文章并加写按语，格式齐全。

第四章 经济文书

学习目标

1. 了解经济文书的概念、种类。
2. 熟悉商务经济合同、商务经济活动分析报告等各种商务文书的结构、正文和要求。
3. 体会各种经济文书的例文,模拟写作。
4. 培养经济文书的写作能力。

第一节 市场调查报告、市场预测报告和可行性报告

一、市场调查报告

（一）概述

市场调查报告是调查报告的一种,是运用科学的方法,系统地对某个地区或某类产品的市场需求、产品供应和商品销售情况进行搜集整理、分析加工,得出结论的书面报告。市场调查报告是一种针对性和实用性很强的经济应用文。市场调查是市场预测的基础,而市场预测又是经营决策的基础。

（二）市场调查报告的特点

市场调查报告是一种专项调查报告,除具备一般调查报告反映情况、总结经验、揭示规律的特点外,还具有如下特点。

1. 针对性

市场调查报告是为了说明某情况或解决某问题的,针对哪些读者群,必须有的放矢,因此,目的非常明确,这是其灵魂。

2. 真实性

材料数据不管是历史的还是现实的都是调查报告的基础,其人物、事件的时间、地点、过程及细节要绝对真实,不能有丝毫浮夸虚假。

3. 预见性

市场调查报告反映的结论必须有超前性,能抓住市场活动的新动向、新问题,提出新观点,否则不能起指导作用。

4. 时效性

当今市场形势瞬息万变,市场调查报告必须讲究时间效益,及时反馈市场信息,才能适应激烈的市场变化。

(三)市场调查报告的结构和写法

市场调查报告的形式相对较灵活,一般由标题、引言、正文、结尾和落款五部分组成。

1. 标题

标题有以下两种形式。

(1)单标题。由"调查对象或范围+调查时间+调查事项+文种"组成,如《成都市2008年上半年私车销售情况调查》。有时四要素并不齐全,如《关于当代青年饮料问题的调查报告》。

(2)双标题。正标题用论文式揭示问题或主旨,副标题则表明调查时限、范围、事项和文种等,如《金融风暴惹的祸?警惕新一轮读书无用论扩大——2009年关于××地区学生流失情况调查》。

2. 引言

引言即开头、前言或绪论。有的交代调查对象的性质、范围、调查所用的方式以说明调查资料的可信性,或概述有关情况,指出存在的问题;有的则总括取得的成绩等。如"曾经风靡一时的组合家具今年的销售状况如何?市场调查表明:组合家具的销售日趋疲软,已进入衰退期。"(摘自《组合家具已进入衰退期》)

在《关于杭州私家车主构成的独立调查》中,其引言是这样写的:

在近年来如火如荼的汽车消费热潮中,数以万计的杭州百姓人家圆了汽车梦。据统计,杭州私家车拥有量已从去年年底的每100户家庭2.5辆上升到3.1辆左右。预计到今年年底,杭州将成为我国轿车发展最快的城市。

那么是哪些人推动了杭州私家车消费的狂潮?杭州车市有哪些明显的特征?这些问题无疑是很多业内人士和有车族关注的焦点。近日,我们在一些酒店、写字楼、停车场、生活小区等地通过当面访问以及电话采访、网上调查等方式,对杭州私家车情况做了一次抽样调查。此次调查共发放300份问卷,回收有效问卷253份。

这个引言直接交代了杭州私家车变多的情况,并点出了调查的关注点。

3. 正文

正文是市场调查报告的主体部分,要通过调查资料介绍被调查事物的基本情况,分析原因,预测市场发展趋势,最后提出建议。因此,内容上一般由三部分组成。

(1)情况概述。概括介绍调查及积累材料的内容,即调查对象过去和现在的客观情况,如发展历史、市场布局、销售情况等。

(2)分析预测。在陈述基本情况的基础上,进行进一步的具体分析,总结带有规律性的结论,预测市场未来的发展变化趋势。

(3)建议措施。根据调查结论,提出相应的对策和建议,为领导者的决策服务。

市场调查报告的主体结构根据内容需要有四种形式。

(1)纵式结构。按照事物发展的先后顺序安排材料,归纳经验或问题。

(2) 横式结构。根据内容的性质和特点,提炼出几个观点,把介绍的经验、反映的情况或要解决的问题,分成几个方面,从不同侧面和角度去说明。

(3) 纵横交叉式结构,又叫混合式结构,该结构既考虑事物的发展脉络,又照顾事物的分类特征,兼有两种结构形式的特点。

(4) 对比式结构。把两种或几种不同的事物加以比较,从对比中体现出不同的思想以及不同的做法产生的不同结果。

4. 结尾

结尾的写法有多种,常见的有:总结式——总述内容,明确观点;指导式——指明努力的方向;启发式——提出发人深省、引人思索的问题;号召式——预示前景,发出号召。

5. 落款

落款处即写上调查单位和个人,注明调查时间。署名也可在标题下居中。

(四) 参考例文

例 文

××市居民家庭饮食消费状况调查报告

为了深入了解本市居民家庭在酒类市场及餐饮类市场的消费情况,特进行此次调查。调查由本市某大学承担,调查时间是200×年7月至8月,调查方式为问卷式访问调查,本次调查选取的样本总数是2000户,收到的有效样本是1630户。现将有关调查内容报告如下:

一、调查对象的基本情况

(一) 样品类属情况。在有效样本户中,工人320户,占总数比例18.2%;农民130户,占总数比例7.4%;教师200户,占总数比例11.4%;机关干部190户,占总数比例10.8%;个体户220户,占总数比例12.5%;经理150户,占总数比例8.52%;科研人员50户,占总数比例2.84%;待业户90户,占总数比例5.1%;医生20户,占总数比例1.14%;其他260户,占总数比例14.77%。

(二) 家庭收入情况。本次调查结果显示,从本市总的消费水平来看,相当一部分居民还达不到小康水平,大部分的人均收入在1000元左右,样本中只有约2.3%的消费者收入在2000元以上。因此,可以初步得出结论,本市总的消费水平较低,商家在定价的时候要特别慎重。

二、专门调查部分

(一) 酒类产品的消费情况

1. 白酒比红酒消费量大。分析其原因:一是白酒除了顾客自己消费以外,用于送礼的较多,而红酒主要用于自己消费;二是商家做广告也多数是白酒广告,红酒的广告很少。这直接导致白酒的市场大于红酒的市场。

2. 白酒消费多元化。

（1）从买白酒的用途来看，约52.84%的消费者用来自己消费，约27.84%的消费者用来送礼，其余的是随机性很大的消费者。

买酒用于自己消费的消费者，其价格大部分在20元以下，其中10元以下的约占26.7%，10~20元的占22.73%，从品牌上来说，稻花香、洋河、汤沟酒相对看好，尤其是汤沟酒，约占18.75%，这也许跟消费者的地方情结有关。从红酒的消费情况来看，大部分价格也都集中在10~20元，其中，10元以下的占10.23%，价格档次越高，购买力相对越低。从品牌上来说，以花果山、张裕、山楂酒为主。

送礼者所购买的白酒，其价格大部分选择在80~150元（约28.4%），约有15.34%的消费者选择150元以上。这样，生产厂商的定价和包装策略就有了依据，定价要合理，又要有好的包装，才能增大销售量。从品牌的选择来看，约有21.59%的消费者选择五粮液，10.795%的消费者选择茅台，另外对红酒的调查显示，约有10.2%的消费者选择40~80元的价位，选择80元以上的约5.11%。总之，从以上的消费情况来看，消费者的消费水平基本上决定了酒类市场的规模。

（2）购买因素比较鲜明。调查资料显示，消费者关注的因素依次为价格、品牌、质量、包装、广告、酒精度，这样就可以得出结论，生产厂商的合理定价是十分重要的，创名牌、求质量、巧包装、做好广告也很重要。

（3）顾客忠诚度调查表明，经常换品牌的消费者占样本总数的32.95%，偶尔换的占43.75%，对新品牌的酒持喜欢态度的占样本总数的32.39%，持无所谓态度的占52.27%，明确表示不喜欢的占3.4%。可以看出，一旦某个品牌在消费者心目中形成，是很难改变的，因此，厂商应在树立企业形象、争创名牌上狠下功夫，这对企业的发展十分重要。

（4）动因分析。主要在于消费者自己的选择，其次是广告宣传，然后是亲友介绍，最后才是营业员推荐。不难发现，怎样吸引消费者的注意力，对于企业来说是关键，怎样做好广告宣传，消费者的口碑如何建立，将直接影响酒类市场的规模。而对于商家来说，营业员的素质也应重视，因为其对酒类产品的销售有着一定的影响作用。

（二）饮食类产品的消费情况

本次调查主要针对一些饮食消费场所和消费者比较喜欢的饮食进行，调查表明，消费有以下几个重要特点。

1. 消费者认为最好的酒店不是最佳选择，而最常去的酒店往往又不是最好的酒店，消费者最常去的酒店大部分是中档的，这与本市居民的消费水平是相适应的，现将几个主要酒店比较如下：

泰福大酒店是大家最看好的，约有31.82%的消费者选择它，其次是望海楼和明珠大酒店，都是10.23%，然后是锦花宾馆。调查中我们发现，云天宾馆虽然说是比较好的，但由于这个宾馆的特殊性，只有在举办大型会议时使用，或者是贵宾、政府政要才可以进入，所以调查中作为普通消费者的调查对象很少会选择云天宾馆。

2. 消费者大多选择在自己工作或住所的周围内消费，有一定的区域性。虽然在酒店的选择上有很大的随机性，但也并非绝对如此，例如，长城酒楼、淮扬酒楼，也有一定的远距离消费者惠顾。

3. 消费者追求时尚消费,如对手抓龙虾、糖醋排骨、糖醋里脊、宫爆鸡丁的消费比较多,特别是手抓龙虾,在调查样本总数中约占 26.14%,以绝对优势占领餐饮类市场。

4. 近年来,海鲜与火锅成为市民饮食市场的两个亮点,市场潜力很大,目前的消费量也很大。调查显示,表示喜欢海鲜的占样本总数的 60.8%,喜欢火锅的约占 51.14%,在对季节的调查中,喜欢在夏季吃火锅的约有 81.83%,在冬天的约为 36.93%,火锅不但在冬季有很大的市场,在夏季也有较大的市场潜力。目前,本市的火锅店和海鲜馆遍布街头,形成居民消费的一大景观和特色。

三、结论和建议

(一)结论

1. 本市的居民消费水平还不算太高,属于中等消费水平,平均收入在 1000 元左右,相当一部分居民还没有达到小康水平。

2. 居民在酒类产品消费上主要是用于自己消费,并且以白酒居多,红酒的消费比较少,用于个人消费的酒品,无论是白酒还是红酒,其品牌以家乡酒为主。

3. 消费者在买酒时多注重酒的价格、质量、包装和宣传,也有相当一部分消费者持无所谓的态度。对新牌子的酒认知度较高。

4. 对酒店的消费,主要集中在中档消费水平上,火锅和海鲜的消费潜力较大,并且已经有相当大的消费市场。

(二)建议

1. 商家在组织货品时要根据市场的变化制定相应的营销策略。

2. 对消费者较多选择本地酒的情况,政府和商家应采取积极措施引导消费者的消费,实现城市消费的良性循环。

3. 海鲜和火锅消费的增长,导致城市化管理的混乱,政府应加强管理力度,对市场进行科学引导,促进城市文明建设。

注 释

本文是一位在校大学生写的调查报告。标题是单行式,引言简介了调查对象、范围及调查方式等。正文采用横式结构,分概述、分析、结论和建议三个部分,简洁明了,重点突出。没有结尾和落款。

二、市场预测报告

(一)概述

市场预测报告就是在市场调查的基础上,依据已掌握的有关市场的信息和资料,通过科学的方法分析研究未来一段时间一定范围内的市场供求状况和经济发展趋势的一种预见性报告。根据综合调查的材料,用科学的方法估计和预测未来市场的趋势,从而为有关部门和企业提供信息,以改善经营管理,促使产销对路,提高经济效益。

（二）市场预测报告的特点

1. 预见性

预测必须立足于现实，着眼于未来，它是在深入分析市场既往历史和现状的基础上的合理判断，目的是将市场需求的不确定性极小化，使预测结果和未来的实际情况的偏差概率达到最小化。

2. 科学性

市场预测报告必须以周密的调查研究为基础，以各种真实可靠的数据资料为依据，并运用科学的预测理论和预测方法找出预测对象的客观运行规律，得出的结论应是合乎实际的、先进的，才能有效地指导人们的实践，因而合格的预测报告都应具备科学性。

3. 针对性

市场预测的内容十分广泛，每一次市场调查和预测，只能针对某一具体的经济活动或某一产品的发展前景，因此，市场预测报告的针对性很强。

4. 时效性

市场预测的目的是为了控制未来市场以占据未来主动权，因此必须在市场发展的前一阶段尚未结束时，就及时预测下一阶段发展趋势，以提出相应对策，一旦兑现预测结果，其使命也宣告完成。

5. 综合性

市场是一个多方位、多层次、多因素的有机的立体的经济集合体。各因素之间相互关联相互制约，往往牵一发而动全身，因此要进行市场预测，就要对影响市场的各种因素进行全面系统的分析，否则结论就不全面。

（三）常用的预测方法和程序

1. 常用的预测方法

（1）定性预测法。又称判断预测法或直觉经验预测法，在没有较多的数据资料可利用时，依靠预测者丰富的经验和一定的分析判断能力来测定和推断预测对象未来发展趋势的方法。

（2）定量分析法。又称客观分析法、统计预测法、数学分析法，是根据已掌握的大量资料、信息，运用统计公式或数学模型，进行定量分析或图解，对未来的市场趋势做出预测的分析方法。

以上两种方法各有其长：定性预测法速度快，费用少，简便易行，能综合各种因素，但常带有主观性，精确度差；定量分析法客观、科学，准确度高，但对宏观的不可控因素难以预测。因此，在实际工作中常将两种方法综合运用，先进行定性预测，再进行定量分析。

2. 市场预测的一般程序

市场预测的整个过程是一个系统工程。通常按以下先后次序进行。

（1）确定预测目标。根据市场及经营活动的需要，确定预测要解决的问题，制订预测计划，编造预算，调配力量以组织实施。

(2) 收集整理资料。收集分析历史数据和预测所需的各种资料,包括企业内部的资料、企业外部的资料、实地市场调查的资料三大类。

(3) 提出预测模型。即根据目标要求和掌握材料情况,选择和确定一种或几种适用的预测技术和方法。

(4) 进行预测分析。用选定的预测方法对资料中影响未来市场的各种因素进行详细的研究、分析和评价。如内部因素包括新产品设计、市场推销、价格变动、质量改进及缩短研制时间,外部因素包括季节变化、地理因素、购买行为的变化及政策法律因素等。

(四) 市场预测报告的结构和写法

市场预测报告一般是由标题和正文两部分组成。

1. 标题

市场预测报告的标题写法有两种:一种是单标题,即"预测时限＋预测范围＋文种",如《2010年中国西南地区手机市场预测》;另一种为双标题,正标题点明预测报告的主旨,副标题则表明预测的对象和文种,如《环保健康　避免二度污染——2009—2012年中国饮水机市场预测报告》。

2. 正文

正文一般由前言和主体两部分组成。

(1) 前言。无固定模式,通常是交待市场预测报告的写作动因和有关情况,如时间、地点、对象、方法、目的、结果等。

(2) 主体。先写情况,运用资料和数据回顾历史;然后是分析和预测,要根据调查所获得的各种资料,运用科学的预测方法进行定性、定量分析,提出预测结果;最后是建议,针对预测情况,提出合理的建议。这三方面内容紧密联系,不可分割,但顺序可因预测目的和内容的不同而有所变化。预测内容既有从国家宏观经济管理部门角度进行的宏观市场预测,又有从企业角度进行的微观市场预测,其主要内容包括市场需求预测、商品资源预测、供求动态预测、价格变化预测、商品生命周期预测、商品销售预测。

(五) 参考例文

例　文

2005—2010年我国木地板市场需求预测

一、建筑业相关资料

(一) 1998—2002年城镇住宅建设情况(略)

(二) 2002—2004年城镇房屋概况(表1略)

(三) 2004年商品房竣工情况(表2略)

(四) 2004年各地区城镇人均住宅建筑面积情况(表3略)

(五) 建设部对城镇住宅未来几年发展的预测

2004年3月18日,建设部刘志峰副部长在部分省市住宅产业化工作座谈会上的讲话中预测,2020年我国城镇居民人均住宅建筑面积将达到32平方米,2003—2020年间我国城镇新建住宅竣工面积将达到140亿平方米左右,以满足现有城镇居民住房改善的需求、城镇化进程加快城市人口增加的住房需求、现有110多亿平方米旧住宅更新改造的需求。讲话中介绍,全国现有房屋370多亿平方米,其中城市130多亿平方米。

(六)国外人均住房面积情况(表4略)

二、木地板市场需求预测

(一)国内需求估算

根据建设部的预测:"2003—2020年间我国城镇新建住宅竣工面积将达到140亿平方米左右",即2005—2020年间约达126亿平方米,年均约7.875亿平方米;按可进行地面装饰的面积占80%、预测近几年木地板在该领域平均市场占有率为25%计算,假定今后6年(含2005年)平均新建住宅面积等于今后16年平均值,2005—2010年城镇新建住宅对木地板的年平均需求量约为1.58亿平方米。

当前,全国城镇住宅建筑面积为96.16亿平方米,按平均每10年二次装修一次、可进行地面装饰的面积占80%、预测木地板在该领域市场占有率为25%计算,2005—2010年城镇住宅二次装修对木地板的需求量约为每年1.92亿平方米。

同时,目前全国城镇非住宅房屋建筑面积为52.9亿平方米,全国非城镇房屋建筑面积为220.94亿平方米,按平均每20年重新装修一次、使用面积占90%、预测木地板在该领域占有率为8%计算,2005—2010年该领域房屋对木地板的需求量约为每年0.99亿平方米。

以上累计,2005—2010年以上房屋对木地板的平均需求量约为每年4.49亿平方米。以上建筑面积是依据建设部的官方数字确定的,估计这个数字可能较实际建筑面积小;以上使用面积所占比例是根据相应房屋估测的比例确定的;以上二次装修年限大于近年房屋(仍在使用的房屋)实际二次装修年限;以上木地板市场占有率估测的是现行市场占有率;另外以上数据中不包括非城镇新建建筑面积(含住宅),不包括淘汰率较高的展览展示用地板,未充分考虑商用场所较高的二次装修率。

根据当前木地板产品的市场表现,价格适中,消费者喜好木地板,市场上没有出现更好的替代产品,所以木地板将进一步占领地砖、石材的市场份额,当前几乎所有的住宅都会进行地面装饰且选用木地板的比例越来越高;木地板在地面装饰材料市场的占有率应该会在近十多年内提高到30%左右。

根据当前我国木地板产品的质量和生产成本情况,在其他国家不对出口中国的地板产品做大额补贴、国内企业内销生产不受技术壁垒左右的情况下,进口木地板的数量不可能增加,进口木地板不会影响国内需求量对国产木地板产业的拉动。

综上所述,推定每年4.49亿平方米的需求量是比较保守的数字,可以作为2005—2010年国内年均需求量的预测值。

(二)国际市场需求

国外消费者同样普遍看好木地板,结合仅为中等收入国家的我国对木地板的需求情况,可见国外消费者对木地板的消费需求量也是非常可观的。

我们暂且参阅一下2004年欧洲强化木地板厂家联合会22家企业产品在全球范围的市场表现,2004年销量达4.37亿平方米,较上年增长13个百分点,占全球强化木地板市场份额的60%;其中在欧洲销售3.32亿平方米,在亚太地区销售900万平方米,在北美销售0.79亿平方米,在其他地区销售0.14亿平方米。

2004年我国强化木地板企业小试牛刀,出口量就达到1800万平方米以上,令国际木地板市场产生些许骚动,中国制造强化木地板价格让国际同行动容。对表3中进出口情况的比对,不难发现进口数量持续保持较低水平,从出口数量的大幅增长和比对欧洲强化木地板厂家联合会的数据可以预测出口量仍会有较大增长空间。但当前部分国家提出的反倾销和个别专利拥有人提出的专利侵权使我国木地板出口受阻,出口前景变数较大,较难预测。我国劳动力成本相对较低,人员素质相对较好,部分原材料价格相对较低,企业集群能够进一步降低成本,增强与国外规模型企业的竞争力,种种优势有利于我国木地板产品出口占领发达国家当前占领的市场份额;但关键要看当前面对问题的最终处置结果。

(三) 近5年我国木地板产业发展预测

当前,我国部分木地板企业仍在大中型城市进行强势的竞争,原偏安于局部大中型城市的品牌企业纷纷扩大自己的版图,完成原始积累的中型企业也希望到大中型城市一试身手,市场逐步细分。更多木地板企业的强势进入,使木地板以外的其他地面装饰材料企业相对处于弱势,其市场份额逐步被木地板企业瓜分。

同时,更多的企业看好相对地薄(人均消费低)但面广(消费者数量众多)的中小城市、县、乡镇市场,这里市场进入门槛低、综合竞争成本低、市场培育潜力大,由此从沿海到边疆已遍布了木地板经销点,木地板产品价格相对适中,特别是平均铺设成本低于地砖,且在价格与其他地面装饰材料相近的情况下更能让消费者接纳;市场的反应让更多的木地板企业兴趣倍增,纷纷专题研究三级市场的开发和培育。随着城镇化步伐的持续,相信三级市场会让部分企业实现预期的目标,拉动我国木地板市场占有率的进一步提高。

如按2010年达到估测的国内消费量4.49亿平方米计算,6年内(包括2005年)木地板国内消费量平均即可增长12%左右(按2004年国内消费量为2.25亿平方米计算)。如按2005—2010年平均每年国内消费量达4.49亿平方米计算并于2010年完成6*4.49亿平方米消费计算,国内木地板6年内消费年均增长为20%。故预测2005—2010年我国木地板产量年增长率将保持在12%～20%。

按出口和进口的差值也同比例增长计算,2010年我国木地板产量将处于5.09亿～7.70亿平方米之间,考虑当前出口局势尚不明朗,取中下位值将2010年产量定位为6亿平方米。预计届时20%的企业将占有80%的市场份额。

预测将有4～5个品类产量瓜分绝大部分份额,根据产品相关的综合因素判断,强化木地板及其革新产品将占62%份额,即3.7亿平方米;实木复合地板及其革新产品将占20%份额,即1.2亿平方米;实木地板将占13%份额,即0.8亿平方米;竹地板将占3%份额,即0.2亿平方米;可能会有新研发的品类和其他品类地板分割剩余的份额,即0.1亿平方米。

因为技术壁垒和贸易壁垒层出不穷,出口前景不错但变数较大;当国外市场需求强劲且壁垒减弱时,部分商家会惰于开发国内市场;当国外市场困难重重时,商家会加大在国内市场的投入,所以出口市场和国内市场可能会处于此长彼消、此消彼长的相衡状态,它们既相互促进又相互影响。预测2010年如果国际市场利于国产木地板出口,则出口量可能占到产量的40%,如果不利于出口则出口量占20%,即预测2010年时6亿平方米产量中有20%~40%出口,即1.2亿~2.4亿平方米出口,国内销量为3.6亿~4.8亿平方米。

受技术壁垒的压迫,行业创新会成为热点,技术创新、产品创新、营销创新、管理创新、渠道创新等将成为主题,科技贡献率将达到70%以上,当前30%左右的设备将因技术进步而被逐步淘汰,同时设备达产率将进一步提高。伴随着强有力的创新突破,汇率的小幅调整不会影响我国由地板大国迈向地板生产强国的步伐,我国实木复合地板在加大内销力度的同时,出口量将进一步提高;实木地板进一步向高端市场攀登,但产量不会有太大的变化,可能产生新的因素导致产量会略有下调,虽然出口退税政策取消,但出口市场仍然看好;强化木地板产量将稳定提升,在彻底解决现有障碍的情况下,中国制造强化木地板将有可能进入全球绝大部分市场,并依据质优价廉的产品赢得国际市场的青睐。

(资料来源:http://home.focus.cn)

注 释

这是一篇木地板市场的预测报告。虽然是2004年拟写的预测,但写作格式值得借鉴,且预测内容与实际值误差较低,因而被引为范文。其标题由年限、产品、文种组成,正文先用表格数据和建设部官员的讲话分析了国内过去几年的住房建设情况、建设部对城镇住宅未来几年发展的预测、国外人均住房面积情况,然后对国际、国内木地板市场需求进行了分析,最后对近5年我国木地板产业发展进行了预测,从产品结构到人均需求等都通过比较、归因、综合进行了详实的分析,数据资料真实,分析方法科学,判断推导明晰,符合预测报告的写作要求。

三、可行性报告

(一)概述

可行性报告,是指从事一种经济活动(投资)之前,对其经济、技术、生产、供销到社会各种环境、法律等各种因素进行具体调查、研究、分析,确定有利和不利的因素、项目是否可行,成功率大小、经济效益和社会效益程度,为决策者和主管机关审批的书面报告。它是企业在进入新领域、投资新项目前期的分析活动,其价值在于向投资者提供项目建设的规模、资金规模、产品销路、市场竞争力等信息,预测投资可能产生的经济效益,论证其实施的合理性,向投资者提供决策依据;也是争取银行贷款,获得有关部门支持的依据;此外,被批准后,也是和有关各方签订协议,进行设计、施工等工作的依据,还是编制任务书的依据。

(二)可行性报告的特点

1. 高度的科学性

可行性报告的写作是建立在科学调查、科学研究、科学预测基础上的,它需要用现代化手段和方法,从不同角度阐明项目在政策上、技术上、经济上的科学性和可行性,内容科学、客观。

2. 严密的论证性

可行性报告是领导、专家、技术人员对所实施的项目,从经济、技术、财务、市场营销等各个方面进行的综合分析论证(其中包括理论论证、时间论证、预想前景论证、经济效益论证、政策论证等),资料和数据必须准确无误,论证严密,才能有强大的说服力。

3. 极强的专业性

一个项目的可行性报告往往涉及多学科多专业,其技术参数、财务指标、前景预测等都要运用到极强的专业知识,门类广,程度深,因此可行性报告是非常严谨真实的。

(三)可行性报告的结构和写法

一份完整的可行性报告主要包括封面、摘要、目录、图表目录、术语表、前言、正文、结论和建议、参考文献、附件。封面一般由项目名称(项目主办单位+项目内容+文种)、报告单位、报告时间组成。封面、摘要、目录、图表目录、术语表、参考文献根据报告需要进行选用。前言、正文、结论和建议、附件的写作如下:

1. 前言

前言即概述,概括介绍拟建项目的背景、依据、目的、范围及本项目的承担者和报告人等。如:"××公司是20××年经××批准成立的以经营××、××为主的企业,注册资本××万元,近×年上缴国家利税××万元,现有职工××人,其中科技人员占×%。为了××,公司决定成立××,开发××项目。"

2. 正文

论证性报告的论证对象不同,写法也有差异,但主要内容有以下几个方面。

(1)市场调查。分析市场现状和前景,考察该项目实施后的发展状况,如市场需求、竞争状况等。

(2)规模方案分析。含项目名称、规格(规模)、技术性能、实施计划和方案的分析。

(3)技术力量说明。包括地址选择及理由;原材料、资源配备;技术设备、辅助设施、工艺流程;组织机构设置、所需人员及培训方案;项目的实施方案、工程设计、设备订货、工程施工和验收、设备安装和调试、试生产和正式投产时间进度安排;现有环境状况及工程实施后的环境影响及控制污染方式等。

(4)资金来源分析。确定资金来源方式,估算投资数额、资金到位时间、资金偿还办法、流动资金安排等。

(5)经济效益分析。分析投资的收支、盈亏状况等财务问题,评价项目的经济效益。

3. 结论和建议

总结强调实施该项目可带来的社会效益、经济效益,提出明确性的结论意见。

4. 附件

在正文之后附上图表、图纸、试验数据及有关文件材料等,增强该项目的说服力和参考价值。

5. 落款

落款包括报告单位、公章以及报告成文时间。

（四）参考例文

例 文

工业项目可行性研究报告编写纲要

项目概要（包括项目名称、项目摘要、项目法人代表、项目单位及地址、项目联系人、联系电话等）。

一、项目总论
（一）项目提出的背景和必要性。
（二）项目技术来源、技术的先进性和成熟性。
（三）项目单位基本情况。

二、市场分析
（一）需求预测。
（二）产品市场占有率的分析。

三、项目内容、规模和进度
（一）建设内容和实施方案。
（二）主要产品的技术和经济指标。
（三）建设规模和时间进度。

四、建设地点和自然条件
（一）建设地点选址。
（二）自然条件。

五、工艺及设备
（一）主要的工艺流程和技术方案。
（二）主要的设备选型和设备清单。

六、项目建设所需的条件
（一）供电、给水及配套设施。
（二）原材料来源及供应。
（三）生产厂房及配套设备。

七、环境保护及消防措施
（一）污染源、污染物及环保措施。
（二）原料、产品的安全性能及安全防护措施。
（三）劳动保护、消防措施。

八、项目投资
（一）项目总投资。
（二）资金来源、用资计划、用汇计划及可行性。
（三）资金偿还、投资回收计划及相应措施。

九、项目的财务评价和风险分析
（一）产品成本估算。
（二）销售和利润的估算。
（三）财务各项指标的计算与分析。
（四）项目的盈亏分析和风险分析。
（五）项目的经济分析和结论。
十、有关附件、附表
（一）项目进度、年度计划实施表。
（二）企业的资产负债表。
（三）环保及消防部门对项目的评估意见。
（四）城建规划部门对项目选址的意见。
（五）主要设备清单。
（六）固定资产投资分析估算表。
（七）项目资金筹措计划表。
（八）总成本估算表。
（九）现金流量表。
（十）项目各种费用估算表。
（十一）损益表。
（十二）敏感分析表。
（十三）还款计划表。
（十四）流动资金估算表。
（十五）固定资产折旧估算表。
（十六）其他有关附件及附表。

注　释

该例文限于篇幅只列出工业项目可行性研究报告的编写纲要。该纲要具有研究项目的各个方面，既有静态分析，如项目的内容、规模、工艺、设备，又有动态分析，如市场分析；既有定性分析，又有定量分析；既要做宏观的分析，又要做微观的分析，在具体写作中，可行性研究报告首先从内容到语言表达，都必须具有严密的科学性，需要运用大量而准确的科学和数据资料，以此来阐明拟建项目在技术上、经济上依据的理论和原理，证明它的可行性。报告中的事实必须是实地调查，资料查阅、信息咨询、数字计算一定要真实可靠。

知识链接

一、市场调查报告、市场预测报告、可行性报告的分类

1. 市场调查报告的分类

根据商品销售的目的，可分为消费者市场调查报告和生产者市场调查报告；根据商品种类分工业品调查报告和农产品调查报告,且可细分为服装、百货、食品、五金等商品或产品市场调查报告;根据市场因素可分为市场状况、市场商品、市场服务、市场购买力等调查报告,且其中市场状况可细分为市场供求状况、市场经营情况、市场管理等调查报告;根据调查目的,可分为探索性、描述性、预测性调查报告;根据市场性质,可分为商品市场、金融市场、证券市场、劳动力市场等调查报告;根据市场范围,可分为国际、国内、区域、市、区、乡镇等调查报告;根据调查内容,可分为典型市场调查报告、综合性和专题性的调查报告。

2. 市场预测报告的分类

根据经营管理的需要,市场预测可以划分为商品层次、空间层次、时间层次三种类型,其中商品层次细分为单项商品预测、同类商品预测、根据消费对象对商品预测、商品总量预测;空间层次细分为全国性市场预测、地区性市场预测、当地市场预测、市场占有率预测;时间层次细分为短期预测、近期预测、中期预测、长期预测。根据预测范围分为宏观经济领域市场预测和微观经济领域市场预测报告;根据预测方法可分为调查预测报告和市场预测报告。

3. 可行性报告的分类

可行性报告根据内容可分为政策性可行性研究报告、项目建设可行性研究报告、开辟和拓展新市场、开发新产品和新技术、采用新的管理方法的可行性研究报告;根据范围大小可分为一般可行性研究报告和大中型项目可行性研究报告;根据性质分纯市场型、纯技术型及市场技术混合型可行性报告。

二、市场调查报告、预测报告和可行性报告的异同

1. 相同点

(1) 三者都要以事实为基础。必须对历史、现实进行全面深入的调查,取得详实的数据资料,从中提炼出观点。

(2) 三者都要以科学的分析为手段,都要从不同角度对其进行系统、科学的分析研究,揭示本质规律。

(3) 三者都以得出正确的结论为目的。结论要符合事物发展的客观规律。

2. 不同点

(1) 目的不同。市场调查报告的目的,是通过调查分析,掌握市场历史或现实的状况;预测报告是通过分析历史或现实的状况预测未来的变化和发展;可行性研究是通过历史现实的分析,重点论证其项目实施的必要性和可行性。

(2) 要求不同。市场预测报告应在调查的基础上提出意见或建议;市场调查报告没有严格的要求;可行性研究要提出具体实施方案及前景。

三、市场调查的基本方法

市场调查的基本方法主要有普查(全面调查)、典型调查(个案调查)及抽样调查。全面调查是对研究对象逐一进行调查的方法;典型调查是个案调查,是在研究对象范围内选取个别典型意义的对象进行调查,常用的具体方法主要有询问法、观察法、实验法、资料研究法;抽样调查是从研究对象总体中抽取部分对象(样本)进行调查,抽样调查又细分为随机抽样和非随机抽样。

按照调查的形式区分,有询问法、观察法和实验法。询问法是根据实现确定的调查内容

和顺序,以提问方式从调查对象那里取得资料的一种方法,具体有通过发放问卷反馈后统计归纳的问卷法,根据调查内容与被调查者访谈并记录总结的访谈法,通过召开3~8人左右的调查会并同被调查对象展开讨论的集体访问法。观察法是通过点面结合、连续观察或隐蔽观察对被调查对象进行视、听调查。实验法是用实践来证明设想的调查方法。

第二节 经济活动分析报告

一、概述

经济活动分析报告,简称"经济活动分析""××状况分析""经济活动总评""××情况说明"等。它是运用科学的经济理论,根据现实和历史的会计报表计划指标、会计核算、统计资料和有关原始记录、调查情况等数据材料,对一个地区、一个行业、一个单位或一个部门的财务状况、理财过程和经营成果等做出正确的评价,为报表使用者决策提供依据的一种书面报告。其目的在于能科学地评价过去的经营业绩,科学衡量目前的财务状况,以预测未来的发展趋势,提高管理水平。

二、经济活动分析报告的种类

（一）按分析的范围分

按分析的范围分,可以分为工业、农业、商业、服务业、交通运输业等经济活动分析报告,如《对重钢集团公司2008年生产经营完成情况分析》《大安乡2008年农民副业收入状况分析》等。

（二）按目的和内容分

按目的和内容分,可以分为全面分析报告、专题分析报告和简要分析报告。全面分析报告是指对某一地区、某一部门、某一企业一定时期内经济活动的各项指标进行全面系统分析后写成的报告,主要用于年度和季度分析,也可反映更长或更多时间内的经济活动情况,一般是根据会计报表和有关资料,对资金、费用、成本和利润等关键性的环节进行综合分析,据此来检查和总结企业一定时期内的生产和经营状况。专题分析报告是指在经济活动中抓住某一重要问题或关键问题,进行专门的、重点的调查研究分析后写成的书面报告。这类报告内容单一、针对性强。简要分析报告一般是围绕几个财务指标、计划指标,或抓住几个重点问题进行分析,便于及时观察经济活动的趋势和工作改进程度。

（三）按时间分

按时间分,可分为定期（年度、季度、月份）分析报告和不定期分析报告。

（四）按经济领域的角度分

按经济领域的角度分,可分为宏观经济活动分析报告和微观经济活动分析报告。宏观经济活动分析报告是从整体或全局对一个国家、一个地区、一个系统的经济活动作横向纵向分析，它一般涉及面广、影响较大，如《2008年西南地区工业企业经济效益的价格因素剖析》。微观经济活动分析报告是从一个局部或部分对具体的经济活动进行分析，一般都是局部性的，涉及的面有限，如《隆鑫集团2009年上半年财务分析》。

三、特点

（一）分析性

经济活动分析报告的特点主要体现在"分析"上，它要对影响各项计划指标执行结果的主客观因素进行深入的分析和研究，将计划指标、业务核算、会计核算和统计核算的数字、数据、百分比进行对比分析，从而对过去的经济活动中的成绩和问题、经验与教训进行检验和评估，得出客观的评价性意见。

（二）及时性

及时性是确保经济活动分析信息价值的关键所在。经济活动分析的目的是总结经验，寻找差距，改进工作。所以，在一定时期循环结束或一定分析对象活动完结后，就应及时进行分析，以便对下一期循环或一定分析对象再次活动过程进行及时有效的调整、改进和控制。

（三）系统性

经济活动分析报告的关键在于，对内外各种因素进行综合系统的分析和研究，将各个因素和不同的侧面联系起来进行综合分析研究，只有这样，才能找出经济活动的内在发展规律，因而具有很强的系统性。

（四）指导性

经济活动分析报告的写作具有明显的目的性，它通过分析研究，说明经济活动的过程和内在联系，揭示其本质并对内在的问题提出具体的解决办法指导现在未来的工作，以达到改善管理、挖掘潜力、提高经济效益的目的。

四、经济活动分析报告的结构和写法

经济活动分析报告的结构大体上包括标题、正文、落款及日期几部分。

（一）标题

经济活动分析报告的标题较灵活，常使用以下三种形式。

1. 报告式标题

报告式标题又称完整式标题，一般是下属部门向上级主管或指导部门汇报情况，有特定行文关系，与行政公文中的"报告"标题相似，由单位名、分析时限、分析对象、文种组成，可以是"单位名＋分析时限＋分析对象＋文种",如《××公司一至三季度财务情况分析报告》;也可以省略单位名"分析时限＋分析对象＋文种",如《2009年国庆黄金周商品供求情况分析报告》;还可省略分析时限"单位名＋分析对象＋文种",如《××公司流动资金使用情况分析报告》。但省略的要素在正文内必须交代清楚。

2. 论文式标题

论文式标题常用于报刊上发表,用分析报告提出的观点、意见、建议作标题,以表明分析报告的主要内容或建议,如《加强国拨资金的后续监管　发挥政策投资的实际效能》《关于迅速整顿成本资金的意见》。

3. 双标题

用文章式标题作正标题,用公文式标题作副标题,如《加强科学管理　严防漏洞扩大——××公司财务简析》《国有经济保持健康发展,国有企业盈利水平回升——2008年第四季度家电市场简析》。

（二）正文

经济活动分析报告是以大量数据为依据结合文字分析的文书,因此其正文的形式多种多样。有的是"文字分析＋数据图表",有的是"数据图表＋文字分析",还有的是"文字分析＋数据图表＋文字分析"。但无论何种形式,其基本格式都包括基本情况、评估分析、意见或建议三部分。

1. 基本情况

这是分析报告的开头,即导语、前言或引言。简言分析对象、目的和意义以及分析报告的基本内容。往往用文字概述和数据指标来说明企业单位在财务管理、商品购销、资金、费用、利润、计划指标等方面的完成情况,为主体分析做好铺垫。

2. 评估分析

这部分回答概述里提出的问题,是全文的主体部分,是分析报告的关键所在,要求根据实际需要选用不同的分析方法,对影响经济活动的各种因素及各种因素的影响程度,做出客观、准确的分析,一般应通过对指标完成情况或经济效益等情况的分析、比较、说明,总结经验或教训,分析原因,找出关键性、规律性的问题进行重点解剖。分析要突出重点,有明确的目的性和鲜明的针对性。在结构层次上,有的用序数并归纳段旨分析,有的用小标题方式逐项说明。

3. 意见或建议

这是在分析的基础上做出的结论和估价,提出加强和改进工作的意见和办法,建议和对策,或预测其发展变化的趋势。建议和措施一定要中肯实在,切实可行。有的分析报告没有这一部分,而是将其与对经济现象的分析糅合在一起来写。

（三）落款及日期

在正文的右下方分行(称为"下落款")写明报告单位的名称、写作时间,以备查考。若标题中已注明单位名称,则只写明撰文日期。

五、参考例文

例 文

<h3 style="text-align:center">××钢铁公司××××年×月财务指标完成情况分析报告</h3>

本月公司产品销售收入52 851万元,比上年增长59.87%,实现利税11 152万元,比上年增长47.63%,5—8月实现利税28 961万元,完成5—8月翻番目标的49.57%。

一、利税欠账的成因

按翻番年度目标折算,8月份利税欠账3455万元,5—8月份利税欠账29 467万元,其主要原因是:

(一)从销售状况分析:8月份公司产品销售收入完成计划85.39%,按其5—8月平均销售利税率29.915%计算,减少利税3729万元。5—8月产品销售收入完成计划61.22%,由于收入计划减少,减少利税25 907万元。

(二)从可比产品成本分析:8月份产品销售收入比上年同期增长41.82%,利润却下降7.90%;5—8月产品销售收入比上年同期增长21.29%,利润却下降28.33%,出现了收入增长、利润减少的剪刀差现象。造成这种现象的原因是外部渠道涨价,产品成本上升。

8月份虽然采取一些措施,但商品成本仍上升166万元,上升率达0.64%。5—8月上升3452万元,上升率为3.16%。成本上升的主要原因是,物资部结构材料成本差异高,5—8月达1.3亿元,比上年全年的9000万元差异还高。

二、应采取的对策

(一)各分公司继续推行成本责任制

5—8月各分公司指标完成情况是好的,成本共降低5644万元,其中较好的是炼钢公司,降低2989万元,降低率5.67%。其他分公司在困难的条件下,也有不同程度的降低。各分公司要在承包综合消耗额下降的基础上,结合推行成本责任制,为完成总公司利税翻番作贡献。

(二)控制费用,降低成本

把责任成本落实到厂、车间、班组、个人,增强成本意识,降低成本,增加利润。要发动每个职工提建议、措施,在全公司范围内开展"企业有困难,大家来分担"的活动。责任成本的考核要和干部职工收入挂钩,以确保经营目标的实现。

(三)加快催讨拖欠货款

在确保产量的同时,要强化质量意识,提高产品质量,减少废次品。加强销售管理,掌握市场信息,积极推销产品。同时要抓货款回笼。鉴于目前总公司被拖欠的货款高达12.3亿元及全国的经济形势,建议由劳资处、生产部、企管处、财务处牵头组建讨债小组,要把催讨工作列为日常工作的一部分。

总公司财务处
××××年×月×日

注 释

本文标题属于公文式标题,由单位名称(××钢铁公司)、分析时间(××××年×月)、分析内容和性质(财务指标完成情况)及文种(分析报告)构成。前言概括说明了当前经济形势的基本情况,通过本年与上年典型的数字对比,简洁有力地介绍了财务指标的完成情况。正文集中一点,分析利税欠账的成因,其写法是数据与情况相结合,叙述与议论并用,抓住主要矛盾,明确指出两个主要原因。文章结尾着力分析应对措施,从继续推行成本责任制、控制费用和抓货款回笼三个方面,切实中肯地提出解决问题的办法。整体上材料安排合理,条理清晰,结构严谨,具有较高的参考价值和切实可行性。

知识链接

经济活动分析报告与其他相似文体的异同

一、与调查报告的异同

经济活动分析报告同调查报告的性质、作用相似,都要占有大量资料进行科学分析找出规律供决策部门参考。但不同在于:

1. 时间要求不同

经济活动分析报告的时间性较强,除临时专题分析外,大多数报告都有定期性,一般在年终或某生产季节、经营环节告一段落后完成;而一般的调查报告具有报道性特点,要及时发现和反映现实生活中的新事物、新经验、新矛盾,时间不定期。

2. 内容侧重点不同

经济活动分析报告专门分析各项指标的执行情况,重点分析某种经济情况,而且要提出对策;而调查报告的内容要广泛得多。

3. 表述方式不同

经济活动分析报告多用经济术语对数据进行分析,而调查报告是用事实说话,表达方式以叙述为主,兼以议论说明。

4. 人称使用不同

调查报告一般从第三者角度来写。而经济活动分析报告可用第一人称,也可用第三人称。

二、与市场预测报告的异同

经济活动分析报告与市场预测报告都要以调查分析为基础,都要占有大量的数据资料。其区别在于内容的侧重点不同:分析报告侧重于对过去和当前的经济活动的分析,针对分析结果提出改进意见;而预测报告则侧重于未来,对过去和当前经济活动分析是为了预测未来的趋势和前景。

应用文写作

经济活动分析报告常用分析方法

一、比较分析法

比较分析法又称对比分析法、指标分析法。它是把两个或两个以上具有可比性(时间、内容、项目条件基本相同或相近)的数据资料进行对比,根据对比中发现的差异和存在的问题来研究评价经济活动的情况和分析问题形成原因的一种方法。这是经济活动中运用得最多、最易掌握的一种方法。

比较分析法包括以下几种类型。

(1) 纵向对比。实际指标与计划指标相比;本期完成的指标与过去或历史指标相比。

(2) 横向相比。本期实际指标与客观条件大致相同或相似的行业相比较。

(3) 综合比较。两种性质不同但又相关的指标对比;部分与总体对比等。

运用对比分析法要注意指标间的可比性,相互对比的指标在时间、单位、口径、范围、计算方法、计量单位等方面必须要一致,这样,当各项指标具有了可比性时,才可以进行比较。

二、因素分析法

因素分析法又叫连锁替代法,指把综合指标分解成各个因素以探索和研究差距的形成原因及影响程度的一种方法。这种方法是对对比分析法的补充和发展,对比分析显示出差异,而因素分析法分析形成差异的各个原因以及差异的实质。

运用因素分析法应该注意几点:一是要抓主要因素作重点分析,不必面面俱到;二是注意分析带有倾向性的问题(既包括现阶段的,也包括从发展趋势看未来可能上升为主要倾向的问题);三是主客观因素要同等重视,不能以此代彼。

三、动态数列分析法

动态数列分析法就是将某一指标在不同时间上的数值,按时间先后排列起来进行比较,求出比率,然后用以分析该项指标增减速度和发展规律的一种分析方法。

第三节 招标书与投标书

一、概述

(一) 招标书、投标书的含义

1. 招标书

即招标单位为公布有关条件和要求,邀请承包者或合作者前来投标所编写的实用性文书。招标书是概称,是包括诸如招标申请书、招标公告、招标通告、招标通知、招标邀请书和招标说明书在内的文书组合。

2. 投标书

投标书是指卖方或承包商等按招标书的条件和要求，向招标方开列清单，拟出方案，估算价格，表明应标能力的文书。

3. 中标

中标是指在公证、监理机关的监督下，由招标方当场开标，确定实力最强、质量最好、价格最低、条件最优惠的投标方为中标者的活动。中标后即由中标方与招标方签订合同。

（二）招标、投标的基本程序

1. 招标程序

招标的基本步骤如下：招标单位编制招标申请书报送有关主管部门批准—招标单位在有关主管部门批准后发布招标公告或招标通知书—投标人资格预审—招标单位编制并发售招标文件（一般在招标通告后两周左右开始发售）—投标人递送标书—开标—决标—授标签合同—履行合同。

2. 投标程序

投标的基本步骤如下：通过资格预审—购买招标文件—组织投标小组，收集资料进行市场调查—分析研究招标文件、澄清问题核算工量—组织设计填制表格—分析各项工程单价，确定初步报价—分析总工程成本利润，确定报价—编制汇总投标文件—装订、密封、递送。

二、招标书、投标书的分类

（一）招标书的分类

招标书的标准不同，其类别也不同。根据性质和内容可分为工程建设招标书、大宗商品招标书、企业承包招标书、企业租赁招标书、选聘企业经营者招标书；根据性质可分为长期招标书和短期招标书；根据范围可分为国际招标书和国内招标书、企业内部招标书和公开招标书；根据计价方式可分为固定总价项目招标书、单价不变项目招标书和成本加酬金项目招标书等。

（二）投标书的分类

投标书也有不同种类：根据投标方人员组成可分为个人投标书、合伙投标书、集体投标书、企业投标书；根据性质内容可分为工程建设投标书、企业租赁投标书、劳务投标书、科研课题投标书、技术引进投标书等。

三、招标书的结构和写法

招标书一般由标题、正文和落款三部分组成。

(一)标题

招标书的标题主要有以下几种形式:
(1) 招标单位＋标的名称＋事由＋文种,如《××学院校园超市承包招标书》。
(2) 招标单位＋文种,如《××市建筑公司招标书》。
(3) 事由＋文种,如《建筑安装工程招标书》。
(4) 文种,如《招标通告》。

(二)正文

正文通常包括前言、主体和结尾。
(1) 前言。写明招标原因、目的、依据、项目名称、规模等。
(2) 主体。这是招标书的核心部分,由于性质内容不同,写法也有差异,但一般须写入以下内容:标的概况;招标范围;投标方法;投标程序;投标资格;质量及技术要求;合同规则;权利义务;保证条件;支付办法;招标的起止时间;开标的时间和地点等。除文字说明外,须配以图表说明,内容应力求详尽、具体、明确、规范。
(3) 结尾。写明招标者的联系地址、电话、邮编、电传、电挂、联系人等。

(三)落款

写明招标单位的名称(全称)、法人代表和签署日期。如这部分已在封面或正文部分标明,可省略。

四、投标书的结构和写法

一份完整的投标书包括封面、目录、标题、主送单位、前言、主体、结尾、附件。

(一)封面

封面主要由"投标书"字样、项目名称、投标单位、投标单位全权代表、投标单位公章和时间组成。这几个内容需分行醒目排列在一页纸面上。

(二)目录

将标书的结构和顺序(各章节内容),相应的页码一一标出,所有评分项目在目录中都应有明确的章节和内容,醒目而详尽。

(三)标题

投标书的标题有以下几种形式:
(1) 投标单位＋投标项目＋文种,如《××单位承包××学院校园超市的投标书》;
(2) 项目＋文种,如《黄鹤岭隧道工程项目投标书》;
(3) 投标单位＋文种,如《九九红公司投标书》;
(4) 文种,如《投标说明书》。

（四）主送单位

主送单位即招标单位名称。

（五）前言

简述投标人的基本情况,说明投标的依据、目的、态度及投标单位的名称性质、资质能力等。

（六）主体

主要写明投标的经营方针,经营目标,完成投标项目的具体措施、步骤及其他要说明的应标条件和事宜。要如实填写标单,力求内容详尽,论证严密。有的投标方为了能顺利中标,还附上投标附件,对有关标价、承包(租赁、合作)形式、工期、质量、服务及企业级别、技术力量、设备状况、安全措施和业绩等做出详实的说明。

（七）结尾

签上投标人的名称、联系方式、投标日期。

（八）附件

将有关辅助说明材料甚至担保单位的担保书、图纸、表格等附上。

五、招标书、投标书、开标的有关注意事项

（一）招标书的写作要求

（1）招标公告应得到上级主管部门的批准,和银行、公证机关的合作。招标人应有进行招标项目的响应资金或资金来源已经落实,并应当在招标文件中如实载明。

（2）招标分公开招标和邀请招标。公开招标的须发布招标公告,通过国家指定的报刊、信息网络或其他媒介发布。采用邀请招标方式的,应向3个以上具备承担招标项目能力、资信良好的特定法人或其他组织发出招标邀请书。

（3）招标人应根据招标项目特点和需要编制招标文件,内容应准确、具体、详细。国际招标书还要写明何种货币付款、指明招标范围是哪些国家。

（4）招标文件不得要求或标明特定的生产供应者以及含有倾向或排斥潜在投标人的其他内容。

（5）招标人不得向他人透露已获取招标文件的潜在投标人的情况。

（6）招标人对已发出的招标文件要进行必要的澄清或修改,须在招标文件要求提交投标文件截止时间至少15日前,以书面形式通知所有招标文件收受人。其澄清或修改的内容为招标文件的组成部分。

（7）招标文件自开始发出之日起至投标人提交投标文书截止之日止最短不得少于20日。

（二）投标书撰写的有关注意事项

（1）投标人必须按照投标文件的要求编制投标文件。

（2）投标人应在招标文件要求的时间范围内将投标文件送达指定投标地点。

（3）招标项目属于建设施工的，投标文件的内容应标明拟派项目负责人与主要技术人员的简历、业绩和拟用于完成招标项目的机械设备等。

（4）投标人在招标文件要求提交投标文件的截止时间前，可以补充修改或撤回已提交的投标文件，并书面通知招标人。其补充或修改的内容为投标文件的组成部分。

（5）投标人根据招标文件载明的项目实际情况，拟在中标后将中标项目的部分非主体、非关键性工作进行分包的要在投标文件中载明。

（6）若投标书未密封、未加盖单位和负责人的印章、寄送时间已超过规定的开标时间、字迹涂改的，均为无效标书。

（7）对投标书中所列事项，经核对确有错误，不得任意修改，应将核实情况另附说明或补充更正在投标文中另附的专用纸上，在规定时间前报送。

（8）投送标书时应严格遵守各项规定，不得行贿，不得泄露自己的标价或串通其他投标者哄抬标价，否则被取消投标或承包资格。

（三）开标注意事项

（1）开标应在招标文件确定的提交投标文件截止时间的同一时间内公开进行，地点与文件规定不得有出入。

（2）开标时，由投标人或其推选的代表检查投标文件的密封情况，也可由招标人委托的公证机构检查并公证；经确认无误后，由工作人员当众拆封，宣读投标人名称、投标价格和投标文件其他主要内容。

（3）评标委员会可以要求投标人对投标文件中含义不明确的内容作必要的澄清或说明，但不得超出投标文件的范围。完成评标后，应向招标人提出书面评标报告，推荐合适的中标候选人。

六、参考例文

例文1

建筑安装工程招标书（模板）

为了提高建筑安装工程的建设速度，提高经济效益，经××（建设主管部门）批准，××（建设单位）对××建筑安装工程的全部工程（或单位工程，专业工程）进行招标。

一、招标工程的准备条件

本工程的以下招标条件已经具备：

（一）本工程已列入国家（或部、委，或省、市、自治区）年度计划；

（二）已有经国家批准的设计单位出的施工图和概算；

（三）建设用地已经征用，障碍物全部拆迁；现场施工的水、电、路和通信条件已经落实；

（四）资金、材料、设备分配计划和协作配套条件均已分别落实，能够保证供应，使拟建工程能在预定的建设工期内，连续施工；

（五）已有当地建设主管部门颁发的建筑许可证；

（六）本工程的标底已报建设主管部门和建设银行复核。

二、工程内容、范围、工程量、工期、地质勘察单位和工程设计单位：

_____。

三、工程可供使用的场地、水、电、道路等情况：

_____。

四、工程质量等级、技术要求、对工程材料和投标单位的特殊要求、工程验收标准：

_____。

五、工程供料方式和主要材料价格，工程价款结算办法：

_____。

六、组织投标单位进行工程现场勘察，说明和招标文件交底的时间、地点：

_____。

七、报名日期，投标期限，招标文件发送方式：

报名日期：二____年____月____日；

投标期限：二____年____月____日起至二____年____月____日止。

招标文件发送方式：_____。

八、开标、评标时间及方式，中标依据和通知：

开标时间：二____年____月____日（发出招标文件至开标日期，一般不得超过两个月）。

评标结束时间：二____年____月____日（从开标之日起至评标结束，一般不得超过一个月）。

开标、评标方式：建设单位邀请建设主管部门，建设银行和公证处（或工商行政管理部门）参加公开开标，审查证书，采取集体评议方式进行评标、定标工作）。

中标依据及通知：本工程评定中标单位的依据是工程质量优良，工期适当，标价合理，社会信誉好，最低标价的投报单位不一定中标。所有投标企业的标价都高于标底时，如属标底计算错误，应按实予以调整；如标底无误，通过评标剔除不合理的部分，确定合理标价和中标企业。评定结束后五日内，招标单位通过邮寄（或专人送达）方式将中标通知书送发给中标单位，并与中标单位在一月（最多不超过两月）内与中标单位签订____建筑安装工程承包合同。

九、其他：

_____。

本招标方承诺，本招标书一经发出，不得改变原定招标文件内容，否则，将赔偿由此给投标单位造成的损失。投标单位按照招标文件的要求，自费参加投标准备工作和投标，投标书(即标函)应按规定的格式填写,字迹必须清楚,必须加盖单位和代表人的印鉴。投标书必须密封,不得逾期寄达。投标书一经发出,不得以任何理由要求收回或更改。

在招标过程中发生争议,如双方自行协商不成,由负责招标管理工作的部门调解仲裁,对仲裁不服,可诉诸法院。

建设单位(即招标单位):_____
地址:_____
联系人:_____
电话:_____
二____年____月____日

注 释

这是一份招标书的模板。全文由标题、正文、结尾组成。标题为项目加文种;正文由前言、主体、结尾三部分组成。前言交代了招标单位的项目名称、招标规模、招标目的、招标范围;主体写明了招标事项、招标程序,包括标的概况、质量技术要求、合同规则、权利义务、招标起止时间、开标时间等均分条列举;结尾标明了招标者的联系方式,符合招标书的要求。

例文2

投 标 书

致:_____
根据贵方为_____项目招标采购货物及服务的投标邀请_____(招标编号),签字代表_____(全名、职务)经正式授权并代表投标人_____(投标方名称、地址)提交下述文件正本一份和副本一式_____份。

1. 开标一览表
2. 投标价格表
3. 货物简要说明一览表
4. 按投标须知第×条要求提供的全部文件
5. 资格证明文件
6. 投标保证金,金额为人民币_____元。

据此函,签字代表宣布同意如下:

(1)所附投标报价表中规定的应提供和交付的货物投标总价为人民币_____元。

(2)投标人将按招标文件的规定履行合同责任和义务。

(3)投标人已详细审查全部招标文件,包括修改文件(如需要修改)以及全部参考资料和有关附件。我们完全理解并同意放弃对这方面有不明及误解的权利。

(4) 其投标自开标日期有效期为 _____ 个日历日。
(5) 如果在规定的开标日期后,投标人在投标有效期内撤回投标,其投标保证金将被贵方没收。
(6) 投标人同意提供按照贵方可能要求的与其投标有关的一切数据或资料,完全理解不一定要接受最低价格的投标或收到的任何投标。
(7) 与本投标有关的一切正式往来通信请寄:
 地址:_____ 邮编:_____
 电话:_____ 传真:_____
 投标人代表姓名、职务:_____
 投标人名称(公章):_____
 日期:_____ 年 _____ 月 _____ 日
 全权代表签字:_____

注释

这份投标书模板由标题、主送单位、前言、主体、结尾、附件组成。写明了投标项目、投标单位、招标单位、投标意向、履约保证等。文字部分重在表态,报表部分均以附件形式对投标条件进行了说明,结尾是投标单位名称、地址、负责人姓名和联系电话、日期和印章。符合投标书的格式要求。

第四节 合 同

一、合同的概述

合同是平等主体的自然人、法人、其他组织之间设立、变更、终止民事权利义务关系的协议。

二、合同的特点和种类

(一)合同的特点

1. 合法性

合同的合法性体现在主体、内容、订立程序、表达形式等方面。合同主体是具有平等民事权利的法人、自然人或其他经济组织,应有承担民事责任的能力;合同内容要符合当事人各方的意愿,不得与有关法律法规相悖,其订立和履行须遵循应有程序,除某些特殊要求的合同外,一般合同都应采用有关主管部门统一规定的合同文本格式,因此合法性是有效合同的基本特征。

2. 合意性

合同是当事人为了实现自己的特定经济目的即意愿而签订的,是当事人意愿的真实表述，在内容上不仅要反映当事人各方的利益，也要反映当事人各方的责任和义务。

3. 平等性

合同的当事人，无论是自然人还是法人，都是平等的民事主体，享有平等的权利，其法律地位是平等的，其合同签订的前提也必须是平等协商、自主自愿。

4. 诚信性

签订合同时，当事人应做到真诚明白、实事求是；履行合同时，应做到讲求信誉、恪守信用。

5. 规范性

根据《中华人民共和国合同法》（以下简称《合同法》）的规定，合同应采用书面形式，其内容的构成及先后顺序都有统一要求，书面形式是较为统一、固定的，在语言上，要使用规范的表述方式。

（二）合同的种类

合同作为法律形式的存在，其类型由于合同内容的多样化和复杂化而各不相同。在这里只根据我国《合同法》的一般规定，简单予以介绍。

1. 双务合同和单务合同

根据当事人双方权利义务的分担方式，合同可分为双务合同与单务合同。双务合同是指当事人双方相互享有权利、承担义务的合同，如买卖、互易、承揽、运送、保险、租赁等合同。单务合同是指当事人一方只享有权利，另一方只承担义务的合同，如赠与、无偿贷款、无偿保管等合同。在赠与合同中赠与人承担交付赠与物的义务，受赠人享有受领赠与物的权利，受赠人对赠与人没有债务关系。

2. 有偿合同与无偿合同

根据当事人取得权利是否以偿付为代价，合同可分为有偿合同与无偿合同。有偿合同是指当事人一方只享有合同规定的权益，必向对方偿付相应代价的合同。无偿合同是指当事人一方只享有合同规定的权益，不必向对方偿付任何代价的合同。

有些合同只能是有偿的，如买卖、互易、租赁等合同；有些合同只能是无偿的，如赠与等合同；有些合同既可以是有偿的又可以是无偿的，由当事人协商确定，如委托、保管等合同。双务合同都是有偿合同，单务合同原则上为无偿合同，但有的单务合同也可为有偿合同，如有息贷款合同。

3. 有名合同与无名合同

根据法律是否设有规范并赋予一个特定名称为标准，合同可分为有名合同与无名合同。有名合同又称典型合同，是指法律设有规范，并赋予一定名称的合同。如我国《合同法》规定的买卖、借款、租赁等15大类合同均为有名合同。无名合同又称非典型合同，是指法律尚未特别规定，未赋予一定名称的合同。合同法信奉合同自由原则，在不违反社会公德和社会公共利益以及强制规范的前提下，允许当事人订立任何内容的合同。随着社会的不断发展变化，交易活动日益复杂，当事人往往需要在法定合同类型之外，另创新型合同，以满足不同需要。非典型合同产生以后，经过一定的发展阶段，具有一定的成熟性和典型性时，合同立法就将适时规范,使之成为典型合同。

4. 诺成合同与实践合同

根据合同的成立是否以交付标的物为要件,合同可分为诺成合同与实践合同。诺成合同又称不要物合同,是指当事人意思表示一致即可成立的合同。双方意思表示达成合意,合同即告成立,不需要其他的形式和手续,也不需要以物的交付为成立条件,如雇用合同。实践合同又称要物合同,是指除当事人意思表示一致外,还须交付标的物方能成立的合同。换句话说,这种合同是在当事人达成合意之后,还必须由当事人交付标的物和完成其他给付以后才能成立。如寄存合同,寄存人将寄存物交付保管人后,寄存合同方为成立。

5. 要式合同与不要式合同

根据合同的成立是否需要特定的形式,合同可分为要式合同与不要式合同。要式合同是指法律要求必须具备一定的形式和手续的合同。如书面合同属于要式合同。而书面合同又分为一般书面合同和特殊书面合同,一般书面合同指当事人之间自行订立即发生法律效力的书面合同,特殊书面合同指当事人订立的合同经批准、登记等程序方发生法律效力的书面合同。不要式合同是指法律不要求必须具备一定形式和手续的合同,如口头合同。但也必须说明,不要式合同并非排斥合同采取书面、公证等形式,只不过法律不强求特定的形式,允许当事人自由选择合同形式,当事人完全可以约定合同采取书面、公证等形式。

6. 主合同与从合同

根据合同间是否有主从关系,合同可分为主合同与从合同。主合同是指不依赖其他合同的存在即可独立存在的合同。从合同是指须以其他合同的存在为前提而存在的合同。从合同的主要特点在于其附属性,它必须以主合同的存在并生效为前提。主合同不能成立,从合同就不能有效成立;主合同转让,从合同也不能单独存在;主合同被宣告无效或被撤销,从合同也将失去效力;主合同终止,从合同亦随之终止。例如保证合同与设立主债务的合同之间的关系,主债务合同是主合同,相对而言,保证合同即为从合同。

7. 为订约当事人利益的合同与为第三人利益的合同

根据订立的合同是为谁的利益,合同可分为为订约当事人利益的合同与为第三人利益的合同。为订约当事人利益的合同是指仅为了订约当事人自己享有合同权利和直接取得利益的合同。为第三人利益的合同是指订约的一方当事人不是为了自己,而是为第三人设定权利,使其获得利益的合同。合同生效后,第三人可以接受该合同权利,也可以拒绝接受该项合同权利,如为第三人利益订立的保险合同。

8. 格式合同与非格式合同

格式合同又称定型化合同、标准合同、定式合同,是指当事人一方为了重复使用而预先拟定,并在订立合同时未与对方协商的条款。采用格式条款订立的合同就是格式合同,也如保险合同。非格式合同是指合同条款全部由双方当事人在订立合同时协商确定的合同。

此外,根据不同的划分标准,又可以将合同划分为有效合同与无效合同、国内合同与涉外合同、传统合同与电子合同等。总之,合同的类型是按一定标准对其进行划分的结果;随着商品交换和内容的复杂化,合同也在不断地发展和变化之中,掌握合同的共性和特性,对于实践的运用有着一定的意义。

三、合同的结构与写法

合同的写作通常采用三种形式:文字条款式;表格式;文字条款加表格式。但无论哪种形式,一般都要包含以下几个部分。

(一)标题

标题即合同的名称,主要有以下几种写法:合同种类即合同名称,如《建筑工程合同》;"合同标的+合同种类",如《农副产品买卖合同》;"合同有效期+合同种类",如《2009年运输合同》;"单位名称+合同种类",如《××公司、××学院计算机终端承揽合同》;"单位名称+年限+标的+合同种类",如《××厂、××公司2008年纺织品买卖合同》。

(二)合同当事人名称

在合同标题的左下方,分行并列写明签订合同当事人双方的单位名称(要加盖公章)及法定代表人的姓名或自然人的姓名,并在名称或姓名后面注明"甲方"和"乙方"。如是表格式合同,可直接在设定的位置填写合同当事人名称。

(三)合同编号与签订地点、时间

在合同标题的右下方,分行并列写明此份合同的编号和签订地点、时间。

(四)正文

正文一般包括引言、主体和结尾三个部分。

1. 引言

即合同的开头,写明当事人签订合同的目的、依据。如"根据《合同法》的规定,为了增加甲乙双方的责任感,提高经济效益,经充分协商,特订立本合同,以资共同遵守。"

2. 主体

主体指合同当事人所签订的具体条款,主要有以下几项。

(1)标的。这是合同的中心内容,是合同双方当事人的权利义务所指向的共同对象。标的可以是货物、劳务、工程项目,也可以是货币、智力成果等。如借款合同的标的是货币,赠与合同的标的是财产。如是借款合同,必须把借款种类、币种、用途、数额、利率、期限、还款方式等一一写明。确定标的时,要注意同名异物和同物异名的情况,如土豆又叫山药蛋、马铃薯;还要写明标的品种、规格、花色和配套件。

(2)数量和质量。数量通常是以重量、体积、长度、面积、个数作为计量单位。计量单位要准确、规范、统一,要尽量采用国际标准单位制。如米、千克、只、万米、万吨、万只等。也可用箱、包等,但必须注明每个包装单位含有多少基本计量单位。同时,应在合同上写明交货数量的正负尾差、合理磅差,如"1000kg±2％"。质量作为标的产品或劳务的优劣程度,其标准必须具体。有国际标准、国家标准、部颁标准、省(市)标准、行业标准的,要按标准约定,没有这些标准的,可约定按企业标准或其他双方协定标准执行。另外,在合同的约定中,必须写明执行的标准代号、编号和标准名称,技术要求、验收标准也应规定清楚,并封样备验。

(3) 价款或酬金。这是取得产品、接受劳务的一方向对方所支付的代价。它是以货币数量来表示的。价款或酬金又叫合同标的价金。撰写这一条款时,必须写清标的的价金和计算标准,给付价款或酬金的结算方式和程序,在签订涉外合同时,要特别注意写明用何种货币计价和结算。

(4) 包装和验收方法。合同对产品货物的包装方法、包装标准、包装物的供应与回收,验收的地点、方式、标准,都应做出明确规定,以免引起责任不明,引起纠纷。

(5) 履行的期限、地点和方式。履行期限是履行合同的时间要求,是指享有标的的一方要求对方如期完成合同标的,同时也是指提供标的的一方要求对方付给价款或者报酬的时间规定。合同可以一次性履行,也可分期履行,但不能逾期。履行地点是交付、提取标的的地点,履行方式是指标的的交付、提取方式和价款、报酬的结算方式,当事人在签订合同时,对此都应做出十分具体、明确的规定。

(6) 违约责任。即"罚则",是对不按合同规定履行义务一方的制裁措施,要写明三点:供方未能履行合同应负的具体责任;需方未履行合同应负的具体责任;罚金的支付结算办法和逾期的法则(即如何支付违约金和偿付赔偿金)。

(7) 解决争议的方法。合同纠纷产生的原因很复杂,有客观的,也有主观的。客观原因主要是指"不可抗力"因素,如甲方当事人由于遭受地震、风暴、火灾、水旱等灾害,不能按期履行合同,甲方当事人应当及时向乙方当事人说明不能按期履行或需要延迟履行合同的理由,乙方当事人在取得有关证明后,可允许其免除部分或全部违约责任。为解决可能在合同履行中出现的问题,应将合同的变更、解除、争议仲裁事项在签订合同时商议清楚,并明确写入合同条款。当事人之间发生合同纠纷,应首先通过双方充分协商的办法解决;如不能自行协商一致,可考虑通过非诉讼调解的办法解决;如非诉讼调解不成,可向仲裁机构申请仲裁,或依法向有管辖权的人民法院提起诉讼。

3. 结尾

合同的结尾部分主要写以下内容:合同的有效期限,如"本合同有效期自××××年××月××日至××××年××月××日,过期作废"或"本合同自双方代表签字,加盖双方公章或合同专用章即生效,至××后终止";合同文本的份数及保存,如"本合同一式肆份,甲乙双方各执一份,副本两份,送双方上级主管机关存查";合同的补充办法及附件说明,如"本合同未尽事宜,可由双方约定后作为合同附件。合同附件与本合同具有同等法律效力"。

(五) 署名和有效期限

署名一项包括合同当事人的单位名称、地址、法定代表人姓名、委托代理人姓名或自然人姓名及其电话、电报挂号、开户银行、账号、邮政编码等。

署名并列写在正文的下方,如有附则,应写在附则的下方。单位应加盖公章,法定代表人、委托代理人或自然人均应签字盖章。

需要有关上级机关审核的合同,需将上级机关的审核意见写在署名的下方,并且签署该机关的全称,并加盖公章。

需要鉴(公)证的合同,要将有关部门的鉴(公)证意见写在审核机关下方,并签署有关部门的全称,加盖公章。

四、参考例文

例 文

馆舍租赁合同

××外交人员房屋服务公司(以下简称甲方)自_____年_____月_____日起,将××市_____(地点)建筑面积_____平方米的房屋及其设备租给_____国驻华大使馆(以下简称乙方)作馆舍之用。如房屋结构、装置或设备有缺陷,由甲方负责修理,并承担费用。

双方兹订立租赁合同如下:

第一条 自本合同生效之日起,乙方须按年度预付租金(外汇支票)_____美元(或其他外币,或外汇兑换券_____元)。乙方接到甲方的收租通知单后,应在三十天内一次付清。逾期须按日支付千分之二的滞纳金,以补偿甲方所受的损失。

甲方根据××地区物价和房屋修缮费用提高的幅度,可以对乙方承租的房屋租金进行调整,但应提前三个月通知乙方。

第二条 甲方负责向乙方承租的房屋提供水、电、煤气和热力。乙方按有关部门的规定缴付费用。由于甲方对乙方承租的房屋设备维修不及时,引起水、电和热力的供应中断,甲方将酌情减收相应的费用。

第三条 甲方对出租的房屋进行定期检查,及时维修,保持房屋的结构牢固,设备和装置完好。甲方将负责下列自然损耗的免费维修:

1. 屋顶漏雨,地板糟朽;
2. 门窗五金配件、门窗纱的修理和更新;
3. 管道堵塞,阀门、水嘴和水箱零件失灵,热力系统和卫生设备的修理和更换;
4. 灯口、插座、电门和电线的修理和更换,配电室的维护和清扫;
5. 围墙、栅栏歪裂,庭院道路破损;
6. 房屋外部的油漆粉刷每四年一次。

乙方应将房屋发生损坏或危险的情况及时通知甲方,甲方在接到通知后应尽快修理。甲方进行上述工程前,应征得乙方同意;乙方应给予必要的方便和协助。

第四条 由于甲方检查不周,维修不及时,造成房屋结构损坏,发生安全事故,使乙方遭受经济损失时,由甲方负责赔偿。

甲方鉴定房屋危险,不能继续使用,必须腾出时,甲方应给乙方提供另外的房屋,乙方应按期从承租的房屋中迁出。如果乙方借故拖延不迁出,造成一切损失,由乙方负责。

房屋危及乙方的安全或者健康的,即使乙方订立合同时明知该房屋质量不合格,乙方仍然可以随时解除合同。

第五条 乙方对承租的房屋、设备及庭院内的附属建筑物、树木等有爱护保管的责任。对保管不善、使用不当造成的损失或损坏,乙方应负责修复或赔偿。乙方对房屋、设备、装置的自然损耗不负赔偿责任。

第六条 乙方在征得甲方同意后,可以对承租的房屋进行下列各项自费工程:

1. 在不损坏房屋结构的条件下,改变室内装修原样;
2. 增添固定装置和设备。

乙方在改变室内装修原样、拆除或更换原有的炉具、灯具、卫生设备等时,应负担相应的损失费。在租赁关系结束时,乙方增添或更换的设备可以拆除。乙方可以自费油漆粉刷房屋。

第七条 乙方需要对承租房屋扩建、改建;或在庭院内新建房屋,须经甲方同意,并另订协议。

乙方对承租房屋、庭院进行乱拆、乱搭,造成房屋设备和庭院绿化树木的损坏时,应负责修复或赔偿。

第八条 乙方在征得甲方同意后,可增加电容量,但施工费用由乙方负担。乙方不得使用超负荷的电气设备和擅自改动供电设备。否则,由此造成的损失,由乙方负全部责任。

乙方应自行设置必要的消防器材。

第九条 遇有不可抗拒的自然灾害,致使乙方承租的房屋遭到破坏,甲方应视房屋破坏的程度,免收部分或全部租金,直至该房屋修复时为止。

第十条 乙方承租的房屋因市政建设需要,甲方收回房屋应提前三个月通知乙方,并向乙方另外提供房屋。

第十一条 乙方承租的房屋不得私自转让或转租。退房时,应提前一个月通知甲方。经甲方对房屋及其设备检验确认完好(除自然损耗外)后,双方办理终止租赁手续。租金按终止日结算。

第十二条 本合同自双方签字、盖章之日起生效。有效期自_____年____月____日至_____年____月____日为止。期满前三十天,如任何一方不提出异议,合同将自动延长一年。

本合同于_____年____月____日在××签订,一式两份,每份都用中文和_____文写成,两种文本同等作准。

甲方代理人:_____　　　　　乙方代理人:_____
(本人签名)　　　　　　　　　　(本人签名)

注 释

这是一份房屋租赁合同。全文格式规范,主要内容标的、数量、质量、价款、履行期限及方式、房屋维修等双方的权利和义务均标注清楚、明了,符合合同的写作要求。

知识链接

合同与协议书、意向书的异同

协议书是把双方或多方当事人为共同实现一定的目的,明确相互之间的权利、义务关系经协商取得一致意见后以书面的形式表现出来的契约性文书。协议书与合同在写法、作用上基本相似,但有明显差别:协议书的使用范围更广,合同是双方或多方为实现一定经济目的而订立的,协议书可以在合同范围以外的所有其他领域使用;协议书的订约主体没有统一的限制,合同的订约主体是平等民事主体的法人、自然人,有较为严格的限制;协议书的签约主体可以是各种性质的单位、单位和个人、个人与个人,也可以是单位内部的上下级、单位和内部职工之间。

意向书是当事人双方或多方之间,在对某项事物正式签订条约、达成协议之前,表达初步设想的协商性应用文书。意向书为进一步正式签订协议奠定了基础,是"协议书"或"合同"的先导,多用于经济技术的合作领域。意向书具有协商性、灵活性和临时性。意向书多用商量的语气,不像协议书、合同那样带有强制性,一经签约不能随意更改,意向书比较灵活,在协商过程中,当事人各方均可按各自的意图和目的提出意见,在正式签订协议书、合同前亦可随时变更或补充,最终达成协议。意向书不像协议书合同那样具有法律效力,在写作时格式内容虽与协议书大致相同,但主要只写清时间、地点、双方代表、协商经过及主要事项等即可,比较简略。

第五节 意向书与协议书

一、意向书

(一)意向书的概念

意向书是社会组织内部各部门之间或组织与组织之间表达和记录某种意向的公关文书,是双方当事人通过初步洽商,就各自的意愿达成一致认识而签订的书面文件,是双方进行实质性谈判的依据,是签订协议书(合同)的前奏。

(二)意向书的形式

1. 单签式

只由出具意向书的一方签署,但文件一式两份,由合作的另一方在副本上签字盖章后交付对方。

2. 联签式

即由当事人双方签署的意向书。

3. 换文式

即以交换信件的形式表达合作的意向。

(三)意向书结构和写法

意向书由标题、正文和落款组成。

1. 标题

意向书的标题由"意向项目＋文种"组成,如《××项目意向书》。

2. 正文

意向书的正文由引言、主体和结尾构成。

(1)引言。引言是订立意向书的依据或指导思想,表明双方当事人在何时何地由何人就何事进行洽谈,然后用"达成意向如下"引出主体。如:

"×年×月×日至×日在×地,×公司(以下简称甲方)副总经理×××先生,与×××公司(以下简称乙方)总经理助理×××先生,根据《中华人民共和国××法》和其他法规的规定,本着平等互利的原则,就建立合资企业事宜进行了友好协商,达成意向如下:"

(2)主体。意向书主体是分条归纳双方的意愿,对实现意愿的条件、形势、可行性的看法以及意向目标和相应措施,进一步商谈的时间、内容、级别、任务等加以说明。如:

一、甲方×××

二、乙方×××

(3)结尾。结尾写明意向书的份数和报送单位。

3. 落款

落款在正文右下方写上签署意向书的单位全称和代表姓名,并签名盖章,再在下方写明日期。

(四)意向书写作注意事项

1. 注意态度要端正

不要以为意向书没有约束力就可随意签订,损害自己的形象。

2. 注意慎重行事

撰写意向书时对关键性问题不宜贸然做出实质性承诺,以免被动。

3. 注意原则性

意向书不要写有违政策法规的内容,也不要承诺属于上级部门和其他部门才能解决的问题。

（五）参考例文

例 文

××合资企业建立意向书

××厂（甲方）　　　　　　　　　　　　　　　　　×××公司（乙方）

××××年×月×日至×日在×地，××公司（以下简称甲方）副总经理×××先生，与×××公司（以下简称乙方）总经理助理×××先生，根据《中华人民共和国××法》和其他法规的规定，本着平等互利的原则，就建立合资企业事宜进行了友好协商，达成意向如下：

一、甲、乙两方愿以合资或合作的形式建立合资企业，暂定名为××有限公司。建设期为××××年，即从××××年——××××年全部建成。双方意向书签订后，即向各方有关上级申请批准，批准的时限为×个月，即××××年×月×日——××××年×月×日完成。然后由×××厂办理合资企业开业申请。

二、总投资×万（人民币），折×万（美元）。××部分投资×万（折×万）；××部分投资×万（折×万）。

甲方投资×万（以工厂现有厂房、水电设施现有设备等折款投入）；

乙方投资×万（以折美元投入，购买设备）。

三、利润分配：各方按投资比例或协商比例分配。

四、合资企业生产能力：（略）

五、合资企业自营出口或委托有关进出口公司代理出口，价格由合资企业定。

六、合资年限为××××年，即××××年×月——××××年×月。

七、合资企业其他事宜按《中外合资法》有关规定执行。

八、双方将在各方上级批准后，再行具体协商有关合资事宜。

本意向书一式两份。作为备忘录，各执一份备查。

××厂（甲方）　　　　　　　　　　　　　　　　　××××公司（乙方）

代表：　　　　　　　　　　　　　　　　　　　　　代表：

××××年×月×日　　　　　　　　　　　　　　　××××年×月×日

二、协议书

（一）协议书的概述

协议书指社会生活中，协作的双方或数方为保障各自的合法权益，经双方或数方共同协商达成一致意见后签订的书面材料。协议书是契约文书的一种，是当事人双方（或多方）为了解决或预防纠纷，或确立某种法律关系，实现一定的共同利益、愿望，经过协商而达成一致后签署的具有法律效力的记录性应用文。协议书作为契约的一种，将双方经过洽谈商定的有关事项记载下来，作为检查信用的凭证，一经订立，对签订各方具有约束作用。它确定了各自的权利与义务,双方各执一张,作为凭据,互相监督、互相牵制,以保证合作的正常进行。

(二)协议书的格式和写法

协议书由标题、称谓、正文、结尾组成。

1. 标题

一般按协议事项的性质写出名称,通常为"双方单位名称+事由+协议书"。

2. 称谓

写明签订协议书的双方(或多方)单位名称和代表人姓名。为了行文方便,习惯上规定一方为甲方,另一方为乙方,如有第三方,可简称为丙方。

3. 正文

正文主要由开头和主要条款组成。开头主要写明双方签订协议书的依据、目的和双方信守的原则。主要条款,一般分条列项具体说明,主要有协议书的时间和期限、协商目的条款和酬金、履行条款期限、违反条款的责任处理等。

4. 结尾

结尾包括署名、签订协议的日期、附项三方面。附项是对附加的有关材料予以注明。最后写清双方的地址、电话、开户行、账号、电报挂号等[①]。

(三)参考例文

例 文

技术合作协议书

××建筑工程公司(甲方)

××装修设计公司(乙方)

订立协议双方:

为发挥双方的优势,共谋发展,并为今后逐步向组成集团公司过渡,双方经过充分友好的协商,特订立本协议。

一、建立密切的技术合作关系,今后凡甲方承接的工程,装修设计任务均交给乙方承担。

二、乙方保证,在接到任务后,将立即组织以高级工程师为领导的精干设计队伍,在10日提出设计方案,并在方案认可后一个月内完成全部设计图纸。

三、为保证设计的质量,甲方将毫无保留地向乙方提供所需的一切建筑技术资料。

四、装修施工队伍由甲方组织,装修工程的施工由甲方组织实施。施工期间,乙方派出高级工程师监督施工,以保证工程的质量。

五、甲方按装修工程总费用的千分之×向乙方支付设计费。

---

① http://www.zhlzw.com/

六、本协议自签订之日起生效。

七、本协议书一式两份,双方各执一份。

附件:《××建筑装修工程集团公司组建意向书》一份。

甲方 ××建筑工程公司(盖章) 乙方 ××装修设计公司(盖章)

法人代表:××(签字) 法人代表:××(签字)

×X年×月×日

甲方地址:×××××× 乙方地址:××××××

邮政编码:×××××× 邮政编码:××××××

电话兼传真:×××××× 电话兼传真:××××××

银行账号:×××× 银行账号:××××

联系人:××× 联系人:×××

知识链接

意向书和协议书的区别

一、性质作用不同

协议书具有约束力,具有法律效力,属契约性文书。意向书没有法律效力,属草约性质。

二、内容要求不同

协议书的内容较为具体,并且有违约责任一项。意向书的内容较粗略,对于具体意见和细节尚未考虑好。

第六节 商业计划书与市场策划书

一、商业计划书

（一）商业计划书的概念

商业计划书是企业或项目单位为了达到招商融资和其他发展目标的目的,在经过对项目调研、分析以及收集整理有关资料的基础上,根据一定的格式和内容的具体要求,向读者(投资商及其他相关人员)全面展示企业/项目目前状况及未来发展潜力的书面材料。商业计划书是包括项目筹融资、战略规划等经营活动的蓝图与指南,也是企业的行动纲领和执行方案,所有权属于商业计划的编写单位,属于商业机密。

（二）商业计划书的结构和写法

不同产业的商业计划书形式不同,但一般结构都包括摘要、主体、附录三个部分。

1. 摘要

商业计划书摘要是风险投资者首先要看到的内容,是全部计划书的精髓。一般要简明而生动地概括公司内部的基本情况,公司的能力以及局限性,公司的竞争对手,营销和财务战略,公司的管理队伍等。

2. 主体

(1) 公司介绍。含项目公司名称、注册地点、经营场所、法律形式、法人代表、注册资本、发展战略、财务情况、产品或服务的基本情况等。

(2) 产品(服务)介绍。通常产品介绍应包括产品的概念、性能及特性;主要产品介绍;产品的市场竞争力;产品的研究和开发过程;发展新产品的计划和成本分析;产品的市场前景预测;产品的品牌和专利。

(3) 人员及组织结构。在商业计划书中,必须要对负责产品设计与开发、市场营销、生产作业管理、企业理财等方面的主要管理人员加以阐明,介绍他们所具有的能力,同时对公司结构作简要介绍。

(4) 市场预测。市场预测应包括:市场现状综述;竞争厂商概览;目标顾客和目标市场;本企业产品的市场地位;市场价格和特征等。

(5) 营销策略。主要介绍市场机构和营销渠道的选择;营销队伍和管理;促销计划和广告策略;价格决策。

(6) 制造计划。也是企业的经营情况,主要介绍产品制造和技术设备现状;新产品投产计划;技术提升和设备更新的要求;质量控制和质量改进计划。

(7) 财务规划。主要介绍企业财务管理的基本情况和申请资金的用途,含预计的资产负债表、预计的损益表、现金收支分析、资金的来源和使用等。

(8) 企业的发展计划。主要介绍企业的发展目标、发展计划、实施步骤及风险因素。

(9) 撤出计划。主要告诉投资者收回投资的时间、方法和回报率等。

3. 附录

对主体部分的补充,主体中言犹未尽的内容或需提供参考资料的内容,均放在附录部分,供投资者参考。

(三) 参考例文

例 文

商业计划书(模板)

目录

1. 执行概要

1.1 目标

1.2 任务

1.3 关键要素

2. 公司情况

2.1 公司所有权结构

2.2 公司历史

2.3 公司现状
2.4 商业模式
2.5 其他情况
3. 产品及服务
3.1 产品及服务描述
3.2 产品优势
3.3 切入产品或服务
3.4 产品资源
3.5 产品技术
3.6 未来发展
4. 市场分析
4.1 市场组成
4.2 目标市场
4.3 行业分析
4.4 竞争分析
5. 策略分析
5.1 价值体现
5.2 市场策略
5.3 销售策略
5.4 战略联盟
5.5 进度计划
6. 管理团队
6.1 组织结构
6.2 管理团队
6.3 激励方案
7. 财务分析
7.1 重要前提
7.2 投资回报
7.3 财务指标
7.4 盈亏平衡分析
7.5 利润分析
7.6 现金流分析
7.7 资产负债分析
7.8 财务结构分析
附录：公司文件（营业执照、专利证书、历史合同、各类认证、过去两年的财务报表等）
详细内容（略）

> **注 释**
>
> 这是商业计划书的模板,包括摘要、主体、附录等。具体指标较详细,写作时可参照该模板。

二、市场策划书

（一）概念

市场策划书是运用信息资料和可靠的数据,对产品目标市场现状和发展趋势进行市场分析,并对企业的重点产品定位、目标市场定位、竞争性定位及实现企业获利目标做出完整、合理的战略性决策的文书。市场策划书种类较多,根据企业活动可分为企业形象策划书、企业营销策划书、企业广告策划书、企业产品策划书、企业市场定位策划书等。

（二）市场策划书的结构和写法

市场策划书依据产品或营销活动的不同要求,在策划的内容与编制格式上也有变化。但是,从营销策划活动一般规律来看,其结构是共同的,包括以下几个方面。

1. 封面

封面包括策划书的名称,被策划的客户,策划机构或策划人的名称,策划完成日期及本策划适用时间段。

2. 正文

（1）前言。简要说明策划背景、目的、将要采取的行动等。

（2）市场分析。包括当前市场状况及市场前景分析,如产品的市场性、现实市场及潜在市场状况、市场成长状况、消费者的接受性等;还包含对产品市场影响因素进行分析,主要是对影响产品的不可控因素进行分析,如宏观环境、政治环境、居民经济条件,消费者收入水平、消费结构的变化、消费心理等。

（3）市场机会与问题分析。针对产品目前营销现状进行问题分析,需对一般营销中存在的企业知名度、产品质量、产品包装、产品价格定位、销售渠道、促销方式、服务质量、售后保证等进行分析;同时,针对产品特点分析优势、劣势,对各目标市场或消费群特点进行市场细分,抓住主要消费群作为营销重点,找出与竞争对手的差距,把握利用好市场机会。

（4）营销目标。营销目标是在前面目的任务基础上企业所要实现的具体目标,如营销策划方案执行期间,经济效益目标达到总销售量为×××万件,预计毛利×××万元,市场占有率实现××。

（5）营销战略。即具体行销方案,包括营销宗旨、产品策略（产品定位、产品质量功能方案、产品品牌、产品包装、产品服务）、价格策略、销售渠道、广告宣传等。

（6）具体行动方案。根据策划期内各时间段特点,推出各项具体行动方案,尤其应该注意季节性产品淡、旺季营销侧重点,抓住旺季营销优势。

（7）策划方案各项费用预算。包括营销过程中的总费用、阶段费用、项目费用等,其原则是以较少投入获得最优效果。

（8）方案调整。在方案执行中可能出现与现实情况不相适应的地方,必须随时根据市场的反馈及时对方案进行调整。

（三）参考例文

例　文

××家电公司现场促销活动策划书

一、期限

自××××年××月××日起至××××年××月××日止，为期3个月。

二、目标

把握购物高潮，举办"超级市场接力大搬家"，促销××公司产品，协助经销商出清存货，提高公司营业目标。

三、目的

（一）把握圣诞、元旦以及结婚蜜月期的购物潮，引起消费者对"接力大搬家"活动的兴趣，引导选购××产品，以达到促销效果。

（二）"接力大搬家"活动在A、B、C三地举行，借此活动将××进口家电，重点引向××国市场。

四、对象

（一）以预备购买家电的消费者为对象，以F14产品的优异性能为主要诱因，引导购买××公司家电，并利用"接力大搬家"活动，鼓舞刺激消费者把握时机，即时购买。

（二）诉求重点：

1. 性能诉求：真正世界第一！××家电！

2. S.P.(Sales Promotion，销售促进)诉求：买××产品，现在买！赶上年货接力大搬家！

五、广告表现

（一）为配合年度公司"××家电"国际市场开发，宣传媒体的运用，逐渐重视跨文化色彩，地方性报纸、电台媒体、电视节目选择，亦依据收视阶层分析加以考虑。

（二）以××公司产品的优异性能为主要诱因，接力大搬家S.P.活动为助销手段，遵循此项原则，对报纸广告表现的主客地位要予以重视。

（三）TV广告，为赢得国际消费者，促销欣赏角度并重，拟针对接力大搬家活动，提供一次30分钟实搬、试搬家录现场节目，同时撷取拍摄15″广告用CF一支，作为电视插播，争取雅俗共赏，引起消费者的强烈需求。

（四）POP(Point of Purchase，店头陈设)：布旗、海报、宣传单、抽奖券。

六、举办"经销商说明会"

为配合国际市场开发策略，并增加此次活动的促销效果，拟会同公司及分公司营业单位，共同协办"年末促销活动分区说明会"，将本活动的意义、内容及对经销商的实际助益做现场讲解，以获求充分协助。

七、广告活动内容

（一）活动预定进度表

注："接力大搬家"日期定于圣诞前后，理由有二：

1. 圣诞前后正是购货高潮期,应予把握。

2. 圣诞前后是目标市场顾客非常忙碌的时刻,交通必然拥挤,交通问题不易妥善处理。

(二) 活动地区

在××国 A、B、C 三地,选择具备超级市场的大百货公司举行。

(三) 活动奖额

1. "接力大搬家"幸运奖额(略)

2. "猜猜看"活动奖额(略)

(四) 活动内容说明

1. 收件期间:自××××年××月××日至××××年××月××日,在 A、B、C 三地举行试搬,除选定的百货公司本身广为宣传外,并加以录像拍制现场,节目于××月××日 8 点档播放,借以宣传于观众了解活动内涵,同时剪录 15″CF"试搬"情况,做电视插播,广为宣传,刺激销售,增加回收件数。

2. 分两次抽奖原因:(1) 早买中奖机会大,第一次未中,还可参加第二次抽奖;(2) 活动期间较长,可借分次抽奖活动,刺激消费者恢复销售高潮。

3. 参加资格及办法

(1) 超级市场接力大搬家部分(略)

(2) "猜猜看"部分(略)

(3) 幸运的新婚蜜月环岛旅游(略)

(4) 奖额预算(略)

(五) 与上次"超级接力大搬家"改进之点(略)

八、预算分配

(一) 活动部分

1. 奖额××元。包括"接力大搬家"奖额及"猜猜看"奖额。

2. 杂项××元。包括公关费、主持人费、车马费、误餐费等。

3. S.P. 费用××元。包括幸运券、帆布袋、传单、布旗、海报。

(二) 广告媒体费用

1. 报纸××元

2. 电视节目××元

3. SPOT××元

4. 杂志××元

5. 电台××元

总合计:××元

注:(略)

第七节　业务洽谈纪要与备忘录

一、业务洽谈纪要

（一）概述

业务洽谈纪要又称"商谈纪要""会谈纪要"等。按照业务洽谈的实际情况，将洽谈的主要议程、议题、涉及的问题、达成的结论及存在的分歧等，在业务洽谈记录的基础上进行归纳、整理，经双方代表签字确认后的正式的书面材料。业务洽谈纪要作为一种建立某种经济关系的凭证性质、备忘录性质的重要文书，对洽谈双方具有一定的约束力，是开展工作、决策签约的依据。

业务洽谈纪要与会议纪要不同，具有平等性、协商性、备忘性等特点。其需要全面记录洽谈中的所有相关事项，特别是双方存在的分歧以及双方所表达的利益诉求，以起提醒备忘作用。会议纪要虽然也有备忘作用，但主要记录议定的事项。写作业务洽谈纪要需忠实于原始记录，用语简洁准确，整理印发及时。

（二）格式写法

业务洽谈纪要分为标题、正文和落款三个部分。

1. 标题

洽谈纪要的标题一般为"买卖双方单位名称＋业务洽谈纪要"，也可以用"关于……洽谈纪要"的句式，如《××公司××商场业务洽谈纪要》或《××公司××商场关于××产品洽谈纪要》。

2. 正文

正文由前言和主体构成。

（1）前言

前言又称引语，主要介绍甲乙双方的简况及业务洽谈的缘起。要写明洽谈各方单位名称、洽谈的时间和地点、参加人员以及洽谈日期。

（2）主体

主体归纳总结洽谈的主要议程、议题、涉及的问题、达成的结论、存在的分歧以及双方提出的要求等。部分常用条文式结构，将洽谈的具体内容分列成若干条，归类陈述，使之层次清楚、条理井然。

3. 落款

洽谈纪要的结尾需落上甲、乙双方的单位全称或签字认可，并写明纪要签发日期及洽谈地点。

(三)参考例文

例文1

××公司与××商场的购销业务洽谈纪要

×公司(以下简称甲方)与商场(以下简称乙方)就××产品的购销问题事宜,充分商谈,达成以下结论:

×××××

××××××

甲方:××公司(签章)　　　　签字

乙方:××商场(签章)　　　　签字

××××年×月×日　重庆

注　释

这是业务洽谈纪要的一般格式。简明扼要地记录协谈达成的事项,双方签字即可。

例文2

中国、×国经济贸易混合委员会第×次洽谈纪要

中国、×国经济贸易混合委员会第×次会议从××××年×月×日至×日在××举行。中国对外经济贸易部××局局长×××先生与×国经济事务部对外经济关系总司长×××博士轮流担任会议主席。会议按双方代表团商定的下列议程进行:1.回顾近年来双边贸易发展的情况,检查双边贸易中存在的问题。2.双方介绍各自进出口方面的情况,探讨和展望今后两国贸易发展的前景。双方代表团满意地注意到,近年来,中×两国贸易有了较大的发展,并期望中×贸易得到继续发展。双方代表团感到,双方贸易的发展不仅应在贸易总额方面得到促进,而且也应增加商品品种。(略)……应中方代表团要求,×方代表团介绍了×国关税制度情况。双方还就共同关心的有关发展两国贸易的其他问题交换了意见。

中方主席:(签字)

×方主席:(签字)

××××年×月×日

注　释

这是一篇大型的业务洽谈纪要,记录了主要议程和主要事项。言简意赅,庄重严肃。

二、备忘录

（一）概述

备忘录是一种录以备忘的公文。它是非正式的商务文件、便条，多用于办公事务中，以书面形式来交换内部各种事务，如解释政策、程序和指示；发布通知，提出信息和行动要求；答复要求。备忘录可以帮助人们提醒事物；可以对决定、电话交谈、会议提供书面记录。在公文函件中，其等级较低，主要用来提醒、督促对方，或就某个问题提出自己的意见或看法。在业务上，它一般用来补充正式文件的不足。值得注意的是，随着手机功能的扩展，一些私人备忘录可拟写在个人手机上以进行提醒。

（二）结构及写法

备忘录一般由标题、眉首、正文、结束语和签署五部分组成。

1. 标题

备忘录的标题有单一性标题和两要素标题两种写法。前者直接用文种表示，如《备忘录》；后者由"发文单位名称＋文种"组成，如《天地有限公司备忘录》。

2. 眉首

眉首也称书端，位于标题之下，正文之上，一般包括以下内容：

（1）发文人或发文单位名称，也称"发自"，也可以标示为"来自""自"，其后面写明发送信息的人员姓名或单位、部门名称，如"总经理办公室"。人员姓名的前面可以根据需要标示其职务。

（2）收文人或收文单位名称，也称"发给""发送""致"，其后面写明接收信息的人员姓名或单位、部门名称，如"销售部"。人员姓名的前面可以根据需要标示其职务。

（3）地址。一般包括发文人或发文单位地址和收文人或收文单位地址，有的还包括电报挂号、电传号、电话号码等。地址一项写在左上角编号处的下面，其格式与书信的写法相同。

（4）发文日期。即写明备忘录发出的日期。

（5）主题。写明备忘录正文的主题思想或内容梗概，一般要用类似电报类的词组或短语标示。

许多单位有自己特制的信笺，在写眉首时，其格式和标点符号的使用与一般信件的写法基本相同。

3. 正文

在眉首下方直接书写需要传递事项的具体内容。可以是一段到底，篇段合一；如果内容较多，可以采用分段书写。段落起首应采用空两格的形式。

4. 结束语

为表示对对方的尊重，可写上致敬语作为结束语，有时没有必要也可省略致敬语。

5. 签署

正文或者结束语之后下方写明发文人或发文单位的名称。写法与一般信件的格式相同。

(三) 参考例文

例 文

××公司青岛学习考察备忘录

发文人：总经理办公室　　收文人：公共关系部

地址：本公司

发文日期：××××年×月×日

主题：提前做好合理的安排和计划

内容：公司拟定××××年×月×日—×月×日，由总经理带队组团赴青岛学习考察并进行有关贸易签约活动，请你部做好如下准备工作：

一、准备工作的内容

1. 团组在出发前与接待单位的咨询顾问进行交流，明确主要目的、天数和人数、希望拜访的行业和相关的单位。

2. 接待单位根据团组要求做好建议性计划。

3. 学习活动计划：包括报告人、报告主题、报告时间等。

二、获取相关机构邀请信

团组出示正式的询问函，提供以下内容：

1. 表明来访的诚意；

2. 说明到访的目的、性质、单位背景、成员专业等资料；

3. 注明团员的名单，内容包括姓名、职称级别、单位名称、性别、身份证号码等资料。

三、考察的行程安排

确定航班以后，接待单位与团组负责人员共同确定最后实施的行程计划及商务活动安排。

总经理办公室

(资料来源：http://www.wtabcd.cn/article/sort07/sort053/info-3414.html)

第八节　商务函电、商务书信、商务传真和电子邮件

一、商务函电

(一) 概述

广义的商务函电是指企业在正常经营活动中与合作伙伴进行商务联络和信息沟通时使用的书面信函或电子信息，包括商务书信、商务传真、电子邮件和电报等，对维系和记录彼此的友谊，争取供应商，吸引客户，树立企业良好形象，有积极的意义。

应用文写作

(二) 商务函电的结构

1. 信纸、信封

信纸的尺寸一般采用国际上通用的 A4 规格,即 297 厘米×210 厘米。信纸的颜色最常用白色,而其他的浅淡色,如浅灰、微蓝、淡绿及象牙白等,也很受欢迎。若要代表企业发出商务信函,就要使用印有企业形象标识的信纸和信封。

2. 信函内容

信函内容一般包括信头部分、正文部分、信尾部分。

信头就是指书信中发信人的地址和发信的日期等。通常情况下,公司都会专门印制带有信头的信笺纸,包括发信人的姓名、地址、电话、传真等。当我们撰写传统信件时,直接使用这种信笺纸就可以。编号(写信人的名字缩写)和日期是为了方便以后查询信件用的。正文部分简述内容、事项。信尾部分包含商务祝辞和落款。

请看以下例文:

尊敬的李先生:

您好!由××企业联合会提出的××将在×月×日举办。望您能在 5 月 18 日抵达××。有何需要,请不吝赐教。

顺颂商祺!

××公司××谨启
××××年×月×日

(三) 写作要求

不同行业、不同事由需要的商务函电各式各样,除了某些国际贸易要求统一的文件样本,多数的商务函电在写作上应做到三个方面:谨记企业的商誉、掌握 7C 的原则、使用正确的信函结构。

1. 谨记企业的商誉

商誉商界行业的一种基本规则,是客户、供应商及大众对企业的一份信赖,是企业需细心呵护的、不可丢失的无形资产。商务函电从某种程度上代表着企业的产品、企划、形象,可以无形中提高企业的商誉和商机。

2. 掌握 7C 的原则

7C 原则即正确(Correctness)、清楚(Clearness)、完整(Completeness)、具体(Concreteness)、简洁(Conciseness)、礼貌(Courtesy)、体谅(Consideration)的原则。

3. 使用正确的信函结构

信函结构中信封、信纸和信函内容都要准确、规范、仔细。

二、商务书信

(一) 概述

商务书信是企业之间相互来往的重要纽带。商务书信的种类较多,如常见的日常联络信、推销信、询问信、报价信、还价信、预订信、订购信、接受订购信、索赔信及答复、催款信、致歉信和婉拒信等。行业不同、目的不同,其书信的内容也不同,但主体结构基本一致。

（二）商务书信结构

商务书信的内容结构,主要由称呼、启词、正文、酬应过渡、祝颂词、签署、日期等七部分组成①。

1. 称呼

称呼是写信人对受信人的尊称,主要依据相互间的隶属关系、亲疏关系、尊卑关系、长幼关系等而定,一般都用"敬语＋称谓"的形式组成,须顶格写,后面加冒号。如"尊敬的×总经理""亲爱的刘主任""尊敬的董事长先生"等。对某些特殊的内容或与境外华文地区的人员往来还可加上"提称"如："尊敬的王博士总经理××先生台鉴""亲爱的××小姐雅鉴"等。

2. 启词

启词是信文的起首语,在称呼下面另起一行,前空两格,可有多种表示法。如问候式的"您好""别来无恙";思怀式的"久不通信,甚为怀想""去国半载,谅诸事顺遂"等;赞颂式的"新春大吉""开张大吉"等;承前式的"上周曾发一传真件,今仍具函,为××事""贵公司×月×日赐函已悉"等。此外,公务书信的启词还可用"兹为、兹因、兹悉、兹经、兹介绍、兹定于""顷闻、顷悉、顷获""欣闻、欣悉、欣逢、值此",以及"据了解、据报、据查实"等一系列公文用语,以提领全文。注意不能不分对象一律用"您好"。

3. 正文

在启词下面另起一行空两格是正文。正文是书信的主体,可以专说一件事,也可以兼说数件事,但公务书信应该一文一事。正文要清楚、明了、简洁,注意情感分寸。

4. 酬应过渡

正文结束时,可写几句酬应性的话作为全文的过渡,如"我方相信,经过此次合作,双方的友谊将有进一步发展",又如"再次表示衷心的感谢"或"代向公司其他同仁问候"等。也有用公务书信的常用结语过渡,如"特此函达、特此说明、特此重申、特此函询、特此致歉",或"肃此专呈、肃此奉达",也有"特此鸣谢、敬请谅解、尚祈垂察、务请函复、至希鉴谅",以及"承蒙惠允、承蒙协办、承蒙惠示、不胜荣幸、不胜感激"等。

5. 祝颂词

书信的最后,写祝颂词是惯例。由于写信人与受信人的关系各有不同,书信内容各有不同,祝颂词的写法便是多种多样。如"顺颂商祺""诚祝生意兴隆"等。有时,往往用简单的一两句话,写明希望对方答复的要求。如"特此函达,即希函复。"同时写表示祝愿或致敬的话,如"此致敬礼""敬祝健康"等。祝语一般分为两行书写,"此致""敬祝"可紧随正文,也可和正文空开。"敬礼""健康"则转行顶格书写。

6. 签署

书信的签署以写信人的全名为要,不能只签姓氏或习惯称呼,而要完整地写成"××部

---

① http://swyy.sdzy.cn/kcjxw/show.asp? id=162

主任王××""××公司经理李××"或者"××公司办公室秘书万×""××部业务员刘×"等。今天,许多书信都以计算机制成,但即使已打印了姓名,仍应再以手书签署一遍,这既表信用,亦示诚意。对某些特殊对象,署名后应有具名语,如"谨上、谨呈、敬述"等,以表示对受件者的尊重。以单位名义发出的商业信函,署名时可写单位名称或单位内具体部门名称,也可同时署写信人的姓名,写在结尾后另起一行(或空一二行)的偏右下方位置。

7. 日期

写信日期一般写在署名的下一行或同一行偏右下方位置,必须准确。

三、商务传真

(一)收发商务传真的注意事项

1. 发送商务传真的注意事项

发送商务传真件时要注意:一是发传真要使用企业正规传真首页;二是主题要明确;三是内容要简明扼要,不能有商业歧义,以引起纠纷;四是谨慎斟酌传真字句,格式版面标准一致,传真首页的短信说明准确清楚;五是发传真前给对方打电话以确认。完整的传真需有公司名称(××公司传真)、收件人姓名、传真号、收件人单位、发件人姓名、传真号、电话、主题、页数、日期、备注等。收件人单位须具体到单位某部门,备注须在"紧急、请审阅、请批注、请答复、请传阅"前打"√"。

2. 接收商务传真的注意事项

收到传真后,如需回复的,应尽快按照公司的管理规则分别向有关领导汇报,按领导指示给予回复;同时分类妥善保存或处理;对于特别重要的传真,应在收到传真后给对方打电话确认;涉及公司机密的传真,发出或收到后均应及时销毁或妥善保管,不得泄露。

(二)商务传真格式

商务传真格式一般由以下组成:页眉为公司名称或标志,页脚为公司地址、电话、传真等;上方为收件人姓名、单位、传真号码、电话号码、发件人姓名、页数、主题等;正下方为正文(正文应有标题,表明本传真的主题,同时应有收件人尊称和问候语,正文结束后有商业祝辞问候语);落款包括完整的发件人姓名、日期、所属部门等。

(三)发送商务传真短信内容

发送商务传真的短信内容主要是简述事项。

请看以下例文:

尊敬的×先生:

您好!

遵照贵方要求,现将我公司下周末在贵饭店举行的××会所需各类设备材料等的具体要求传真给您。我们是分别按照各分会场的需求提出的,请贵方收到该件后做好会议准备工作。如有问题,请速与我方联系。

顺颂商祺!

附件：设备材料要求

××敬上

四、电子邮件

（一）概述

电子邮件简称 Email，其作为商务联络工具，随着网络的普及，使用日益频繁。但商务电子邮件不同于私人邮件，相较更正式、主题明确、目的明确。写作上，要求严肃、严谨、认真、仔细。

（二）写作要求

1. 写好邮件标题

标题是告诉收邮件者他需要做什么，邮件的出处在哪儿。规范的邮件标题格式为"出处＋主要内容＋让对方做什么"，如"××公司销售部 2012 年第三季度销售汇报请审阅"。出处如为个人，则为"单位简写名（部门名）＋个人姓名"。主要内容为材料的简要类属或标题。让对方做什么包括请批示、请审阅、请回复、请参考、请协调等。

2. 拟好规范主体

主体由"称呼＋总起缘由＋事项＋结尾＋署名日期"组成，格式如同一般书信。称呼为"姓＋职务（先生、女生）好！"或"姓＋职务：您好！"（前顶格，后面另起一行空两格）。总起缘由可简要说明事由、根据。若对方不认识你，你需先介绍自己的单位和姓名，再说明事由，如"我是××公司××部××，很荣幸认识您。得知您是××方面的专家，非常仰慕，真诚向您请教，现将××发给您，期待您的赐教（回复）。谢谢！"事项需简明扼要，最好用 1、2、3 等数字按重要顺序排好，一次交代完整，如："×总好！我是××部的××。关于××，据我所知，是这样的：1.××……2.××……3.××。请查。祝好！谢谢！"结尾一般用"谢谢"。

3. 确认附件

主体报告内容较长，可用附件发送。一定要确认附件已粘贴上。如附件文件附件数目在 3~4 个以上，需压缩打包成一个文件；如附件是特殊格式，需在正文中说明打开方式；附件过大，分成几个小文件分别发送，如"××报告已在附件（其中××需用 PDF 文件打开）中，请审阅。谢谢！"

4. 确认无误才发送

发送前需再次检查拼写、内容提法、序号、格式等无误，方可发送。必要时，发短信给对方以提示，如"××公司××材料已发邮件，请查。谢谢！王××"。

5. 注意事项

电子邮件必须准确、简明。在工作时间发送的一定要与工作有关，不要在工作时间发送或接受个人事务的邮件。邮件中的信息尽量简短，无歧义，证实某些已达成共识的事情。不要发太长的声明，或者在书面沟通中不易澄清的信息。对于重要的信息，最好保留一个书面备份。尽量用言辞把重要的细节描述清楚，对于重要的信息，不要依赖电子邮件，因为他们可能无法看到邮件。另外简化信息,在同一天里尽量不要给同一个人发送有关一个主题的多封邮件。邮件尽量个人化,不要发大批量邮件,尽量少用群体发送,或只在组织内部采用这种方式。

一、简答题

1. 经济活动分析报告一般写什么内容?
2. 市场调查、市场预测、可行性报告的主要区别表现在哪里?
3. 招标与投标的程序有哪些?
4. 撰写合同、协议书、意向书有哪些注意事项?
5. 合同的内容应有哪些?
6. 市场策划书、项目计划书应包括哪些内容?

二、病例析改

请逐条指出下述合同中不妥之处,并提出改正意见。

某综合楼办公楼项目,合同价为3200万,工期为2年。发包人通过招标选择了某承包人进行该项目的施工。在正式签订工程施工合同前,发包人和承包人草拟了一份《建设工程施工合同(示范文本)》,供双方再斟酌。其中包括如下条款:

1. 合同文件的组成与解释顺序依次为:
（1）中标通知书
（2）投标书及其附件
（3）本合同通用条款
（4）本合同专用条款
（5）合同协议书
（6）图纸
（7）工程量清单
（8）标准、规范及有关技术文件
（9）工程报价单或预算书
（10）合同履行中洽谈、变更等书面协议或文件

2. 发包人向承包人提供施工场地的工程地质和地下管线资料,供承包人参考使用。

3. 无论工程师是否进行验收,当其要求对已经隐蔽的工程重新检验时,承包人应按要求进行剥离或开孔,并在检验后重新覆盖或修复。检验合格,发包人承担由此发生的全部追加合同价款,赔偿承包人损失,并相应顺延工期。检验不合格,承包人承担发生的全部费用,工期予以顺延。

4. 因不可抗力事件导致的费用及延误的工期由双方共同承担。

三、写作训练

1. 根据下述材料,撰写一篇市场调查报告。

中国饮料工业协会统计报告显示,国内果汁及果汁饮料实际产量超过百万吨,同比增长

33.1%,市场渗透率达 36.5%,居饮料行业第四位,但国内果汁人均年消费量仅为 1 公斤,为世界果汁平均消费水平的 1/7,西欧国家平均消费量的 1/4,市场需求潜力巨大。

我国水果资源丰富,其中,苹果产量是世界第一,柑橘产量世界第三,梨、桃等产量居世界前列。据权威机构预测,到 2005 年,我国预计果汁产量可达 150 万~160 万吨,人均果汁年消费量达 1.2 公斤左右。2015 年,预计果汁产量达 195 万~240 万吨,人均年消费量达1.5 公斤。

近日,我公司对××市果汁饮料市场进行了一次市场调查,根据统计数据,我们对调查结果进行了简要的分析。

追求绿色、天然、营养成为消费者和果汁饮料的主要目的。品种多、口味多是果汁饮料行业的显著特点,据××市场调查显示,每家大型超市内,果汁饮料的品种都在 120 种左右,厂家达十几家,竞争十分激烈,果汁的品质及创新成为果汁企业获利的关键因素,品牌果汁饮料的淡旺季销量无明显区分。

目标消费群——调查显示,在选择果汁饮料的消费群中,15~24 岁年龄段的占了34.3%,25~34 岁年龄段的占了 28.4%,其中,又以女性消费者居多。

影响购买因素——口味:酸甜的味道销得最好,低糖营养性果汁饮品是市场需求的主流;包装:家庭消费首选 750mL 和 1L 装的塑料瓶大包装;260mL 的小瓶装和利乐包为即买即饮或旅游时的首选;礼品装是家庭送礼时的选择;新颖别致的杯型因喝完饮料后瓶子可当茶杯用,所以也影响了部分消费者的购买决定。

饮料种类选择习惯——71.2%的消费者表示不会仅限于一种,会喝多种饮料;有什么喝什么的占了 20.5%;表示就喝一种的有 8.3%。

品牌选择习惯——调查显示,习惯于多品牌选择的消费者有 54.6%;习惯性单品牌选择的有 13.1%;因品牌忠诚性做出单品牌选择的有 14.2%;价格导向占据了 2.5%;追求方便的比例为 15.5%。

饮料品牌认知渠道——广告:75.4%;自己喝过才知道:58.4%;卖饮料的地方:24.5%;亲友介绍:11.1%。

购买渠道选择——在超市购买:61.3%;随时购买:2.5%;个体商店购买:28.4%;批发市场:2.5%;大中型商场:5.4%;酒店、快餐厅等餐饮场所也具有较大的购买潜力。

一次购买量——选择喝多少就买多少的有 62.4%;选择一次性批发很多的有 7.6%;会多买一点存着的有 29.9%。①

2. 根据下述材料,拟写一份合同。

今年 4 月 25 日,天地公司的代表人李文和中山药材场的代表人王伦在南平县信源宾馆进行了协商,决定做一笔生意,当天下午就签合同。天地公司从药材场买进杜仲 300 公斤,由公司派人到药材场验货,然后由药材场用车送到公司。公司用现金交付货款和运费。交货时间是本年 6 月 30 日,全部要一等品。每公斤价格是 80 元,共计 2.4 万元。用标准纸箱包装,包装费用由药材场负责。运费 300 元由公司承担。如果违约,违约的一方要付总价12%的违约金。请代他们拟写这份合同。

3. 写一篇关于校园手机使用的市场预测报告。

---

① 资料来源:赵绍全.财经应用写作[M].重庆:西南财经大学出版社,2008.

第五章 传播文书

 学习目标

1. 了解传播文书的种类。
2. 熟悉各类传播文书的结构、正文的写法和要求。
3. 体会各种传播文书的例文,模拟写作。
4. 培养传播文书的写作能力。

第一节 消　息

一、消息的概念

消息是一种以最直接、最简练的方式,快速而客观地报道国内外新近发生的或即将变动的事实的一种新闻文体。

广义的新闻包括消息、通讯、特写、新闻摄影、调查报告。狭义的新闻专指消息。消息是最常用、最主要的一种新闻体裁,被称为新闻报道的"主角"。

二、消息的特征

（一）真

消息重在用事实来说话。消息写作要用事实说话,离开了事实,消息也就失去了根本。消息强调用事实说话。

（二）短

消息是所有的新闻体裁中篇幅最短的一种。它往往抓住何时、何地、何人、何事、何果等新闻要素,将新闻事实简明扼要地报道出来。即使有描写,也只是扣住一两个核心细节,略加点染。消息的这一写法,既不同于通讯,也不同于一般的记叙文。

（三）快

消息是所有的新闻体裁中时效性最强的一种。有人说,"新闻是易碎品,只有二十四小时的生命""今天的新闻是金子,昨天的新闻是银子,前天的新闻是垃圾"。在所有新闻文体

的写作中,消息的时效性最强。在所有的消息中,动态消息的时效性最强。动态消息的写作,要争分夺秒;其他类型消息的写作,既要考虑针对性,又要考虑时效性。

三、消息的分类

(一)动态消息

动态消息的主要功用就是迅速及时地报道国内外新近变动的事实,将社会生活中发生的新变化、新成就、新动向、新情况报道给读者或听众、观众,如《北京15所高校教学共同体,火了!》《西藏各界为大学生登山队壮行》。动态消息的特点是篇幅短小,主题集中,一事一报,简洁明快。它只报道发生了"什么事",而不解释"为什么"。报纸上大多数的短新闻,尤其是简明新闻、标题新闻之类都是动态消息。

(二)经验消息

经验消息又称典型报道。它是向读者、听众或观众报道某地区、某单位贯彻执行政府的方针政策和某一方面的典型经验、成功做法或总结反面教训的一种消息。经验消息的指导性强,它要通过典型经验的报道,达到推动全局工作的目的。因此要求既要提出问题,又要讲清解决的办法,有时还要总结具有指导意义的经验。

(三)综合消息

综合消息是以综合反映全局情况为内容的一种消息。它一般围绕一个中心,集中全国或某个地区、部门、战线、单位带有全局性的新情况、新成就、新动向或新问题,加以综合报道。综合消息要求作者全面地占有材料,既要占有全局性的材料,又要占有典型性的材料,在写法上,特别要注意把全局性材料的概括叙述与典型事例的具体叙述结合起来,做到点、面结合,把消息写得既全面概括,又生动具体,中心突出。

(四)述评消息

述评消息又称新闻述评、记者述评。这是一种以夹叙夹议、边述边评的方式写成的消息。它兼有新闻和评论两种功能,在报道新闻事实的同时,还对新闻事实发表评论。述评性消息通常以国内、国际的重大事件和各行各业的成就、经验或教训为题材,在写法上,既要叙述事实,又要分析评论,帮助大家提高认识,加深对事物的理解。

四、消息的结构与写法

一篇消息一般由以下五个部分构成。

(一)标题

标题是消息的眼睛,是消息内容精粹所在、风采所在,也是作者倾向所在。
消息的标题往往有以下三种类型:
一是正题,或叫母题、主题、大标题,例如《北京26日举行奥运火炬接力线路发布仪式》。

二是引题,又称肩题、眉题,一般用来交代背景,说明原因,烘托气氛,解释意义等。引题一般多作虚题,例如《历风雨,见彩虹——××省一打工青年获大学文凭》。

三是副题,又称子题、副标题。一般用来补充、注释、说明、印证主题。副题一般多作实题,如《中国小朋友世博畅想最感人——国际少儿世博主题讲演大赛颁奖》。

根据这3种标题类型,在制作的时候可组成3种标题形式。

(1)单行标题。只有一行正题,它能简洁明了地反映消息内容的中心思想,例如《中国国家主席与艾滋病人握手》,再如《124户的山村走出142名大学生》。

(2)双行标题。引题和主题兼用,或是主题和副题并用。例如:

真正幸福要靠自己劳动去创造(引题)

杜芸芸将十万元遗产献国家(正题)

(3)三行标题。主题、引题、副题齐全。例如:

中华浩浩五千载　谁见铁龙渡大海

今天火车登陆海南

吴邦国出席粤海铁路通道轮渡建成庆典

标题要求:准确、鲜明、凝练、生动。例如下面这些标题:

平潭大开发　共筑两岸人民美好家园

乘客身份证遭抢注无法网购火车票

一位普通工人竟然写出电影剧本

竟敢敲诈"两会"代表——一路边店遭严厉惩处

我国续作礼宾改革,国宴实施四菜一汤

一窝"油老鼠"落网

壮哉,教师于元贞勇斗窃贼身亡

悲哉,数百围观者竟无一人相助

"会翁"之意不在会　在乎山水之间也

——青岛会议知多少,请看会议一览表

(二)导语

消息的开头一般要用"电头",如"本报讯""新华社×月×日电""本报通讯员×××报道"之类。"电头"后空一格,紧接的是导语。

导语是一条消息中最重要的事实的概括。它的作用是介绍内容,揭示主题,导入正文,并引起读者的阅读兴趣。它可以是用一句话、几句话,也可以是一两段话。导语要抓住最重要的新闻事实,要讲究可读性,语言新颖、形象、简短精练。

1. 概括式导语

概括式导语要对整篇报道的内容进行浓缩和概括。例如,"新华社兰州三月九日电　三月七日甘肃省东乡族自治县洒勤山发生大面积山体滑动,当地群众的生命财产受到重大损失"。

2. 对比式导语

对比式导语要将新闻事实跟别的事实进行纵向或横向的对比。例如,1994年5月19

日,《工人日报》报道了一位工人勇斗歹徒受表彰和一位工人见义不为受处分的消息。导语写道:"5月7日,河南辉县召开大会,表彰该市公交公司修理工王国伟勇斗歹徒的先进事迹,授予他"见义勇为积极分子"光荣称号。同时,对见义不为、丧失党性原则的党员,该市塑料厂工人胡建忠给予开除党籍、开除公职的处罚。"

3. 描写式导语

描写式导语要简要地展示人物、事物的形象或场景。例如,"数十架照相机的闪光灯照亮徐徐驶离北京西站的列车,试图为子孙后代留住这一瞬间。车上,八百多名乘客的兴奋之情溢于言表。这列火车将一路风尘驶上世界屋脊,创造历史。对乘客们来说,若干年后此次旅行将成为他们向子孙后代讲述他们难忘经历的谈资。"

4. 评论式导语

评论式导语在叙述新闻事实的同时,会对事实做画龙点睛式的评价。例如,"新华社北京一九八五年四月一日电 今天,新中国颁布的第一部专利法正式生效了。从此,脑力劳动成果被无偿占用的历史在我国宣告结束。"

5. 引用式导语

引用人物的语言做导语,可以分为直接引用和间接引用两种。例如,"'小区物业向我收了物业管理费和停车费,车子丢失却不承担责任,法院的判决让我难以理解。'家住福建省泉州市丰泽区某小区的车主张英对法院的一起判决耿耿于怀。"又如,"路透社北京11月2日电 邓小平副主席今天说:'中国没有叫台湾投降,而是希望它接受在平等的基础上就中国和平统一的问题进行谈判。'"

6. 设问式导语

设问式导语会在开头提出疑问或设问,引起读者的兴趣。例如,"一架飞机能从宽仅14.62米的巴黎市中心的凯旋门洞飞过吗?巴黎的英雄们正做着他们的实验。"又如"就连好莱坞也编造不出这样的故事:为了侦破一起神秘的盗窃案,一个联合特别行动组成立了;联邦调查局也被请来了;一条特殊的电话热线开通了,悬赏破案的赏金是5万美元。什么被偷了?英王皇冠上的珠宝?比尔·盖茨的财产?都不是。被盗的东西是对洛杉矶市来说要重要得多的东西:奥斯卡金像不见了!"

7. 比兴式导语

它是运用类似文学写作中的"即物起兴"的手法,通过引用诗句、谣谚或是比喻象征性的描写,对新闻的特点或意义先作形象化的暗示和强调,然后再引出所要叙述的新闻事实。如1986年8月12日,《中国环境报》刊登的关于夏日除蚊的报道,它的导语是:"饱去樱桃重,饥来柳絮轻,但知求旦暮,休更问前程。"这是诗人范仲淹写蚊子嗜血的诗句,寥寥数笔,蚊子的生态学特点便跃然纸上。这是借古人诗句起兴,引出所要报道的内容了。

(三)主体

消息的主体是紧接在导语后面构成消息主要内容的部分,印证导语的提示,补充交代导语中未提到的问题。它承接导语,详细地叙述事实,说明问题,用具体典型的材料对导语所作的叙述作充分的展开。

主体安排方式最基本的是 3 种顺序：一是按照事实发生、发展的时间顺序表述(正金字塔式结构)；二是按照事物的内在联系或是人们认识问题的逻辑顺序来表现；三是倒金字塔式结构。倒金字塔结构是一种以新闻事实的重要性依次递减为顺序安排材料的结构方式。它要求把最重要、最新鲜的新闻事实或结论放在最前面(即放在导语里叙述)，然后按照"重要—次重要—次要"的顺序安排其他事实材料。它好似一座倒放的金字塔，塔底在上，塔尖朝下。这种倒金字塔式结构的特点是"头重脚轻"地安排组织材料。这同一般文章的结构不相同。它是消息特有的一种结构形式，也是消息最基本的结构形式，为中外记者所普遍采用(参见例文 1 和例文 2)。

（四）背景

消息背景又称新闻背景，就是用来对新闻事实进行解释的所有事实材料。背景材料的类型有以下几种。

1. 对比性背景材料

对比性背景材料是用来跟新闻事实做对比的事实材料，可古今、中外、正误、前后相比较等。例如，苏联赫鲁晓夫上台时，大骂斯大林。一位西方驻莫斯科记者，为了揭露赫鲁晓夫的两面派嘴脸，曾巧妙地使用了一段对比性材料，说"就是这个赫鲁晓夫，在他担任乌克兰共产党第一书记时，曾说过斯大林同志如同他亲生的父亲。"

2. 说明性背景材料

说明性背景材料是来说明和解释新闻事实产生的原因、条件、环境，以及人物的身份、特点的事实材料。

3. 注释性背景材料

注释性背景材料是用来帮助人们看懂新闻内容，增长知识和见闻的背景材料。

美国《大众科学》杂志的记者在一篇关于等离子掘进机的报道中写道："这种掘进机头部有个'火把'。但是，这个'火把'放射出来的不是温度特别高的火焰，而是一种叫做等离子体的电流。等离子是一种很怪的物质，它既不是固体，也不是液体，更不是气体。物理学家们认为，它是物质存在的第四种方式。"

（五）结语

结语，即从全盘考虑做出进一步的总结、概括、说明或补充。它有时作为消息的最后一段，有时是消息的最后一两句话。

1. 点睛式

画龙点睛，卒章显志。例如，《马寅初错案彻底平反》，新华社记者杨建业报道："7 月中旬的一个上午，往日静悄悄的北京总布胡同 32 号宅院顿时热闹起来：中共中央统战部副部长李贵专程来到这里，拜访了 98 岁的著名经济学家马寅初先生……20 多年的是非终于澄清，冤案终于平反。实践宣布了公允的裁判：真理在他一边。"

2. 展望式

展望前景，或给人以鼓舞，或向人敲响警钟。如《中华母亲的素质亟须提高》一文的结

第五章 传播文书

尾:"我国目前已有2亿多个家庭,2亿多名母亲,而其中70%又在农村,要提高这部分母亲的素质,不但是当前的重任,而且是一个漫长而艰辛的社会工程。"

3. 号召式

发出召唤,引起响应与共鸣。如《600万城镇待业职工欲何往?》一文的结尾:"到乡镇企业就职,既可以发挥自己的聪明才智、一技之长,又可以获得比在城里企业更高的经济收入。何乐而不为呢?"

消息的结尾应紧扣消息主题和新闻事实顺势而成,有些新闻事实在主体部分已写清楚,其意自明,就不必再加一个结尾。

五、参考例文

例文1

日本宣布无条件投降(题)

【美联社1945年8月14日电】

日本投降了!

杜鲁门总统今晚7时宣布,日本已无条件投降,造成历史上空前巨大破坏的战争随之结束。盟国陆、海军已停止攻势。

总统说,日本是遵照7月26日三强致日本的最后通牒所规定的条款无条件投降的。这项最后通牒,是三强柏林会议期间发出的。8天以前,日本遭到有史以来第一枚原子弹——一种威力巨大的炸弹——的轰炸;2天以前,俄国宣布对日作战。在这种情况下,日本被迫于本星期五宣布接受最后通牒中包括的全部条款,但要求继续保留天皇制。

次日,美、英、苏、中四国对此作出答复,声称如天皇接受盟军最高司令部的命令,则可继续在位。

杜鲁门总统今天还宣布,道格拉斯·麦克阿瑟将军已被任命为占领日本的盟军武装部队总司令。

杜鲁门总统说:"现在正在作出安排,以便尽早举行接受日本投降的正式签字仪式。"

他说,英国、俄国和中华民国也将派出高级将领,代表各自的国家在受降书上签字。

例文2

两名大学生玩命

【北京晚报1月24日报道】 1月22日下午7时,北大分校物理系18岁学生吴某,与3名女大学生到学校附近的铁路边散步。

吴某对女同学说,国外曾有人趴在路轨中间,火车过后安然无恙。

这时,一列火车正巧从西直门方向驶来,吴某和一位女同学欲亲身一试。他们迎着火车趴在路轨中间。

火车司机发现后,立即采取紧急制动措施。火车头和一节车厢从他们上面驶过之后停了下来。

女同学从车下爬出,侥幸留下了性命。

吴某却没出来。他的颅脑受到严重损伤,已经丧生。

例文3

上海的最后两辆人力车送进了博物馆

【新华社1956年2月25日电】 上海市交通局今天把上海的最后两辆人力车送进了博物馆。原来的人力车工人曾为此自动集会庆祝,感谢政府替他们挖掉了穷根,帮助他们走上了新的生活。

人力车最初出现在日本。远在1874年,上海就有了这种交通工具。新中国成立前,上海约有5000多辆人力车,7000多人力车工人,新中国成立后,政府在发展公共交通建设的同时,就有计划地帮助人力车工人分批转业。有些人力车工人已经被训练成为汽车驾驶员或技术工人,有的回到农村参加了农业生产。没有劳动力又没有依靠的老工人进了养老院。63岁的老工人姜威群,拉了50年人力车,穷得一直不能结婚,现在他在养老院里安静地度着晚年。

例文4

健康的生活需要口腔卫生
卫生部召开世界卫生日座谈会

【本报北京4月7日讯】 (记者陈光曼)今天是世界卫生日,今年的主题是"口腔卫生"。卫生部今天在京组织有领导、专家和世界卫生组织(WHO)代表及联合国开发计划署代表参加的座谈会,围绕"健康的生活需要口腔卫生"这个口号进行了座谈。

据介绍,龋齿被WHO认定为除恶性肿瘤、心脏病以外的第三大疾病。随着人民生活水平的明显改善,我国口腔疾病的发病率呈上升趋势,自然人群口腔疾病患龋率为60%—80%,其中城市儿童患龋率超过80%,农村为50%左右。

全国人大常委会副委员长陈慕华在座谈中说,搞好口腔卫生需要全社会的共同努力,要把口腔卫生入初级卫生保健工作之中,把牙防工作提到防病工作的重要议事日程。

例文 5

山东作家莫言获诺贝尔文学奖

本报高密 10 月 11 日讯 晚上 7 点刚过,高密的大街上便响起了鞭炮,一条消息在鞭炮声中口口相传:高密走出去的山东作家莫言荣获 2012 年度诺贝尔文学奖。这是中国籍作家首次问鼎这一奖项。

几天前,莫言成为诺贝尔文学奖大热门的消息不胫而走。来自国内外 20 余家媒体的记者奔向高密,在莫言文学馆的手稿里,在莫言出生的大栏乡平安村,在高密的剪纸、扑灰年画和山山水水中找寻密码,期待一条爆炸性新闻。

这是收获的季节,高密的棒子黄澄澄地摆满了场院和房顶,侍弄着活计的老乡们略带疑惑地观望着纷至沓来的记者。莫言的二哥管谟欣已经说不清接待了几拨客人,但他还是面带笑容。

随着时间推移,记者群里散发出焦急和期盼的气氛。他们不停地看表,翻着网页,并一遍一遍追问着莫言的下落。莫言事后对记者说,那时,他正躲在一个地方逗着小外孙玩耍,还舒舒服服吃了顿晚饭。

"成了!"晚上 7 点刚过,记者当中一个手疾眼快性子急的率先确认了这一消息,人群中随即爆发出热烈的掌声。

在斯德哥尔摩当地时间 10 月 11 日 13 时,远在北欧的瑞典文学院宣布,2012 年诺贝尔文学奖授予中国作家莫言。

瑞典文学院常任秘书彼得·恩隆德在瑞典文学院会议厅先后用瑞典语和英语宣布了获奖者姓名。他说,中国作家莫言的"魔幻现实主义融合了民间故事、历史与当代社会"。

诺贝尔文学奖评委之一、瑞典汉学家马悦然说,莫言的作品十分有想象力和幽默感,他很善于讲故事。莫言获奖会进一步把中国文学介绍给世界。

晚 9 点,让各路记者找得好苦的莫言终于现身。对于获奖,莫言表示"可能是我的作品的文学素质打动了评委,中国文学是世界文学的一部分,表现中国独特的文化和民族风情,站在人的角度上,立足写人,超越了地区、种族的界限。"他强调,"诺贝尔文学奖是重要的奖项,而并不是最高的奖项",自己要"尽快从热闹喧嚣中解脱出来,该干什么干什么"。

莫言出生于 1955 年 2 月,原名管谟业,山东高密人。小学即辍学,曾务农多年,也做过临时工。1976 年 2 月离开故土,尝试写作。1981 年开始发表作品,一系列乡土作品充满"怀乡""怨乡"的复杂情感,被称为"寻根文学"作家。他的主要作品包括《红高粱家族》《丰乳肥臀》《檀香刑》《蛙》等。长篇小说《蛙》获第八届茅盾文学奖。

按照诺贝尔奖有关规定,所有获奖者将前往瑞典首都斯德哥尔摩,参加 12 月 10 日举行的颁奖典礼。

注释

这是第二十三届(2013 年)中国新闻奖二等奖获奖作品,评委认为:莫言获诺贝尔文学奖,是中国当代文学得到世界认可的标志性事件。这是大新闻,也是中国文化的大事件。

《大众日报》梳理中国和诺奖的渊源与纠葛,深刻认识莫言获奖的标志意义,深入分析其社会影响,从而精准判断其新闻价值。这篇消息重点突出山东元素,在所有的莫言获奖报道中独树一帜,是为新时代文化大发展、大繁荣鼓与呼的佳作。稿件既是突发新闻事件报道的重大突破,又是长期研究的结晶。莫言是山东籍作家,多年来《大众日报》持续关注莫言的创作,具备了深厚的知识储备、认识水平;新闻发布后的快速行动,又集中体现了采访能力、写作能力和应变能力。稿件准确记录珍贵的历史一刻,是现场新闻的范本,是改文风的切实体现,把新闻的速度和文学的深度有机结合,进行了一次全新的文本尝试,稿件带着浓重的文学色彩,有很强的现场感和冲击力,展现了消息体裁的魅力,被多家媒体用作消息写作培训案例。消息见报后,受到莫言本人的认可,认为稿件写出了文学味,抓住核心问题;稿件还受到文学界专家和读者的普遍赞赏,认为稿件有血有肉,带着现场的温度;稿件也受到传媒业内人士的称许,许多媒体把该文当作范文。稿件被人民网、新浪网等众多网站转载,成为莫言获奖报道最权威、最典范的消息。

例文6

"本地企业发展快,群众都坐着火车又回来了"
——火车站见证兰考经济变迁

本报讯(记者童浩麟)12月2日下午3点15分,兰考县南彰镇徐洼村村民李麦花在新疆摘棉94天后,乘坐K1352次火车回到了兰考。

94天挣了6100元,比去年少了2000元。"今年全国涌到新疆摘棉的人有70多万人,比去年又多了10万。"李麦花说。

"今年兰考到新疆摘棉的明显减少。"兰考县火车站总支书记何金峰说,"从火车站出发摘棉的约为1.8万人,比去年少了8000人。"

兰考县劳动和社会保障局统计数字显示,在2008年达到18万人次峰值以后,兰考劳务输出总数逐年回落。今年前10个月,兰考就地转移劳力6万人,本地就业和外出务工人数比例达到了74∶26。

"兰考的劳务经济,已从劳务输出进入到回乡创业和带动就业层面。"兰考县劳动和社会保障局局长孔留书说,"劳务经济的变化和本地经济发展密不可分。"

自2008年起,兰考县委、县政府每年春节都举办"返乡创业明星评比活动",在评出的52名创业明星中,无一不是上世纪90年代从兰考走出去的务工人员。

第五届创业明星古顺风回报家乡的是投资1.5亿元的生态农业科技园。"公司已促使2500亩土地实现流转。"古顺风说,"1亩地2万元的效益,完全可以让村民不出村就挣钱。"

在古顺风生态农业科技园打工的城关镇姜楼村村民有470人,人均月收入1600元。"在家门口就能养家,还能顾家,俺咋还会舍近求远外出打工呢?"村民齐庆竹说。

"兰考火车站虽然是陇海铁路线上一座普普通通的县城车站。但却见证了兰考人民生存的几次改变。"焦裕禄纪念园管理处副主任董亚娜说,"1962年焦裕禄来兰考的第一天,在火车站看到外出逃荒的群众直流泪。上世纪90年代,百姓又一次坐上火车离开兰考,兰考进入劳务输出时代。"

"17年共介绍了2万多人外出打工。"作为兰考最早从事劳务输出的游富田说,"因为本地企业发展快,群众都坐着火车又回来了。今年我就不再介绍劳务外出了。"

"随着当地企业用工越来越多,企业用工空岗、用工备案在我局频率越来越快,从2010年的一年4次,发展到现在的一月一报。"孔留书说。按照规划,未来5年,兰考企业将全部消化本地富余劳动力。

2011年,兰考县财政一般预算收入完成5.1亿元,同比增长76%,由2008年的全省排名第103位上升到第42位;固定资产投资完成63.5亿元,增长30.7%,增幅居全省10个直管县第一位。

注 释

这是第二十三届(2013年)中国新闻奖一等奖获奖作品,评委认为:这篇报道反映的是我国城镇化进程中,地方经济发展的变迁及百姓所享受的政策"福利"。作品有以下三个特点:第一,以小见大的新闻视角。作品把视角放到因焦裕禄精神闻名全国的河南兰考。以火车站为切入点,穿越50年时空,突出变迁主题,举重若轻地展现了农村经济发展过程中"产(业)城(镇)互动"这一宏大主题。第二,生动凝练的表达方式。作者通过采访对象的回忆,把时间拉回50年前焦裕禄初到兰考第一天,期间穿插不同时间的新闻事实,凝练有效。第三,灵动活泼的结构形式。全文不足900字,分12个段落,灵动跳跃;直接引语8处,用人物语言烘托新闻事实,既有"镜头感",又富有说服力。

第二节 通 讯

一、通讯概述

消息常常简要地报道一个事实的梗概和片断,迅速、概括地告知读者新近发生的事情,只需将叙事五要素或六要素简明地交待清楚就可以了,而受众往往不满足于消息简括地告知,需要知道信息的详情,弄清原委。通讯就是适应这一客观的需要应运而生的,是为了弥补消息报道的不足而出现的一种详细告知的新闻传播形式,它深入地揭示新闻信息的原委,揭示信息的实质、规律和现实意义。通讯可以说是消息的深入和补充,或者说是消息的延伸和扩展。

通讯是一种比消息详细而深入地报道新闻事实的新闻体裁。不仅需要新闻六要素齐全,还要报道新闻事实的情节、细节,把事件的来龙去脉交代得更详尽。通讯常常是抓住新近发生的典型事物、重要事件,写出一种思想、一个人物、一种经验、一个问题,具体深刻,生动感人。许多新鲜的事件靠它来传播,许多重要的典型靠它来报道,许多精彩的场面靠它来反映,许多迫切的问题靠它来提出和探讨。

通讯按报道内容可分为人物通讯、事件通讯、工作通讯、风貌通讯;按报道形式,可分为访问记、专访、特写、大特写、新闻小故事、集纳、巡礼、侧记、记者来信等。

二、通讯的结构和写法

通讯的结构通常有三种。

（一）纵式结构

即按单纯的时间发展顺序、事物发展的顺序(包括递进、因果等)、作者对所报道事物认识发展的顺序、采访过程的先后顺序等来安排层次。

（二）横式结构

即按空间变换或事物性质的不同方面来安排层次。
(1) 空间并列式,如新华社记者采写的《今夜是除夕》,开篇后,分别写了5个地方的人们做着日常工作的情况——在中央电视台:不笑的人们;在长途电话大楼:传递信息和问候;在红十字急救站:救护车紧急出动;在北线阁清洁管理站:"城市美容师"的话;在妇产医院:新的生命诞生了。
(2) 性质并列式,即按新闻事实各个侧面之间的关系来安排材料。如通讯《浦东,璀璨的"双桥"格局》就是如此,文中3个小标题,分别揭示"双桥"格局的3个侧面:南浦、杨浦两座桥——基础建设由小到大的跨越;金桥、外高桥两座桥——城市经济功能由低到高的跨越;改革、开放两座桥——城市开发机制由旧到新的跨越。
(3) 群相并列式,即按不同人物及其事迹组织材料。
(4) 对比并列式,将正、反的人物或事件并列,从对比中见主题。

（三）纵横结合式结构

将纵式和横式结合起来,此结构多用于事件复杂而时间跨度大、空间跨度广的通讯,如《为了六十一个阶级兄弟》。

三、通讯的写作要求

（一）主题要正确、深刻、新颖

正确、深刻、新颖的新闻主题从哪里来?一是要抓方向性、决策性的问题。将事实放在历史、现实和时代天幕上来观察、考察,做纵向和横向的宏观分析,探究其所包含的时代精神和普遍意义。二是应考虑受众普遍关心的问题和事物,急人民所急、想受众所想,应回答、提出、解决人民群众最关心的、最紧要的问题,要注意其及时性、指导性和有效性。

（二）以叙述和描写为主要表达方式

因为通讯要详细地展示怎么样和怎么做,要描述情节和细节,使受众如临如睹,给人以直观感受,有人物的外形,有人物活动的环境,有事件过程及细节,有景物描写、心理描写。

因而通讯的写作要调动多种表现手法,除了叙述手法之外,还要运用描写、议论、抒情等手法,并需要借鉴文学创作形象化的手法,包括文学的构思艺术、结构技巧、表现手法等。通讯要比消息更具有形象性、故事性和细致性,在表达方式的运用上有自己的个性,即:

(1)叙述的具体性和直接性。通讯因较详细而深入报道人物和事件,故而事实的叙述宜具体、形象、生动。但不宜过于铺张,不能沓散零乱,不必过于舞文弄墨、转弯抹角。

(2)描写的直观性。通讯是新闻体裁,描写不能虚拟、想象,不能靠花哨修饰和夸大形容,应深入现场、亲眼目睹,描写事物或人物的本来面貌,表现出新闻性和现场感。

(3)议论抒情的实在性。通讯中抒情、议论不可乱用和滥用,要用在适当处,通常是开头处作诱导、关节处作渲染、衔接处作黏合、结尾处作点睛。其旨或在揭示本质、升华主题;或在使事实、形象生辉;或在阐明事物之内部联系;或在激发启示读者。

(三)遵循真实性的原则

通讯虽然可以借鉴文学的手法,但它属于新闻体裁,以严格的真实性与文学相区别。文学作品可以虚构,通讯所反映的事实,必须是客观存在的,绝不能虚构;文学作品可以塑造形象、虚构情节,通讯则只能选择形象,挖掘情节,如实反映给读者、听众、观众,不能搞集中化、典型化。文中人物语言应有实录性,不可虚拟。人物在当时说了什么、怎么说的,都必须如实反映,不能生编硬造,无中生有,也不能添油加醋,随意夸大。

四、参考例文

例文 1

"和谐搬迁"背后的故事

"新年到,大街小巷放鞭炮,舞龙灯踩高跷,迎财神接元宝,家家户户乐逍遥……"1月20日,记者走进江西省贵溪市滨江生态小区,一家超市的音箱传出喜庆的歌声,大老远就能听见。花木掩映中,一栋栋别墅式单元楼房相当抢眼。可让人想不到的是,住在这个小区的几百户居民,均是普普通通的当地农民。

"种了一辈子田,做梦也没想到能住进这么好的房子。"71岁的村民江太有激动地说,"比起以前那个脏乱差的村庄来说,这里强了一百倍,现在我天天都有生活在画里的感觉。谢谢党和政府帮我们老百姓搬新家!"

江太有之前住在贵溪市滨江乡庞源村,与他家一墙之隔,就是江铜集团公司下属的贵溪冶炼厂。30年来,该厂治理"三废"(固体废物、废气、废水)取得一定成效,但随着生产规模不断扩大,还是给周边村民的生产生活造成了影响。与江太有一样困窘担忧的,还有庞源、苏门、其桥三个自然村的500多户农民。2009年2月,江西省委巡视组在巡视中发现这一问题。省委书记苏荣明确指示,要断然进行治理,积极组织,尽快搬迁。鹰潭市委、市政府和贵溪市委、市政府随即于当年上半年启动"三村整体搬迁工程"。

"整体搬迁共涉及558户1651人,三个村都有几百年的历史,实施整体搬迁,群众在情感上很难割舍。另外,三村情况各异、矛盾突出,例如,有贵冶建厂时遗留的土地产权问题,有拥有房产但长期在外工作的户主,有四代同堂要求增加宅基地的……"贵溪市委书记杨解生介绍说。

江西省委、省政府对"三村整体搬迁工程"十分重视,苏荣多次听取搬迁进展情况汇报,强调要把这一民生工程办成人民满意工程。省委常委、省纪委书记尚勇先后6次深入搬迁安置现场指导协调工作,解决了一系列实际问题。省委常委、常务副省长凌成兴召开搬迁经费专题协调会。鹰潭、贵溪则将其作为最大的环保工程、民生工程、发展工程,一方面动员各方力量加快安置点建设,另一方面派懂政策、晓民意、能吃苦的干部驻村包户。各级党委、政府始终坚持把群众利益摆在首位,做到"不搞强行搬迁,不伤群众感情,把群众满意作为搬迁安置工作的基础",演绎了一个又一个感人的故事。

周荣辉,从贵溪市司法局抽调到搬迁安置工作组的一名干部,在上岗之前,没想到自己的工作有一天会在监狱进行。在周荣辉包干的村小组里,有一江姓村民在近百公里之外的饶州监狱服刑,这样的工作对象一度使他一筹莫展,几次硬着头皮去监狱找江某商谈搬迁之事,换来的总是一句"不出狱不谈"的冰冷回应。然而,周荣辉并没有因此放弃,而是多方取经,借鉴监狱工作人员的帮教思路,4个月来先后28次到监狱为江某做"帮教",不仅打动了江某本人,就连江某的家属都被深深感动了。最后,江某不仅同意在搬迁协议上签字,还在狱中给同村的亲朋好友写信,劝导他们配合搬迁。

像周荣辉这样的干部还有很多,他们用诚心感化了群众,用真情赢得了理解和支持。面对工作组,村民的态度由起初的"村口堵、关门拒、见面跑"变成"交口赞、见面笑、开门迎"。"三村整体搬迁工程"实现了零上访、零强拆、零事故,成为和谐搬迁的典型。

行走在小区中,记者注意到,这里家家有庭院,户户有露台,新颖别致。"这叫'有天有地',既保留村民的农村生活习惯,又让他们同城市文明对接。"滨江乡乡长付文全告诉记者,现在,滨江生态小区的水、电、通讯、垃圾处理等设施已全部竣工;成立了社区居委会,计生、办证等便民服务进驻社区;投资700万元建设学校,并建了三个诊所、一间药房,基本实现小病不出区;配备保洁员、保洁车,建文化广场、农民书屋,努力把小区打造成集生活、学习、休闲为一体的生态化、宜居型、高品质现代化综合社区。

"截至2011年12月20日,558户搬迁安置协议全部签完,418栋新房已竣工408栋,搬迁入住率为93.1%。"杨解生表示,搬迁就是为了让群众生活得更好。下一步,市里将着力解决安置村民后续发展问题,确保就业有路、困有所济、老有所养、学有所教。同时,继续选派干部上门入户对搬迁户进行"民情家访",切实解决群众在生产生活中遇到的问题。

红灯笼、红对联、红窗花、红辣椒……所到之处,家家户户张灯结彩一派红红火火。美滋滋、喜洋洋、乐呵呵、笑哈哈……目力所及,不论老少,均把快乐写在了脸上。在滨江生态小区,活色生香的年味,从吉庆祥和的生活图景中走来,从萦绕耳畔的欢声笑语中走来,让每个人不由自主沉醉其中。

注 释

这是第二十三届(2013年)中国新闻奖一等奖获奖作品,评委认为:拆迁,往往是上访、暴力和群体性事件的关联词。江西贵溪"三村整体搬迁工程"如何实现零上访、零强拆、零事故,成为"和谐搬迁的典型"?《"和谐搬迁"背后的故事》接"地气"、冒"热气",为读者娓娓道来。故事化的手段、细节化的手法、情感化的表述,使报道变得生动和令人感动。"和谐搬迁"的背后,小中见大,见微知著,折射出"以人为本、执政为民"的执政理念在各级党委政府特别是基层的"落地生根"。作品刊发后,被中国纪检监察报社编委会评为A级稿(报社稿件评级制度将记者采写的稿件按照A、B、C三个等级进行质量评定)。2012年12月,该作品获第四届"江西省反腐倡廉建设好新闻奖"特等奖(江西省纪委、省监察厅、省新闻工作者协会共同举办,五年举办一届)。

例文2

老红军和他的三个兵

——送雷锋当兵,送郭明义当兵,送老儿子当兵是余新元最自豪的事

12月3日,记者来到家居鞍山军分区干休所的老红军余新元家。走进客厅,一幅雷锋的照片出现在眼前,雷锋的嘴角挂着微笑,像在和我们打招呼。"我就是余新元!"犹如洪钟响过,一双大手捂住了记者的手。落座后,记者同余老像多年未见的老朋友一样,亲热地唠了起来。

"送"自己去当兵

余老先是轻描淡写地谈了自己当兵后的76年。

"1936年10月,红军来到会宁,会宁离我家不远。毛主席也来了,他讲话我去听过,好多话我没大听懂,但他说红军是咱穷人的队伍,这句话我听懂了。所以,我把放羊的鞭子一扔,当了兵。那时,我差一个月满13岁。

"我参加过大小500余次战斗。黄土岭战役,左腿被敌人机枪打成了马蜂窝,是白求恩主刀保住了我的腿;狼牙山反扫荡中,我与'狼牙山五壮士'同在一个团,受伤后昏迷了200多天;百团大战中,我的屁股上被炮弹炸出7个眼儿……

"我是1981年离休的,最后一站是鞍山军分区副政委。退休30多年来就干了一件事儿——宣传雷锋。你看,我的聘书,一铁箱子都装不下。我是全国146所大中小学校的校外辅导员,还是多家单位的党课教员和顾问。30年间,我作雷锋专题报告、上党课4000多场,听众差不多有400万人……"

送雷锋去当兵

接着,余老流着眼泪谈了送雷锋当兵的经过。

"1959年底雷锋报名参军,当时我是辽阳市武装部政委。雷锋身高和体重都差一点点,评议时被拿了下来。我问小雷子,你现在拿38元8角5分工资,不是挣得挺多吗?雷锋回答说,我报名参军是想到前方打仗。听了雷锋的话,我一连叫了几声好。后来,雷锋搬到我家来住,一住就是58天。有一天改善伙食吃菜包子,我问雷锋,你当兵爸妈同意吗?雷锋把刚咬了两口的菜包子放下了,眼里全是泪水。雷锋是最后一个穿上军装的,那

天他可高兴了。他对我和老伴说,首长,让我叫你一声爸爸吧!阿姨,让我叫你一声妈妈吧!走那天,我老伴给他买了背心、裤衩、毛巾,一直把他送到车站,嘱咐说,'小雷子啊,阿姨希望你到部队好好干,当毛主席的好战士'。"

"雷锋牺牲的消息我是在《前进报》上看到的。我老伴把报纸递给我,流着泪说:'咱那儿子走了!'想到雷锋和我们全家相处的日子,想到雷锋经历的那些往事,我们全家人都哭了,连中午饭都没吃……"

送郭明义去当兵

再接着,余老笑着谈起了送郭明义当兵的经过。

"1976年底,有一天,郭明义的父亲来到我这,没进门就喊:'老政委啊,我来找你来啦!'见到他,我就乐了。我说,啥事啊?他爸说:我今天来没别的事儿,就是送我儿子郭明义当兵。我问,检查上了吗?他爸说,检查上啦!我说:检查上了不就行了嘛!他爸摇着头说:不行不行,今年检查上的可多了,听说走得少,反正你得让我儿子走上!我说:你怎么跟当年雷锋一样的调,还赖上我了是不是。我拿起电话,打给军分区动员科科长车文普,问了一下郭明义的情况。小车说,郭明义体检、政审都过关了。我说,郭明义他爸、他叔是鞍钢工人出身,郭明义是个好苗子,部队需要这样的。"

"新兵出发时,郭明义代表全体新兵发言。郭明义精瘦精瘦的,说话倒很有力量:'我们要向雷锋学习,做毛主席的好战士!'前些日子,郭明义到我家来,我对他说,当雷锋传人,不能当带引号的。你说我说得对不对?郭明义说,对!对!"

送老儿子去当兵

最后,余老神情严肃地又谈起了老儿子余锦旗。

"孩子们对自己要求都挺严,从不干越格的事儿,大格小格都不越。老儿子余锦旗1978年当兵。到部队后他给我写信,让我找人调动调动。我回信写了11页纸,我说你别埋怨老爹对你要求严,你不要和别人比,要和雷锋比。老儿子看我不开口,就闷着头干了下去。这小子干得还行,入伍一年多就被评为军区装甲兵优秀共青团员,入伍第二年就入了党,还当上了班长。1981年年底,老儿子退伍回来被分到鞍钢最北的选矿场当工人。后来,公安局选警察,他被选中了。老儿子对我说,'老爹,我最后一次求你,找人说句话,让我进一个条件好一点的公安分局'。我摇摇头。结果,老儿子被分到鞍山郊区一个分局,当上了一名侦查员。你知道干这行很危险,我天天担心。老儿子干得挺出色,被评为全国优秀人民警察、鞍山市劳动模范、辽宁省优秀青年卫士等等,荣誉标兵也是一大堆!"

告别余老时,余老和记者来了个拥抱。他把脸贴在我的脸上,紧紧的、紧紧的,一股暖流涌遍我的全身……

注 释

这是第二十三届(2013年)中国新闻奖一等奖获奖作品,评委认为:在纪念抗日战争胜利60周年大会和全军英模大会上,原中央军委主席胡锦涛同志曾两次接见余新元,并夸赞他说:"你真了不起!"这篇通讯以独特的视角讲述了余老战争年代出生入死、奋勇杀敌,和平时期送"两代雷锋"当兵,几十年如一日传播雷锋精神的传奇经历。一是形式新。全篇以主人公自述的形式展开,这样的形式让描写变成了讲述,阅读成为了聆听,使读者能够真正享受阅读。二是语言实。主人公的自述简洁质朴,饱含情感;对余老神情的描写简单明了、意味深长;"对话里的对话"笔法细腻连贯,真实可信。三是思想深。主人公讲自己轻描淡写,话雷锋、郭明义有哭有笑,讲老儿子神情严肃,充满张力的描写将红军精神刻到了余老的骨子里,真实反映了一名共产党员的浩然正气。余新元的事迹见报后,立即在社会上引发反响。百万网民或通过微博、论坛表达对余老的敬意,或登录雷锋微博、网站表态要向余老学习,数十家企事业单位邀请他作报告。沈阳军区《前进报》对这篇通讯全文转载,沈阳军区政工网、雷锋纪念馆网站和雷锋微博等新兴媒体组织专题报道,对余老的先进事迹开展了大篇幅、全方位、多角度的集中宣传,学习余老先进事迹的热度在军内外日渐升高。3月5日,在沈阳军区纪念学雷锋活动50周年总结表彰大会上,他被授予金质"学雷锋荣誉章"。

第三节 新闻评论

一、新闻评论概述

新闻评论是针对当前社会生活中具有普遍意义的问题和典型新闻事件发表议论、阐释道理,并运用社论、评论员文章、短评、编者按、专栏评论、述评等多种形式,通过大众传媒发布的一种论说文体。评论被普遍称作为媒体的灵魂。

我们之所以能够区分新闻评论与新闻报道、理论文章,依据的是新闻评论自身性质的规定性,即本质特征,它主要包括3个方面,即新闻性、思想性、群众性。要求在有限的篇幅中,主要靠独特的见解吸引读者而取胜。

按照新闻评论的形式和规格可分为社论、编辑部文章、评论、本报评论员文章、短评、编后、编者按、思想评论、专栏评论、新闻述评、论文、漫谈、专论、杂感等。

二、新闻评论的结构和写法

(一)选题和立论是新闻评论写作的核心环节

1. 选题就是解决写什么的问题

对新闻评论来说,就是选择要评价的事物或所要论述的问题。选题范围通常有以下几个方面。

(1)当前的客观形势、舆论动向和宣传任务,以及最近中央发布的重要决定、工作部署和最新的政策精神。

(2)实际生活中层出不穷的新情况、新变革、新矛盾、新风险,以及来自广大群众和社会基层的呼声和要求。这是新闻评论选题取之不尽、用之不竭的源泉。

(3)重要的新闻事件和新闻典型。这是社会舆论关注的热点,是结合实际、引导舆论、发挥教育功能的好教材,也有助于新闻评论选题富有新闻性和时代感。

2. 立论是指一篇评论的主要论断或结论

立论是作者对所提出的论题的主要见解,是贯穿全文的中心思想,起统率全文所有观点和材料的作用。

(二)新闻评论的结构一般包括引论、本论和结论三部分

1. 引论

引论既是文章的门面,又可以引领下文。引论常用的写法有:开门见山、提出论题;开宗明义、直接表明观点;以新闻事件为由头,简要叙述该事件的经过或特点,引出下文;交代背景,说明写作的动因;树起靶子,摆出驳论的对象,为本论中的系统论证做准备;通过引经据典、解说故事等方式,营造一个生动活泼的开头。

2. 本论

本论又叫正论、正文,是评论的主体,担负着承上启下、组织论据、证明论点的任务。

3. 结论

结论主要是进行概括总结。

(三)本论与引论、结论组合的结构方式

(1)分析演绎式论证结构:先提出论点,再运用论据证明观点,从逻辑上说,分析演绎证明用的是由"一般"到"个别"的推理方法,是以人们公认的基本原则、一般原理作为依据来论证论点的方法。

(2)归纳式论证结构:通过分析与研究若干事实材料,概括它们的共同属性,综合它们的共同本质,从而得出一个带有普遍性结论的论证方法。这是一种由"个别"到"一般"、由具体到概括、先分论后结论的结构方式。

(3)并列式论证结构:先提出总论点,再从不同方面论证总论点的结构方式,本论中由不同分论点统率的各个部分之间是一种并列关系。

(4)递进式论证结构:这是一种由表及里、由浅入深的结构方式,从事物的矛盾中层层展开论述,步步深入,逐层剖析,善破善立,从而增强评论的思想性和鲜明性。

(四)常用的论证方法

(1)举例论证:列举确凿、充分、有代表性的事例证明论点。

(2)道理论证:用马列主义经典著作中的精辟见解,古今中外名人的名言警句,以及人们公认的定理公式等来证明论点。

(3)对比论证:拿正、反两方面的论点或论据作对比,在对比中证明论点。

(4)比喻论证:用人们熟知的事物作比喻来证明论点。此外,在驳论中,往往还采用"以子之矛,攻子之盾"的批驳方法和归谬法。

(5)归纳论证:也叫"事实论证",它是用列举具体事例来论证一般结论的方法。

(6)演绎论证:也叫"理论论证",它是根据一般原理或结论来论证个别事例的方法。即用普遍性的论据来证明特殊性的论点。

(7) 类比论证：是从已知的事物中推出同类事例的方法，即从特殊到特殊的论证方法。

(8) 因果论证：它通过分析事理，揭示论点和论据之间的因果关系来证明论点。因果论证可以因证果，或以果证因，还可以因果互证。

(9) 引用论证：即"道理论证"的一种，引用名家名言等作为论据，引经据典地分析问题、说明道理。

三、新闻评论的写作要求

一篇好的评论，应当立意新颖，论述精当，文采斐然。

(1) 要有鲜明而深刻的论点。围绕立论组织论点：一是根据立论的需要合理设置论点；二是根据论点间的逻辑关系恰当安排论点；三是精心选择论点的表述角度。

(2) 使用确凿、典型、充分、新颖的论据，围绕论点组织论据：一是根据论点的需要精选论据；二是繁简得当、详略适宜地剪裁论据；三是按与论点的内在联系表述论据。

(3) 进行逻辑严密的论证。通过恰当的论证，揭示出论点和论据之间内在的逻辑联系，使材料和观点有机地统一起来。这样论述才能具有深刻的论证性和严密的逻辑性。

(4) 使用夹叙夹议的表达方式。摆事实，讲道理，避免空发议论，要从具体的人或事来切入，即用恰当的方式、方法把事实和议论、材料和观点的有机联系具体表达出来。

(5) 评论的语言要平易近人、深入浅出。把深刻的思想内容和平易通俗的论述结合起来，道理要讲得正确，讲得深刻，使读者从中得到启发和教益。同时，道理还要讲得明白晓畅，通俗浅显，使读者容易理解和接受。反对艰深晦涩的道理、各种空话、套话和令人厌恶的八股腔。

四、参考例文

例 文

迎着中华民族伟大复兴的曙光
——热烈庆祝中华人民共和国成立60周年

今天，中华人民共和国迎来60华诞。

60年前的今天，毛泽东同志庄严地向全世界宣告中华人民共和国成立。这一彪炳史册的历史时刻，标志着中国人民从此站立起来掌握自己的前途命运，标志着我们伟大祖国从此告别落后屈辱走向繁荣富强，标志着中华民族从此迈向伟大复兴的新纪元。

新中国成立以来，中国共产党团结带领全国各族人民以一往无前的进取精神，探索社会主义建设规律，在革命、建设、改革的伟大实践中，取得了举世瞩目的巨大成就，谱写了中华民族自强不息、顽强奋进的壮丽史诗。

60年沧桑巨变，中国共产党坚定不移地引领当代中国的进步潮流，我们伟大的祖国实现了从半殖民地半封建社会到民族独立、人民当家做主新社会的历史性转变，从新民主主义革命到社会主义革命和建设的历史性转变,从高度集中的计划经济体制到充满活力的社会主义市场经济体制、从封闭半封闭到全方位开放的历史性转变。社会主义中国在广泛而深刻的变革中,探寻出一条生机勃勃的现代化道路。共和国60年艰辛探索和成功实践,向世界展现了社会主义制度的优越性和生命力。

60年团结奋斗,我们将几代人矢志追求的现代化梦想和民族复兴进程不断向前推进。从一穷二白到经济总量跃居世界第三,从温饱不足到总体小康,从"站起来了"到"举足轻重"。中国的国力从来不曾如此强大,百姓的生活从来不曾如此富足,亿万人民的精神面貌从来不曾如此昂扬奋发。共和国60年辉煌历程和光辉业绩,铸就了中华民族走向复兴的伟大丰碑。

振兴中华,赶上世界潮流,使中华民族屹立世界民族之林,这是长期以来中国人民的夙愿。纵观近代以来实现中华民族伟大复兴的历史进程,新中国的60年,前承几代人艰苦卓绝的探索和奋斗,后启一个民族走向复兴的变革与创新,凝结着亿万中华儿女一个多世纪以来改天换地的豪情壮志,开创了现代中国富强民主文明和谐的灿烂前景。

为了中华民族的伟大复兴,十九世纪中叶以来,无数仁人志士奋起寻求救国救民的道路。鸦片战争后的近百年间,中华民族走过了历史长河中最为屈辱的一段。抵御外侮、变法图强,推翻帝制、建立共和……面对民族危亡、生灵涂炭的悲惨境遇,中华儿女为救亡图存上下求索,进行了反压迫、反奴役、反侵略的英勇斗争,书写下中华民族不屈不挠、顽强抗争的悲壮一页。

为了中华民族的伟大复兴,中国共产党人勇敢肩负起民族独立、人民解放,国家富强、人民幸福的神圣使命。为有牺牲多壮志,敢教日月换新天,我们党团结带领人民,历经几十年艰苦奋斗,完成了新民主主义革命任务,建立了中华人民共和国,全面确立了社会主义基本制度,从根本上改变了中国人民的前途命运,为当代中国一切发展进步奠定了根本政治前提和制度基础。

为了中华民族的伟大复兴,中国共产党在新的时代条件下带领人民进行新的伟大革命,开辟了中国特色社会主义道路。在国家民族的重大历史关头,我们党以巨大的政治勇气和理论勇气,吹响思想解放的号角。改革开放这一决定当代中国命运的关键抉择,极大地解放和发展社会生产力,赋予社会主义新的生机活力,使中华民族大踏步赶上时代潮流,使中国人民走上富裕幸福的康庄大道,使社会主义中国更加自信地面向现代化、面向世界、面向未来。

新中国60年光辉历程,是中国共产党人认识世界、改造世界的伟大创举,是根本改变中华民族命运、深刻影响人类历史进程的伟大变革。60年光辉历程,凝聚成宝贵的历史经验,启示中华民族走向复兴的光明未来:没有共产党就没有新中国,就没有中国特色社会主义;只有社会主义才能救中国,只有改革开放才能发展中国、发展社会主义、发展马克思主义。

我们正处在进一步发展的重要战略机遇期,在新的历史起点上向前迈进。到中国共产党成立100年时建成惠及十几亿人口的更高水平的小康社会,到新中国成立100年时基本实现现代化,建成富强民主文明和谐的社会主义现代化国家,这是我们的伟大目标。

> 面对大发展大变革大调整的世界大势,面对前进道路上各种困难风险,我们肩负的任务艰巨而繁重,我们面临的考验复杂而严峻。我们走过的60年征程,只是民族复兴万里长征的第一步。居安思危,永不懈怠,艰苦奋斗,埋头苦干,我们才能承续无数先辈英烈们所开创的伟大基业。
>
> 这是一个充满生机、富有活力的时代,一个开拓未来、创造历史的时代。目睹我们国家沧海桑田的巨变,亲历中华民族迈向复兴的航程,时代给予我们光荣与梦想,更赋予我们责任与使命。迎着中华民族伟大复兴的曙光,紧密团结在以胡锦涛同志为总书记的党中央周围,亿万人民必将在中国特色社会主义道路上谱写中华民族自强不息、顽强奋进的崭新篇章。
>
> (资料来源:《人民日报》2009年国庆社论)

第四节 广播新闻

一、广播新闻概述

广播新闻是指以广播为传播手段对新近发生的或正在发生的新闻事实的报道,是指运用广播记者、主持人或播音员的有声语言叙述和新闻事物的实况音响、新闻人物的讲话录音,使之有机结合,报道新闻事实的广播报道形式。

二、广播新闻的种类

按报道形式,可划分出广播新闻三大框架:语言类、音响类、音乐类,从而可把广播新闻分成口头播讲、音响报道、配乐(音)报道三种类型。

(一)口头播讲

这是只使用语言进行报道的广播新闻形式,根据讲话人身份的不同可以进一步分为播音员播读、主持人讲述、其他广播工作者,以及非广播工作者(即非专职媒介人物)的报道或讲话三种。口头播讲是出现最早、使用最多的广播新闻形式。

(二)音响报道

这是最常见的类型。音响报道的基本特征就是"音响",凡是有音响的都应算作音响报道。这里的音响指的是实况音响,即"报道所涉及的人物、事物自身的声音",不是模拟、扮演的效果,也就是说,凡是有被报道的人物、事物自身声音的广播新闻都属于音响报道。

对音响报道进行下一层次的划分,主要以采制方式的不同作为划分依据,分为录音报道、现场报道、实况报道和主持人报道几种。

1. 录音报道

其制作方法是先采集音响素材,回来写作解说、剪辑音响,再将二者复制合成,形成完整报道。录音报道的采制周期较长,制作比较复杂,时效差;但由于它在采访之后有再思考、写作的余地,节目一般较精致,解说得体,音响精炼,容易成功。录音报道的体裁最多,基本上各类新闻体裁都可使用,如消息、通讯、特写、访问、短评、述评等。

2. 现场报道

这是记者在新闻现场一边采集音响,一边解说、报道的形式,它可以现场直播,也可以录音后经剪辑播出。现场报道的音响采集、解说皆需在现场完成,不允许事后再加一字一词,这是与录音报道的区别所在。现场报道的时效性是最高的,能以最快的速度将新闻播报出去,要求记者在现场要反应迅速、判断准确、出口成章,其现场解说的难度较大,但这种即兴的语言具有很强的吸引力,是广播的特长之一,因而它是各国广播新闻机构经常、大量采用的报道形式。现场报道的体裁数量也不少,有消息、通讯、访问、述评等。

3. 实况报道

实况报道是对一新闻事件(一般为会议、演出、体育比赛等)所做的原原本本、从头至尾的照实播出,包括实况转播、实况录音和实况录音剪辑。实况报道有的以实况音响为主,基本没解说(如会议报道);有的需较详细地介绍、说明现场情况、音响内容,解说较多(如体育报道)。实况报道更接近于现场报道,但又有其特点。它与现场报道不同之处在于实况报道采录、解说的位置都较固定,不如现场报道的灵活多样;而且局限于一个预先组织的活动,并与其共始终;而现场报道则多用于突发事件,其采录、解说、报道的长短都较灵活。实况录音剪辑可以制成消息体裁,其他实况报道多为专题报道。

4. 主持人报道

主持人报道是由主持人串联的有音响的节目。它可以是短篇的通讯一类的专题报道,也可以是持续较长时间的一档节目,后者目前使用较多,如特别节目和热线直播。主持人报道在音响使用上更为灵活,可使用录音音响也可用现场音响,并可同时接收、串联多个信息源的信息。这种形式已经获得广大听众的认可和欢迎。

(三)配乐(音)报道

这种形式目前很少见,而且较简单,它是指为口播的通讯、特写等配上相应的音乐或(和)效果。这种形式虽然有它独特的表现力,但由于有时与新闻真实性的要求发生矛盾,目前在国内外广播界都较少使用。

三、广播新闻的写作要求

(一)力求通俗化、口语化,避免书面化

报纸是给人看的,广播是给人听的。看起来顺眼的文章,听起来不一定顺耳。广播是一种作用于听觉的媒体,广播语言要具备可听性,要通俗易懂,朴实无华,念起来顺口,听起来省力。因此,从事广播新闻工作的记者和编辑必须掌握广播新闻的特点,真正体现广播新闻稿的"为听而写"的写作特色。在写稿或编辑时,用词要普通,避免同音歧解和同意反复,句子要短,不该省的字千万不要省略,力求通俗化、口语化,避免书面化。

(1) 在报纸上适用而在广播里不适用的句子和词要尽量不用、少用或改写,比如"迅速"可以改写成"很快就","立即"可写成"立刻""马上","地处"可写成"位置在",等等。

(2) 用词时尽量选用使人一听就明白的词,难懂的、文绉绉的成语、文言词语最好不用,或根据它的意思改写,比如"东方发白"改成"天刚亮","沆瀣一气"改成"臭味相投"。

(3) 少用简称、多用全名,不该省的字不要省,比如"同期"最好写成"同一时期","但是为了"不要写成"但为","第三次全国职业教育工作会议"不要写成"三次职教会"。

(4) 音同字不同的字和词要分清,以免产生歧义,比如"全部"容易听成"全不","喉头"与"猴头"分不清,应写成"喉咙"。

(5) 方言、土语最好不用或少用,比如上海话"侬"应写成"我"。

(6) 有些标点符号的意思,在广播中要想办法用文字表述出来。比如,"这就是地主办的'慈善事业'",这里的"慈善事业"打上双引号,表示否定的意思,在广播中为避免听众误解成肯定的意思,可在慈善事业前加上"所谓的"。

(二) 采写要及时

听众喜欢在第一时间了解掌握最新、最全、最快的新闻信息。而广播既无画面又无平面,所以及时性是广播新闻与其他媒介新闻相区分、相竞争的最大特性,广播新闻一般主张只抓重点,少作深度挖掘、批判,充分发挥自己无可比拟的快捷特性。

(三) 体现现场感、画面感、真实感

报纸的特点反映在版面上,而广播的特点则在它的音响上。广播的新闻之"感",来自音响配合烘托的现场感,来自文字描述展现的画面感,也来自于报道所传递的真情实感。所以,在广播新闻稿的写作中,记者应时时有画面意识,在采访中运用眼睛这个"镜头"进行横扫、凝视、俯视、仰视,适时摄入感性素材,不放过任何一个生动形象的细节特写。写稿时,应该将现场情景在眼前浮现回放,选择最打动自己、离新闻主题最近的"镜头"落笔切入,调动一切具有动感的词汇来加以表现,用形象生动、精当客观的文字,结合那些在现场捕捉到的具有新闻价值的生动鲜活的音响,再现新闻事件的是非原委和新闻人物的音容笑貌,使人听了如临其境,从而增强报道的可信性和感染力。

例如,2005年3月27日,威海机场首次对国外开放,当天开通至韩国汉城(仁川)机场的飞机航班。当时记者到威海机场进行现场直播,在飞机滑行起飞的时候,记者现场报道说"首航班机就像一只巨大的和平鸽,正在稳稳跃起,飞向大洋彼岸的韩国机场",同时伴随着现场飞机引擎加强、滑翔起飞远去的声音。后来听众反映说:"这次现场直播太逼真了,简直就跟到了现场一样。"

四、参考例文

例文 1

昨夜,随着湘北初雪飘落,秋天与我们挥手道别,我省正式宣告进入冬天。

从 11 月 11 日开始,湘北已连续五天日平均气温维持在 6℃ 上下,按气象学上规定,连续 5 天日平均气温低于 10℃,就算正式进入冬天。10 月 8 日,包括长沙在内的湘中以北及湘西多个地方宣告入秋,至 11 月 11 日湘北率先宣布入冬,2009 年湖南秋季仅一个月零三天,秋季时间非常短。

昨日开始,新一股强冷空气入侵我省,灿烂晴空马上转入厚厚云层包裹之中。据省气象台专家分析:此次湖南降雪的主要影响时段,从 15 日晚开始到 16 日白天;由于水汽条件配合较好,湘北局部将会下起大雪,但全省大范围的强降雪不会出现,降雪过程中温度较低,降雪、冰冻持续时间不会太长。

昨日长沙最低气温仅 5℃,加上 5—6 级的北风,使人感觉寒气逼人。在黄兴路步行街,不少逛街的市民穿着羽绒大衣,手上套着毛手套,系着厚厚的围巾。步行街上的服装店、鞋店生意火爆。在黄兴南路沃尔玛超市,电热毯、烤火炉等取暖电器旁,围满了挑选的顾客。一位 30 多岁的刘姓顾客一次就买了 3 床电热毯。平和堂 7 楼一自助餐厅座无虚席,每一桌的客人都在吃着热气腾腾的火锅。五一路上,一女孩怀里抱着的宠物狗也穿着厚厚的棉衣……

由于此次初雪将伴随寒潮而至,而寒潮发生时可能伴有剧烈降温、大风、雨雪或冻雨。市疾控中心专家称,严寒导致的机体免疫功能下降和内分泌失调可引起免疫反应的异常,一些导致上呼吸道感染的病原微生物活跃,容易引发感冒、气管炎、冠心病、肺心病、中风、哮喘、心肌梗死、心绞痛和偏头痛等疾病,市民特别是抵抗力较弱的老人和小孩尤其要注意。

例文 2

万里长江第一条过江地铁今天运营

今天上午十点,长江第一条过江地铁——武汉轨道交通 2 号线一期工程开始运营。请听记者刘群、赵阳采制的录音新闻:

武汉轨道交通 2 号线一期工程开通仪式的会场设在汉口中山公园站。很多市民都早早来到这里,准备亲眼见证令人激动的时刻:

市民:我早晨八点钟就来了,高兴、高兴!

市民:感觉蛮幸福,很幸福!蛮自豪啊!

(现场声压混)

和以往重大工程竣工庆典不同的是,今天的仪式,没有搭设主席台,没有摆放鲜花,也没有领导致辞。在市民代表和地铁建设者代表简短发言之后,武汉市委书记阮成发等市领导就和市民、建设者、拆迁户代表一起乘坐首趟过江地铁,以此庆祝第一条过江地铁投入运营。阮成发和市民们一边拉着家常,一边走进地铁车站。他说得最多的就是对市民的感谢:

　　我们发自内心地感谢(你们)!这个功劳归于全市人民。

　　(地铁广播:欢迎您乘坐武汉轨道交通2号线……压混)

　　走进地铁车厢,副市长胡立山对市民们说:

　　武汉人建成了长江第一座大桥,又建成了长江第一条隧道,今天我们又建成了长江第一条地铁,非常自豪!

　　武汉轨道交通2号线一期工程总投资150亿元,工期五年,创造了五个中国第一,这就是:第一条穿越长江的地铁;盾头独头掘进距离最长的区间隧道;埋深最大的地铁隧道;第一条在江底修建带泵房联络通道的隧道;水压最大的地铁隧道。隧道在江底最深的地方有46米,这里的水压可以把水柱喷射到十五层楼高。

　　武汉地铁集团董事长涂和平:

　　在水下我们做了五个联络通道,如果一条隧道出现问题,乘客就下车走安全走廊,到另外一条隧道,就非常安全了。在这个紧急情况下,通风井就几分钟可以把烟迅速地抽到洞外。

　　(地铁广播:乘客您好,列车即将穿越万里长江……压混)

　　列车穿越万里长江,这让车厢里的所有人都兴奋起来:

　　(列车穿江现场音响数秒,压混)

　　市民张女士:3分50多秒,不到4分钟,蛮爽!

　　3分50秒!地铁穿过了3322米的长江地铁隧道!这比公交车走武汉长江大桥快一个多小时。

　　学生张诗悦:特别特别高兴、特别特别开心!

　　市民陈女士:很骄傲的,不能用语言来形容!

　　市民杨威说:

　　我家是住在(汉口)常青花园,我要在(武昌)洪山广场上班。以前我是早上六点钟就得起来,坐两个小时的公交基本上才能到单位,现在我只需要七点起来,我八点就可以到单位,而且还绰绰有余。对我个人来说也是最大的一个受益者。

　　地铁2号线起点是汉口金银潭,终点在武昌光谷广场,全长27.73公里,设有21座车站,贯穿中心城区的黄金交通走廊,串联起江北江南五大商圈。单边运行时间52分钟,运行初期每天客流量可超过50万人次,可以分流全市24%的过江客流。市委书记阮成发告诉乘坐地铁的市民:

　　今后五年,(武汉)每年要通一条地铁,这样呢就是(武汉的)三个火车站、飞机场和地铁之间是无缝对接,整个武汉的交通它的综合性和立体性(就)充分体现了。

注释

这是第二十三届(2013年)中国新闻奖一等奖获奖作品,评委认为:记者在采制这篇现场录音新闻时,紧紧抓住武汉地铁带给人民的"激动、创新、安全、快捷"的感受,通过生动传神的音响,充满激情的文字、详略得当的结构、富于画面感的叙述,把千万江城人民的自豪与快乐定格在短短的几分钟里,把万里长江第一条过江地铁的深远历史意义和重大现实意义浓缩在一篇广播新闻中,是一篇意义特别重大、特色十分鲜明、制作特别精良的广播新闻。稿件播出后,在社会上引起很大反响,不少老听众、老市民纷纷通过电话、网上留言等形式,对这篇稿件的立意、文字表达、音响安排等都给予充分肯定。特别是稿件中涌动的自豪激昂、敢为人先的情绪更是得到听众的高度肯定。不少听众表示,首趟过江地铁投入运营,不但是天堑变通途的重要一步,更是武汉千万市民"敢为人先、追求卓越"精神的充分体现,特别是在当前中华民族伟大复兴和复兴大武汉的历史进程中,这一重大事件具有十分重大的象征意义。

第五节 新闻发布稿

一、新闻发布稿概述

新闻发布稿是公关组织在新闻发布会上,直接向新闻界发布有关组织信息、解释组织重大事件的新闻体裁。

新闻发布稿多用于产品发布、事件通报。特别是突发公共事件发生后,新闻媒体和公众都十分关注,人们焦急地等待,迫切地想了解事件的真相,包括原因、伤亡情况、政府紧急应对措施、公众需防范的措施等。媒体在这个时候最想知道的是向谁、到哪里去获取这样权威的信息。新闻发布会的召开可以通过新闻界把权威可靠的消息在第一时间告知媒体和公众,而且还可以把媒体尽可能地吸引到政府权威的新闻发布渠道中起到以大道消息堵小道消息的作用。

二、新闻发布稿的结构和写法

新闻发布稿的结构一般有标题、称呼、开头、主体和结尾等部分。

(一)标题

一个好的新闻发布稿标题,既能概括反映发布的内容,又能引起听众的兴趣。标题要求准确简短,以最少的文字准确完整地表达出新闻发布的内容,避免使用冗长、深奥费解、宽泛、有歧义等的标题。标题通常由"发布内容+文体(新闻发布稿)"或"发布单位+发布内容+文体(新闻发布稿)"组成,还有的加上副标题或直接以文体(新闻发布稿)作为标题,如:《2008年反扒工作新闻发布稿》《青海省2009年普通高校招生录取工作新闻发布会发言稿》《采取有力措施 确保阳宗海沿湖饮水安全——云南省水利厅新闻发布稿》。

（二）称呼

在新闻发布稿中，礼貌恰当地称呼听众是非常必要的，是尊重听众的一种表现。发布对象主要是邀请到的媒体记者及在场的相关人员，可称呼"同志们、新闻界的朋友们""各位媒体记者朋友们""女士们、先生们，各位记者朋友们"。

（三）开头

从心理学的角度看，一次活动开头的两三分钟是人的注意力最集中的时候，因此，新闻发布稿的开场白肩负着组织听众注意力的特殊使命。新闻发布稿的开头通常要开门见山地说明发布会的主要内容，并向来宾表示欢迎、感谢。

例如：

"今天，我们在这里召开中国国际广播电台招聘专职驻外记者新闻发布会，在此，我谨代表中国国际广播电台向与会的各位领导、各位来宾、新闻界的朋友们表示热烈的欢迎！向长期以来关心、支持国际广播事业发展的上级领导机关和社会各界表示衷心的感谢！"

（四）主体

在撰写新闻发布稿时，首先应该弄清楚稿件的发布目的、目标受众及稿件的发放渠道这三个要素，针对不同的目的，确定文章内容的重点；根据不同的受众，使用不同的语言风格；针对不同的发展渠道，对稿件进行不同的修饰。然后把事件经过、处理情况、近况、善后事宜等、经验、体会收获等一一进行通报。

有的事件还需举行多场新闻发布会。第一场新闻发布主要是发布事件最简要的、初步的、截至当时已掌握的信息，随后做好后续发布，连续举行若干场新闻发布，不断发布最新进展。

如2008年5月12日汶川特大地震发生后，国务院新闻办5月13日下午4时就举行首场发布会，介绍地震灾害和抗震救灾情况，随后连续举办20多场，前后共举办30多场，创下了我国政府就突发事件举办新闻发布会最快、最多、最密的历史纪录。

（五）结尾

结尾是对新闻发布的内容作一个总结，宣布新闻发布会结束并致谢。

例如：

"各位记者朋友！加强食品药品监管工作，离不开新闻媒体的大力支持、积极配合和广泛参与。希望各新闻单位一如既往地关心、支持食品药品监管工作，也真诚地欢迎大家对我们的工作给予监督！今天的新闻发布会到此结束。谢谢大家。"

三、新闻发布稿的写作要求

写新闻发布稿时，要注意四点。

（1）观点鲜明。对问题持什么看法，要明确表态。对尚未认识清楚的问题，要实事求是地说明，不要含糊其辞。

（2）内容准确、权威。对提供的信息，万万不能出现基本事实错误和数字错误，稿件要明确由谁负责签发，并应及时把发布的内容和口径向负责处置事件的其他工作部门通报。

（3）条理清楚。一篇新闻发布稿要谈几方面的问题，每一方面问题要讲哪些条目，都要安排得有条理，让人听起来容易抓住重点。

（4）语言简洁明快。新闻发布稿是直接面向听众，所以，语言一定要简洁明快，尽量不使用冗长啰唆的句子，避免采用包含过多定语或者从句的复杂句式，更不要使用过于晦涩的隐喻和深奥难懂的词句，话要说得准确、易懂，最好运用大众化语言。

第六节　广　　告

一、广告的概述

广告是为了某种特定的需要，通过一定形式的媒介，公开而广泛地向公众传递信息的宣传手段。广告有广义和狭义之分，广义的广告包括非经济广告和经济广告，非经济广告指不以营利为目的的广告，如政府行政部门、社会事业单位乃至个人的各种公告、启事、声明等，主要目的是推广；狭义的广告仅指经济广告，又称商业广告，是指以营利为目的的广告，通常是商品生产者、经营者和消费者之间沟通信息的重要手段，或是企业占领市场、推销产品、提供服务的重要形式，主要目的是扩大经济效益。

【小阅读】

回味隽永的广告语：

牙刷广告语："一毛不拔。"

打字机广告语："不打不相识。"

鸡饲料广告语："如果'佩利纳'还没有使你的鸡下蛋，那它们一定是公鸡。"

宠物食品广告语："请把你家的狗拴牢，否则它会跑到卡斯克公司来。"

餐馆广告语："如果你不进来吃，我俩都要挨饿。"

旅行社广告语："请飞往北极度蜜月吧，当地夜长24小时。"

瑞士旅游公司的广告语："还不快去阿尔卑斯山玩玩，6000年后这山就没了。"

法国香水的广告语："我们的新产品极易吸引异性，因此随瓶奉送自卫教材一份。"

法语学习班的招生广告语："如果你听了一节课后不喜欢这门课程，你可以要求退回你的学费，但必须用法语说。"

一家钟表店以"一表人才，一见钟情"为广告词，深得情侣喜爱。

有一则护肤霜的广告语是："20岁以后一定需要。"

古井贡酒的广告语："高朋满座喜相逢，酒逢知己古井贡。"

杀虫剂广告语："真正的谋杀者。"

脚气药水广告语："使双脚不再生'气'。"

电风扇广告语："我的名声是吹出来的。"

二、广告的特点

(一)简洁精练

广告语应简明扼要,抓住重点,"浓缩的才是精品"。美国广告大师马克斯·萨克姆说:"广告文稿要简洁,要尽可能使你的句子缩短,千万不要用长句或复杂的句子。"能够在社会上广泛流传的广告语一般都是很简短的,例如戴比尔斯钻石的广告语"钻石恒久远,一颗永流传",海尔集团的广告语"海尔——真诚到永远";耐克"Just do it";海飞丝洗发水"头屑去无踪,秀发更出众";IBM公司的"Think"等,都是非常简练的。

(二)沟通顺畅

广告语要产生效果,离不开受众的反应,所以广告要与受众能产生良好的互动,迎合受众的好奇心和模仿性,唤起心灵上的共鸣。例如雀巢咖啡广告"味道好极了",仿佛是一个亲人向你推荐她的最爱,浅显易懂又十分亲切。又如娃哈哈的"妈妈我要喝",听起来就像每天发生在我们身边的一点一滴的事情,既宣传了产品又便于流传。再如赵本山做的电视广告:"泻痢停,泻痢停,痢疾拉肚,一吃就停。"和极具感染性的广告语"男儿风西服,尽显男人本色——男人的选择"。

(三)新颖独特

广告语要新颖独特,句式、表达方法要别出心裁,例如某电话机广告语"勿失良机",巧妙地利用了"机"字的双关;又如雕牌洗衣粉中的一句"妈妈,我能帮您干活了",既与产品功能相符又体现了母子间的深情。一个芝麻油销售者的叫卖广告语:"顾客,请检验我的小磨芝麻油。芝麻油里若掺猪油,加热就会发白;掺棉油,加热会溢锅;掺菜籽油,颜色会发青;掺冬瓜汤、米汤,颜色会发浑,半小时以后有沉淀。纯正小磨芝麻油是红铜色,清色,香味扑鼻。"

(四)朗朗上口

广告语要流畅,朗朗上口,适当讲求语音、语调、音韵搭配等,这样才能可读性强,抓住受众的眼球和受众的心。许多广告语都是讲求押韵的,例如"农夫山泉,有点甜","好空调,格力造","头屑去无踪,秀发更出众"等。

三、广告的分类

分类的标准不同,看待问题的角度各异,导致广告的种类很多。

如果以传播媒介为标准,可分为报纸广告、杂志广告、电视广告、电影广告、网络广告、招贴广告、直邮广告、车体广告、门票广告、餐盒广告等,随着新媒介的不断增加,以传播媒介划分的广告种类也会越来越多。

如果以内容为标准,可分为产品广告、品牌广告、观念广告等。

如果以目的为标准,可分为告知广告、促销广告、形象广告、建议广告、公益广告、推广广告等。

如果以广告策略为标准,可分为单篇广告、系列广告、集中型广告、反复广告、营销广告、比较广告、说服广告等。

如果以表现手法为标准,可分为图像广告、视听广告、幽默广告、文字设计广告、人物肖像广告等。

四、广告的写作

(一)标题

广告的标题是广告的眼睛。

1. 直接标题

直接标题是用简单明确的语言表明广告内容,把最重要的情况和事实直截了当地告诉人们。最常见的直接标题是以商品名称和厂商命题,如"喝孔府宴酒,做天下文章""人头马一开,好事自然来""中意冰箱,人人中意""家中有万宝,生活更美好"。

2. 间接标题

间接标题不直接出现所要推销的商品的内容,而是利用艺术手法暗示或诱导受众,引起受众的兴趣与好奇心理,从而进一步阅读广告正文。

例如:

在世界杯的热潮中,有一张时刻受人欢迎的黄牌。(立顿黄牌袋泡茶广告标题)

眼睛是心灵的窗户,为了保护您的灵魂,请给窗户安上玻璃吧!(美国眼镜广告标题)

工欲善其事,必先利其器。("常工牌"焊接切削工具广告标题)

发光的不完全是黄金。(美国银器广告标题)

3. 复合标题

复合标题通常由引题、主题和副题组成,或只有其中的两项。复合标题能将直接标题和间接标题糅合在一起,各取所长,既清楚明白,又引人入胜,往往能收到很好的效果。

例如:

拥有"王祥"全家吉祥(引题)

上海沪祥童车厂 北京市京雷百货贸易公司联合举办"王祥"童车展销(主题)

小到一颗螺丝钉(主题)
——四通的服务无微不至(副题)

用了油烟机,厨房还有油烟

用了油烟机,拆卸清洗困难怎么办(引题)

科宝排烟柜,将油烟控制在柜内,一抽而净。

科宝油烟机带集油盆,确保三年免清洗。(主题)

全方位优质服务:免费送货安装,(南三环至北四环)三年保修,终身维修。(副题)

(二)正文

写广告正文时要陈述清楚具体的内容,清晰地表明广告的诉求对象和诉求内容,向受众提供完整而具体的广告信息。常见的广告正文形式主要有：

1. 陈述体

陈述体是指在广告正文中最大限度地告知受众广告主题和广告商品信息，如劳斯莱斯汽车的广告文案即为陈述体广告正文。

标题："当这辆新型的'劳斯莱斯'以时速60英里行驶时，最大噪声发自车内的电子钟"。

副标题："什么原因使得'劳斯莱斯'成为世界上最好的车子？"

文案正文：

一位知名的"劳斯莱斯"工程师说："说穿了，根本没有什么真正的戏法——这不过是耐心地注意细节。"

行车技术主编报告："在时速60英里时，最大闹声是来自电子钟。引擎是出奇的寂静。三个消音装置把声音的频率在听觉上拔掉。"（略）

价格：本广告画面的车子——在主要港口岸边交货——13 550美元。

假如你想得到驾驶"劳斯莱斯"或"班特利"的愉快体验，请与我们的经销商接洽。他的名号写于本页的底端。（略）

因为在当时劳斯莱斯汽车是属于高档商品，为了打动受众，要用明确、详尽的语言对广告产品的各类信息进行揭示，给受众以更多的信息，使其愿意购买。

2. 抒情体

抒情体是指广告正文采用散文、诗歌等形式来完成。这种形式凝练精美，能够表现出真情挚感，给人耳目一新的感受。如兰薇儿春夏睡衣广告。

长夜如诗，衣裳如梦。

兰薇儿陪伴您，在夜的温柔里。

月色淡柔，灯影相偎，夜的绮思悄悄升起……

在这属于你的季节里，兰薇儿轻飘飘的质感，高雅精致的刺绣，更见纤巧慧心，尤其清丽脱俗的设计，让你一眼就喜欢！今夜起，穿上兰薇儿，让夜的温柔轻拥你甜蜜入梦！

3. 故事体

故事体是指在广告正文中通过故事情节的发展来吸引消费者。在广告文案构思中，以故事体来完成广告正文，能够通过故事情节来揭示广告主题，传播广告产品的属性、功能和价值等，创造出一种轻松的信息传播氛围。此类广告的吸引力和记忆度较强。

在第四十三届国际戛纳广告节上，有这样一则广告：一个小男孩拿了一块巧克力去逗引小象，小象受到诱惑走过来要吃，孩子却自己吞了下去，小象非常委屈。男孩子成为青年后，在一次狂欢节上依然嚼着那种巧克力。突然，一只大象将他打翻在地。原来小象长大了，但它仍然记着数年前小孩对它的嘲弄。在轻松的笑声中我们仿佛闻到了巧克力那诱人的香味。

4. 断言体

断言体是指在广告正文中，直接阐述自己的观念和希望，以此来影响受众的心理。威廉·伯恩巴克的广告文案杰作之一——"慷慨的旧货换新"，即为典型的断言体。

标题：慷慨的旧货换新

副标题:带来你的太太,只要几块钱……我们将给你一位新的女人

文案正文:

为什么你硬是欺骗自己,认为你买不起最新的与最好的东西?在奥尔巴克百货公司,你不必为买美丽的东西而付高价。有无数种衣物供你选择——一切全新,一切使你兴奋。

现在就把你的太太带给我们,我们会把她换成可爱的新女人——仅只花几块钱而已。这将是你有生以来最轻松愉快的付款。

随文:奥尔巴克 纽约·纽渥克·洛杉矶

广告口号:做千百万的生意,赚几分钱的利润

5. 幽默体

幽默体是指在广告正文中,调动谐音、双关、拟人等手法,使广告产生幽默效果,造成特定的情趣,使受众在轻松活泼的气氛中接收了广告信息。如某眼镜广告"眼睛是心灵的窗子,为了保护好您的心灵,请在您的窗子上安上玻璃吧!"在马来西亚柔佛州的交通要道上有不少幽默式交通广告,有一则广告文案如下:

阁下驾驶汽车时速不超过 30 英里,您可饱览本地的美丽景色;超过 80 英里,欢迎光顾本地设备最新的急救医院;上了 100 英里,那么请放心,柔佛州公墓已为你预备了一块挺好的墓地。

"非常系列茶饮料"内心独白篇,借用周星驰《大话西游》中经典爱情独白:"有一份真挚的爱情放在我的面前,我没有珍惜,人生最痛苦的事莫过于此。"不过这一独白面对的不再是紫霞仙子,而是一罐饮料,当周星驰说出"我爱你"时,娃哈哈茶饮料从天而降,覆盖了他的全身,一会儿,周星驰艰难地爬起来,贪婪地喝着娃哈哈茶饮料。

"步步高复读机"西天取经篇:在取经途中,唐僧深受不懂外语之苦,向孙悟空求救。于是乎,悟空使出七十二变,变出步步高复读机,"师傅莫慌,步步高学外语特别快,三天搞定。"悟空唱起《生命之杯》,唐僧也再次吟唱起"only you",最后与悟空高歌"Let's go"直奔西方。

在加拿大的一支名为《葬礼》的广告中,一只母鸡在伤心地哭泣:哦……,他(公鸡)去得太快了——从冰箱到餐桌,只要几分钟!(这是一种新型的快速烤箱广告!)

6. 诗歌体

诗歌体广告即运用诗词或民歌等形式写广告正文,诗歌广告读来上口,听来入耳,具有节奏美、韵律美,富有吸引力。例如顺风牌雨伞广告。

一把顺风拥有,伴你到处行走。

晴时为你遮阳,雨来不必担忧。

折起一束花,用时只需按钮。

祝你一路顺风,"顺风"四季良友。

又如"青岛啤酒"的广告诗是仿古藏头诗:

青翠纷披景物芳,

岛环万顷海天长。

啤花泉水成佳酿,

酒自清清味自芳。

【小阅读】

广告中的积极修辞

1. 婉曲
今天你喝了没有?(乐百氏奶广告)
已长发部分,请勿再涂此药。(美国P·K·D生发剂广告)

2. 比拟
我们的钓竿连鱼看了都喜欢。(某渔具广告)
轻轻地吻上你的眼睛。(某眼镜广告)
我是一只小电表,走得特别慢,因为新飞冰箱节能好,想快也快不了。("新飞"冰箱广告)
夏天,让我们做个"超薄"女人!(某减肥药广告)

3. 对比
一百元买一位广告大师一生的智慧。(一本书的广告)
买一本《365夜》,可以给爱听故事的孩子带来一年的乐趣。(一本书的广告)

4. 对偶
五月黄梅天,三星白兰地。(三星白兰地酒广告)

5. 引用
引用的范围很广,有古典诗词、谚语、格言、顺口溜等。
红豆生南国,春来发几枝。愿君多采撷,此物最相思。(红豆衬衫广告)
何以解忧,唯有杜康。(杜康酒广告)
借问酒家何处有,牧童遥指杏花村。(山西杏花村酒广告)
心有灵犀一点通。(灵通传讯广告)
不打不相识。(某打字机广告)
衣带渐宽终不悔,常忆宁红减肥茶。(宁红减肥茶广告)
车到山前必有路,有路必有丰田车。(丰田汽车广告)
路遥知马力,日久见"跃进"。(跃进车广告)

6. 双关
生活中离不开那"口子"。(口子酒广告)
聪明不必绝顶。(上海家化厂的"美加净颐发美")
挺身而出,展露女性最美的曲线。(孕妇装广告)
第一流的产品,为足下增光。(某鞋油广告)
双关中还有一类是语音双关,例如:
默默无闻的奉献。(某蚊香广告)
大维制衣,百"衣"百顺。(大维制衣广告)

7. 比喻
家具的贴身保镖。(油漆广告)

8. 夸张
隔壁千家醉,开坛十里香。(某白酒广告)
世界的早晨,都是雀巢咖啡。(雀巢咖啡广告)

（三）标语

广告标语是为了加强受众对企业、商品或服务的印象,在相当长一段时期内反复使用的固定宣传语句。它是广告中令人记忆深刻、具有特殊地位、特别重要的一句话或一个短语。标语在广告里既可以独立,又可以不设,广告标语的位置灵活,有的广告标语就是广告标题,有的广告标语与广告正文在一起。广告标语可以强化人们对企业经营特点、商品优点的记忆,取得广为传播、深入人心的效果,提高了商品的知名度和销售的连续性。例如,日本丰田汽车公司广告标语"车到山前必有路,有路必有丰田车";麦当劳的广告标语"我就喜欢";飞亚达表的广告标语"不在乎天长地久,只在乎曾经拥有";中国移动全球通的广告标语"我能";雀巢咖啡的广告标语"味道好极了";创维的广告标语"不闪,才是健康的";中美史克肠虫清的广告标语"两片";恒源祥的广告标语"羊羊羊";娃哈哈的广告标语"甜甜的、酸酸的"。

（四）随文

广告随文是广告的附属性文字和必要的说明,位于广告末尾。商品广告经常会在末尾的随文里说明企业名、地址、电话、银行账号、经销部门等。广告随文要求简明扼要、准确无误。

第七节 信 息

一、信息的概述

在远古,人们用绳子打结、用烽火台来传递信息;在战争年代,用鸡毛信来传递信息;中国人民共和国成立后,用书信、电报传递信息;现在,普遍使用传递速度更快的电话、手机,特别是电脑。人类传播信息的载体越来越先进,在现在这个信息爆炸的时代,信息无处不在,无时无刻不在更新。

可见,信息一直存在于客观世界中,人们都在自觉不自觉地接触和利用着信息,并且不断地从各种信息中汲取丰富的营养,增长与大自然作斗争的知识和本领,信息如同布帛菽粟,是人类生存和发展不可或缺的。信息的积累和传播,是人类文明进步的基础,是人类了解自然及人类社会的凭据。

信息,即讯息,又称资讯,是客观事物状态和运动特征的一种普遍形式,客观世界中大量地存在、产生和传递着以文字、声音或图像的形式来表现的各种各样的信息。

我们这里所说的信息,主要指反映各单位工作运转或行政管理活动的文稿,是上级领导或部门所不了解的、有价值的、客观情况的反映。信息起到宣传工作成果、交流工作经验、为领导科学决策提供参考等重要作用。

二、信息的特点

（一）宏观性

信息主要是为领导提供决策服务的,它所产生的效应直接或间接地体现在决策方面。

要求信息撰写人员围绕中心工作抓大问题，抓有碍全局的实际问题，抓政策性问题，抓各项重点工作的进展情况，而不是摄取小镜头，捕捉小花絮。

（二）真实性

与新闻报道不同，新闻报道要注重政治影响，而信息则要求实事求是。不管是喜是忧，都必须如实报告。一就是一，二就是二，决不允许在数字上用"大概""估计"。

（三）权威性

信息必须经过本级领导审查后方可报出，应该是具有严肃性的"官方消息"，绝不是不加约束、混淆视听的小道消息。

三、信息的结构和写法

信息与其他公文一样，必须有一个切合文意的标题，但正文的结构则比较自由，可以像其他公文一样由开头（或导语）、主体、结语三部分组成，也可以没有开头或结尾。简短的信息稿甚至可以不分层次、不分段落，不论内容多么复杂都要求精短、文简意明，有的甚至一两句话也可。

这里主要介绍几类信息的写法。

（一）决策反馈性信息

（1）贯彻落实上级重要会议精神的全盘部署。写作要领：一是开头交代清楚所贯彻落实的会议精神；二是针对会议要求解决的主要问题，把本部门的安排部署逐一交代清楚。

（2）对上级重大改革举措出台后的反映。写作要领：一是马上收集情况做到快速反应；二是在开头简要交代对重大改革的反映和所反映情况的来源；三是把正面或负面的反映所涉及的政策条款和产生这种反映的主要原因交代清楚；四是尽可能提出具体建议。

（3）对重大部署执行结果的反馈。写作要领：一是适时反馈，不要太晚；二是力求反馈全面的阶段性成果；三是扼要介绍主要作法或经验；四是如果还存在问题或困难，须择其要者予以反映，并说明主要原因，提出建议。

（二）问题性信息

（1）对上级正着手重点整治的问题。这种信息采用率较高。写作要领是把相关问题的来龙去脉交代清楚，找出问题的根源和实质，尤其要点明造成问题的责任对象，并说明请求上级解决的问题。

（2）对上级正在酝酿的决策有一定参考价值的问题性信息。写作要领：一是指出问题；二是分析问题产生的原因；三是对发展的趋势作出预测；四是提出具体建议。这是按逻辑顺序排列的。

（3）重大食品药品安全案件。写作要领：一是运用资料把案件基本情况介绍清楚；二是扼要说明本部门采取的主要措施，有的还提出请求上级帮助的具体要求。

（4）反映重大社情、民意的信息，如集体上访、群众生活困难、单位改革、工资发放难兑现,等等。

（三）建议性信息

建议性信息是为领导服务最直接的一类信息,很受领导的欢迎。它一般应包括提出问题、分析问题、解决问题三个部分。提出的问题不宜大,应当是比较具体的问题;分析问题要力求条理清楚,理由充足,切中要害,为提出建议作好铺垫;解决问题要提出具体可操作的建议,力戒笼统,力戒对现行政策措施的重复。

（四）经验性信息

（1）对于已经取得显著成效的经验。写作要领：一是简单交代背景和目的;二是具体介绍主要作法;三是介绍成果。

（2）对于暂无显著成效的做法。写作要领：一是选择有创新意义的、能给人一定启示的做法来写;二是简单交代背景和目的;三是具体介绍做法。

（五）领导言论性信息

领导言论性信息指各级领导对某一项工作的肯定性讲话和指导性言论。由于领导人特殊的身份,其言论对工作的开展具有重要的影响。写作要领是简单交代背景,具体介绍领导言论。

四、信息的收集和筛选

在美国一所大学图书馆的大门上刻着这样一句名言："知识的一半就是知道到哪里去寻求它。"所以,寻求知识广而言之即收集信息。

信息每时每刻都在大量产生,并且通过多种渠道传递给我们,而各个部门、各个层次的人对信息的需求又是千差万别。而且,由于种种原因不可避免地会有许多过时的、失真的信息混杂其中,形成信息混乱。这就要求我们加强对信息的管理,切实做好信息的收集、分析、研究工作,使自己获得准确、可信、可用的信息,从而迅速、灵敏地反映工作的进程和动态,并适时地记录下已发生的情况和问题。

（一）信息收集方法

1. 观察法

观察法是直接收集信息资料的传统方法。可通过开会、深入现场,参加生产和经营,实地采样,现场观察并准确记录调研情况,包括测绘、录音、录像、拍照、笔录等。这种方法主要包括两个方面,一是对人的行为的观察,二是对客观事物的观察。要以一个旁观者的姿态冷静地观察现场发生的情况,既要观察事物的全貌,发展变化的全过程,也要观察其各个组织部分和细节,要精细、耐心,对观察对象的相关知识有一定地了解,并要有敏锐的观察力、良好的记忆力,懂得一些心理学和社会学知识。

2. 查阅法

通过查阅大量国内外文献资料获得信息,这些文献资料主要来源于各种公共出版物和内部资料,包括专利说明书、技术标准、经济期刊、报纸、经济手册、经济年鉴、企业出版物等。

3. 文件检索

文件检索主要分为手工检索和计算机检索两种。手工检索主要指科技情报部门所收集和建立的资料目录、索引、文摘、指南和文献性综述等;计算机检索则通过互联网检索到所需要的信息。

4. 视听阅读法

看电视、听广播、来往书信、浏览报刊杂志、旅游访友、聊天闲谈都是收集信息的绝好机会。

收集信息的方法多种多样,各有千秋,但也有一定的局限性。因此,在制订信息收集计划时,要考虑以一种方法为主,并辅以其他方法,使之相互配合,以获得准确、可信、可用的信息。

(二)收集信息应注意以下几点

(1)收集信息要有明确的目的。收集或收取信息,是为了有目的地使用信息,即收集信息要有主观的脉络,弄清什么是所需要的信息,这些信息是什么形态,什么时候,什么地方可以得到这些信息,以便有针对性地筛选出与工作密切相关的信息。

(2)收集信息必须真实。收集的信息必须如实反映客观事物的特点、特性和本质。虚假的、道听途说的信息不仅无用,还会造成决策的失误。

(3)注意收集横向信息和反馈信息,获取信息不仅要注意收集本地区、本部门、本单位的信息,还要注意收集与之相关的其他地区、部门和其他单位的信息。注意收集横向信息,才能扩大视野,开阔思路,在横向比较中找出差距。

(4)在收集过程中出现了新情况、新问题,也要灵活机动,随着这些变化,进行追踪收集,并要注意收集利用间接的信息资料,边收集、边分析,以便把整个信息的收集工作不断引向深入,避免发生遗漏。

(三)信息的筛选

面对收集到的纷繁、复杂的信息,你必须知道如何选择。具备筛选信息的能力,你就很容易抓住头绪,达到事半功倍的效果。

1. 核实信息

首先,对收集到的信息抱有质疑的态度,特别对于间接的材料,有不同说法的,或对其有疑问的,应该进行溯源式核查,必要时亲自采访,获取第一手资料。保证收集的材料包括时间、地点、人物、事件起因和结果,以及背景材料、情节、细节、数字、语言等都必须完全准确、真实。

2. 分类信息

信息核实后,可用裁剪、复印、摘记、标记说明等方法,按对象、主题、形式、来源、内容等对信息进行归类,形成剪报、汇编等资料,从中筛选出需要的信息。

3. 分析信息

要筛选出有用的信息,必须在平时注意训练综合分析的能力。

分析能力与一个人的思想境界高低、对事物认识深刻程度有关。平时经常性的政治理论、时事方针政策的学习，文字写作修养的提高，各种专业常识的了解，以及一切社会生活、知识的积累，都能提高分析问题的能力。什么事物、事件反映时代前进的要求，值得著文传颂，造成舆论，以正确地引导受众，或给人以鉴赏、启迪，或对人们的思想、观点、言论或行为有着积极的影响力；什么事物、事件是时代前进的假象，不值得张扬、歌颂，而应当弃之、贬之，经过长期训练的你很容易就作出判断。通过分析筛选出有用意义的信息，得出比较抽象的理论，能提供有信息资料依据的参考意见。

五、信息编写的方法

信息编写的质量和效能高与低、好与劣，信息量的多少，以及信息是否及时、准确、系统、真实，对领导能否全面了解情况，实施正确指导工作，发挥办公室"参谋""耳目"作用等，都有直接影响。如何编写高质量的信息主要有以下几个方面。

（一）迅速确定主题

一条信息，编写的目的是什么？要让决策者了解什么？这些问题是编写信息时首先要搞清楚的。一条信息只体现一个主题。因为信息的主题范围越小，就越有利于把事情和问题说清楚，说透彻。信息编写应站在服务对象的角度去考虑内容的取舍，提炼信息的主题，做到一篇一事。

（二）巧妙设计结构

设计信息结构就是信息素材的组合。结构合理，信息就会中心突出，条理清晰。一是以时间先后为顺序，这种结构多用于反映事件的信息。二是以逻辑为顺序，如一起严重械斗事件的信息编写顺序是这样安排的：某月某日，某地发生一起严重械斗事件，伤亡人数，损失程度，引起械斗的原因，械斗的经过，处理结果。在这条信息中，时间顺序与逻辑顺序是交叉运用的。

（三）精心制作标题

信息的标题是吸引决策者关注的关键所在，也是整个信息的中心。在当今"信息爆炸"的时代，信息如潮水般涌来，领导很难做到逐件阅读，只有靠标题来选择最需要阅看的信息。一篇很重要的信息，如果标题没有准确地反映出其重要价值，那么这篇信息就很可能被忽略。因此，信息的标题要符合以下要求。

1. 题文一致

标题应准确地表现信息的主旨，不能为了某种需要去突出信息中的次要内容，也不能为了吸引人而故作惊人之语。

2. 概括得当

标题要有一定的概括性，但也不能过于高度概括，使标题太抽象，不具体。比较一下这样几个标题：《社会传闻引起群众不安》《关于××县将发生五级以上地震的传说引起部分群众的紧张和不安》《××县将发生地震的传说引起群众不安》。这三个标题反映的是同一件事。第一个标题概括过度，没有提出"地震"这一重要内容。第二个标题概括不足，对信息的内容写得太具体。显然，第三个标题既提示了信息的主要内容，又比较简练，这样概括是得当的。

3. 一语破的

"的"是指箭靶，要害部位。标题要一句话就击中要害。要做到这一点，就要抓住信息中的最主要事实。如一篇信息反映某县一村民在施工中砍断了一株古银杏树的主根，市有关领导××同志要求迅速查处此事。原拟标题为《××同志要求查处某县农民砍坏古树事件》，这个标题虽然也切题，但角度选择得不好，从领导的角度去写，未能突出最重要的事实——古树遭严重破坏。后来这个标题改为《××县一棵五百年古树遭严重破坏》，不但抓住了要害问题，而且比原标题更为醒目。

4. 简洁凝练

信息文体突出的特点就是短小，标题也应尽可能简短。标题太长，不仅阅读起来很不方便，而且容易淹没公文的核心内容。要做到标题简洁，一是要省略标题中那些可有可无的内容，如《××局反映招商引资过程中遇到的困难》可精炼为《招商引资过程中遇到的困难》，至于是由谁反映的，文中自有交代。二是要准确概括事物特征，如《电、路建设是发展商品经济的头等大事》这个标题中，有的词概括不好，改为《电、路建设是经济建设的基础》，则既精炼又准确。

（四）写好信息主体部分

信息的主体部分，是信息所反映事物的叙述和说明，是所表明观点的依据。写好信息的主体部分，首先要做到条理清晰，层次清楚，材料运用精当。其次是做到文字简练、准确，即不拖沓，也不会含混。

（五）核实

信息写好以后，不要急于发稿，应对内容再认真核对，这一环节是信息编发的最后一道"关卡"，差之毫厘，失之千里，稍有差错就会带来工作失误。因此，信息工作人员在处理这一关时，切不可有"差不多"的心理，贪图省事。

六、信息的写作要求

信息要求主题突出、中心明确、层次清楚、文字精练，尽可能做到简明扼要、深入浅出。因此，可将信息的写作要求概括为6个字：新、实、准、快、精、深。

（1）新，是指在时间上是最近的，在内容上是新鲜的或独特的，如刚刚出现的新情况、新问题、新倾向、新动态，还在萌芽状态的新事物、新经验、新见解等。着力提炼出带有新观点、新角度、新精神，具有参考价值的信息。

（2）实，是指信息内容要真实。"实"有两层意思：一是反映的事情必须是真实的，确有其人其事；二是事件发生的程度，在语言表达上必须实事求是，不能有任何虚构的事实和夸大或缩小的情况发生,真正做到有喜报喜、有忧报忧,"喜"与"忧"并存,"成绩"与"短点"同在。

(3)准,是指准确无误地收集、整理信息:一是收集反馈信息,力求准确无误,不道听途说,不捕风捉影;二是反映事情坚持综合分析,力求揭示本质;三是提供信息对路,恰到好处,及时为领导提供适时适量的信息。

(4)快,是指生成信息快、传递信息快,不拖延、不积压、讲时效,信息就像山里的药材,适时是宝,过时是草。如果一条有价值的信息因没能及时编发而延误,就会变成"明日黄花"。

(5)精,是指文字简练、篇幅短小精悍:一是内容要精,一系信息要集中反映一个主题、一项内容;二是文字要精,力求达到"由简而繁、繁而简,简中俱是精华点";三是信息数量要精,以利领导从琐碎的事务中解脱出来。

(6)深,是指反馈的信息在内容层次上要有一定深度:一是要根据决策需求和重点工作,深入调查研究,拿出有分析、有观点、有建议的信息;二是从大量信息资料中来分析、挖掘,揭示信息的内涵,以实现信息从低层次到高层次的升华和增值。

作为信息工作者,想编写好信息稿件,要在日常工作中见事快、辨事清,真正做到"嘴勤、腿勤、脑勤、手勤"。只要我们通过坚持不懈的学习和锻炼,进一步提高自己观察能力和分析能力,增强见事的敏锐性和辨事的洞察力,写出充满时代气息,符合领导需求且高质量的信息就是"水到渠成"的事了。

七、参考例文

例 文

柳州职业技术学院数控技术专业核心课程教学团队昂首进入"国家队"

教育部、财政部日前联合发布通知,确定305个教学团队为2009年国家级教学团队,柳州职业技术学院数控技术专业核心课程教学团队位列其中,填补了柳州市国家级教学团队的空白。

柳州职业技术学院数控技术专业核心课程教学团队已于2008年5月被确定为广西高校自治区级教学团队。该教学团队带头人林若森教授先后被授予广西高等学校教学名师荣誉称号和教育部、财政部第四届高等学校教学名师,也是2008年广西高职院校中唯一一位国家级教学名师。团队成员完成的"高职数控技术生产性实训基地建设的研究与实践"建设项目荣获"广西壮族自治区教学成果特等奖"。同时,团队所在的专业——数控技术专业先后荣获"广西高职高专示范性建设专业""广西首批高职高专精品专业"和"广西首批优质专业"称号;专业核心课程《零件的数控铣削加工》2008年被评为国家级精品课程,《数控机床编程与操作》《机械设计基础》《机械制造技术基础》《液压与汽动系统的应用与维修》均为广西精品课程;专业实训基地被广西教育厅评为"广西首批示范性高等职业教育实训基地"。

在"系部领导班子有老总,团队带头人当中有总工,骨干教师有能工巧匠"的师资队伍建设指导思想指引下,通过校企共建,校企深度交融,建成一支结构优化、素质精良、专兼结合的教学团队。目前,数控技术专业核心课程教学团队拥有专兼职的核心骨干成员7人,其中专任教师核心成员5人,包括教授1人,副教授/高级工程师职称教师1人,高级技师3人,"双师"素质教师的比率达到100%;兼职教师核心成员2人,分别是东风柳州汽车有限公司的技术总工和柳州五菱柳机动力有限公司的技术能手,他们在企业表现突出,实践经验丰富,技术能力强。

该教学团队以先进的教育理念为指导、与企业密切合作,开展专业课程建设,构建了工作过程为导向、有利于学生职业能力养成的课程体系、教学内容和教学模式,校企共建生产性实训基地,有效地提高了人才培养质量。团队培养的学生素质高、技能强,在全国大赛中屡创佳绩:荣获2008年全国职业院校技能大赛高职组注塑模具CAD设计与主要零件加工技能比赛团体二等奖;两件设计作品在全国机械创新设计大赛广西区比赛中分别获得获一、二等奖。团队所在的专业毕业生一次就业率连续多年达98%,专业对口率达90%以上,学生职业资格证书获取率达100%,绝大部分学生拥有两本职业资格证书,部分学生获得了高级操作工证。毕业生职业素养好,技能水平高,深受用人单位欢迎,得到了社会高度认可。

该教学团队还结合企业需求进行职业培训、面向社会开展技能鉴定。近年来,团队共为柳工机械股份有限公司、柳州五菱柳机动力有限公司等十多企业开设"订单班"41个,培训近2000名学生;面向社会开展技能培训与鉴定4000人左右。

教学团队建设是高等学校"质量工程"的重要内容,通过教学团队建设、改革教学内容和方法开发教学资源,促进教学研讨和经验交流,推进教学工作的传、帮、带和老中青相结合,提高中青年教师的教学水平;探索教学团队在组织架构、运行机制、监督约束机制等方面的运行模式,为兄弟院校培训教师提供可推广、借鉴的示范性经验。中央财政将安排给予国家级教学团队30万元专项资金,资助其进一步加强建设。

思考与练习

一、名词解释

信息　消息　通讯　新闻评论　广播新闻稿　新闻发布稿　广告

二、简答题

1. 如何收集信息?
2. 消息有哪几种结构形式?
3. 通讯写作有哪些要求?
4. 新闻评论中有哪些常用的论证方法?
5. 广播新闻稿有哪几种类型?

三、阅读下面两则新闻,分别拟一个恰当的标题

(一)

2009年2月28日,我院东校区出现了志愿者小红帽的闪动身影,志愿者们在寒风中开

展了"献出一滴血,幸福千万家"的无偿献血活动。

因天气转冷,柳州市血液中心血库告急。为缓解血液的紧张局面,确保柳州市的正常供血,28日上午9时,柳州市血库工作人员在我院青年志愿者的协助下,在东校区开展了"献出一滴血,幸福千万家"的无偿献血活动。此次活动充分体现我院青年志愿者协会"奉献爱心"宗旨的精髓所在。

当天天气很冷,但依旧阻挡不了同学们的热血爱心,多次出现了排长队等待献血的感人场面,不少热心的同学离上次献血时间仅隔半年,却再次走上献血车,其中不少师生都是第一次献血。

此次活动,我院有175名学生参加,共为柳州市血液中心无偿献血41 000mL,同学们用自己的鲜血将爱心传递。

(二)

近日,大型话剧《尊严》再度上演于上海交通大学,与以往不同的是,台上的演员不再是熟悉的面孔,而是从未演过话剧的交大学生,而导演、编剧以及舞台的布景、舞美、灯光等"后援"则是上海话剧中心的原班人马。送戏进大学,学生来主演,这是文艺院团每年都举行的"校园四季歌"的新唱法。

近来,话剧在大学校园中越来越普及,很多高校都有自己的话剧社。但由于剧本、导演等不够专业,使得大学的话剧总有一种"玩票"的感觉。上海话剧中心曾在上海交大上演过《尊严》,很受大学生的欢迎。交大学生希望自己也能演一回《尊严》,话剧队也曾作过尝试,但效果并不理想。话剧中心获悉后,专门派出了强大的阵容,指导和帮助学生排演。上海话剧中心总经理杨绍林说:"大学生对话剧有兴趣,我们应该引导这次与交大的合作,开创了话剧进校园的又一种新的形式。可以说是用专业的'绿叶'来衬托业余的'红花'这更能使大学生们感受到话剧艺术的魅力。"

四、请为以下这则消息重新设计一条导语

本报12月26日讯 世界首例"手臂残端再造指控制多自由度电子假手"今天在上海通过专家技术鉴定,宣布这项由上海医科大学附属中山医院和上海交通大学共同承担的国家自然科学基金研究项目获得成功。专家称这一研究项目,是一个填补世界空白的伟大创举。

今天9月19日,上海中同医院骨科专家、中科院院士陈中伟教授在陈峥嵘教授等配合下,为因打工致残失去右手的19岁湘妹子阳东华,进行了游离第二足趾再造前臂手指手术。在交通大学胡天培教授的指导下,阳东华的右残臂装上了上海交通大学研制的多自由度电子假手。她如今能用从脚上移植以残臂的"手指",正确传递大脑运动信息,经专家检测,三自由度六个动作的控制信号,指令操作100次无一次失误,准确度达到100%(误动作率为0%)。现在,阳东华佩戴使用第一只再造控制的自由度,可做指伸、指屈、旋前旋后、腕伸、腕屈6个动作,进行准确的生活自理动作操作表演。

五、为自己的学院或班级写几则消息或通讯

六、将所给的材料改写成广播稿

题目要求:根据广播新闻稿的写作要求,将下面的这段材料写成广播稿,自拟标题,字数500字左右。

一张语文试卷全做对。你可能只得"良";令小学生最感头痛的词语解释,分段概括中心思想及众多从文章的"微言"中理解其"大义"的考题,再也不见其踪影了。这是长宁区大胆开展小学语文考试改革后,在全区18所试点小学中出现的新现象。

此次改革将写字在语文成绩中的比重大大提高,一二年级占30%;三四年级占20%;五年级占15%。于是出现了一张考卷全部做对,字写得不好,学生却只得个"良"的现象。家长到学校提意见,老师如此作答:字如其人,写字的过程就是个学习做人,培养学习态度、习惯的过程,孩子的情感会从中得到熏陶。

小学生读课文不是仅仅为了知道一个故事、分析文章的思想内容,而是运用从课文中学到的词语、句子来遣词造句、布局谋篇,提高口头和书面的语言表达能力。以此为目标,长宁区的这项小学语文考试改革,特别重视语言的积累和运用,重视小学生阅读量的增大和阅读能力的提高。在试卷中,原来"'太阳像个大火球'运用的是什么修辞手法"之类的考题,变成了"太阳像个大火球……月亮像……星星像……",最令人头疼的词语解释不见了,代之以"描写口渴的词……描写天气寒冷的词……(至少三个,多不限)。"他们还在课堂教学要求中明确规定:小学阶段背诵篇目为200篇。同时,区教育学院出版了一套诵读教材,每年级一本,分别有40首古诗、40句名言;扩展课外阅读篇目30篇至40篇,并列入教学内容;每周增加2节阅览课(列入活动课板块,在图书馆上课);规定每学期读2本课外书籍,每周读一张报。

七、参观某专业广告公司或某电台、电视台、报社的广告部

1. 了解广告运作实务。
2. 请有丰富创作经验的文案创作者介绍创作经验。
3. 为本地有名的产品写几则广告。

第六章 规 章 文 书

 学习目标

1. 了解规章文书的概念、种类及适用范围。
2. 熟悉各种规章文书的结构、正文的写法和要求。
3. 能写出格式规范、内容完整、语言得体、要素齐全的规章文书。

第一节 规章文书概述

一、规章文书的含义和特点

（一）规章文书的含义

为实现管理的制度化、规范化和科学化，无论是国家政府，或是各类社会组织，都需要制定有关法规和规章等管理制度，作为人们的行为准则和办事依据。

法规、规章文书可以简称为规章文书，但严格来看，法规与规章，两者有明显区别。

法规是国家及其政府，为实施其行政领导和管理职能，在其权限范围内按照法定程序制定并发布实施的，具有普遍约束力和强制执行性的规范性文书的总称。法规文书主要包括条例、规定、办法、细则。

规章是各级领导机关及其职能部门、社会团体、企事业单位，为实施管理，规范工作程序和有关人员行为，在其职权范围内制定并发布实施的，具有一定约束力和道德行为准则的规范性文书的总称。规章文书主要包括章程、规定、办法、细则、制度、准则、规则和守则、公约与承诺书等。

（二）规章文书的特点

1. 强制性

各类法规、规章对其所确定范围内的所有单位和人员，都在法律上、行政上、道德上具有约束力、强制性或倡导执行的效用。一旦正式公布，有关单位和人员都必须遵照执行，否则就会受到法律的制裁或组织的行政、纪律等处分。

2. 周密性

法规和规章文书在内容上有一个很明显的特点，就是面面俱到，具有周密性。它以严肃

与严密为出发点,对所涉及对象的各个方面,都要作出相应的规定,例如,应该怎样,不应该怎样,如何奖励,怎么处罚,奖惩由谁办理,什么时间办理等,均须逐条逐项交代清楚,并且要写得周全严密,不能有丝毫疏忽与遗漏。为了保证每条规定都有明确的含义,语言必须准确、明晰、无懈可击,不能有不清楚、不周全、不严密的地方。

3. 条款性

法规和规章文书在表达上,普遍采用条理分明的章断条连式结构或条文并列式结构。这部分内容在第一章第四节《应用文的格式与结构安排》中已略有介绍。具体要求参见本章各种规章文书的写作。

4. 依附性

法规和规章文书,尤其是行政法规,可以直接颁布,亦经常借助"令""公告"或"通知"予以发布,即它们的运行具有依附性。"令""公告"和"通知"是其依附的载体。例如,2014年1月1日起施行的《城镇排水与污水处理条例》,是由2013年《中华人民共和国国务院令》(第641号)颁布的。

二、规章文书的类型及区别

(一)规章文书的类型

1. 法规

法规,一般亦称为行政法规,包括国家行政法规和地方性行政法规两种。

国家行政法规是国务院为领导和管理国家各项行政工作,根据《中华人民共和国宪法》(以下简称《宪法》)和法律,由国务院及其各主管部门制定并经国务院批准发布的法规。例如,2013年10月2日国务院颁布的《城镇排水与污水处理条例》。

地方性行政法规是地方国家权力机关根据本行政区域的具体情况和实际需要,依法制定的本地区的法规。例如,广东省人民政府2008年11月28日颁布的《广东省物业管理条例》(《广东省第十一届人民代表大会常务委员会公告》第10号)。

按照《行政法规制定程序条例》第一章第四条的规定:"行政法规的名称一般称'条例',也可以称'规定''办法'等。"

2. 规章

规章按其性质、内容,可分为行政规章、组织规章、业务规章和一般规章。

(1)行政规章

行政规章常用规定、办法、细则等文种发布。

按制定主体及其权限,规章可分两类。

① 国务院部门规章,是由国务院所属各部门、各委员会制定、发布的规章。例如,中国人民银行2006年12月29日发布的《个人外汇管理办法》。

② 地方政府规章,是由省(自治区、直辖市)、省和自治区政府所在市和经国务院批准的较大的市的人民政府制定的规章。广东省人民政府2013年2月5日颁布的《广东省户外广

告管理规定》(《广东省人民政府令》第 187 号)。

(2) 组织规章

组织规章是指对一个组织或团体的性质、宗旨、任务、组织原则、成员及其权利义务、机构和职权、活动和纪律等作出系统规定的规章。组织规章的常用文种是章程,例如《中国共产党章程》。

(3) 业务规章

一般是企业对专项业务的性质、内容、范围及其运作规范等作出系统规定的规章。业务规章的常用文种为章程,例如《××有限公司章程》。

(4) 一般规章

一般规章是各级各类机关、团体、企事业单位,为实施管理,规范工作和活动,在其职权内制发的规章。这类规章便是通常所说的内部规章制度。一般规章的常用文种有规定、办法、准则、细则、制度、规程、守则、规则等,例如《××公司考勤管理办法》《××大学学生管理守则》。

(二) 法规与规章的区别

1. 效力大小不同

行政法规从属于宪法和法律,具有强制执行的法律效力。违反法规就是违法行为,法院可以将之直接作为法律适用的依据。

规章一般只具有行政或相关组织的约束力,违反规章通常属违规行为,一般只受到相应的行政处罚或相关组织的批评教育。

2. 制定主体不同

行政法规对制定主体有严格的限定,不是任何机关都能制定法规的。按照《宪法》《中华人民共和国国务院组织法》《中华人民共和国地方各级人民代表大会和地方各级人民政府组织法》及《行政法规制定程序条例》的规定,国家行政法规由国务院制定;地方性行政法规由省、自治区、直辖市人民代表大会及其常务委员会、省会所在市和经国务院批准的较大的市(一般为计划单列市)的人民代表大会制定;民族自治地方的人民代表大会则可制定自治条例、单行条例等地方性法规。

规章的制定主体的范围十分广泛,但也有一定的规范性要求。国务院各部门、省(自治区、直辖市)、省会所在市及经国务院批准的较大的市的人民政府可制定行政规章;党的各级领导机关、民主党派、社会团体可制定组织规章;企业可制定业务规章;而所有的机关、团体、单位都可制定相应的一般规章。

3. 使用文种有所不同

法规使用的文种有条例、规定、办法等,其中条例只能由国家权力机关使用,按国务院颁布的《行政法规制定程序条例》的规定:"国务院各部门和地方人民政府制定的规章不得称'条例'。"其他社会组织亦不应使用"条例"行文。

规章使用文种较多,除规定、办法兼用作法规文种外,其他规章文种有章程、细则、制度、规则、规程、守则、准则等。

第二节 条 例

一、条例的概述

(一) 条例的含义

条例是比较全面系统的、带有法规性质的规定。条例的规范对象较为重大,涉及面较广,且一般是作为法律的重要补充,是行政法规的主要形式。其内容较为全面系统,如国务院2000年2月3日制定的《中华人民共和国人民币管理条例》,分别就人民币的设计和印制、发行和回收、流通和保护以及违反规定的处罚等,都作了详细的规定。

条例的制发机关主要是国家行政、权力机关。从现阶段使用情况看,主要是国家及省、直辖市、自治区两级,国家一级包括权力机关和行政机关,省(市、自治区)一级主要是权力机关使用,用以制定地方性法规。中央的职能部门有时也使用,但较少见。

(二) 条例的适用范围

条例的适用范围主要有三个方面。

1. 施行法律条文

有些条例是作为实施法律的具体规则,如在《中华人民共和国合同法》颁布之前,《借款合同条例》《农副产品购销合同条例》《中华人民共和国经济合同仲裁条例》,是对《中华人民共和国经济合同法》(以下简称《经济合同法》)有关条款的实施提出的具体规则。这类条例是和相关法律配套使用的,其规范层次较高。

2. 制定管理规则

有些条例是某项工作的管理规则,如《化妆品卫生监督条例》《中华人民共和国审计条例》《中华人民共和国治安管理处罚法》《社会团体登记管理条例》《兽药管理条例》《公共场所卫生管理条例》《楼堂馆所建设管理暂行条例》等,都是就某方面工作提出管理规则。

3. 确定职责权限

条例还用以制定某类组织或人员的任务、权利、职责,如《会计人员职权条例》。

(三) 条例的特点

条例和其他法规性公文比较起来,有三个较为显著的特点。

1. 法规性强

作为典型的行政法规文种,其法规性是十分明显的。我国的单行法规、地方性法规主要用条例行文。中华人民共和国成立初期,我国一些基本法规,如《中华人民共和国刑法》《中华人民共和国刑事诉讼法》,在尚未制定之前,都是用"条例"的形式先制定单行法规的。我国具体法律的制定过程,通常先以"条例"的形式发布,经过一段时间的实践,再以"法"的形式发布。可以说"条例"是一些法律试行阶段的主要形式。另一方面,条例又是法律条款具体化的常用形式,例如《经济合同法》颁布以后,为对各类经济合同具体管理,便用《借款合同条例》等一组法规加以具体化。条例是国家行政法规和地方性行政法规的主要形式,法规性强是条例的重要特点。

2. 时效较长

条例既然是行政法规和地方性法规的主要形式,它就同时具有时效性较长的特点。

条例在法规性公文中,是规格最高的一种。它作为法律的重要补充形式,一般都是对一个时期内的规范对象加以规定。而对一些阶段性的,甚至是不很成熟的,则用其他法规形式。同时,在条例的条款设计中,应该考虑这一特点,一些临时性条款不宜写入,更不能匆匆制定,不断更改。当调整对象消失或出现新情况时,条例就自然失效了。当然,这需要通过有关文件明令废止或宣布失效。

3. 制发严格

条例制发严格的特点主要表现在对适用范围的限制上。其他法规文件使用较为灵便,使用时限可长可短,而条例一般必须用于制定较为长期、较为全面的规范,主要用于较为重要的国家行政法规和地方行政法规。制发严格还表现在文种使用的限制上,虽然国务院的各部门、地方人民政府也可使用"条例",但制定规章不得使用条例。此外,条例在制发程序上也较为严格,通常由权力机关批准,有关部门公布;或由权力机关直接通过公布,或由行政机关批准,有关部门公布;地方性法规用条例行文的,大多由地方权力机关制发,这是条例的权威性与有效性的重要保证。

二、条例的结构和写法

条例的结构由首部和正文组成。首部包括标题、签署等项目内容。正文由依据、规定和说明三部分组成,一般分别称为总则、分则、附则。

(一) 标题

条例的标题大致有两种写法。

一是由"规范范围＋规范对象＋条例"构成,例如《中华人民共和国种子管理条例》《中华人民共和国审计条例》《广东省计划生育条例》等,国家行政法规、地方行政法规及比较大型的条例均用这种写法。

二是由"规范对象＋条例"构成,例如《矿山安全监督条例》《借款合同条例》《行政法规制定程序条例》《楼堂馆所建设管理暂行条例》等。

条例的标题写法在法规文书中较有代表性,与行政公文的标题写法有所不同:一是标题中一般不出现制发机关,只显示范围和内容,单独印发,而在题下再加注制发机关;二是标题中一般不出现行政公文常用的"关于……的"这一介词结构。

(二) 签署

所谓签署,实际上是在条例的标题下用括号标注条例发布的机关、通过的时间、会议和公布的日期、施行的日期等,如《城镇排水与污水处理条例》已经2013年9月18日国务院第24次常务会议通过,现予公布,自2014年1月1日起施行。

用命令、通知等文种予以发布的条例,条例本身不显示制发时间,以命令或通知的发文时间为准。例如上述的《城镇排水与污水处理条例》,该条例的制发时间就是2013年9月18日。

(三)正文

条例的正文由依据、规定和说明三部分构成。

1. 依据

一般在条例的开篇第一条写明制定的目的、依据。例如《城镇排水与污水处理条例》:"第一条　为了加强对城镇排水处理的管理,保障城镇排水与污水处理设施安全运行,防治城镇水污染和内涝灾害,保障公民生命、财产安全和公共安全,保护环境,制定本条例。"

2. 规定

条例的规定是它的主体部分。适用范围不同,条款构成有所不同。条例常见两种构成方式:条文并列式结构和章断条连式结构。一般来说,对于篇幅较短、条款较少的,用条文并列式结构,反之则用章断条连式结构。例如,2012年7月1日正式施行的《党政机关公文处理工作条例》(参见附录一)。

实施法律条文的条例,其内容因实施需要而确定,一般需要对原件条款、适用范围等加以具体化,如《借款合同条例》分别对该条例的适用范围、合同订立和履行、变更和解除、违约责任和违法处理等均作了具体规定。这类条例,多数是对原件有关条款的具体扩展,是实施原法律不可缺少的法规,故要写得具体明确,特别需要围绕实施内容来确定。

管理工作规则的条例,主要是提出一些管理原则、管理责任、管理内容及要求,例如《广东省城市建设综合开发公司管理条例》,分别对城市建设开发公司的企业性质、宗旨、具备条件、审批程序及土地开发、房屋售价、周转资金、财务管理等作出了规定。

确定职责权限的条例,主要规定有关机构、组织或人员的职责、权限、任务、组织方式等,如《全民所有制工业企业职工代表大会条例》,具体规定了职工代表大会的职权、职工代表、组织制度、与工会的关系、车间和班组的民主管理等事项。

3. 说明

说明项是对施行该条例或有关事项的附带说明,说明的内容包括适用范围、词义解释、制定权、解释权、监督执行权、施行日期、废止有关文件等。这部分一般放在"附则"或在最后几条中列出。

三、条例写作的注意事项

(一)明确法律依据

条例是国家法令政策的具体阐释和补充,本身也具有法令的权威性和严肃性。为此,必须明确条例的法律依据和界限。例如,《中华人民共和国人民币管理条例》的法律根据是《中华人民共和国中国人民银行法》。

（二）把握使用权限

条例的使用有严格的限制。从现阶段来看,它是国家行政法规的最高形式,用以管理国家的各项行政工作,地方人民政府(省级)也用以制定地方性法规。根据《行政法规制定程序条例》的规定,国务院各部门、各地方人民政府制定的规章不得称"条例",说明使用条例有严格的限制,规范较重大事项时才能使用。制定单方面规范或比较具体规范的,可以用其他法规文种。至于企事业单位和群众团体是不能使用"条例"的。常见有些企事业单位和其他组织制定本单位的规章制度,用"条例"行文,例如"管理条例""分房条例"等,这不仅是错用了文种,而且是极不规范的,应该予以纠正,可以用"规定"或"办法"行文。

（三）条款周密

条例的条款必须周密：一方面,条款必须符合国家的有关法律、法令及有关方面的政策,不得与有关文件相抵触;另一方面,规范内容必须完备,若条款有遗漏,留下空白点,执行起来易被人钻空子。此外,在条款的具体表述上也要做到周密,使条款表述得精密确切,无懈可击。

（四）体式规范

条例的严肃性与周密性,还体现在体式的规范上。条例体式规范主要要注意几个问题：一是标题的写作要符合规范；二是条例正文前不加主送机关,主体前不加"前言",一律逐"条"排列,即不用"总分式"结构；三是章条标示要规范。

（五）要切实可行

制定条例要从实际出发。在制定某一方面的条例时,一定要进行深入细致的调查研究,通过调研,使所制定的条例符合实际,且切实可行。

四、参考例文

例　文

中华人民共和国国务院令

第 641 号

《城镇排水与污水处理条例》已经 2013 年 9 月 18 日国务院第 24 次常务会议通过,现予公布,自 2014 年 1 月 1 日起施行。

总理　李克强

2013 年 10 月 2 日

城镇排水与污水处理条例

第一章 总 则

第一条 为了加强对城镇排水与污水处理的管理,保障城镇排水与污水处理设施安全运行,防治城镇水污染和内涝灾害,保障公民生命、财产安全和公共安全,保护环境,制定本条例。

第二条 城镇排水与污水处理的规划,城镇排水与污水处理设施的建设、维护与保护,向城镇排水设施排水与污水处理,以及城镇内涝防治,适用本条例。

第三条 县级以上人民政府应当加强对城镇排水与污水处理工作的领导,并将城镇排水与污水处理工作纳入国民经济和社会发展规划。

第四条 城镇排水与污水处理应当遵循尊重自然、统筹规划、配套建设、保障安全、综合利用的原则。

第五条 国务院住房城乡建设主管部门指导监督全国城镇排水与污水处理工作。

县级以上地方人民政府城镇排水与污水处理主管部门(以下称城镇排水主管部门)负责本行政区域内城镇排水与污水处理的监督管理工作。

县级以上人民政府其他有关部门依照本条例和其他有关法律、法规的规定,在各自的职责范围内负责城镇排水与污水处理监督管理的相关工作。

第六条 国家鼓励采取特许经营、政府购买服务等多种形式,吸引社会资金参与投资、建设和运营城镇排水与污水处理设施。

县级以上人民政府鼓励、支持城镇排水与污水处理科学技术研究,推广应用先进适用的技术、工艺、设备和材料,促进污水的再生利用和污泥、雨水的资源化利用,提高城镇排水与污水处理能力。

第二章 规划与建设(略)

第三章 排水(略)

第四章 污水处理(略)

第五章 设施维护与保护(略)

第六章 法律责任(略)

第七章 附则(略)

(资料来源:http://www.gov.cn/gongbao/content/2013/content_2514891.htm)

应用文写作

第三节 规 定

一、规定的概述

（一）规定的含义

规定是国家机关、社会团体和企事业单位为贯彻某政策、处理某种事项、开展某种工作或活动而提出原则要求、执行标准与实施措施的规范性公文。2002年1月1日起施行的国务院办公厅《行政法规制定程序条例》指出规定的作用是："对某一方面的行政工作作部分的规定。"

规定是规章文书中使用范围较广、使用频率较高的文种。它既是国家机关制定的一种重要的法规形式，作为对国家法律的重要补充，也可以是企事业单位作为制定内部规章的主要文种。

规定虽不如法令、条例涉及的事项那么重大，但亦具有一定的权威性和法规性，具有较强的约束力，而且内容较细致，可操作性较强。规定可以是长期的，也可以是"暂行"的。

（二）规定的特点

1. 使用广泛

规定是使用比较广泛的文种。国家机关可以使用，各类社会组织也可以使用。可以用于制定较长期的规范，也可以用于对阶段性工作作出限定；可对重大事项作出规定，也可以用于一般性的内容；可以就某些事项作出全面的规定时使用，也可以对某些事项的某一点作出规定时使用，还可以在对某些条文作解释、补充时使用。

2. 制发灵便

规定的制发比较灵活方便。有时，可以文件形式直接发布，也可以像其他法规性公文那样，作为附件，以通知形式发布。而且，由于它的使用呈多样化，规范对象可大可小，时效、篇幅可长可短，使用者级别可高可低，因而它的制发受限制较少。

3. 较强的限定性

规定的制约和限定作用，主要表现在它以限定行为规范，制定办事准则及规范界限，对活动开展、事项管理、问题处置作出规定。国家机关制定的规定，属于限制性法规文件，即多为解决"应该如何"和"不应该如何"的界限问题，特别是一些禁止性、限制性"规定"，其限定性特点尤为突出。

二、规定的结构和写法

规定的结构一般包括标题和正文。

（一）标题

规定的标题有以下三种常见的写法。

一是"发文机关＋规范内容＋规定"构成，如《国务院关于行政区划管理的规定》。这种标题与行政公文标题写法一样，由发文机关、事由、文种构成，事由用介词结构"关于……的"来表述。这种写法较普遍。

二是"规范范围＋规范内容＋规定"构成，如《广东省城镇园林绿化管理规定》。

三是在"规定"前加某些修饰语，如《公安部关于城镇暂住人口管理的暂行规定》《××大学关于加强校园管理的若干规定》《关于高级专家退休问题的补充规定》。

（二）正文

规定的正文一般由依据（或发文的因由）、规定、说明三部分组成。不同类型的规定，其内容构成及具体写法也不尽相同。

1. 政策性规定

政策性规定着重于界限划分、明确范围、提出要求和惩处情况，解决"应该"和"不应该"的问题。

2. 管理性规定

管理性规定侧重于规定管理原则、管理职责、质量标准、措施、办法、管理范围及要求。

3. 实施性规定

实施性规定，其写法和实施办法、实施细则大体类似。它侧重于对实施文件的有关事项作出规定，对原件条款作出解释，提出具体的实施意见。

4. 补充性规定

补充性规定主要就原件条款中某些提法不够明确、不够具体的方面加以明确，加以补充或解释，以便实施。

以上各类规定中，因由和说明部分写法相似，因由部分一般说明制定依据，说明部分附带说明制定权、解释权和施行日期。

三、规定写作的注意事项

规定的写作除要遵循规章文书写作的一般要求外，还应注意以下两点。

（一）正确使用规定，避免滥用错用

规定的使用比较广泛，但在具体使用中还是有一定的限制的。按照国家行政法规制定的有关规定，凡对某一行政方面的工作作出部分的规定，可以用"规定"。也就是说，对某一行政工作作比较全面、系统的规定，不宜用"规定"行文，对某一行政工作作出具体详细的规定，也不宜用"规定"行文，这在选用文种时应加以注意。一般来说，凡用来制定一些单方面的规定性、政策性强的条款，都可以用"规定"，但必须注意它是侧重于规定性、制止性及政策性方面的。此外，对具体工作来说，有些临时性、阶段性的工作，则应用"通知"行文；有些局部性的、业务性强的工作,则应用"规则""制度"一类文种行文。

(二)写法灵活规范

规定的写作,在结构安排上,对于篇幅较长的,将整篇分若干章,再分条表述。对于篇幅不长的,只分条表述,依次排列制定因由、规范条款和说明事项,这类写法最常用。而"补充规定",则一般无须分章、分条列出,也不求完整系统,只根据需要,有多少项就说多少项。有的规定还加前言,略摆情况,简述理由,申明意义。规定的写作,切忌反复论证及具体陈述。

四、参考例文

例 文

中华人民共和国人力资源和社会保障部令

第 20 号

《社会保险费申报缴纳管理规定》已经人力资源社会保障部第 114 次部务会审议通过,现予公布,自 2013 年 11 月 1 日起施行。

部　长　尹蔚民
2013 年 9 月 26 日

社会保险费申报缴纳管理规定

第一章　总　则

第一条　为规范社会保险费的申报和缴纳管理工作,根据《中华人民共和国社会保险法》(以下简称社会保险法)、《社会保险费征缴暂行条例》,制定本规定。

第二条　用人单位进行缴费申报和社会保险经办机构征收社会保险费,适用本规定。

本规定所称社会保险费,是指由用人单位及其职工依法参加社会保险并缴纳的职工基本养老保险费、职工基本医疗保险费、工伤保险费、失业保险费和生育保险费。

第三条　社会保险经办机构负责社会保险缴费申报、核定等工作。

省、自治区、直辖市人民政府决定由社会保险经办机构征收社会保险费的,社会保险经办机构应当依法征收社会保险费。

社会保险经办机构负责征收的社会保险费,实行统一征收。

第二章　社会保险费申报

第四条　用人单位应当按月在规定期限内到当地社会保险经办机构办理缴费申报,申报事项包括:

(一)用人单位名称、组织机构代码、地址及联系方式;

(二)用人单位开户银行、户名及账号;

（三）用人单位的缴费险种、缴费基数、费率、缴费数额；
（四）职工名册及职工缴费情况；
（五）社会保险经办机构规定的其他事项。

在一个缴费年度内，用人单位初次申报后，其余月份可以只申报前款规定事项的变动情况；无变动的，可以不申报。

第五条　职工应缴纳的社会保险费由用人单位代为申报。代职工申报的事项包括：职工姓名、社会保障号码、用工类型、联系地址、代扣代缴明细等。

用人单位代职工申报的缴费明细以及变动情况应当经职工本人签字认可，由用人单位留存备查。

第六条　用人单位到社会保险经办机构办理社会保险缴费申报有困难的，经社会保险经办机构同意，可以邮寄申报。邮寄申报以寄出地的邮戳日期为实际申报日期。

有条件的地区，用人单位也可以按照社会保险经办机构的规定进行网上申报。

第七条　用人单位应当向社会保险经办机构如实申报本规定第四条、第五条所列申报事项。用人单位申报材料齐全、缴费基数和费率符合规定、填报数量关系一致的，社会保险经办机构核准后出具缴费通知单；用人单位申报材料不符合规定的，退用人单位补正。

社会保险经办机构在开展社会保险稽核工作过程中，发现用人单位未如实申报造成漏缴、少缴社会保险费的，按照社会保险法第八十六条的规定处理。

第八条　用人单位应当自用工之日起30日内为其职工申请办理社会保险登记并申报缴纳社会保险费。未办理社会保险登记的，由社会保险经办机构核定其应当缴纳的社会保险费。

用人单位未按照规定申报应缴纳的社会保险费数额的，社会保险经办机构暂按该单位上月缴费数额的110％确定应缴数额；没有上月缴费数额的，社会保险经办机构暂按该单位的经营状况、职工人数、当地上年度职工平均工资等有关情况确定应缴数额。用人单位补办申报手续后，由社会保险经办机构按照规定结算。

第九条　用人单位因不可抗力，不能按期办理缴费申报的，可以延期申报；不可抗力情形消除后，应当立即向社会保险经办机构报告。社会保险经办机构应当查明事实，予以核准。

第三章　社会保险费缴纳（略）

第四章　未按时足额缴纳社会保险费的处理（略）

第五章　法律责任（略）

第六章　附　　则（略）

（资料来源：http://www.gov.cn/gongbao/2013/issue_3860.htm）

第四节 办　　法

一、办法的概述

办法，是党政机关和企事业单位为实施法规或管理工作的需要而制定的具体法则。《行政法规制定程序条例》规定："对某一项行政工作作比较具体的规定"是办法。

办法的制发机关一般是行政机关及其主管部门，其他组织，如企事业单位，也经常使用。

办法与其他法规性的公文相比，主要有四个特点。

（一）普遍性

应用范围广泛，使用率高。无论是国家机关，或是企事业单位，都可以使用办法行文。办法可以用于指导实施国家的某一法律法规，亦可以用于企事业单位对某项工作作出具体的管理规定。

（二）具体性

办法的条款需具体、完整，不能抽象笼统。办法和条例、规定是比较近似的文种。它们都有法规性，分章列条的外部结构形式也比较接近。它们之间的区别主要体现为条例的制作单位级别高，意义重大，内容全面、系统、原则；规定的制作单位没有条例那么严格，内容比较局部化，方法、步骤、措施比较详细；而办法由分管某方面工作的职能部门作出，内容更为具体。

（三）实践性

办法的涉及面一般比条例和规定窄，其内容都是贴近于工作实践的方法、步骤和措施，带有很强的实践性；同时，不少办法属于实践探索阶段的产物，成熟程度比较低，其现实效用多用于指导实践，规范某项工作。

有些管理办法，是针对某方面的工作尚无条文可依的情况而制定的，这种管理办法带有一定的试行性，称为"试行办法"。它们往往是作为制定条例、规定的试行文件发布的。

（四）依附性

相当一部分国家行政机关发布的办法，是为贯彻落实某一法律法规而制定的，是法律法规的派生物。例如，广东省地方税务局公告（2014年第1号）发布的《广东省地方税务系统税收优惠管理办法（试行）》的第一条"为进一步加强和规范税收优惠管理工作，促进税收优惠政策贯彻落实，根据《中华人民共和国税收征收管理法》（以下简称《税收征管法》）及其实施细则、《国家税务总局关于印发〈税收减免管理办法〉（试行）的通知》（国税发〔2005〕129号）以及相关税收法律、法规、规章、规范性文件（以下简称税法规定）对税收优惠的规定，结合我省地方税收征管实际，制定本办法。"可见其对法律和条例的依附性十分明显。

二、办法的结构和写法

办法的写作和条例、规定及后面述及的细则在结构上大体相同,但在内容构成和条文表述上,它比条例、规定要具体些,但又比不上细则来得细致。办法的两种类型分别是实施办法和管理办法。其写法有较大的差异,下面分别加以介绍。

(一)实施办法

实施办法一般依附于某个行政法规性文件,并对之提出具体实施办法,例如2009年6月发布的《土地调查条例实施办法》,该办法第一条指出:"为保证土地调查的有效实施,根据《土地调查条例》制定本办法。"这类办法一般要结合实际,写得比较详细。

1. 标题

实施办法的标题一般由"规范对象+实施办法"构成,例如《生猪、鲜蛋、菜牛、菜羊、家禽购销合同实施办法》。也有不显示"实施"二字的,如《婚姻登记办法》。此文是民政部为实施《中华人民共和国婚姻法》而发布的,实际上也是实施办法。这类标题写法,往往只就原件的某方面提出实施意见,其内容范围比原件窄。

另一种标题的写法是由"施行区域(单位)+规范对象+实施办法"构成,如《广东省科学技术进步奖励实施办法》。原件明令由下级机关或有关部门另行制定实施办法的,都用这种标题。

还有一种标题写法是由"原件标题+实施办法"构成,如《中华人民共和国学位条例暂行实施办法》。和原件同时产生、对原件全面实施的办法,用这种标题。

2. 正文

实施办法的正文写法与规定相近,一般由依据、规定和说明三部分组成。

(二)管理办法

管理办法是根据管理需要制定的工作规范,内容相对要概括一些,写法上近似于条例和规定。

1. 标题

管理办法的标题常有两种写法:一是规范范围、规范对象加"办法"构成,如《国家行政机关公文处理办法》。二是规范范围、对象、文种修饰语加"办法"构成,如《广东省音乐茶座管理暂行办法》。

管理办法标题的撰写,有时要选择好"办法"的修饰语,使用较多的是"管理办法"和"暂(试)行办法"。对于"管理办法",有时也应根据规范内容加以变化,如"奖励办法""处理办法""征收办法",这时如再加"管理"反显累赘。至于"暂(试)行办法",也不宜滥用,因"办法"的实践性很强。不久将有比较完善或其他同类法规出台的,可以加"暂行"二字,否则没有意义。

2. 正文

管理办法的正文写法与实施办法相似,一般亦由依据、规定和说明三部分组成。

应用文写作

三、办法的写作要求

（一）明确两类办法的不同写法

实施办法依附性强,要围绕所依托的相关法规原件来写作,着重对原件实施提出具体意见,多是诠释、说明有关条款,或结合实施范围的实际情况补充一些条款。要求写得比较具体,不求全面系统,只为指导实施。

管理办法多为独立行文,一般比较全面,往往就管理的范围、原则、规范、责任和施行要求作出规定。要求写得比较系统周全,针对管理对象制定条款。

（二）条款具体明确,切实可行

不论是实施办法还是管理办法,其条款都要订得具体明确,切实可行。特别是规范项目,应对概念、范围、措施、方法、界限、要求作出具体的规定、表述,不能含糊笼统。

（三）结构严谨、清晰、合理

办法的写作,因篇幅长短、内容多少而确定结构方式,若内容比较丰富,则将规范内容适当分章,每章再冠以章目。如果内容不多,则可以用分条结构,一般按照先引出依据,后列规定,再说明有关情况的顺序,依次编条排列。不论用哪一种方式,都要较好地反映内容之间的联系,方便检索、引述和阅读。

四、参考例文

例　文

广东省地方税务局电子办税管理办法

（广东省地方税务局2013年11月14日以广东省地方税务局公告2013年第4号发布　自2013年12月15日起施行）

第一条　为规范纳税人、扣缴义务人、代征人和缴费人（以下统称纳税人）通过电子办税方式办理各种地方税（费）业务,减轻纳税人负担,提高办税效率,根据《中华人民共和国税收征收管理法》及其实施细则、《中华人民共和国电子签名法》等有关规定,结合广东地方税收的实际,制定本办法。

第二条　电子办税是指经广东省（不含深圳）地方税务机关登记的纳税人,通过网络使用办税服务系统办理地方税务局负责的税（费）业务（以下简称地方税（费）业务）,以及地方税务机关通过办税服务系统对纳税人进行税务管理、服务等活动的总称。

广东省地方税务局电子办税服务厅（以下简称电子办税服务厅）是广东省地方税务机关提供电子办税服务的主要渠道,纳税人可通过广东地税门户网站下载或登录电子办税服务厅。

第三条　纳税人通过电子办税服务厅办理各种地方税(费)业务及税务机关通过电子办税服务厅受理、反馈办理结果、送达税务文书、纳税服务等,适用本办法。

第四条　电子办税以纳税人自愿为原则,各级地方税务机关应积极鼓励和引导纳税人选择电子办税。

第五条　纳税人登录电子办税服务厅的方式有:证书登录和非证书登录。证书登录是指已经办理了数字证书认证的纳税人,以数字证书加密码的方式登录;非证书登录是指未办理数字证书认证的纳税人以用户名加密码的方式登录。

第六条　选择证书登录的纳税人,应使用电子办税服务厅支持的数字证书;纳税人须按照数字证书发行机构的要求办理数字证书并缴纳相关费用。

第七条　纳税人使用证书登录或非证书登录,其分别可使用的电子办税服务厅功能范围由地方税务机关确定。

第八条　需要申报缴纳税(费)的纳税人开通电子办税的,应与具有税(费)款划缴资格的金融机构签订委托划缴地方税(费)授权书(协议书),同意其根据主管地方税务机关指令从指定账户中划缴税(费)款。

第九条　纳税人向主管地方税务机关提交《电子办税登记表》(附件1)并签署《电子办税协议书》(附件2)后,主管地方税务机关将为纳税人开通电子办税资格,对于非证书登录的纳税人,一并告知电子办税服务厅的用户名和初始登录密码。

如纳税人委托代理人开通电子办税,还应向主管地方税务机关提供书面的授权委托证明或材料。

第十条　纳税人为个人的,可以携带身份证件原件到主管地方税务机关办税服务厅获取电子办税服务厅的初始登录密码,也可以通过纳税人的任职单位获取。

第十一条　纳税人需要变更缴税(费)账户的,应在办理涉及税(费)缴纳事项的5个工作日前,向主管地方税务机关提出变更要求,并提供与银行重新签订的委托银行划缴地方税(费)授权书(协议书)。

第十二条　纳税人需要取消电子办税方式的,应填写《电子办税登记表》,主管地方税务机关据此取消纳税人的电子办税方式,同时终止《电子办税协议书》。

第十三条　纳税人第一次登录电子办税服务厅后应及时修改密码,并妥善保管。由于纳税人的原因导致密码泄漏或数字证书介质遗失而造成的损失由纳税人自行承担。

第十四条　证书登录的纳税人遗失密码的,应向数字证书发行机构申请重新设置密码;非证书登录的纳税人遗失密码的,应填写《电子办税登记表》,向主管地方税务机关申请重新设置密码。

第十五条　纳税人在电子办税服务厅办理各种地方税(费)业务的期限及需要提交的表格和附报资料,依照相关法律、法规、规章和规范性文件的规定执行。

第十六条　纳税人使用证书登录的,其涉税事项申请、备案和审批事项的申请时间以数据电文进入电子办税服务厅的时间为准。纳税人使用非证书登录的,其涉税(费)事项申请、备案和审批事项的申请时间以地方税务机关接收到纸质资料的时间为准。

第十七条　纳税人在电子办税过程中应对提交的数据及资料进行认真的核对,确保提交资料完整,内容真实、准确。

第十八条　纳税人超过法定期限办理各种地方税(费)业务的,电子办税服务厅不予受理,纳税人应到主管地方税务机关办税服务厅办理。

第十九条　纳税人通过电子办税服务厅申报纳税后,开户银行开具的电子缴税回单或电子办税服务厅、自助办税系统打印的缴款凭证可作为纳税人缴纳税款的会计核算凭证。

纳税人需要取得完税凭证的,可到主管地方税务机关申请开具。

第二十条　纳税人使用证书登录的,电子办税服务厅为其接收电子税务文书的系统;地方税务机关通过电子办税服务厅进行文书送达的,数据电文进入电子办税服务厅的时间,视为税务文书的接收时间。

第二十一条　纳税人使用证书登录方式办理各种地方税(费)业务的,无须再报送纳税(费)申报表、财务会计报表及其他税(费)事项申请、备案和审批等所要求提供的纸质资料。

纳税人使用非证书登录方式办理各种地方税(费)业务的,纳税(费)申报表和财务会计报表按照法律、法规、规章和规范性文件的规定应按月、季、半年或年报送的,纳税人应向主管地方税务机关分别按月、季、半年或年报送上述纸质资料;其他税(费)业务申请、备案和审批事项所需的纸质资料,纳税人应在电子办税服务厅提交相关申请后三个工作日内向主管地方税务机关报送。

第二十二条　因使用电子办税服务厅产生涉税争议的,纳税人通过证书登录的,以纳税人报送的电子数据为准;纳税人通过非证书登录,电子数据与纸质资料不一致的,以纳税人报送的纸质资料为准。

第二十三条　税务机关应保障电子办税服务厅的安全和稳定。电子办税服务厅发生重大异常的,主管地方税务机关应及时通知纳税人到办税服务厅办理各种地方税(费)业务。

对纳税人通过电子办税服务厅报送的涉税信息,税务机关将按照税收法律、法规的有关规定为纳税人保密。

第二十四条　各市地方税务局可根据本办法制定具体的实施办法,并报省地方税务局备案。

第二十五条　本办法由广东省地方税务局负责解释。

第二十六条　本办法自2013年12月15日起施行,《广东省地方税务局网上申报纳税管理办法》(粤地税发〔2007〕211号)同时废止。

附件(1. 电子办税登记表;2. 电子办税协议书),此略。

(资料来源:http://www.gd.gov.cn/govpub/bmguifan/201312/t20131224_191114.htm)

第五节 细 则

一、细则的概述

(一) 细则的含义

细则是机关单位及主管部门为实施有关法规或管理工作而制定的详细法则。

党政机关及其部门、企事业单位均可使用细则。党政机关常用细则对有关法规规章加以具体化,称为实施细则;行业或企事业单位较多使用的是工作细则。

细则可分为实施法规细则和管理工作细则两大类。前者更为多见,它包括整体性实施细则、部分性实施细则和地方性实施细则三类。

实施法规细则的成文依据与办法相同,即主要是为实施法规规章,对原文件提出具体详尽的实施意见,这类细则依附性强,不能离开实施对象而任意发挥。而管理工作细则是各种组织为管理某项具体工作而提出的详细法则,是根据管理需要而制定的指导性条文,用以约束有关单位和人员。

细则行文的目的因使用情况不同而有所不同。实施行政法规的细则的目的是便于贯彻实施,而对原条文进行必要的解释、补充,并结合本地区、本部门的实际情况提出实施意见。而管理工作的细则,则是为了使管理工作规范化、标准化、程序化,而制定的详尽具体的法则。

(二) 细则的特点

1. 派生性

大多数的实施细则不是一种独立存在的法规性文书,它必须以某一法律法规或规定规章等为前提,是某一法律法规、规定规章的派生物。如《中华人民共和国台湾同胞投资保护法实施细则》是根据《中华人民共和国台湾同胞投资保护法》派生制定出的;如《对外国驻华机构及其人员的外汇管理实施细则》是为贯彻执行《中华人民共和国外汇管理暂行条例》第二十条、第二十一条的规定,派生制定出的细则。这类细则只能是对原依托的法规作补充、阐释,使之更详尽、周密和具体,而不能超出原依托的法规的内容范围,更不能自行其是,另立法规。

2. 详细性

细则,顾名思义,就是详细法则。其条文表述往往比较详尽、细致,以对某个法规或管理工作的适用范围,某些条文的具体含义,某些规定或管理工作的实施要求一一做出注解。凡是实施过程中可能出现的疑难、争议或特殊情形都应加以具体说明,以方便实施。例如,广东省教育厅、广东省军区政治部 2013 年 9 月 26 日发布的《关于军人子女教育优待办法的实施细则》第三条说:"本细则所称:……(三)'高风险、高危害岗位'是指飞行、潜艇、航天、涉核等高风险、高危害岗位。"如此,使文中属于模糊概念的"高风险、高危害岗位",经细则解释后,变得清晰、明确了。"

3. 实操性

细则是对实施法规或管理工作的具体解释和补充，对地方及基层单位工作有很强的指导性和应用价值。细则还要对原文抽象的地方进行阐述解释，便于操作执行。

二、细则的结构和写法

（一）细则与条例、规定、办法写作的比较

细则虽然在使用和写法上和其他法规性公文有些相似，但细加比较，还是有所区别的。细则的写作和条例、规定比较起来，有三点不同：一是条文写法不同。条例、规定写得比较概括，一般是对规范内容作出原则性的规定，突出依据性、指导性；而细则较多的是对条文或工作规范作出详细解释，突出其操作性、说明性。二是行文依附、依据不同。条例、规定也有为实施法律法规而行文的，但使用情况不多，大多是独立行文的，没有依附性；而细则较多是为实施文件而行文的，有依附性，有人据此将细则直接称为"实施细则"。三是制发机关不同。条例、规定大多是一级机关制发，特别是条例，对制定的机关级别有严格规定；而细则较多是业务部门或下级机关为实施上级法规而制定的。

细则和办法比较接近，其使用范围和制发机关大致相同，细则的写法亦与"实施办法"的写法大体相似。但两者还是有所区别，表现在：办法既用于实施文件，也用于制定管理办法，且对于后一种的运用还为数不少；而细则主要为实施法规性文件，用于制定一般工作细则的较少。细则在内容上更详细一些，且有些实施细则是对实施办法的细致化和地方化，对原文件作出更加具体的解释和规定。细则在条文表述上侧重于对界限范围的划分和对概念、措施的解释；办法则侧重于对措施、步骤、程序、要求等方面作出规定。

（二）细则的结构和写法

细则主要是对法令、条例、规定、办法提出实施意见。由于与实施原件的内容关系不同，细则的写法也不大一样。

1. 整体性实施细则

整体性实施细则的结构写法与其他法规性公文略有不同。以下介绍标题与正文的写法。

（1）标题

整体性实施细则的标题格式为"实施法规标题＋实施细则"，如《中华人民共和国居民身份证条例实施细则》。

（2）正文

整体性实施细则的正文内容是对有关法规文件作出全面的、详尽的实施意见，一般由三部分组成，即行文依据、具体细则、施行日期。

2. 部分性实施细则

部分性实施细则的结构内容与整体性实施细则大致相近，具体写法略有区别。

（1）标题

在部分性实施细则中，实施法规文件标题不出现，而是将实施部分的内容范围写入标题，其格式一般为"内容范围＋实施细则"，如《商业、外贸企业成本管理实施细则》。

（2）正文

部分性实施细则的正文只针对法规文件的某一部分条款提出实施意见，可以分章，也可以只分条排列。

3. 地方性实施细则

地方性实施细则需要结合本区域或本单位实际，提出实施意见，其写法与前两种实施细则略有不同。

（1）标题

地方性实施细则标题格式为"实施区域范围＋实施内容＋实施细则"。如《广东省婚姻登记办法实施细则》。

（2）正文

地方性实施细则的正文内容皆与本区域或本单位的实际相关，由行文依据、具体细则、施行日期三部分组成。

三、细则的写作要求

（一）内容详尽、具体

细则要对原法律、法规、规定等的重要词语、规定事项给予详细阐释，使其含义更明确、具体。

（二）结构严谨、周密

细则作为法律、法规、规定、规章等的派生物，是对原文的补充、阐释和细节化，使相关法律和法规更详尽、具体，但不能超出原法律、法规、规定、规章的内容范围，更不能自行其是，另立法规。因此，细则行文必须严谨、周密。

（三）语言简练、明确

细则具有可行性，是对原法律、法规、规定等的详细阐释和补充。经细则解释后，使模糊的概念变得清晰、明确。因此，细则的语言必须简练、明确，以便于理解和操作执行。

四、参考例文

例　文

广东省教育厅　广东省军区政治部　关于军人子女教育优待办法的实施细则

（广东省教育厅、广东省军区政治部 2013 年 9 月 26 日以政干〔2013〕138 号发布　自 2013 年 10 月 26 日起施行）

第一条　为落实军人子女教育优待政策，保障军人子女接受良好教育，促进驻粤部队建设，根据《国防法》《现役军官法》《军人抚恤优待条例》等有关法律法规和教育部、总政治部《军人子女教育优待办法》以及教育部办公厅、总政治部干部部《关于进一步贯彻实施〈军人子女教育优待办法〉的通知》精神,结合广东省实际,制定本细则。

第二条　本细则所称军人子女,包括现役军人的子女、烈士子女、因公牺牲和病故军人的子女。

第三条　本细则所称:

(一)"艰苦边远地区"是指国家确定的一类、二类、三类、四类、五类、六类艰苦边远地区,其中,"二类地区"指一类、二类艰苦边远地区,"三类地区"指三类(含三类)以上艰苦边远地区,"四类地区"指四类(含四类)以上艰苦边远地区。

(二)"岛屿"是指解放军总部划定的特类、一类、二类、三类岛屿,"二类岛"是指二类(含二类)以上岛屿,"第三类岛"是指第三类岛屿。

(三)"高风险、高危害岗位"是指飞行、潜艇、航天、涉核等高风险、高危害岗位。

(四)作战部队是指担任战备值班任务的师以下战斗部队。

(五)"受到表彰奖励"是指个人平时荣获二等功或者战时荣获三等功以上奖励;"平时荣获二等功",按照在军事训练和执行非战争军事行动任务中立功把握。

(六)"因公牺牲及伤残军人"是指因公牺牲军人,一至六级残疾军人。

军人子女享受优待,只取优待最高项,不予累加。

第四条　各地级以上市成立由市教育局和军分区(警备区)政治部相关人员组成的组织领导机构,建立健全工作机制,并在本细则基础上结合驻地实际制定相应的优待办法,切实抓好军人子女教育优待工作。

各级教育行政部门根据本行政区域内军人子女教育需求,按照有关规定,积极组织协调有关幼儿园、学校做好军人子女优待工作。各幼儿园、学校根据上级下达的任务做好接收工作。

各军分区(警备区)政治部负责牵头协调本地区军人子女教育优待工作,会同地方有关部门制定具体办法并抓好落实。驻粤部队团以上单位根据上级指示要求,协调地方落实相关政策规定,加强所属幼儿园建设,按要求如实上报材料。

第五条　军人子女入读公办幼儿园和中小学,免交国家和省规定收费项目以外的任何费用;入读民办中小学的,同等条件下学校优先接收。烈士子女、因公牺牲军人的子女在接受高中阶段教育和高等教育期间,按照国家规定实行减免学费政策,同等条件下优先享受助学金和助学贷款。

第六条　军人子女接受学前教育,采取入部队幼儿园和地方幼儿园相结合的方式,按照下列规定给予优待:(略)

第七条　军人子女接受义务教育,按照下列规定给予优待:(略)

第八条　军人子女报考普通高级中学,按照下列规定给予优待:(略)

第九条　军人子女需要入中等职业学校就读的,由当地人民政府教育行政部门根据学生学习情况和军人的意愿,安排到教育质量较好的中等职业学校就读。学生毕业时,优先向用人单位推荐就业。

第十条　军人子女报考普通高等学校,按照下列规定给予优待:

第十一条　军人子女教育优待按照下列程序办理：

第十二条　部队幼儿园享受驻地地方公办幼儿园同等待遇，由当地人民政府教育行政部门在校舍建设、经费投入、幼儿园达标验收、师资力量配备与交流培训等方面予以倾斜支持；特别是对接收地方幼儿的部队幼儿园，当地人民政府教育行政部门按照地方公办幼儿园标准给予公用经费补助。

第十三条　省级人民政府教育行政部门和省军区系统、驻粤部队应加强对军人子女优待工作的检查监督，保证军人子女教育优待政策规定的落实。各地级以上市把落实军人子女教育优待政策纳入双拥模范城（县）评选内容，对接收数量较多、工作成绩突出的单位和个人，给予表彰奖励；对落实政策不积极或拒绝接收军人子女的，要责令限期整改，追究单位领导责任；落实不到位的，当年不得评为"双拥模范城（县）""教育先进单位"等。部队系统应严格标准条件，规范审核程序，认真审核把关，严格进行公示，并公布监督方式，及时处理、核实举报。切实把优待政策用好，做到"符合优待条件的一人不漏，不符合优待的一人不报"，对弄虚作假者，要做出严肃处理。

第十四条　对不能与父母或者其他法定监护人共同生活，而由祖父母、外祖父母或者经法定程序指定的委托监护人抚养的军人子女，可以按照本细则第六条、第七条规定，享受与由法定监护人抚养的军人子女同等的优待政策。允许军人子女在祖父母、外祖父母或者受委托监护人户籍所在地，就近就便优先入地方公办幼儿园或者普惠性民办幼儿园，安排到教育质量较好的中小学就读。

第十五条　驻粤人民武装警察部队子女的教育优待，按照本细则执行。

第十六条　本细则由省教育厅、省军区政治部负责解释。

第十七条　本细则自 2013 年 10 月 26 日起施行，以往有关军人子女教育优待规定与本细则不一致的，以本细则为准。

（资料来源：http://www.gd.gov.cn/govpub/bmguifan/201310/t20131024_187460.htm）

第六节　章　程

一、章程的概述

（一）章程的含义

章程是有条理有程式的规章，是政党、团体、企业等社会组织对本组织的性质、宗旨、任务、组织机构、组织成员、活动规则或本企业的权利、义务、经济性质、业务范围和规模、活动制度，以及就某项业务所制定的准则和规范。它是某一组织（或业务）的纲领性文件，具有行业（或业务）的规范性和组织约束力。该组织全体成员（或该项业务人员）必须遵守，照"章"行事，如果违反章程规定，要受到相应处理。

章程的主要类别有组织章程、规范章程和企业章程三种。

组织章程主要用于制定团体组织的组织准则和成员的行为规范。这类章程具体规定组织的性质、宗旨、任务、组织原则、机构设置、任务职责、成员资格、权利、义务、纪律、经费来源与使用等,如《中国共产党章程》《中国作家协会章程》等。

规范章程主要用于制定某项活动的准则或某些事项的治理依据。主要用以明确标准做法、具体原则要求,或确定某项活动的宗旨、程序、安排、要求等,如《少年儿童业余体育学校章程》《×××奖学金章程》等。

企业章程主要用于规范合资企业的经济活动、管理活动。随着中外合资企业、内资联营企业的增多,企业章程也被较多地使用。国内独资企业(包括国有、集体和个体),一般不制定这类章程。章程的功能及使用要求在《中华人民共和国中外合资企业法》和《中华人民共和国中外合资企业法实施条例》的有关条款中有详细表述。章程还可用来制定国内企业的工作规程,如《中国人民保险公司章程》。

(二)章程的特点

章程与条例、规定、办法、细则等文种相比较具有以下几个显著特点。

1. 法定性

凡是组织社团的成立,都必须依据相关法律制定组织章程。根据国家有关方面的规定,申报成立团体组织,必须同时上报该组织的章程草案,以便主管部门和社团登记部门全面了解组织的性质和宗旨。例如,2005年颁布的《中华人民共和国公司登记管理条例》中规定:"申请设立公司,应当向公司登记机关提交,……(三)公司章程"。

章程一定要通过合法的程序制定,才能要求属下所有组织和成员认可,才能要求所有的组织和成员遵守。通常是成立起草小组拟出草案征求意见,最后由该组织的最高级会议——代表大会通过,成为正式章程。组织、团体一旦获准成立,首先应审定通过章程,用以约束全体成员,并作为组织一切活动的准则。

2. 纲领性

章程规定一个组织的组织规程和办事规则,具有纲领的性质。它属下所有组织和成员都得承认,共同遵守。组织章程是该组织的最高准则,该组织的一切活动,都必须遵循这个章程,体现这个章程的基本精神。

3. 稳定性

稳定性是指每一个组织的章程,都是规定某一组织性质、宗旨和行动指南的文书,是经过全体成员或代表大会的认真调查、讨论、研究,在反复修改的基础上制定出来的,一旦公布,就具有相对的稳定性,不能随意修改。

4. 广泛性

章程使用相当广泛,除主要用于制定组织规程外,还用于规定社会团体的性质、任务、某项活动的原则。章程还是涉外法律文书之一。中外合资企业用其规定该企业的宗旨、组织原则、经营范围、经营管理方法等,是约束该企业投资各方的规范性文件。

5. 自治性

自治性主要体现在两点。

首先,章程是一个组织行动的纲领。该组织所从事的活动,必须严格按章程办事;组织成员的思想、言行,必须严格遵守章程规定的有关原则,不能有任何的随意性。

其次,章程作为一种行为规范,不是由国家而是由组织依法自行制定的,是一种法律以外的行为规范,由组织自己来执行,无须国家强制力来保证实施。章程作为组织内部规章,其效力一般涉及组织和相关当事人,而不具有普遍的约束力。

二、章程的结构和写法

章程的结构由标题和正文(总则、分则和附则)构成。

(一)标题

标题一般由组织、活动、事项、单位或团体的全称加"章程"两字构成。大多数章程都在标题下面注明此章程通过的时间和会议名称等。例如,《中国建筑业协会章程》(中国建筑业协会第五次会员代表大会部分修改,2010年7月23日通过)。如果是尚未经代表大会通过的章程,一般在标题末尾加上"草案"字样,例如《中国体操协会章程(草案)》。

(二)正文

正文为章程的主体。正文的内容包括总则、分则、附则三部分。下面主要介绍组织章程正文中总则、分则和附则的写作要点。

1. 总则

一般来说,组织章程总则部分要准确、简明、庄重地阐明该组织的名称、性质、宗旨、任务、指导思想和组织本身建设的要求等内容。总则是章程的纲领,对全文起统率作用。有些党派团体的章程采用"序条式"写法,将总则部分作为总纲,不分章条而独立于分则各章之前,如《中国共产党章程》、《台湾民主自治同盟章程》等;企业章程兼有组织章程与业务章程的性质,所以,总则部分一般要写明企业名称、宗旨、经济性质、隶属关系、业务范围等;业务章程的总则部分一般要写明业务内容、范围、服务对象、办理机构等。

2. 分则

组织章程分则部分一般需写明以下内容:

(1)组织人员:参加条件,参加手续和程序,承担义务和享有的权利,对成员的纪律规定等;

(2)组织机构:领导机构、常务机构和办事机构的设置、规模、产生方式和程序,人员任期、职责、相互关系等;

(3)组织经费:来源和管理方式;

(4)组织活动:内容和方式;

(5)其他事宜:视不同组织、团体的需要而确定。

企业章程分则部分主要需写明资本、组织、人事管理、资产管理、利润分配等内容。

业务章程分则部分需逐条写明该项业务的办理及运作程序等。

3. 附则

附则是主体部分的补充,主要说明解释权、修订权、实施要求、生效日期,还要说明本章程与其他法规、规章的关系及其他未尽事项等。对于组织章程还需说明办事机构地址或对下属组织的要求等内容;企业、业务章程则一般写公布施行与修改补充等问题。还有一些章程不写附则,例如《中国共产党章程》。

三、章程的写作要求

(一) 制定要合法

章程作为组织的纲领性文件,其制定程序应合法、规范。一般先以草案形式发与各会员征求意见,在此基础上再经组织最高级会议(如会员大会、会员代表大会)审议通过。

(二) 使用要规范

章程的使用较为广泛,但具体使用必须规范。就现阶段来看,多用于制定组织章程、企业章程及业务章程。但也常见一些规范性文件,本该用其他文种如规定、办法、规则来行文的,却用了章程,造成滥用、误用章程的情况。

一般来说,章程主要用于制定组织准则。用来制定单位某方面的规范时,如果其内容比较单一,而时效又比较短,则应该用其他规范性文件行文。如果是合资企业的章程,则必须在充分协商,条款内容经过反复讨论,成熟后才使用。一般先由合资各方以签署"意向书""会谈纪要"的形式发布,再经各方深入细致地磋商,取得共识,且经有关部门审核后,才在"意向书"或"协议书"的基础上以章程的形式成文。未经充分协商或条件不成熟的,都不宜成文。

(三) 结构要严谨

章程结构要规范。格式规范、结构严谨的章程有助于维护其严肃性。

(四) 条款要简短单一

章程,除一些大型团体组织规程内容比较丰富,条款可以相对长些外,一般条款要写得简短些。最常见的错误是在编写组织宗旨、任务时,将一般性的内容大段列入,显得文字繁冗。若一般性原则写得过多,指导性、操作性又较差,更不便于记忆。只有每条内容表述一个完整独立的意思,才便于执行。此外,还要注意对团体组织及其成员意愿的准确把握。

(五) 注意章程与简章的区别

简章,通常是对某一工作或事项的办理原则、要求、方式、方法作出规定的文书,内容只是有针对性地说明其办事程序,在性质上更接近于"规定"和"办法",例如《××市市级机关招收公务人员简章》《××大学招生简章》等,与章程在适用范围上和写法上均明显不同。

四、参考例文

例 文

××大学××学院××××届同学会章程

(××××年×月×日第五次会员大会通过)

第一章 总 则

第一条 本会是由××大学××学院××××届毕业的同学组成的自我管理和自我服务的群众团体。

第二条 本会的宗旨：组织和团结××××届同学，积极开展各种有益的活动，加强同学之间的联系，增进友谊，互相帮助，携手前进，为国家和社会的物质文明建设和精神文明建设多做贡献。

第三条 本会的任务：

（一）发动和组织全体会员开展各种有益的活动；

（二）关心会员，帮助会员解决工作、学习和生活等方面的实际问题；

（三）收集和印制会员的通信资料；

（四）加强同母校的联系，在母校与同学间起桥梁和纽带作用；

（五）激励会员为国家和社会建设多做贡献。

第二章 会 员

第四条 凡是××大学××学院××××届毕业的会员，承认本会章程，参加本会组织的活动，均可成为本会会员。

第五条 会员的权利：

（一）有参加本会举办的各种活动的权利；

（二）有选举权、被选举权和表决权；

（三）有对本会的工作提出建议和批评的权利。

第六条 会员的义务：

（一）有遵守章程，承担工作任务，履行职责的义务；

（二）有学习、宣传和执行党纪国法的义务；

（三）有联系校友、团结校友和服务校友的义务；

（四）有捐助本会经费，帮助本会开展各项活动的义务。

第三章 组 织

第七条 本会的组织原则是民主集中制。

第八条 会员大会每年7月8日召开一次，特殊情况可提前或延期召开。设立理事会，理事会由会员大会推选产生，每届任期三年，理事可连选连任。

第九条　理事会的权利和职责：

（一）定期召开会员大会。

（二）推选会长和秘书长。会长和秘书长负责处理本会活动事务。会长和秘书长可连选连任。

（三）解释和修改本会章程，组织开展本会的各项活动，审查本会经费的收支情况。

第四章　经　费

第十条　本会的经费，主要来自会员捐助，同时，可考虑参与办一些实业，解决活动经费的来源。

第五章　附　则

第十一条　本章程由××大学××学院××××届毕业的同学会负责解释。

第十二条　本章程自××××年×月×日起生效。

（资料来源：http://www.docin.com/p-705718549.html）

第七节　规则与守则

一、规则

（一）规则的概述

1. 规则的含义

规则是国家机关、社会团体、企事业单位对某一事务或活动的行为准则作出具体规定的规章性文书。它是各种组织为保证某项活动或工作能够顺利开展，或为达到某种目标，对人们的行为方式、方法规定出的必须共同遵循的准则。

规则和守则、制度都属于规章类公务文书。与前面的章程、办法、细则等法规性文书相比，规则的档次要低一些，它只适用于对一定范围内的某一具体管理工作，或某一公务活动进行规范，以保证该项工作或活动的顺利进行，如学校制定的《考试规则》，公安部门制定的《交通规则》，图书馆制定的《图书借阅规则》。

2. 规则的特点

（1）专门性

规则所适用的范围一般比较小，通常是专门就某一项具体工作或活动而制定的，如《安全生产规则》。

（2）具体性

规则的内容往往涉及具体工作的方方面面，条款比较具体、细致，无须再制定细则来解释、补充。规则的内容不得有疏忽和遗漏之处，以免在一些具体的环节上无规可依。

（3）约束性

规则在特定范围内具有一定的约束力，相关人员应该严格遵循。规则涉及的事项不如法规性公文那样重大，但在一些具体工作或公务活动中，如果没有相应的规则，工作和活动就无法正常开展。

（二）规则的结构和写法

规则由标题、签署和正文三个部分组成。

1. 标题

标题通常包括发文机关、事由和文种（规则）三要素。但很多规则的标题中省略发文机关，因此规则的标题有两种形式：

一种是由"发文机关＋事由＋文种"组成，如《××企业安全生产规则》《××股份有限公司对控股子公司管理规则》。另一种由"事由＋文种"组成，如《安全生产规则》。有时可以在文种前加"试行"二字，也可在标题后加括号标明"试行"，如《上海市劳动人事争议仲裁庭旁听规则（试行）》（上海市人力资源和社会保障局2013年2月27日发布）。

2. 签署

许多规则在其标题下方用括号注明规则制发的机关和时间，称为签署。有的可放置于文章末尾，例如《深圳市人民币特种股票登记暂行规则》在文尾签署：（深圳证券登记有限公司 1992年1月29日）。

3. 正文

正文的写法一般有三种。

（1）分章列条式写法

这种写法与规定、办法等文种相近，适用于内容复杂的规则。一般亦分为总则、分则、附则三部分，总则为第一章，分则有若干章，附则为最后一章。各章分若干条。

（2）通篇分条式写法

这种写法直接分条，适用于内容比较简单的规则，如《考试规则》《游览规则》等。

（3）引言加条款式写法

与通篇分条式写法比较相似，只是在正文开头有一段没有列入条款的引言，一般用来交代根据、目的或意义（参见例文1）。

二、守则

（一）守则的概述

1. 守则的含义

守则是党政机关、人民团体、企事业单位为了维护公共利益而制发的，要求本单位或本系统人员自觉遵守的道德规范与行为准则。与规则相似，其所涉及的内容一般局部、单一，如《值班人员守则》《考试巡视员守则》。

守则对其所涉及的成员有约束作用，但守则从整体上说属于职业道德范畴，不是法律法规,不具有强制力和法律效应。不遵守守则,可能并不违法,但至少是违背了道德准则,会受到人们的批评和谴责。它旨在培养成员按道德规范办事的自觉性,对本系统、本单位、本部门的工作、学习、生活能起到一定的保证、督促作用。

2. 守则的特点

（1）针对性

守则通常针对本单位人员的具体情况及其工作制定,具有很强的针对性。

（2）原则性

守则的内容一般以原则性阐述为主,而较少涉及具体要求。它主要在指导思想、道德规范、工作和学习态度等方面,提出基本原则,一般不过多提出具体事项和措施。

（3）约束性

守则是用来规范人的道德、约束人的行为的。通常在一个组织内部的每一个人都要熟悉和遵守守则。它虽然不具有法律效力,也没有明显的强制性,但对有关人员的教育作用和约束作用还是很明显的。

（二）守则的结构和写法

守则的写法与规则相似,一般亦由标题、签署和正文三部分构成。两者不同之处是守则侧重制约人,如《考试巡视员守则》;规则侧重制约工作、事项、行为,如《报刊阅览规则》。

1. 标题

守则的标题由"发文机关＋事由＋文种（守则）"组成,有时可省去发文机关和事由,但很多规则的标题中省略发文机关。守则的标题一般有两种形式,一是由"发文机关＋事由＋文种"组成,如《××公司员工守则》;二是由"事由＋文种"组成,如《学生守则》。

2. 签署

内容比较重大的守则一般都有签署。它是在标题下方用括号注明守则制发的日期和通过的会议,或发布、批准的机关和时间等,如《中小学生守则（征求意见稿）》(2014年8月1日)。有的签署放在正文末尾。

3. 正文

正文内容简单的可直接用条文式结构,内容较多一般由总则、分则和附则组成,即依据、规定、说明三个层次组成。

（1）总则

总则交代制定的缘由、依据、指导思想、适用原则和范围等。如《全国人民代表大会常务委员会组成人员守则》(1993年7月2日第八届全国人民代表大会常务委员会第二次会议通过)总则:"第一条 为了加强常委会组织制度建设,使常委会组成人员更好地履行职责,依据宪法和法律的有关规定,制定本守则。"

（2）分则

分则是守则中的各条规定具体内容包括具体方法、措施、处罚手段等,是守则的主体部分,要依次逐条写清楚。

（3）附则结语或附则

结束语常用以说明规则的适用范围、实施日期、要求、解释权等。如《全国人民代表大会常务委员会组成人员守则》(1993年7月2日第八届全国人民代表大会常务委员会第二次会议通过)附则:"第十六条　本守则自通过之日起施行。"

三、规则与守则的写作要求

（1）内容条款具体完整，便于操作、执行。
（2）语言准确朴实简明，便于理解和记忆。
（3）规则的写作，要以有关法令为根据，内容要具体明确，简洁易行。
（4）守则的篇幅一般都比较短小，内容涉及有关成员应该遵循的基本原则和规范。撰写守则要注意条目完整、逻辑严谨。

四、参考例文

例文1

上海市劳动人事争议仲裁庭旁听规则（试行）

为维护劳动人事争议仲裁庭审秩序，规范公民旁听行为，根据《中华人民共和国劳动争议调解仲裁法》有关规定，制定本规则，现予印发。本规则自2013年4月1日起执行。

上海市人力资源和社会保障局
2013年2月27日

第一条　为维护劳动人事争议仲裁庭审秩序，规范公民旁听行为，根据《中华人民共和国劳动争议调解仲裁法》有关规定，制定本规则。

第二条　劳动人事争议仲裁案件应当公开审理，但当事人协议不公开进行或涉及国家秘密、商业秘密和个人隐私的除外。

第三条　依法公开审理的劳动人事争议仲裁案件，凡具备条件的仲裁庭应设旁听席。

凡年满18周岁的中国公民凭有效身份证件可以申请旁听，港、澳、台人员凭其有效的通行证件可以申请旁听。未成年人不得申请旁听，但16周岁以上不满18周岁的公民以自己的劳动收入为主要生活来源的凭有效身份证件可以申请旁听。外籍和无国籍人士持有效证件申请旁听的，参照中国公民旁听的规定处理。

境内新闻媒体申请旁听、采访的，按上级机关有关规定办理。经审批同意的，可以记录、录音、录像、摄影。境外新闻媒体申请旁听、采访的，按《中华人民共和国外国常驻新闻机构和外国记者采访条例》等相关外事管理规定办理。

第四条　属于下列情形的人员，不得参加旁听：
（一）证人；
（二）鉴定人员；
（三）酒醉、服用迷幻药物或精神状态异常的；

（四）携带武器、凶器或其他危险物品的；
（五）未经允许携带摄影、摄像、录音设备，且不听劝阻的；
（六）无法向仲裁庭出示有效身份证件的；
（七）其他可能妨害仲裁秩序或与本案有利害关系的。

第五条 各级劳动人事争议仲裁机构应结合实际，确定由相应职能部门负责旁听申请、申请旁听者资格审核、旁听证的审批、发放及管理等事宜。

凡申请旁听者应在开庭前两日内凭本人有效身份证件向仲裁机构申请办理旁听证。

为维护庭审秩序，仲裁机构可视案件具体情况和旁听席位数量发放旁听证。

旁听证按照旁听者登记先后次序核发。仲裁机构于开庭前要求旁听者提交身份证明，登记其姓名、住所，发放旁听证，旁听结束后，旁听者应将旁听证交还仲裁机构，仲裁机构发还旁听者证件。

第六条 经核发旁听证的旁听人员，应于开庭前十分钟接受安全检查后进入仲裁庭旁听席依序就坐。安全检查方式由各级劳动人事争议仲裁院结合本院实际设定。

开庭后，未经仲裁员允许，旁听人员不得随意出入仲裁庭旁听席。

第七条 旁听人员进入仲裁庭旁听席后应遵守以下纪律：
（一）保持肃静，开庭时不得大声交谈、鼓掌和喧哗；
（二）移动电话等通信工具必须关闭或调至振动位置；
（三）不得随意走动和进入庭审区；
（四）未经仲裁庭允许，不得发言、提问与当事人进行交流；
（五）未经仲裁庭允许，不得录音、录像或摄影；
（六）庭内不得吸烟和随地吐痰；
（七）不得实施其他妨害仲裁庭审秩序的行为。

第八条 对违反旁听纪律的人员，由仲裁员给予劝告和制止；不听劝告的，仲裁员有权作出警告或责令退出仲裁庭；情节严重的，由公安机关依照相关法律法规处理。

（资料来源：http://www.btophr.com/s_law/law13661.shtml）

例文2

中小学校责任督学工作守则

（国务院教育督导委员会办公室，2013年12月18日发布）

一、爱岗敬业：热爱督导奉献教育，忠于职守勤勉尽责。
二、依法履职：熟悉法律遵守规章，依法依规履行职责。
三、科学规范：遵循规律坚持标准，讲究程序严格操作。
四、客观公正：了解情况实事求是，处理问题公平公正。
五、善于沟通：深入学校贴近师生，加强交流及时反馈。
六、勇于担当：敢查实情敢讲真话，督促整改一抓到底。

七、开拓创新:视野开阔思维缜密,大胆探索注重总结。
八、注重实效:认真监督悉心指导,意见明确落实到位。
九、业务精湛:注重学习勤于钻研,本领过硬能力全面。
十、廉洁自律:严于律己作风正派,品行端正不谋私利。

(资料来源:http://www.moe.gov.cn/publicfiles/business/htmlfiles/moe/moe_1789/201312/××gk_161264.html)

第八节 制 度

一、制度的概述

(一)制度的含义

制度是党政机关、社会团体、企事业单位为加强对某项具体工作的管理而制定的,要求有关人员共同遵守的规章文书。

制度可分为岗位性制度和法规性制度两种类型。岗位性制度适用于某一岗位上的长期性工作,所以有时也叫"岗位责任制度",如《办公室人员考勤制度》。法规性制度是对某方面工作制定的带有法令性质的规定,如《差旅费报销制度》。

制度一经制定颁布就有约束作用,是有关人员的行动准则和依据。制度的发布方式比较多样,除作为文件存在之外,还可以张贴和悬挂在某一岗位和某项工作的现场,以便随时提醒人们遵守,同时便于大家互相监督。

(二)制度的特点

制度与其他规章文种比较起来具有如下几个特点:

1. 规范性

制度是要求有关人员共同遵守的管理操作规程,是对有关工作内容及人员行为的规范。制度的制定一般要有相关的政策、法规作为依据。

2. 针对性

制度一般是针对某项具体工作的实际需要而制定的,所以有很强的针对性,如作息制度、岗位责任制度等。

3. 细致性

为便于相关人员对制度的理解和操作,制度的条文内容十分具体、明晰、细致。

二、制度的结构和写法

制度的结构大体上由标题、签署和正文三部分构成。

（一）标题

制度的标题有两种形式：一种由"制发机关＋事由＋文种"组成，如《××企业财务管理制度》；另一种由"事由＋文种"组成，如《员工奖励制度》。

（二）签署

签署由制发机关名称和制发时间构成。有的写在标题的正下方，有的写在正文的右下方。

（三）正文

1. 正文结构

制度的内容结构一般分为三部分，包括序言、主体和结尾，亦即总则、分则和附则。

（1）序言

序言（总则）说明制文的目的、指导思想和制文的根据。许多制度的第一条或前几条属于这部分。例如《××公司考勤制度》总则中："第一条 为了加强劳动纪律和工作秩序，特制定本制度。"

（2）主体

主体，即分则，是制度的实质性内容规范，说明工作程度和对有关人员的行为要求。

（3）结尾

结尾，即附则，用于说明执行要求等事项。许多制度的最后一条或后几条属于这部分。

2. 正文写法

制度正文写法一般有两种形式。

（1）分章列条式写法

这种写法适用于内容复杂的规程与制度，分为总则、分则、附则三大部分。总则为第一章，一般交代制定制度的依据。分则有若干章，要将具体内容和措施依次逐条写清楚。附则为最后一章，一般是交代实施的日期和对实施的说明。各章分若干条。

（2）通篇分条式写法

此种写法直接分条，适用于内容比较简单的制度。

三、制度的写作要求

（1）目的明确。
（2）内容具体细致，有针对性。
（3）结构完整，条理分明。
（4）语言朴实简明。

四、参考例文

例 文

××公司考勤制度

第一章 总　则

第一条　为了加强劳动纪律和工作秩序,特制定本制度。

第二章　公司作息制度

第二条　公司上班时间为 8:00—12:00,13:00—17:00。

第三章　工作制

第三条　公司(总部)一般实行每天 8 小时标准工作日制度。实行每周 5 天标准工作周制度,周工作小时为 40 小时。

第四条　其他工作时间制度(略)

第四章　考勤范围(略)

第五章　考勤办法(略)

第六章　考勤统计及评价(略)

第七章　附　则

……

第十七条　公司行政部会同人事部执行本制度,经公司总经理批准颁行。

××公司
××××年×月×日

第九节　公约与承诺书

一、公约

（一）公约的概述

1. 公约的含义

公约是机关团体、社会组织为维护公共利益,通过讨论、协商所制定出的,约定人们共同遵守的规则。

需要说明的是,通常国际上由若干国家共同缔结的多边条约,也叫公约(convention)。这是一种用来维护国际生活的正常秩序和国与国之间的正常关系的国际性文书,如联合国通过的《公民权利和政治权利国际公约》。我们这里所说的公约主要是指在国内一定范围内使用的、带有公共性和督促性的规章文书。

公约是参与制定的单位和个人共同信守的行为规范。它对于维护社会秩序、促进安定团结、加强社会主义精神文明建设有着不可低估的作用。

2. 公约的特点

(1) 公众约定性

约定性是公约的突出特点之一。公约虽有约束性,但不是有关管理部门制定的强制性的法规,而是订约单位或订约人自愿协商缔结的公共约法。它一般不产生于行政管理部门,而更多地产生于社会团体或民众之间,有一定的民间特色。它不是正式的法律和法规,对参与者只有道德约束力,没有法律效力。

(2) 基本原则性

公约的内容在多数情况下都是一些基本道德准则和精神文明建设的原则要求,一般不涉及具体的行动方法和实施措施,不像细则那样详尽具体,因而公约大多短小精悍。

(3) 长期适用性

公约所涉及的内容一般都具有长期的稳定性,因而公约也具有长期适用性,不会在短时间之内就因为时过境迁而成为废文。制定公约时应该充分考虑这一点,要选择大家共同关心的、有长期意义的原则性事项写入公约。如果发现原有的公约已经过时,则要讨论制定新的公约来取代它。

(4) 集体监督性

公约一经公众认定,就是订约人的行为和道德规范,每个人都有履行公约的义务,不得违反。同时,它也是人们互相监督的依据,每个人也都有以公约为准则监督别人的义务。一旦发现有违背公约的行为,大家都有权进行批评和谴责。

3. 公约的类型

(1) 组织部门公约

组织部门公约是机关团体、社会组织用于规范某些带有公共性和督促性事项的规章文书,试看例文1。

例文1

文明卫生公约

1. 全体干部、职工必须增强文明卫生观念,树立良好的精神风貌,做到"文明、勤奋、卫生、整洁"。

2. 对前来联系工作的同志要热情接待,耐心解答。坚决克服门难进、脸难看、话难听、事难办的衙门作风,接电话、打电话均要文明礼貌。

3. 各股(室)卫生应每天下午下班后清扫一次,每周末进行一次大扫除,做到窗明几净,室内外无蜘蛛网,室内物品摆放整齐。

4. 办公楼院内的卫生,由全场干部职工坚持每周一打扫一次,公共场所不能存放任何杂物。

5. 对场内职工宿舍公共区域的卫生,各家各户本着各负其责的原则,保持好自家房门口的清洁。

6. 严禁在公共场所放养家禽家畜。发现每只罚款5~10元。
7. 严禁在院内乱扔瓜皮果壳。交通工具一律停放到指定地点。
8. 办公、生活垃圾须袋装直接倒进垃圾窖内,不得将垃圾倒在场内或场门口。
9. 遵守单位各项规章制度,不搞歪门邪道,不搬弄是非,不说不利于团结的话和事,礼貌待人,文明相处。
10. 按时做好卫生防疫工作,发现传染性疾病及时报告。

××林场
××××年×月×日

(资料来源:http://xxgk.jxfz.gov.cn/zx/bmgkx/ldshbz/gzdt/zwdt/201107/t20110711_1085123.htm,略有改动)

(2) 行业公约

行业公约是指为了加强本行业的职业道德,保护公平竞争,以行业协会出面主持制定规范全行业内部某些事项的带有公共性和督促性的规范性公约,试看例文2。

例文2

个体户文明服务公约

1. 按照规定,定点经营,遵纪守法,服从管理,按时交纳税金和管理费,维持社会秩序。
2. 挂照营业,明码标价,买卖公平,严守信誉,保质保量,不掺杂使假,不强买强卖。
3. 文明经商,礼貌待客,文雅和气,不恶语伤人。
4. 着装整洁,讲究卫生,各类商品陈列有序,营业场地周围保持清洁,不乱扔果皮、废物,不妨碍交通,不损坏公共设施。

××市个体劳动者协会
××××年×月×日

(3) 民间公约

民间公约是由民间有关人士为规范民间某些事项的带有公共性和督促性的规范性文书,如由居委会、村委会或村民小组出面主持制定的公约,也就是俗称的"村规民约",试看例文3。

例文3

××街居民文明公约

为了积极投入"五讲四美"活动,加强遵纪守法教育,搞好社会主义物质文明和精神文明建设,促进四化建设的顺利进行,特制定本公约。

一、热爱祖国,热爱党,认真执行党的路线、方针、政策,做遵纪守法的模范。

二、尊老爱幼,和睦相处,邻里团结,互相帮助。

三、遵守公共秩序,做文明乘客、文明顾客、文明观众。

四、讲文明、讲礼貌,不理怪发,不看淫秽书画,不听黄色歌曲。

五、响应晚婚晚育号召,少生优生,为四化终身只生一个孩子。

六、遵守户口管理制度,做到客来报、客走销。

七、积极参加巡逻,搞好四防和楼门关照,维护好社会治安。

八、教育子女,关心儿童,做好社会失足青年的转化工作。

九、不打架斗殴,不偷盗,不赌博,不制作和携带凶器,敢于同坏人坏事作斗争。

十、绿化环境,美化庭院,不散放家禽家畜,消灭四害,搞好卫生。

××市××街居委会

××××年×月×日

(二) 公约结构和写法

公约的结构由标题、签署和正文三个部分组成。

1. 标题

公约的标题有三种写法:一是"适用人+文种",如《教师公约》;二是"适用范围+文种",如《花园小区公约》;三是"涉及事项+文种",如《护林公约》。

2. 签署

签署,即署名与日期,可放在标题正下方,做题下标示,也可放在正文的右下方。对于有些公约而言,署名是很重要的一项,因为署名就意味着承诺,表明遵守公约的意向并愿意为遵守公约承担责任。特别是行业公约,这一点显得更为突出。

3. 正文

公约的正文由引言、主体和结尾组成。

(1) 引言

引言主要用来写明制定公约的目的、意义,常套用"为了……特制定本公约"的固定格式。

(2) 主体

主体是公约的主要内容规定,将具体内容一一列出。这部分最重要,一定要做到系统完整,层次清楚,言简意明,朴实通畅。

公约正文的写作格式可分条文式和"顺口溜"式两种写法。

① 条文式

条文式写法是把公约的内容逐项写出,使公约内容充实、具体,试看例文4。

例文4

村干部公约

一、一心一意为村民服务,不贪图吃喝。
二、吃苦耐劳,大公无私,办事公正。
三、讲究民主,不乱打乱罚。
四、班子团结,互相学习,不护己,不徇私。

××县××村委会
××××年×月×日订

② "顺口溜"式

"顺口溜"式是把公约内容,用整齐押韵的文字写出来。"顺口溜"式写法使公文整齐,读起来朗朗上口,便于记忆,试看例文5。

例文5

乡规民约

1. 集体劳动好,勤劳致富步步高;正当副业要发展,投机倒把不准搞。
2. 热爱集体好,不拿村里粮和草;落实生产责任制,损公肥私不能搞。
3. 尊老爱幼好,赡养父母尽孝道;教育子女听党话,粗语脏话要去掉。
4. 家庭和睦好,夫妻相敬偕到老;婆媳妯娌心连心,邻居团结赛金宝。
5. 移风易俗好,勤俭持家要记牢;不搞迷信和浪费,计划生育不动摇。
6. 文明新风好,待人诚恳有礼貌;不准打人和骂人,陋规恶习要除掉。
7. 遵纪守法好,主持正义讲公道;检举坏人和坏事,打击报复法不饶。
8. 四防安全好,综合治理很重要;场头仓库勤检查,实行制度排干扰。

××乡××村委会
××××年×月×日订

（3）结尾

结尾用来写执行要求、生效日期等。如无必要,可免除这一部分。

二、承诺书

（一）承诺书的概述

1. 承诺书的含义

"承诺"一词的基本含义,是指对某项事务答应照办。承诺书是承诺人为了履行应尽的责任,践行应有的义务或执行应守的纪律,郑重地表达自己的意愿时使用的规章文书。

承诺书的适用范围,包括成员对组织、下级对上级、组织对成员、组织对社会、个人对他人等所作的某种许诺。承诺书的作用主要是有利于加强承诺人的责任心,调动其积极性,使之尽责尽职,自觉接受监督等。

2. 承诺书的特点

(1) 严肃庄重性

承诺书一旦签订,承诺人就开始承担责任,履行义务。为此,凡承诺人在承诺书认定的条款,在实践中必须一一遵守,不能做到的事项就不能写入其中。写承诺书是一件十分严肃、郑重的事,不能率意为之。

(2) 自我约束性

承诺书是自己给自己制定的规章。一个有责任的人在写出承诺书之后,是不会轻易违反自己诺言的。这种自我约束性对建立稳定的社会秩序是有利的。

(3) 具有法律效力

承诺书中的事项,如果属于当事人意思真实表示(即没有受到强迫、威胁等)是具有法律效力的,例如,施工单位对工程质量的承诺,如不能实现,就必须承担法律责任;工厂对产品的"三包"承诺,如不能兑现,亦同样要承担相应法律责任。

(4) 结尾

结尾用来写执行要求、生效日期等。如无必要,可免除这一部分。

(二) 承诺书的结构和写法

承诺书一般结构包括标题、正文和签署。

1. 标题

承诺的标题有三种写法:一是"承诺者+事由+文种",如《××公司售后服务承诺书》;二是"事由+文种",如《售后服务承诺书》;三是只写文种,即《承诺书》。

2. 正文

承诺书的正文可由引言、主体和结尾组成。

(1) 引言

引言主要用来写明制定承诺书的目的、意义,常用"为了……特做出如下承诺"等固定套语。例如,"为了转变工作作风,更好地服务于社会民众,我局特向社会作出如下承诺。"有的承诺书不写引言,直接写承诺事项。

(2) 主体

主体即承诺的事项及条款。这是承诺书的核心部分,要一一写明承诺的具体项目和内容,一般采用分条列款式的写法。

(3) 结尾

结尾一般写承诺书的执行要求或请求要约人监督等,例如"以上承诺,请领导和社会民众监督检查"。有的还注明生效日期等。这一部分由于没有实质内容,有的也可以省略。

3. 签署

签署，即署名与日期，一般放在正文结束的右下方，有的放在标题正下方。署名是承诺书中十分重要的一项，它意味着承诺人正式做出承诺，表明遵守承诺中的有关意向，具有法律效力。

三、公约和承诺书的写作要求

（一）结构完整、系统

公约与承诺书都具有一定的法律效力，对当事人有一定约束力，因此其内容一定要系统完整，层次清楚，尽可能的周密。

（二）语言朴实简明

公约与承诺书对具体的工作事项有一定指导、约束作用，具有很强的实践操作性，因此其语言必须朴实通畅，言简意明，便于理解和执行。

（三）篇幅短小精悍

公约与承诺书的内容在多数情况下都是一些基本道德准则和精神文明建设的原则要求，一般不涉及具体的行动方法和实施措施，重在其行为结果，不像细则那样详尽具体，因而公约与承诺书的篇幅大多短小精悍。

四、参考例文

例文 6

中国公民国内旅游文明行为公约

（国家旅游局　××××年×月×日发布）

营造文明、和谐的旅游环境，关系到每位游客的切身利益。做文明游客是我们大家的义务，请遵守以下公约：

1. 维护环境卫生。不随地吐痰和口香糖，不乱扔废弃物，不在禁烟场所吸烟。
2. 遵守公共秩序。不喧哗吵闹，排队遵守秩序，不并行挡道，不在公众场所高声交谈。
3. 保护生态环境。不踩踏绿地，不摘折花木和果实，不追捉、投打、乱喂动物。
4. 保护文物古迹。不在文物古迹上涂刻，不攀爬触摸文物，拍照摄像遵守规定。
5. 爱惜公共设施。不污损客房用品，不损坏公用设施，不贪占小便宜，节约用水用电，用餐不浪费。

6. 尊重别人权利。不强行和外宾合影,不对着别人打喷嚏,不长期占用公共设施,尊重服务人员的劳动,尊重各民族宗教习俗。

7. 讲究以礼待人。衣着整洁得体,不在公共场所袒胸赤膊;礼让老幼病残,礼让女士;不讲粗话。

8. 提倡健康娱乐。抵制封建迷信活动,拒绝黄、赌、毒。

例文7

教职工师德承诺书

为进一步加强师德师风建设,展示宜昌市第七中学师德风貌和教职工良好形象,学校组织全体教职工签订教职工师德承诺书,共编制出八项条文,并作为年终考核的依据。

一、在依法执教方面:全面贯彻国家教育方针,自觉遵守《教师法》、《宜昌市七中教职工行为规范》等法律法规,无违背党和国家方针、政策的言行;做到持相应资格证上岗,新进教师具备相应教师资格。

二、在爱岗敬业方面:认真教书育人、认真备课、上课,认真批改作业,不传播有害学生身心健康的思想;凡遇到学生违纪违规或事故发生,必须及时处理,建立首遇责任制度。

三、在师生关系方面:以人为本,不讽刺、挖苦、歧视学生,不侮辱、体罚或变相体罚学生,不以学生成绩评价学生,做到理解、尊重、信任每一位学生。

四、在严谨教学方面:不出现教育方式单一,方法简单粗暴现象,做到方法适当、方式灵活、因材施教、耐心细致。

五、在团结协作方面:团结尊重同事,不诋毁其他教师在学生中的威信,关心学校集体。

六、在尊重家长意见方面:不训斥、指责学生家长,主动与学生家长联系,认真听取意见和建议。

七、在廉洁从教方面:积极奉献,自觉抵制社会不良风气影响,不私自从事带有盈利性质的教学活动,不以教谋私,不出现向学生乱发资料,乱收费,乱补课,乱办班,借学生家长办私事或索取、接受学生家长的馈赠现象;不在校外兼职。

八、在为人师表方面:尊重社会公德,不赌博,上课期间不使用通信工具,不在教室及学生活动场所吸烟,工作期间衣着规范,不穿奇装异服,无言行粗鲁现象。

承诺人:　　　　学科:　　　　所任年级(处室):
×××× 年 × 月 × 日

(资料来源:http://www.shengxin118.com/gongwenxiezuo/yingyongwenfanwen/2010-02-06/4732_2.html,略有改动)

思考与练习

一、简答题

1. 简述条例的含义、特点及写作要求。
2. 简述规定的含义、特点及写作要求。
3. 简述办法的含义、特点及写作要求。
4. 简述细则的含义、特点及写作要求。
5. 简述章程的含义、特点及写作要求。
6. 简述规则、守则的含义、特点及写作要求。
7. 简述制度的含义、特点及写作要求。
8. 简述公约和承诺书的含义、特点及写作要求。

二、写作训练（请按各文种的规范要求写作）

1. 为使员工宿舍保持良好的清洁卫生，整齐的环境及公共秩序，使员工获得充分的休息，以提高工作效率，某公司拟制定一份《员工宿舍管理规定》。请根据规定的写作要求，代该公司拟写一篇《员工宿舍管理规定》。

2. 甲某与乙、丙、丁等筹建×××广告有限责任公司，专注广告设计、提供品牌设计、广告设计、标志设计、Logo 设计、VI 设计、形象设计专业摄影、360 度全景图制作、多媒体设计、软件界面设计等广告服务，并欲将该广告公司打造成 E 时代广告品牌专家。

根据《中华人民共和国公司登记管理条例》第二十条规定：申请设立有限责任公司，应当向公司登记机关提交有关文件，其中包括公司章程。为×××广告有限责任公司，拟写一篇《××××广告有限责任公司章程（草案）》。

3. 为了适应全球经济一体化的形势，运作全球范围的品牌，从 2006 年开始，海尔集团继名牌战略、多元化战略、国际化战略阶段之后，进入第四个发展战略创新阶段：全球化品牌战略阶段。国际化战略和全球化品牌战略的区别是：国际化战略阶段是以中国为基地，向全世界辐射；全球化品牌战略则是在每一个国家的市场创造本土化的海尔品牌。海尔实施全球化品牌战略要解决的问题是：提升产品的竞争力和企业运营的竞争力。与分供方、客户、用户都实现双赢利润。从单一文化转变到多元文化，实现持续发展。

（1）根据上述的任务描述，为该企业撰写一份《企业经营管理办法》。

（2）根据上述的任务描述，为该企业撰写一份《企业投资管理规则》。

（3）根据上述的任务描述，为该企业撰写一份《员工守则》。

4. 为了进一步细化员工绩效管理工作内容，确保绩效评价结果的客观真实性，促进企业员工的工作积极性，×××公司拟制定一份《员工绩效管理实施细则》。

（1）依据上述的任务描述，为该企业撰写一份《员工绩效管理实施细则》。

5. ××石雕工艺公司成立于 1996 年，集艺术设计、开发制作、生产刻制于一体的大型石雕企业。具有圆雕、透雕、线雕、平雕、浮雕、画雕、影雕等多种工艺，可为城市机关、企业、学校、公园、旅游景点等部门提供各种适应的石雕艺术品。利用优质天青石、晚霞红、汉白玉、墨玉、砂岩、大理石、花岗石、银灰白石、雪花白等石材雕刻成各类艺术用品和摆件，例如：历史人物、神像、花鸟、走兽、香炉，建造石凉亭、石塔、石桥、石牌坊、龙柱、灯笼、浮雕、栏杆、石狮、园艺、风水球、石桌、石椅、石凳等,本着追求完美,止于至善的企业宗旨,企业实行每道工艺程序由专人负责。为规范公司员工的生产操作流程,企业决定拟制相关生产操作规程及岗位责任管理制度。

依据上述的任务描述,为该企业撰写一份《企业岗位责任管理制度》。

6．试联系你所在的单位、学校、社区的实际情况,写一份公约,例如《员工服务公约》、《××班级公约》、《××小区文明卫生公约》、《学生宿舍文明卫生公约》等。

7．日立电梯(中国)有限公司(原广州日立电梯有限公司)成立于1996年1月15日,是华南地区最大的电梯生产企业,日立电梯一直以来都以环保产品自称,并为外界津津乐道,日立创业以来,始终传承着"以技术贡献社会"的创业理念,通过高度的伦理观、先进的技术和自主的事业,为解决全球面临的各种社会问题做出积极的贡献。日立以领导革新的尖端技术力量,与合作伙伴建立起稳固的信赖关系,以创造富裕生活和更美好的社会为己任——这就是日立"技术""信赖""信诚"的企业基因。

依据上述的任务描述,为该企业撰写一份《售后服务承诺书》。

第七章 司法文书

> **学习目标**
>
> 1. 了解司法文书的概念、种类、特点及作用。
> 2. 掌握司法文书的写作方法和写作要求,熟悉司法文书专业语。
> 3. 能写出合乎要求的司法文书。

第一节 司法文书概述

一、司法文书概述

（一）司法文书的概念

司法文书一般有广义和狭义两种概念。

广义的司法文书是指公安机关、国家安全机关、检察机关、法院、监狱等司法机关及律师组织、公证机关、仲裁机关、当事人、诉讼参与人依法制作的,用于处理各类诉讼案件及非诉讼事件的具有法律效力或法律意义的文书的总称。其中,诉讼案件指刑事、民事（含经济）、行政三类案件;非诉讼事件指公证实务及仲裁案件。"具有法律效力"指具有执行效力,如裁判文书;公证文书虽无执行效力,但具有法律意义。

狭义的司法文书仅指司法机关在处理各类诉讼案件中依法制作的各类文书,具有国家公文的性质,是严格意义上的司法文书。

（二）司法文书的种类

司法文书可以从不同的角度进行分类。

1. 按制作主体进行分类

按制作主体进行分类,司法文书可分为公安机关的预审文书,检察机关的刑事检察文书,法院的裁判文书,监狱的执行文书,律师的实务文书,公证机关的公证文书,仲裁机关的仲裁文书,当事人和诉讼参与人（证人、鉴定人等）提供的文书。

2. 按文种进行分类

1999年最高人民法院的《法院刑事诉讼文书样式》将司法文书分为九类,即裁判文书类、布告类、报告类、笔录类、证票类、书函类、通知类、其他类、书状类文书。

3. 按文书形式进行分类

按文书形式进行分类,司法文书可分为文字叙述式文书、填空式文书、表格式文书、笔录式文书。

4. 按性质进行分类

根据性质,司法文书可分为诉讼文书、非诉讼文书。其中,诉讼文书又可分为刑事文书、民事文书(含经济)、行政文书三类。非诉讼文书用于公证实务及仲裁案件。

(三) 司法文书的特点

司法文书作为一种专业应用文,有它独具的特点。这是因为它既具有法律属性又具有写作属性。根据这种双重属性,可以从司法文书的制作、形式、效用等方面来概括其特点。

1. 制作的合法性

司法文书的制作总是和一定的法律程序相联系的,有严格的规定。什么情况下依据什么法律,应制作什么文书,制作的主体是谁,制作的内容和要求是什么,如何提交送达等,都必须有法律依据。任何单位和个人都不能随心所欲地进行制作。

2. 形式的程序性

司法文书是一种具有明显程序性的文书。每一种司法文书都必须按照国家有关机关颁布的统一格式样本制作,不允许别出心裁,另搞一套,主要表现在以下三方面。

(1) 结构固定化

绝大多数司法文书的总体结构均可分为首部、正文、尾部三个部分。

首部包括制作机关名称、文种名称、文书编号、当事人基本情况、案由和案件来源等。

正文是司法文书的主体部分,包括事实、理由、结论。由于具体案情各不相同,写法相对灵活,但仍有固定的框架,内容和顺序也有一定规范。写作事项具有要素化的特点。

尾部包括署名、日期、用印、附注事项等。

(2) 用语规范化

这是司法文书程序化在行文上的表现。制作时必须按司法文书样式使用法言法语,而不得用其他词语来替代。例如盗窃、强奸等罪,不能写成偷窃、强暴罪;表述犯罪形态分别称为犯罪既遂、犯罪未遂、犯罪预备、犯罪中止,而不能写成已经犯罪、犯罪未成功、犯罪准备、犯罪暂停等。

在司法文书的承接、转折部分都有固定的规范用语与程序,可以参照。

(3) 称谓统一化

司法文书中当事人与诉讼参与人的称谓都是统一规定的,同一个当事人在不同诉讼阶段的司法文书中的称谓又不尽相同,都必须遵照办理,不可随意书写。例如,在刑事诉讼中,公诉案件的当事人称为被害人;自诉案件中的原告一方当事人称为自诉人;被告一方当事人在公安机关或检察机关侦查、审查阶段称为犯罪嫌疑人,而在检察机关交付同级人民法院审判的公诉书和刑事自诉状中则称为被告人;在第二审程序中则为上诉人或被上诉人。在刑事诉讼中的附带民事起诉状里,当事人的称谓是原告人或被告人。代理诉讼的,分别称为法定代理人、指定代理人、委托代理人。这些称谓是不能用错的。

规范化的结构、用语、称谓是司法文书的重要特点,不掌握相应的格式就无法进行司法文书的制作。了解和熟悉有关书法文书的格式是学习司法文书写作不可忽视的内容。

3. 实施的有效性

司法文书是处理司法实务的文字凭证，具有法律效力或法律意义。

司法文书的法律效力是指它具有强制性的执行效力。例如拘留证、逮捕证，凭证即可拘留、逮捕犯罪嫌疑人或被告人。刑事判决书一旦生效，判处的刑罚就要执行。民事、行政判决书一旦生效，当事人应当执行，拒不执行的，人民法院可以采取强制措施。我国法律为司法文书法律效力的实现提供了可靠的保障。

有一部分司法文书虽无执行效力，但却具有法律意义，是处理诉讼案件或非诉讼事件中不可或缺的必经程序或必备手续。如检查人员的公诉意见书、辩护人的辩护词、诉讼代理人的代理词、司法笔录、当事人的诉状、公证文书、仲裁文书等。

（四）司法文书的作用

1. 司法实践活动的忠实记录

司法文书是司法实践全过程各阶段进行情况的文字记录和法律凭证，所以我们可以从一个案件的完整司法文书中看出整个诉讼活动或非诉讼事件的前因后果及办理过程。

2. 实施和宣传法律的良好方式

司法文书是对具体案件审理或处理的文字记载及说明，其制作的根本目的在于有效地保证法律的具体实施。不仅如此，公开对外的法律文书还有明显的法制宣传教育作用。司法文书通过对具体案件的处理，用活生生的事实来宣传法律、解释法律，从而使人们更好地认识法律，明确是非正误，懂得依法办事，公正执法。

3. 司法公正的一种体现形式

司法文书在文字记载的可观性，主观认定的合理性，诉讼程序及理由说明的合法性，公众心理的可信性等诸多方面，都体现了司法公正。正确的法律文书，是司法公正的体现形式，有利于推进我国的法制建设。

二、司法文书的写作要求

司法文书的制作需要制作者有较好的文字能力和写作技巧。针对不同案件、不同诉讼阶段制作的需求来选择文种，在选材、结构、表述、语言等方面不仅要符合法律文书的程式，而且必须做到文理通顺。

（一）选材要真实、准确，有针对性

司法文书中的事实材料必须绝对真实。无论是刑事案件中的犯罪事实或民事、行政案件中的纠纷事实，既不能夸大，也不能缩小，更不能虚构。凡是写进司法文书的材料，还要求列举出足以证明该事实存在的证据。只有被告人的口供，而无旁证材料的事实，不能写入司法文书。因为司法裁判是以事实为依据的，若材料与事实有出入，就可能损害当事人的合法权益，也有可能使国家、集体或第三人的利益受损，严重的可能影响当事人的生命权。司法文书中的事实材料是处理案件或定罪量刑的依据，必须以法律为准绳，所以选用的事实材料与适用的法律条款应完全对应一致，理由须充分明确。

（二）司法文书格式要求符合法定规范

司法文书具有国家公文的性质，而且具有强制性的法律效用。为了准确无误地实现这种效能，各类司法文书都规定了具体明确的格式，必须严格遵守。

（三）司法文书的语言必须准确、精练、朴实

对司法文书的语言要求主要体现在准确性、精练性、朴实性这三个方面。

1. 准确性

准确性是对司法文书语言的首要要求，司法文书的内容从头至尾必须是准确无误的。当事人的情况要准确无误，案情事实要准确无误，适用法律要准确无误，语言修辞要准确无误，标点符号也要准确无误。不能有失实、夸大、缩小、虚构、歧义、模糊、矛盾的现象。在语言文字的组织运用上要字斟句酌，反复推敲，文风严谨，逻辑严密。如把血型鉴定书上 A 型写成 B 型；又如在斗殴事实证词中记叙"被告人向被害人头部猛砍一刀，造成被害人头部、左手背、右臂三处受伤""恋爱过程中，她曾三次向我借两千元"等写法都是不够准确的。

司法文书的准确性还体现在法律术语的使用上。法言法语是司法实践中总结出来的，能准确表达法律概念的标准用语，如称已婚男女为夫妻，不能称爱人。

2. 精练性

司法文书应该简明扼要，概括地表达出完备的内容。要求主旨明确，行文干净利落。不说空话、套话，不拖泥带水，删去与主旨无关的字、词、句段。例如一件民事纠纷案的事实部分，原稿为：

朱某的女儿熊某1954年与张某结婚，熊某于1961年病故。张某1964年与芦某结婚，生有一个男孩，名张某，现年13岁，随芦某生活。张某与朱某一直保持着密切的亲属关系。1970年年初因与芦某的夫妻关系恶化，即到朱家居住。1970年9月张某病故后，芦某提出了张某生前有存款1000元，夫妻商定作为孩子的教育费，此款已由朱某支取，故要求朱某将这1000元归还。

从精练的要求出发，可将与纠纷无关的人和事删减而改写为：

原告芦某于1964年与张某结婚，后因感情恶化，张某于1970年年初迁至前妻（已故）的母亲朱家居住。同年9月张某病故后，朱某将张某的1000元孩子教育费存款取走，芦某要求朱某归还。

司法文书的语言贵在精练，言虽简略，理皆要害，但不能苟简，不能言简而意缺。如只写"被告人张某共计盗窃3 500元，已构成盗窃罪"一句话，就简约得过分了。苟简的另一种表现是滥用简称，如把天然林保护写成"天保"，把违法少年简称"违青"，把人工流产简称"人流"等，都是司法文书不允许的，必须使用全称。

3. 朴实性

司法文书要求朴实无华，直笔叙述，一是一，二是二，是则是，非则非。最忌夸张渲染比喻描绘。如"血肉横飞""皮开肉绽""盗窃成性""贪得无厌"等词不宜使用，而应直接写出具体的伤情、损害、物品、金额、案情。

第二节 起诉状

一、概述

（一）起诉状的概念

起诉状是指在诉讼过程中，公民、法人或其他组织，认为自己的权益受到侵害或者与他人发生争议时，为维护自身合法权益依法向人民法院提交的书面请求。

在诉讼过程中，提出诉讼者为原告，被诉讼者为被告。原告诉讼时应向人民法院提交起诉状，并具有正本或副本，其中正本一份，副本份数根据被告人数确定。根据诉讼法的规定，自己书写起诉状确有困难而又没有请人代书的，当事人可以口头诉讼，并由人民法院制作笔录。

（二）起诉状的种类

根据案件的性质，起诉状可分为民事起诉状、刑事自诉状及行政起诉状。

（三）起诉条件

(1) 原告是与本案有直接利害关系的公民、法人或其他社会组织。
(2) 有明确的被告。
(3) 有具体的诉讼请求和事实、理由。
(4) 属于人民法院受案的范围和在受诉人民法院管辖之内。

（四）起诉状的格式

起诉状分为首部、正文和尾部。首部包括当事人情况，正文包括诉讼请求、事实和理由、证据和证据来源，尾部为落款、附项、日期等内容。

二、起诉状的结构和写法

起诉状一般由首部、正文和尾部三部分组成。

（一）首部

起诉状的首部包括标题和当事人基本情况两部分。

1. 标题

起诉状的标题一般表明案件的性质，刑事案件为刑事自诉（起诉）状，民事案件为民事起诉状，行政案件为行政起诉状。

2. 当事人基本情况

当事人基本情况部分要求分别写明原告与被告的姓名、性别、年龄、民族、籍贯、职业、工作单位和住址等。如果原告与被告不止一人,就分别写明各自的基本情况。如果当事人是企事业单位、机关、团体时,则要求写明企事业单位、机关、团体的全称,以及地址、法定代表人的姓名、职务等。如果法定代表人委托律师为诉讼代理人,就要写明代理人的姓名及单位、职务等。

（二）正文

正文是起诉状的主体,一般包括诉讼请求、事实与理由两部分。

1. 诉讼请求

诉讼请求是原告向人民法院提起诉讼的目的与意图。例如"原、被告双方已感情破裂,请判决离婚""请判决被告履行合同"等。诉讼请求要求合理、合法,明确,具体,语言表达要言简意赅。如果诉讼请求有多项时,可以分项写明。

2. 事实与理由

事实与理由是全文的核心部分,也是写作的重点与难点。这部分的写作,一般先叙述事实,然后说明理由,最后提出请求目的。要求以事动人,以理服人,事实与理由相结合。

叙述事实即提供诉讼请求的事实依据,也是支持诉讼请求最有力的证据。刑事自诉状的事实,主要要写清楚被告人实施犯罪的时间、地点、方式,实施行为的过程及危害后果等。民事起诉状的事实,主要写清楚以下几方面的内容:一是双方当事人之间的法律关系;二是双方纠纷的发生、发展过程（包括时间、地点、原因、经过、结果等）;三是双方纠纷的原因与焦点。行政起诉状的事实应写明行政机关在进行具体行政行为的过程中对原告的合法权益造成侵害的经过和结果。

事实部分还应列举各类与事实有关的书证、物证、人证、证言、视听材料等证据,以证明事实的正确性。并要写明证据的来源,人证还应写清楚证明人的基本情况,如姓名、性别、住址等。

理由部分主要通过对所叙事实和证据的分析,论证双方当事人之间的权利与义务关系,说明诉讼请求的合理性,并且通过援引相关的法律条文来证明诉讼请求的合法性。

在写明事实与理由的基础上,还可以提出请求目的。如某离婚案件的请求目的为:"一、判决我与被告离婚;二、女儿由对方抚养,我每月负担500元的生活费,直至年满18岁;三、婚后共有财产按照法律规定共同分割。"请求目的要具体、明确,并且详尽,不能空泛、笼统,或是有所遗漏。

（三）尾部

起诉状的尾部包括呈送机关、落款和附件三部分。

（1）呈送机关。一般在起诉状的正文结束后另起一行空两格写明"此致",然后在下一行顶格写明所呈送的机关名称"×××人民法院"。

（2）落款。在正文的右下角起诉人要签名并盖章,同时写明具状的具体日期。

（3）附件。在落款下一行左起空两格写明起诉状的副本数量,物证书证的数量、名称等。

三、起诉状的写作要求

（一）真实、准确、合法、有条理

请求事项要明确具体，合理合法，切实可行，不能笼统或含糊不清；陈述案情要实事求是，全面清晰，且要有针对性，突出重点，不能歪曲伪造，不允许推测；分析是非要有理有据，切中要害，援引法律、法规要准确恰当，举证要确凿可靠，经得起核实查对；要在规定的起诉时限内，依法向人民法院起诉。

（二）语言表达要规范

起诉状的语言要求尽量使用书面语言，准确、简明地表达，切忌感情冲动、无理狡辩和人身攻击。所有提法要符合国家的政策和法律法规。

（三）书写格式要规范

起诉状有其通用、固定的格式，书写时要尽量按规范性的格式去安排内容结构，特定的项目要齐全，倒置不能前后或内容残缺不全。

四、参考例文

例文1

民事起诉状

原告：王某，女，××××年×月×日出生，汉族，××单位职工，现住××市××路××号　电话：

被告：张某，男，××××年×月×日出生，汉族，××公司职员，现住××市××路××号　电话：

诉讼请求：

1. 请判令原、被告离婚；
2. 婚生儿子由原告抚养，由被告支付抚养费；
3. 共同财产依法分割，共同债务依法承担（具体见清单）。

事实与理由：

原、被告×××年经人介绍相识，经过短暂接触后，为了单位分房需要，在没有深入了解的情况下领取了结婚证。结婚初期，被告对原告尚可，但随着时间的推移，被告多疑、粗暴、大男子主义的品性开始显现。婚后不到半年，对原告抬手即打、张嘴即骂，家里能拿起来的东西都成为被告发泄殴打的工具，多次造成原告身体软组织挫伤、骨折（见医院治疗证明），原告伤心至极，本想与被告离婚，但拟起诉时才知身怀有孕。原告想有了孩子被告会回心转意，对原告态度转变。不料被告在原告怀孕期间不但不有所收敛，反而变本加厉,竟然对怀孕的原告打骂更甚,在孩子怀孕八个月时差点造成孩子流产,多亏就医及时才保住了孩子。

孩子出生后,被告不是反思悔改、一心为家,反而经常夜宿在外,对原告及孩子不管不问,××××年年底还因赌博、嫖娼被公安机关处理,使得原告伤心至极。

为了孩子,原告对被告一忍再忍、一让再让,但被告却认为原告软弱可欺,特别是上个月十五号由于赌博输钱被原告劝阻,被告大怒,对原告大打出手,将原告打得头破血流,还用凳子砸原告的背部,造成原告轻伤。

为了孩子,为了这个家,原告早已习惯以泪洗面,容忍被告,对被告一让再让,希望被告能好好过日子,但希望无数次地像肥皂泡一样破灭,现在原告的心早已死,本想寻短见结束这一切,却又舍不得丢下还嗷嗷待哺的孩子。现在原告已被被告打清醒,原告要结束这一场名存实亡的婚姻,寻找久违的幸福感觉,寻找作为一个正常女人所期待的温馨家庭。

综上所述,原、被告夫妻感情早已破裂,故特依《婚姻法》第32条之规定,向贵院起诉,请依法判决,以维护原告之合法权益。

证据及证据来源
1. 身份证复印件。
2. 结婚证复印件。
3. 房产证复印件。
4. 财产及债务清单各一份。
此致
上海市长宁区人民法院
附件:本诉状副本一份

起诉人:李××
××××年×月×日

例文2

刑事自诉状

自诉人:苏××,女,32岁,汉族,天津市××县××乡××村农民。

被告人:刘××,男,35岁,汉族,天津市××县××厂工人,住本厂宿舍。

案由:虐待家庭成员。

诉讼请求:被告人犯虐待罪,请依法惩处。

事实和理由:

自诉人和被告人于××××年结婚,感情尚好,生有子女各一名。××××年被告人与女徒工×××通奸。自诉人知道后,曾多次向被告人单位反映,要求领导制止被告人的不道德行为，由于种种原因，问题未能解决，使自诉人精神上受到了极大的刺激，患了精神分裂症（有医院证明）。被告人为了得到与自诉人离婚而与女徒工×××结婚的目的，便对自诉人在精神、肉体上加以虐待。××××年被告人假借为自诉人治病，在夜间使用暴力，强行往自诉人嘴里灌砒霜，妄想置自诉人于死地。由于自诉人紧咬牙关，被告人的阴谋才未得逞，却造成了自诉人舌尖糜烂、嘴唇脓肿等严重后果（李××可证明）。

××××年春节期间的一天夜里，被告人又对自诉人下毒手，用剪刀狠扎自诉人。因自诉人大声喊叫，并用右手将剪刀尖攥住，邻居戴××进屋帮助夺下剪刀，自诉人才幸免于难。但自诉人右手被被告人扎伤四处，缝合六针，到今还留有伤疤（邻居戴××、王××均可证明）。××××年3月被告人即不负担子女生活费。7月5日突然进家把自诉人捆住送××精神病疗养院，期间将家中三口人的口粮拉走，自诉人出院后，无奈地带着孩子回到娘家。被告人刘××为了达到与自诉人离婚的目的，从××××年开始，对自诉人在精神上进行折磨，在肉体上进行摧残，在经济上克扣开支，情节恶劣，触犯了《中华人民共和国刑法》第××条第×款规定，已构成虐待罪，请人民法院依法追究被告人的刑事责任。

此致
××市××县人民法院
附件：1. 证人戴××，女，本村农民。
李××，男，本村赤脚医生。
王××，女，本村农民。
2. 天津市××××医院病情证明书一份。

具状人：苏××
代书人：××市第×律师事务所律师××
××××年×月×日

例文3

行政起诉状

原告：×××，男，××岁，×族，××出版社编辑，住北京市××区××街××号。
邮政编码：×××××× 联系电话：××××××××
被告：北京市出租汽车管理局，住所地：北京市××区×××路××号
邮政编码：×××××× 联系电话：××××××××
案由：出租汽车管理局拒不履行法定职责。
诉讼请求：
一、判令被告向原告公开赔礼道歉；
二、判令被告依法对北京市××实业股份有限公司拒载伤害原告的恶劣行为作出处罚。

事实与理由：

原告于××××年×月×日早7：30分在平乐园小区北口叫了一辆××出租汽车公司所属白色"面的"（车号：京B135××），并对司机讲到小区内带点东西和接一个人。车到住处楼下，我下车准备上楼时，司机说下车需留下押金，我于是掏出50元钱放在驾驶室右座前的仪表台上。我和我爱人各搬几包放在车上，司机讲带东西要加10元钱。由于无此项规定收费标准，故予以拒绝。司机讲"你不给加钱就甭坐"，我说"不坐就不坐"，司机又说："不坐也要给10块钱"，这时我爱人正准备往车下搬书，司机却一把将放在右仪表盘台上的50元钱装在兜里，并启动车，而我此时手执车门扶手正站在开启着的车右前门侧的地上和司机讲理，由于担心车上的钱物被带跑，无证据，于是就将其右仪表盘台上的服务卡取下，这时车速已很快，将我拖着跑了约60米，然后一个左急转弯，将我及车上的书重重地甩在地渣路上，我的衣服都被搓破，浑身是血，经送医院检查脸、手、胸、腿多处挫伤、裂伤，其中右手的食、拇指间有一宽3厘米，深2—3厘米的口子，造成外伤，缝合8针。目前原告右手有运动障碍，左面部留有伤疤。

事发之后，被告对其辖下的北京市××实业股份有限公司的恶劣行为非但不进行处罚，反而对原告十几次找被告寻求解决问题采取推诿，拒不接待，甚至说原告妨碍了他们的工作。被告的行为引起了新闻界的极大关注：《法制日报》于××××年×月×日予以报道，10月7日刊出评论，北京电视台在11月13日的北京新闻中予以报道，并且披露了被告拒绝被采访的事实；《北京青年报》在11月19日的新闻周刊中亦予以报道，《南方周末》在12月5日也给予披露。

然而，时至事发后近一年的今日，被告对××公司仍未作出任何处罚，对原告也未作出任何口头或书面有关此事的答复。

根据《北京市出租汽车管理条例》的有关内容，被告没有履行其所应负有的责任，给原告及社会造成了极坏的后果，依据《行政诉讼法》《民法通则》《消费者权益保护法》的有关规定向人民法院提起诉讼，请求人民法院公断。

此致
西城区人民法院

起诉人：×××
××××年×月×日

第三节　上　诉　状

一、上诉状的概念

上诉状是诉讼当事人或其法定代理人，不服一审法院的判决或裁定，在规定的上诉期限内，按照法定程序，向原审法院的上一级人民法院提起上诉，请求撤销或变更原审判决、裁定或重新审理而制作的法律文书。

我国法律规定,案件审理实行二审终审制。当事人对一审判裁不服,有权提出上诉,任何人不得以任何借口剥夺其上诉权。

民事案件当事人不服第一审判决的上诉期限为 15 日(如果当事人不在我国领域内居住,上诉期限为 60 日)。不服一审裁定的上诉期限为 10 日。以上期限,从当事人接到判决书或裁定书的第二日起计算。行政案件上诉期限与民事案件相同。

刑事案件当事人不服判决的上诉期限为 10 日,不服裁定的上诉期限为 5 日,均从接到判决书或裁定书的第二日起计算。

上诉是法律赋予公民的一种诉讼权利,是二审人民法院进行审理的根据,对于第二审的人民法院作出正确的裁决有着重要的作用。

二、上诉状的结构和写法

上诉状的结构包括首部、正文和尾部三部分。

(一) 首部

首部包括标题和当事人的基本情况。

1. 标题

上诉状标题分为"民事上诉状""刑事上诉状"或"行政上诉状"。

2. 当事人的基本情况

上诉人和上诉人基本情况要写明姓名、性别、出生日期、民族、籍贯、职业或工作单位和职务、住址等。当事人是法人、其他组织或行政机关的,还应写出名称、地址、法定代表人等情况。因为是上诉案件,还应在上诉人或被上诉人的后面用括号注明他们在原审中是属于原告还是被告。

(二) 正文

正文包括上诉案由、上诉请求和上诉理由。

1. 上诉案由

一般要写明一审判决或裁定的事由、原审法院的名称、处理时间、文书的名称和字号,以及上诉的意思表达等内容。规范的表达方式为:"上诉人因××(案由)一案,不服×× 法院××××年×月×日(× ×)字第××号的判决(或裁定),现提出上诉。"

2. 上诉请求

应先写明请求人民法院撤销或变更原审裁判,然后列出其他要求。上诉请求应当具体、明确、合法,上诉请求如有多项,应该分项写明。

3. 上诉理由

应以上诉请求为中心,针对原判决或裁定中的不当之处进行说理。主要从事实、定性、合法、诉讼程序这四个方面来衡量原审法院的判决或裁定是否正确和恰当。注意上诉理由

应用文写作

应针对一审法院认定事实或适用法律的错误。有的上诉状仍旧针对一审对方当事人的论点和论据,或者重复一审中自己的代理词内容,这样写是错误的。要针对原审判决,以驳论为主,在批驳中阐明自己的观点。

（三）尾部

尾部写明致送法院、附项、签署上诉人的姓名或法人、其他组织的全称,加盖单位公章,注明日期。上诉状副本份数按上诉人的人数提交。

三、上诉状的写作要求

（1）上诉状一定要在法定的期限内制作完成并上交人民法院。

（2）上诉请求和理由的提出要注意针对性,要紧扣原审裁判的不当之处,紧紧围绕导致原审裁判错误的具体原因,陈述事实真相,列举可靠证据,并援引法律条文,依法进行有理有据、实事求是的分析与解释,充分有力,而不能含糊其词或者牵强附会。而且在上诉的过程中还应该以驳论为主,立论为辅,有破有立。

四、参考例文

例 文

民事上诉状

上诉人（原审原告）：王长生,男,××××年×月×日出生,汉族,个体驾驶员,住丰都县武平镇殷家坝村5组。

被上诉人（原审被告）：王天奎,男,汉族,××××年×月×日出生,住丰都县太平坝乡下坝村四组。

上诉人王长生诉王天奎返还财物纠纷一案,因不服丰都县人民法院于××××年×月×日（××××）丰法民初字第727号判决,现提出上诉。

请求事项：

1. 请求依法撤销（××××）丰法民初字第727民事判决书；
2. 发回原审人民法院重审或者查清事实后予以改判。

事实及理由：

一、原审认定的两个事实是成立的,首先,认定挖机属于上诉人购买所得属实,即×××年×月×日,上诉人王长生购买了李清勇请来在鱼塘湾挖泥巴的徐立建所有的×Y50型轮式挖掘机；其次,上诉人王长生停靠挖机时间从××××年×月×日到一审开庭时挖。

二、上诉人挖机没有开走的原因是被上诉人的非法扣押造成的结果,而原审法院故意对这一事实采用模糊裁判。1.原审法院对于李清勇是否欠有农民工资,欠谁人工资没有查清;2.王长生没有开走挖机被扣押属实。原审法院认可被上诉人以合法形式来掩盖其非法扣押挖机而出具的调解意见书是错误的。从调解意见书来看字义上是公正的,合法的;但是从主体形式上就不具备调解意见下达的要求,因为在调解上没有两方主体;从结论定性上看,完全是被上诉人个人意思,并不代表村委要求开走挖机的意愿;而在结论上加盖公章代表村委,这一行为完全是被上诉人利用村主任职务便利而作出的。

三、原审法院认定挖机被扣押时上诉人没有主动要求解决,因而损失则由其承担的裁判是错误的。1.上诉人运用了自身的私力救济,详见原审调查材料,上诉人挖机被扣押时,凭人力的自我救济是不能开走挖机的,这一事实是成立的;2.上诉人去寻求丰都县公安机关驻太平乡人民公安干警田国军,要求解决,在田国军拒绝前往的情况下上诉人被迫放弃向公安机关寻求公力救济的权利;3.上诉人再寻求法院作为公力救济方式,请求返还车辆,这一行为符合法律规定,并且通过一审开庭被告也予以认可,由此说明这一诉讼行为是行之有效的,据于此被上诉人非法扣押上诉人所有的挖机而造成的损失应由其承担。

四、原审法院在认定证据上不公平也不公正。上诉人依据合法程序搜集证据并依法提交,相关证人因路途遥远而不便出庭作证,法庭也同意接受书面证词而审理,后来在判决过程中原审法院又以证人不到庭作证而不予认定,此种行为明显不妥。

综上所述,原审法院认定事实不清,证据不足,适用法律错误,现根据《中华人民共和国民事诉讼法》第一百五十三条之规定,特诉至贵院,请求依法判决。

此致
重庆市第三中级人民法院

上诉人:王长生
××××年×月×日

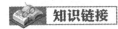

上诉状和起诉状的异同

上诉状与起诉状作为重要的诉讼文书,两者都具有规范性、严肃性、合理合法性等特征,在写作时都必须严格按照规范格式写作,内容要真实、准确,但二者还存在以下区别。

(1) 针对对象不同。起诉状针对被告;上诉状针对原审判决或裁定。

(2) 时效性不同。起诉状的时间由原告依据案件事实决定;上诉状必须在法定的期限内提出。

(3) 写作方式不同。起诉状要写清事实,多用叙述与说明的手法;上诉状不必写事实,只要指出原审判决或裁定的错误或不当之处,并说明理由即可,常用夹叙夹议的手法。

(4) 提交的法院不同。起诉状提交地方人民法院;上诉状提交原审法院的上一级人民法院。

(5) 引起的程序不同。起诉状引起一审诉讼程序;上诉状引起二审诉讼程序。

第四节　答辩状

一、答辩状的概念

答辩状是法律文书在诉讼过程中,被告对原告的起诉或上诉作出回答和辩驳的书状。答辩状是与诉讼状、上诉状相对应的诉讼文书。

根据《中华人民共和国民事诉讼法》(以下简称《民事诉讼法》)第125条的规定,被告收到人民法院送达的起诉副本后15日内应该提交答辩状,人民法院收到答辩状后,应当在5日内将答辩状发送原告;被上诉人收到原审法院送达的上诉副本后15日内应当提出答辩状。《中华人民共和国行政诉讼法》(以下简称《行政诉讼法》)规定,被告应在收到起诉状副本之日起10日内向人民法院提出答辩状。《民事诉讼法》和《行政诉讼法》均规定,当事人不提交答辩状,不影响人民法院对案件的审理。

二、答辩状的种类

根据审判程序答辩状可分为一审答辩状和二审答辩状。根据法律适用范围答辩状可分为民事答辩状和行政答辩状。

三、答辩状的结构和写法

(一) 首部

首部包括标题和答辩人基本情况。

(1) 标题。分别写"民事答辩状"或"行政答辩状",不分一审还是二审。

(2) 答辩人基本情况。答辩人是公民的,写姓名、性别、出生日期、民族、籍贯、职业或工作单位和职务、住址等;答辩人是法人或其他组织的,写名称、所在地址,然后写法定代表人(或代表人)姓名、职务电话,再写企业性质、工商登记核准号、经营范围和方式、开户银行及账号。

(二) 正文

答辩状的正文包括案由、事实与理由及答辩意见三部分。

(1) 案由。用"答辩人因××××一案,提出答辩如下:"引出正文。

(2) 事实与理由。答辩状的事实与理由是全文的核心,必须针对原告的起诉状或上诉人的上诉状的错误或不全面之处进行反驳,并提出大量的事实来证明对方的观点错误,从而支持自己的理由与意见。一般来说,在写作时可以从对方阐述事实有误,对方所引述的法律条文有误,诉讼程序不合法等方面进行反驳。

(3) 答辩意见。写完理由后,另起一行提出答辩人的诉讼主张。

(三)尾部

写明诉讼法院名称、附项、答辩人姓名或名称、答辩状制作日期。其中,附项部分要注明副本的份数,如答辩时提交证据的,还要依次注明证据的名称和数量。

四、参考例文

例 文

民事答辩状

答辩人:刘××,男,生于1972年2月8日,汉族,佳县上高寨乡水湾畔村农民。现住榆阳区麻地湾二队。

答辩人:朱××,男,生于1982年9月2日,汉族,清涧县宽州镇朱家沟村农民。现住址同上。

答辩人:高××,男,生于1973年3月10日,汉族,神木县花石崖镇高念文村农民。现住址同上。

答辩人:米××,男,生于1968年3月15日,汉族,榆阳区安崖镇王岔村井畔小组农民。现住址同上。

答辩人:惠××,男,生于1970年4月17日,汉族,清涧县乐堂堡乡师家沟村农民。现住址同上。

答辩人:张××,男,生于1967年10月13日,汉族,神木县乔岔滩乡马莲塔村农民。现住址同上。

答辩人:苗××,男,生于1958年2月13日,汉族,榆阳区安崖镇驼柴峁村农民。现住址同上。

答辩人:李××,男,生于1964年6月16日,汉族,榆阳区安崖镇稍沟村农民。现住址同上。

因合同纠纷一案,榆林市宏盛生态农业有限公司刘××提起上诉,被上诉人提出答辩如下:

一、上诉人所述事实不符,答辩人与上诉人于2011年11月1日签订《市场转让合同》,答辩人按合同约定,于11月15日将8个摊位移交给上诉人,并将答辩人所有客户介绍给上诉人,答辩人从此退出豆芽生意。上诉人随时就占用了8个摊位,开始营业。同时上诉人又将2011年12月,2012年1月、2月三个月的转让费24万元付给答辩人,怎能说答辩人将8个摊位时至今日一直未过户给上诉人呢?如果没有将8个摊位移交给上诉人,上诉人为什么又给答辩人三个月的转让费呢?为什么占用这8个摊位呢?至于"户"的问题,答辩人租赁古城农贸综合大市场(以下简称综合市场)的8个摊位是场地摊位,没有建筑物,亦无工商登记手续,根本没有户,只是占地皮摊位,户在综合市场处,答辩人哪有权给上诉人过户呢?答辩人给综合市场出的是占场地费,亦就是管理费,出了管理费才能在综合市场内卖豆芽,上诉人亦知此事。如果上诉人不转让答辩人的摊位及经营豆芽权,综合市场就不让上诉人进入市场卖豆芽。答辩人于2011年5月20日给综合市场处交了8个摊位一年的租赁费,至2012年5月29日止。上诉人亦知,到2012年5月29日上诉人再交8个摊位的租赁费,就能继续占用,根本不存在办理过户事宜。

二、上诉人诉称所谓"致使摊位管理方榆林古城农贸综合大市场又将该摊位另行出租给第三人杜××,上诉人一审中所举的第四份证据已经明确予以证明"。上诉人所举杜××的租赁合同纯属假证,亦超过举证时效。上诉人在一审开庭时,根本没有举这份假证据,开庭后三个多月才提交的,更重要的是一份假证据,请法庭注意该假证据是2011年2月14日以杜××的名义签订的,手机号又是其夫曹××的。答辩人是2011年5月20日给综合市场交的租赁费,2011年11月1日与上诉人签订的《市场转让合同》,从时间上看,上诉人提供的证据与答辩人和上诉人签订《市场转让合同》无任何关系。从内容上看,上诉人提供的杜××的合同是彩钢房,而答辩人的是场地无任何建筑物,所以说上诉人提供假证据应负法律责任。另外说明杜××是曹××之妻,曹××是刘永红的外甥。更重要的是该8个摊位现在还是上诉人占用,如果该8个摊位被别人租赁,上诉人还为什么至今能在综合市场内卖豆芽呢?

三、答辩人与上诉人签订的《市场转让合同》是双方在自愿的基础上签订的。说是市场转让,实际是答辩人将经营权一并转让给上诉人,而且亦不违背法律、法规的规定,同时履行了相关的义务,合同应是有效的。上诉人不按时交纳转让费属违约行为。

故原审认定事实清楚,证据确凿,适用法律适当,请贵院予以维持原审判决。上诉人所持理由不能成立,请贵院予以驳回。

此致

榆林市中级人民法院

答辩人:刘××、朱××

高××、米××

惠××、张××

苗××、李××

××××年×年×日

第五节 判决书

一、判决书的概述

(一)概念

判决书是人民法院常用的司法文书,是人民法院代表国家行使审判权,依法对民事、刑事和行政案件就实体问题作出有法律效力的书面决定。

（二）判决书的种类

根据性质，判决书可分为民事判决书、刑事判决书、行政判决书。

根据诉讼程序，判决书可分为第一审判决书、第二审判决书和再审判决书。

二、判决书的结构和写法

判决书的结构包括首部、正文和尾部三部分。

（一）首部

（1）标题和编号。在正中写明"×××人民法院××判决书"。另起一行在右侧写明案件顺序号。

（2）当事人身份和基本情况以及诉讼代理人的基本情况，包括写明原告、被告及代理人的姓名、性别、年龄、民族、籍贯、职业、住址等。

（二）正文

正文包括事实、理由和判决结果三项内容。

（1）第一部分内容包括当事人的诉讼请求、争议的事实和理由、法院认定的事实及证据三方面。以"原告××诉称""被告××辩称"引出，分别写作两段，叙述双方进行诉讼的具体要求、争议的问题、各自的理由和证据，在判决书中应如实反映。

（2）第二部分写法院认定的事实和证据，以"经审理查明"引出，是经法庭调查属实的事实，不能认定的事实不要写进判决书。这部分包括当事人之间的法律关系、纠纷发生的时间、地点、原因、经过、情节、后果、争执的焦点、认定的证据等要素，对证据要有分析地列举，注意保守国家机密和商业秘密，隐私情节不作描述。

（3）最后，以"本院认为……依据××法×条×款的规定，判决如下："的行文格式进行判决。写明所根据的有关法律，阐明法院的观点，支持合理合法的诉讼请求，驳斥或惩罚不合法的诉讼。判决的结果必须体现"以事实为依据，以法律为准绳"的原则，做到准确、具体、完整。

（三）尾部

（1）判决书要写清楚：诉讼费用的负担；交代上诉权、上诉时间、上诉法院名称；合议庭组成人员或独任审判员署名；裁判日期；加盖"文件与原本核对无异"的条戳；书记员署名。

（2）判决书的尾部要加"本判决书为终审判决"。

三、参考例文

例 文

民事判决书

(2009)宜北民初字第 38 号

原告：楚××，男，××××年×月×日生。

被告：许××，女，××××年×月×日生。

原告楚××诉被告许××离婚纠纷一案。本院受理后，依法组成合议庭公开开庭进行了审理。原告楚××及委托代理人楚亚芳到庭参加了诉讼。被告许××经本院公告送达未到庭参加诉讼。本案现已审理终结。

原告诉称：××××年3月我与被告经人介绍订婚，同年9月30日登记结婚。婚后感情一般，××××年3月15日生育女孩取名楚××，××××年6月4日生育男孩取名楚××。后因家务琐事发生争吵，被告于2007年6月到宜阳县地板砖厂打工，期间与外地打工的王×来往关系密切，并先后三次外出，至今下落不明。致使我与被告无法共同生活，感情确已破裂，请求判决与被告离婚。

被告应诉后未提出答辩意见。

经审理查明：原、被告于××××年经人介绍订婚，同年9月30登记结婚。××××年×月×日生育女孩取名楚××；××××年生育男孩取名楚××，双方婚后感情一般。后因家务琐事发生争吵，××××年6月被告到××县地板砖厂打工期间，原告怀疑被告与四川籍打工的王×来往关系密切，因此双方发生吵闹打架。被告于××××年×月×日离家出走，同年5月6日返回至5月20日又一次外出。同年6月9日返回，被告回来后，双方仍为此事吵骂引起打架。被告于××××年7月22日再次外出至今下落不明。为此，原告诉入法院请求与被告离婚。

以上事实，有本院询问被告父亲许××的笔录及证人沈××、王××出庭的证词，均证实被告外出的原因及事实。

该证据真实合法有效，本院予以确认。

本院认为，原、被告婚姻存续期间常因家务事，双方发生纠纷并引起打骂。被告多次外出不归，导致夫妻关系名存实亡感情破裂。原告请求与被告离婚理由正当，本院应予支持。鉴于被告目前下落不明，婚生女孩楚××、男孩楚××暂由原告抚养。

依照《中华人民共和国民事诉讼法》第一百三十条及《中华人民共和国婚姻法》第三十二条之规定判决如下：

准许原告楚××与被告许××离婚。

本案受理费300元，公告费100元，共计400元由原告负担。

如不服本判决，可在判决书送达之日起十五日内向本院递交上诉状，并按对方当事人的人数提出副本,上诉于河南省洛阳市中级人民法院。

审判长　吕××
审判员　蔡××
人民陪审员　张××
××××年×月×日
书记员　胡××

第六节　公　证　书

一、公证书的概念

公证书是国家公证机关根据当事人的申请,依法证明其法律行为、其持有文书的法律意义的真实性、合法性的文书。

二、公证书的作用

（一）实施和维护法律的重要手段

公证机关行使国家证明权,监督引导当事人正确行使民事权利、履行民事义务,达到预防纠纷、减少诉讼的目的。

（二）具有特殊的证明作用

根据《民事诉讼法》的规定,经过公证的法律行为、法律事实和文书,人民法院应当作为认定事实的根据。

（三）具有法律约束力

某些法律行为在办理公证后才对当事人产生法律效力。如收养关系自公证证明之日起方能成立。

三、公证书的种类

按适用地不同公证书可分为国内公证书和涉外公证书；按内容不同公证书可分为民事公证书和经济公证书。民事公证书是用于对继承权、遗嘱、收养、赡养、赠与、析产、出身、毕业证、借据等行为、事实、文书的证明；经济公证书是用于对经济组织的资格、法定代表人身份、经济合同、招标、商标等的证明。

四、公证书的结构和写法

公证书可以分为首部、正文(证词)和尾部三部分。

(1) 首部,包括公证书名称和编号,有的要写当事人基本情况。

(2) 正文(证词),是公证书的主体部分。由于证明事项不同,写法不尽相同。写作要求准确、具体、明了、易懂。

(3) 尾部,包括公证机关名称、公证员签章、出证日期和公章。

五、参考例文

例文1

公 证 书

(××××)海经字第×号

兹证明××公司的法定代表人××与××商场的法定代表人××于××××年×月×日,在本公证处,签订了前面《××合同》。

经查,上述双方当事人签约行为符合《中华人民共和国民法通则》第×条的规定,内容符合《中华人民共和国合同法》的规定。

中华人民共和国
北京市海淀公证处
××××年×月×日

例文2

公 证 书

〔××××〕渝证内字第　　　号

申请人:深圳市××投资有限公司

法定代表人:张×

委托代理人:吴××

公证事项:更正声明

因深圳市××投资有限公司在向重庆市高级人民法院申请执行重庆××(集团)物业发展有限公司所欠债务1152万元人民币时,因相关《还款协议》上房屋抵押面积有误,特向本处申请《更正声明》公证。

经查,申请人深圳市××投资有限公司与重庆××(集团)物业发展有限公司于××

××年×月×日签订了《还款协议》并经本处公证。该还款协议上有"并以'江田君悦国际广场'的25楼全层和26楼半层作抵押,抵押面积约3750 m²"等字句,因该面积数据有误,申请人声明更正该面积为2750 m²。

兹证明前面《更正声明》上"深圳市××投资有限公司"的印章和法定代表人张×的印章均属实。

中华人民共和国重庆市公证处
公证员××
××××年×月×日

一、名词解释

起诉状　上诉状　答辩状

二、简答题

1. 起诉状与上诉状有什么区别?
2. 答辩状的主体部分(答辩理由)应从哪些方面进行答辩?答辩时应注意什么问题?

三、写作训练

1. 张某与李某均为××××年12月生,二人是好朋友。××××年时,张某尚在高中读书,李某在一家公司工作。当年11月1日,张某与李某聊天时称本班的班主任刘老师对自己很看不起,时常批评自己。正说着,二人突然看到刘老师推着自行车下班回家,正路过看门人郑大华的狼狗前。该狗性格温顺,故平时不用链子锁,李某遂指了下狗,做了个砸的手势,张某会意,把手中的石子向狗砸去,正中狼狗的右眼,狼狗负痛性急,将刘老师腿上咬了一口。

刘老师检查被咬处,见只有牙印未见出血,便没当回事,也没听他人劝告去打狂犬疫苗针。11月10日,刘老师狂犬症发作刚确诊便死亡。次年1月,刘老师的丈夫提起侵权之诉。

现假设刘老师的丈夫聘你为其律师,请你为其代写一份起诉书。

2. A市一女赵杏花与其夫王大壮曾是一对患难夫妻,十余年来,感情很好。但自××××年下半年以来,王大壮常常夜不归宿。××××年8月,赵杏花经过跟踪调查,终于发现王大壮与赵杏花之友孙玲玲在一起鬼混。赵杏花曾多次苦劝王大壮回心转意,但王大壮变本加厉,于××××年年底在市区另租一处住房,与孙玲玲同居。××××年4月30日,《新婚姻法》通过,赵杏花决定起诉王大壮离婚,并要求王大壮承担过错赔偿责任。为了使自己的起诉更具可信度,赵杏花找人偷拍王大壮与孙玲玲一起相依相拥的照片,以及在王大壮所租房子里李与孙的某些甜蜜镜头提交法院。王大壮在法庭上辩称,他与赵杏花原本就没有感情,因而与孙玲玲在一起是追求真正的爱情,其本身并无过错,且赵杏花所取证据皆为非法手段,反对法庭予以采用,但同意离婚。

现假设你是该案的主审法官,请为此案写一份判决书。

第八章 毕业论文写作

学习目标

1. 了解毕业论文的概念、特点和类型。
2. 掌握毕业论文的写作步骤、结构和写法。
3. 训练毕业论文写作的思维。
4. 撰写格式规范、结构完整、内容完备、表述正确、要素齐全的毕业论文。

第一节 毕业论文概述

毕业论文,除了少数的专科学校的毕业论文,大部分属于最终为了申请获得学位而创作的毕业论文。所谓学位论文,是表明作者从事科学研究取得创造性结果或有了新的见解,并以此为内容撰写而成,作为提出申请授予相应的学位时评审用的毕业论文。根据我国的学位设置基本情况,具体分为三类。

一、学士学位论文

学士学位论文是大学本科毕业生在本科阶段针对本学科内容,就某一方面问题或者现象进行的有自己创新性观点的论文写作,是大学本科阶段对学生进行终期考核的重要内容,直接关系学位的授予与否。《中华人民共和国学位条例》(以下简称《学位条例》)[1]第四条规定,大学生符合以下两条规定即可获取学士学位:一是较好地掌握本学科的基础理论、专门知识和基本技能;一是具有从事科学研究工作或担负专门技术工作的初步能力。学士学位论文的字数一般在1万字左右。

二、硕士学位论文

硕士学位论文是硕士研究生阶段撰写的供申请学位的毕业论文,其整体要求和质量均高于学士学位论文。《学位条例》[2]第五条规定:高等学校和科学研究机构的研究生或具有

---

[1] 选自《中华人民共和国学位条例》。本条例的制定,旨在促进我国科学专门人才的成长,促进各门学科学术水平的提高和教育、科学事业的发展,以适应社会主义现代化建设的需要。自2004年8月28日施行。
[2] 选自《中华人民共和国学位条例》,自2004年8月28日施行。

研究生毕业同等学力的人员通过硕士学位的课程考试,成绩和论文答辩成绩合格,达到下列水平者授予硕士学位:一是在本学科领域内掌握坚实的基础理论和系统的专门知识;二是具有从事科学研究工作或独立担负专门技术工作的能力。这就要求硕士研究生具备更为系统的理论知识,具有独立的科研能力,从而完成具有独创性观点的高质量论文。硕士学位论文的字数一般在3万~5万字为宜。

三、博士学位论文

博士学位论文是攻读博士研究生阶段的科研成果的文字表现形式,当然也是供申请学位用的论文。博士学位论文要求具备独立科研能力的博士研究生,能够在深入广泛的理论知识指导下,对于本领域内的问题或者现象有所发现和创新,从而获得最新的研究成果,为该领域的进一步开拓创新做出一定的贡献,一般具有较高的学术价值。因此,博士研究生获取学位的难度不断加大,这是对他们的考验,但也能够为各个领域培养出具备知识功底和创新思维的人才,这也是论文撰写的意义所在。博士论文一般在5万~15万,或者更长。

第二节 毕业论文的特点

毕业论文是撰写者在一定时间的学习之后,用学术论文的形式,讨论、总结、研究其所学学科、专业和科学研究领域的某一学术问题。理论上,它应该代表了某一时期该学科领域中的最新发展动向,是学术思想交流的依据,是学术创新的重要环节。一般来说,毕业论文有四个特点。

一、创新性

创新是学术的灵魂,创新性是毕业论文区别于其他一般议论文体的重要特征,也是衡量学术论文有没有价值和价值高低的根本标准。毕业论文应该有写作者的新观点、新方法或新材料。

论文创造性的大小直接影响科学的创新和发展,因此,科研人员要努力培养自己的创新意识,发挥自己的创新才能,努力从两个方面进行学术创新。

一方面,要通过认真的调查、研究和分析,结合自身所学理论,在实践过程中获得前人所没有的创新性学术成果。另一方面,在阅读大量相关的学术参考文献的基础上,发现解决别人认识基础之上的新问题,获得该领域的最新研究成果及其信息。

一篇独创性的毕业论文,不仅要将某一阶段内的最新研究成果呈现其中,以利于其他科研人员的进一步创新性研究,对于实践性较强的学术成果来说,还要对于指导生产实践也有重要的作用,甚至可以转化为巨大的社会经济效益。

二、科学性

所谓科学性,就是要求毕业论文的内容要真实充分,书写形式要规范,研究过程要有科学的态度为依托。特别是对于应用型的毕业论文,更加强调论文的科学性特点,如果失去了科学性,那就没有了它的应用价值。论文语言的华丽、结构的严谨等都因科学性的缺失而毫无意义,不仅浪费了研究者的人力和财力,还对科学领域造成了不良的影响。

首先,论述内容要客观真实。论文中所论述的研究成果,要在实践基础上认真调研、分析和研究,能够反映客观存在的自然现象及其认识规律,论文的内容要客观真实,先进可行。

其次,书写形式要规范统一。毕业论文内容的客观性同样要求其在形式上要严谨规范,把科学的研究成果运用统一的规范呈现给科学领域内的其他研究者。具体要求结构要严谨,逻辑要严密,语言要准确。结构的严谨是符合思维一般规律的,逻辑的严密性也体现了科学性的要求,语言要求用准确的专业术语陈述研究成果,忌用夸张修辞。

最后,研究写作要有科学态度。严肃的科学态度和科学精神才是论文科学性的根本保证。无论在研究过程中还是形成文字的过程中,都要始终抱有科学的态度对待研究的问题,实事求是,不夸大客观事实,不随意捏造数据,不谎报成果,不剽窃他人的论文。科学性是论文的基本特点之一,是其他特点存在的前提和基础。

三、学术性

学术是指在实践的基础上所形成的系统的和专门的知识体系。所谓学术性,则是强调作者的学识、观点和主张。同时,学术性也是毕业论文区别于其他一般论文的重要标志性特征。可以说,学术性是在创新性和科学性基础上,对作者提出了更高的要求,要求作者以科学的态度在实践的基础上提出独创性的观点和见解,使论文具有更高的学术价值,为该领域的理论创新和学科发展做出应有的贡献。毕业论文的学术性这一特点,对读者群的专业性提出了更高的要求。读者对象一般是具有某一领域学术专长的学者或研究人员,具有较高的专业素养。

四、实践性

实践性是指毕业论文提出的新观点、新方法以及新材料能够运用到各领域的实际研究和生产过程中,从而促进各学科的进一步发展。毕业论文不仅对客观事物进行直观的陈述,还要在此基础上进行科学的分析和论证,抓住客观事物的本质和规律,从而形成新的理论成果。特别是科技领域的学术论文,如果无法运用其中的论证数据和方法,过程无法得到验证,那么成果就无法推广,更不用说指导实践了,大大降低了论文的价值和重要性。

第三节 毕业论文的选题

选题是指选择研究的课题,即选择论文所要论述的对象和范围,并在此基础上确定论文主要解决的问题。确立选题是毕业论文写作的第一步,也是至关重要的一步。选题是否恰当、是否有价值,决定了论文能否完成与完成的质量,也决定了论文的根本价值。

一、选题的类型

选题的类型大致可以分为两类:创造性研究课题和创新性研究课题。

(一)创造性研究课题

创造性研究课题,是对前人尚未研究分析过的领域和项目进行创造性地分析研究。如理工科的新发明、新创造,文科类的新发现、新情况。

创造性研究课题的提出,一般有以下两种情况:

(1)某个课题早已呈现,但由于历史或环境等条件缺乏,长期得不到重视;

(2)随着社会历史发展,出现了新问题、新情况,亟须对某一课题进行研究。

创造性研究课题由于是新问题、新领域、新项目,没有任何可以借鉴的研究成果,也没有任何相关资料可以利用,难度会相当大,但因为无人涉及,研究意义非常大。

(二)创新性研究课题

创新性研究,是对以往的研究成果或者现状进行创新,挖掘出一些新的东西,从而产生一些新成果。

创新性研究课题有三种情况。

1. 将已有研究成果向前推进,挖掘出该课题应有的价值和意义

在研究的过程中,许多课题都得到前人的研究,但由于社会历史条件的局限性,原来得不到充分研究,在当前条件具备的情况下,对其进行更深入研究。例如,新时期对张爱玲文学创作的研究。

2. 对已有的研究成果进行修正补充

以往一些定论或者研究成果在产生之初就有缺陷,或者随着历史发展日益呈现出一些问题,这些课题产生许多争议。那么,有必要对这些课题进行重新的修正和定位。此时就需要研究者进行研究讨论,通过学术论文形式论证新的、正确的观点。

3. 运用新角度、新方法、新材料论述原有研究课题,为其确立新意义

任何课题的研究都是在一定时期、一定条件下的产物,会随着社会历史的发展和科学技术的进步呈现一定的局限性,一旦掌握了新的资料、新的研究方法或者是发现新的角度,就可以对某课题进行研究,发掘出该课题新的意义和价值。例如,研究孔子的教育思想对现代教育的作用;用西方的文学理论研究《诗经》的艺术水平;用纳米知识研究生态社会等。

创新性研究的课题是对已有课题进行研究，有许多资料和研究成果可以借鉴，相对创造性研究来说会简单一点，但要想超越以往课题的研究也是非常艰难的，所以创新性课题的研究也是非常有价值的。

二、选题的原则

毕业论文的选题一般都是根据研究者所学习或从事的专业和知识的累积，并依据自身的一些情况（如兴趣、爱好、特长等），以专业领域或社会的需要为基础，进行构思。

毕业论文的选题要遵循下列基本原则。

（一）实用性

实用性原则是指选题时要根据专业本身发展的需要以及社会的实际需要进行，这是选题的最基本的一个原则，关系论文的价值意义。如理工类的项目选题更侧重社会实践的需求，如医学、工业、农业的生产技术的发展与提高；文科类的项目选题则侧重于专业本身或者理论自身的发展和完善；还有一些课题则是两者兼有的，在注重学科自身发展的需要同时也注重其社会功用性。因此选题时，要选择一些有利于社会发展进步或者是促进该学科发展的题目，才能让整个论文更有价值，否则就是毫无用处。

（二）可行性

可行性原则是指该选题在论文创作中具有可行性。这里的可行性有两个方面的内容：一方面要根据自身的实际条件（如爱好、兴趣、能力和知识的积累）进行选题；一方面要根据客观的外部条件（如环境、物质、资料、时间、地域等条件）进行选题。因此，为了保证毕业论文能尽快保质保量地完成，选题就必须考虑这两方面的因素，充分利用和发挥自己的特长、有利条件，扬长避短，量力而行，以免选择一些难度过大或者不具备研究条件的课题，从而造成麻烦。因此，研究者要充分了解自己的实际情况和外部条件并结合课题的特点进行合理地选择，最终，选择一个适合自己的课题进行研究。

（三）创新性

创新性原则是指所选择的课题要有创新性，包含两方面的内容：一方面可以选择一些未被研究或者研究较少的课题进行研究；另一方面可以选择一些能够运用新方法、新材料、新角度进行研究的已被广泛研究的课题进行研究。前者更容易创新但是做起来难度较大，后者则侧重一个方面的创新，材料充足，但是不易于超越前人，因此，在选择时一定要结合自己的实际情况。选题的创新性是保证整个毕业论文创新性的重要砝码，也是体现论文价值的重要一环。在选题的时候，就一定要遵循创新性原则。

（四）科学性

科学性原则是指研究者所选的题目要具有科学性，有足够的理论依据或事实根据。在追求课题创新性的时候，一定要注意所选的题目是否具有科学性，一般情况下，原有课题成果都是得到了理论与实践的充分论证，是科学性的化身，如果要用新的理论和方法推翻它建立新的论点,就必须有理有据,符合选题的科学性。不能随意选择一些罕见或者标新立异的课题挑战原有结论的权威,不仅严重影响论文的创作,还会对社会造成极大的危害。因此,选题的科学性是保持论文真理性的有力堡垒。

三、选题的方法

选题好坏决定毕业论文成败,不仅要遵循选题的基本原则,还要有一定的方法和技巧。

(一)选择亟待解决的课题

关注专业领域的研究热点,是选取课题的基本方法。某个专业领域研究热点的产生往往是社会经济文化发展所推进的,是整个社会的聚焦点,如果对这些热点进行研究一方面能延伸这个课题的深度和广度,另一方面也更容易得到关注。如近年来对生态的研究就是热点,不仅具有学科研究的意义,而且也会促进生态社会的建设。

(二)选择关注较少或未研究充分的课题

研究者对其所从事专业领域内的研究成果进行分析,会发现许多前人未触及或者研究不充分的课题亟待研究,这是研究者进行选题最常用的方法。由于历史或者条件的原因,一些学术问题的研究往往会被放弃,但随着社会历史条件的改变,这些问题的研究就成了可能。这些课题如若找到切入点,研究起来难度也不会太大。

(三)选择争论较多的课题

当今社会是个相对自由的社会,对一些相同的学术问题,研究者往往各抒己见,有着自己不同的观点,这不仅与课题本身的多义性有关,也与当前知识的大爆发有关。因此对这些具有争议的课题进行研究,比较容易表达研究者的观点,借鉴的资料也比较多,虽然可能与已有的研究成果产生矛盾,承担一定的风险,但可以发展一些新的研究视角或者方法,从而确立自己的观点。

第四节 毕业论文的材料收集、整理和分析

材料的收集和整理是贯穿于论文写作的始终的,是毕业论文写作的重要步骤。首先,研究者在选题时,就必须全面地获取有关的资料信息,及时了解相关课题的研究状况,从而确立自己在该研究方向内的新问题、新观点、新理论;其次,研究者确立了相应的研究课题之后,就要进行论文写作材料的收集和整理分析,从而支持或论证自己的学术观点,因此,论文写作相关材料的收集和整理分析,是着手论文写作前的重要事项。

一、材料收集

收集材料的过程中,有些材料可以直接获取,如通过实验项目,实地考察等,可以直接获

得实验结果和实地现象。但有大多数的材料由于实际环境条件的限制可能无法直接获取，或者是一些已经有的数据分析和学术资源，这些都是通过间接途径获得的。因此，材料的收集可以分为直接材料和间接材料。

（一）直接材料的收集

直接材料的收集，顾名思义，是研究者通过亲自参加科学实验及社会实践活动所直接获得的材料。直接材料的获取可以通过三种途径。

1. 科学实验

科学实验是研究者根据所选课题的需要，通过人为地控制一些外部条件或模拟客观现象，排除一些外部条件的干扰，在有利的条件下通过对实验过程的观察以及实验结果的分析从而获得一些与研究课题相关的研究资料。在通常情况下，实验主要是对某种假设理论在一种极端的情况下的检验和论证，有利于实验结果的科学性。

需要注意的是，并不是所有的研究课题都可以运用科学实验的方法获取研究资料，因此，在实际工作中，要根据研究领域和毕业论文的创作特点的不同，恰当地选择科学实验的方法。

2. 实践活动

实践活动是指研究者在确立研究课题之后通过参加社会实践活动所获取的资料。实践活动不同于实验活动，实验活动是在一个封闭的条件下进行的，可以说实验条件具有人为性，但是实践活动则是在一个开阔的空间内进行的，不需要人为地控制实验条件，通过对某一社会现象的观察以及调查研究从而得出一定的结论。

参加实践活动的方法有很多，如观察法、访问法、调查法等一些方法。但是在不同的实践活动中，选取什么样的实践方法是根据课题的性质、研究思路、研究内容的不同而选择的。但由于实践活动的复杂性，在很多情况下需要多种实践方法综合使用。

（二）间接材料的收集

事实上，研究者在确立研究课题之后，由于自身所处条件的局限性，许多材料是不能通过科学实验和实践活动获得的，因此就需要大量的间接材料。间接材料，不是研究者自己直接获得的材料，而是研究者从书刊文献或者电视、互联网中获取的材料，这些材料多是前人研究的成果或者是一些相关课题发展的最新动向。间接材料的获取是毕业论文材料获取最重要的途径。间接材料的获取渠道主要有书刊文献和互联网等多媒体手段。

1. 书刊文献

书刊文献包括图书、期刊、报纸、学术报告、学术会议资料、专利文献、档案文献等。这些书刊文献多是一些类似课题研究的成果，研究者在进行研究时基本上都是要参考这些资料，从而获取一些可以利用的文献资源，支持自己的毕业论文创作。这些书刊资料可以在国家图书馆、学校图书馆、书店、报纸、杂志、学报、专门的学术期刊等地方获取。

2. 互联网等多媒体途径

随着科技的发展，互联网时代的到来也给学术研究带来了前所未有的有利条件。国内外的最新学术研究成果都会第一时间在互联网上找到，非常有利于研究者进行学术研究，当今的学术研究是和互联网密不可分的。互联网上有着大量的图书、期刊资源,如中国知网、万方数据库、维普数据库、中国报刊索引、学术搜递等专门刊发学术研究的网站,这些网站聚集了差不多国内所有的学术研究成果,极大地方便了研究者的学术研究。另外还有一些搜索引擎如谷歌、百度、新浪、中国教育网、国内高校的各大图书馆网站也都包含巨大的学术资源。

二、材料整理与分析

研究者在获取了大量的研究资料之后,为了有效地利用资源,就必须对所收集的实验、实践、图书文献资料进行整理和分析。

（一）整理分类

对材料进行整理分类有助于研究者对相关学术资料有一个清晰的认识,能很快地找出有利于论文论述的材料。那么分类就要有一定的标准,这个标准一般是按照研究者所选的课题的方向、内容而定的,如按研究时间分类、按观点分类、按属性分类等。这些分类因研究者的需要而有所不同,但目的都是方便研究者进行查阅、认知和分析。

（二）分析选择

在完成了材料的整理分析之后,就需要对材料进行分析,从而选择出可供利用的资料。研究者将所分类的材料进行细致的分析,不仅能获得别人的学术观点,还能够发现一些没有被充分研究的学术视角,从而形成自己的观点。对材料进行分析之后,便可以选择对自己有用的材料支持自己的论述;选择一些研究不够充分的材料,进行深入充分的论述,开拓自己的研究空间。

对材料的整理和分析是研究者获得研究视角以及论据的重要程序,有许多叙述观点的确立都是在这一环节确立的,因此要求研究者在进行材料的整理和分析时,一定要认真细致地阅读材料,对其进行科学合理的分类,最后进行深入的分析比较,从而获取最精华的资源,支持自己的学术创作。

第五节 毕业论文的构成与写作

毕业论文的一般构成包括标题、作者和作者单位、摘要、关键词、正文、致谢、注释、参考文献。其中,标题、摘要和关键词要用英文翻译,注意英译汉中不同语言之间的特点进行翻译即可。

一、标题

论文的标题可以分为总标题(即论文题目)、一级标题、二级标题、三级标题等不同层次的标题。这里我们主要分析的是论文的总标题,就是论文的题目。一般认为,一篇论文的题目是全文主旨的高度提炼和概括。通过题目，读者就能够获得论文的写作主题和要点。所以说，标题的好坏将直接影响读者的阅读。不论是科研人员、刊物编辑，还是普通读者，他们对于好的题目、新颖的题目要格外感兴趣。因此，标题对于论文的写作作用巨大。

（一）标题的拟定

1. 标题的形成过程

一般来说，在选题和收集阶段，初步的论文标题就应该形成，这样有助于收集更多与标题相关的材料，使论文重点更为突出。标题的形成过程有以下两种情况：一种是在大量材料的基础上，进行选题，确定论文主题，最终形成标题，即论文的主旨；一种是先确定论文的标题，然后根据主题对材料进行筛选，这样重点更为突出，查找阅读材料也更有针对性。

2. 标题的形式

（1）正标题

正标题是论文的总题目，是论文不可或缺的一部分。正标题一般为单行形式，不宜过长，尽量选择精练的文字和最恰当的逻辑组合形式把标题生动地表述出来。正标题除了要与论文的内容相切合，还要与研究过程中的要素和重要环节相联系，具有一定的独创性，忌正标题之间的雷同。

（2）副标题

副标题是对正标题进行补充、说明和限定的标题。此外，正标题的表达含蓄婉转或语意未尽时，也需要副标题具体进行阐述，使读者更明了论文所要表达的内容。例如：

瞿秋白与中国现代集体写作制度

——以瞿秋白的苏区戏剧大众化运动实践为中心

3. 标题的要求

一是有创意。要在论文内容的基础上进行创新，把握分寸，精选恰当的词语全新组合在一起概括自己论文的标题，而不是追求一种夸张的表述，最终失于空泛与流俗。

二是要精练。论文标题要注意语言的准确性，忌过于夸张，标题与论文所反映的内容不相符，题目过大，内容牵涉较少且深度不够；忌乱用词汇，随意使用"浅论""试论""研究"这样的词语。

三是讲规范。讲规范是指论文标题中如果涉及专业词汇，要选用本学科领域中规范的专业术语，但注意不可选用特殊的专业术语。注意语言上的规范，如助词"的"的使用。

（二）注意事项

（1）忌"小题大做"，不能随意抬高自己的研究成果。

（2）忌"大题小做"，标题界定的研究范围太宽泛，而正文部分的论述却仅限于这一问题的个别方面展开，缺乏整体性和宏观视野。如文科论文以"20世纪以来女性作家的创作"为题，就算是宏观视野下的一个大标题。

二、署名

每篇论文都要署上作者的姓名和所在机构,从小的方面说,关系个人的荣誉问题,从大的方面上涉及知识产权的问题。例如,美国《内科学纪事》编辑部就规定了作者署名的5个条件:(1) 必须参与了本项研究的设计和开创工作,如在后期参与工作,必须赞同前期的研究和设计;(2) 必须参加了论文中的某项观察和获取数据的工作;(3) 必须参与了实验工作、观察所见或对取得的数据作解释并从中导出论文的结论;(4) 必须参与论文的撰写或讨论;(5) 必须阅读过论文的全文,并同意其发表。

署名应署于标题之下。如果合作署名,两个姓名之间用逗号,单名之间有空格,如:

历史·文体·现实
——以鲁迅《一件小事》的阅读史反思为中心
傅××,申××
(××大学文学院、××大学教育部公民教育研究中心,中国 福州,350001)

三、摘要

摘要又称内容提要,它是对论文内容进行的概括性表述。摘要不是对论文的简单解释和说明,而是对论文的主要发现、核心观点及主要论据等的高度概括。摘要作为论文的重要组成部分,在未阅读全文时,能够提供给读者对于论文的全面的重点突出的认知。

(一)摘要的构成

摘要主要由研究目的、研究对象、研究方法和研究结论四个方面构成,对论文的主要内容进行有理有据的概述。

(二)摘要的作用

1. 报道传递作用

摘要因为有字数的限制和要求,所以一般采用最简洁的语言,力求把论文中的新发现新成果系统地概述出来。摘要的主要作用就是用能够让读者和研究者在最短的时间内,系统地了解论文的要点和创新点,及时地了解学科领域内的最新动态和信息。

2. 评价判断作用

读者通过阅读摘要,首先了解论文的主要思路、研究方法、研究成果等信息,然后会根据摘要对论文的质量水平、创新点和学术价值给出自己对于论文的评价判断,以此决定是否进一步阅读正文部分。

3. 文献检索作用

摘要同标题一样是数据库检索的重要信息之一。一般检索结果中除去论文标题、关键词等最能说明论文内容的就是摘要部分。此外,读者还可以通过文摘杂志数据库的摘要信息寻找所需文献。

（三）摘要写作和注意的问题

字数方面，中文摘要的字数一般在200字左右，具体变动因论文字数或者论文中的核心价值量而定。英文摘要一般为150～180个词并与中文摘要相对应。

写作要求方面有两点需要注意，首先，称谓的使用要规范。摘要一般使用第三人称，少用第一人称和第二人称，主要原因在于摘要中不能加注释和评论，也有利于避免一些抬高研究价值的语言的出现。如"本研究全面而深刻地反映了……""这一研究成果代表了国内最先进的水平"等这些表述是不允许出现的。其次，语言的运用要规范。摘要中要使用专业术语、忌用图表、化学结构式或不常见的符号及术语。同时，避免与标题和正文前言部分用词上的重复。最后，格式的使用要规范。摘要为一个自然段，不分段概述。摘要不能有注释和评论，也就没有注释或参考文献的序号。

四、关键词

所谓关键词，是从论文题目、摘要和正文的意义中提取出来的，能够代表论文核心主题思想和观点的词语。关键词亦可称为说明词或者索引术语，主要用于文献检索。关键词一般可选3～5个，位于摘要下方，关键词之间用分号隔开并依次排列。

（一）关键词的确定

关键词一般使用名词、动词或者词组。没有关键词的确定和选用的相关规范，只要是能表达论文主要主题内容的词语都可以作为论文的关键词被确定下来。名词，如当代价值、液压传动等。动词，如对映体分离等。词组，如方法和内容等。

（二）关键词的选取

关键词的选取原则具体如下。
（1）概括性：选出与论文主旨一致的词语，概括研究的内容、目的、结论观点，使读者能够从关键词中大致判断出论文主要研究方向和主题。
（2）精炼性：避免同义词、近义词的并列使用。
（3）规范性：遵循规范性原则，对不同学科名称和专业术语都要准确表述。

关键词的选取方式也有两种：一是从标题中选取。论文的标题是用最简洁、最恰当的词语表达论文的核心内容。此外，有时还需要从论文内容中选择关键词。

五、正文的写作

正文是论文的主体部分，是整个毕业论文筹备过程中最核心的一环，占全文的主要篇幅，包括绪论、本论和结论三个部分。

（一）绪论

绪论是毕业论文正文内容的开头部分，又称前言、引言、引论、序言、导论，是研究者对所研究课题的主要理由和预期目标的说明。

绪论的内容一般包括三个方面的内容：一是介绍研究本课题的研究现状。研究者要先介绍国内外相关领域相关课题的研究现状，即学术界目前对类似课题研究到了哪一步，研究的热点、最新进展和存在的问题与不足，主要是学术界对类似课题研究成果的综述，从而引出自己研究的视角所在。二是介绍本课题的研究理由和理论依据。这一论述是建立在对该课题研究现状的充分论述基础之上展开的。在研究现状中找到该课题研究的盲点，从而确立研究的视角，并论述本课题研究的理论依据和实验依据、研究方法和研究设想，并对采用的理论方法及专业术语进行解释说明。三是论述该课题研究的预期结果、结论及其理论或实践意义。对所研究课题预期成果的论述，一方面展示出该课题研究的最终目的，一方面对该课题的研究意义进行强调和说明，是绪论部分论述的最终落脚点。

绪论的写作应该言简意赅，简明扼要，开门见山。这里需要指出的是，一般比较短小的学术论文则只需要对所研究的课题做简要的说明，不必单列一章"绪论"，其次是切不可将绪论写成摘要的扩大版，或者说是摘要的解释说明。对于篇幅比较长的毕业论文应该做到以下几点：研究现状的写作切不可将前人研究的成果一一陈述，而要分类逐条地进行总结概括，要有自己的分析视角，不能人云亦云；研究者在论述该课题研究的理论依据时，一定要对所涉及理论做一个概念上的阈定，防止出现一些不严谨的论述；要实事求是地论述该课题的研究意义，避免假、大、空之类的论述性语言。最后要求论述者本人不能做自我评论。

（二）本论

本论，顾名思义，是研究者本人对自己所研究课题的论述，是毕业论文创作中最核心的部分。研究者根据自己所××整理的材料，围绕所确立的课题进行论述分析，本论的内容包括论述对象、论述方法和理论依据、提出的观点，并对自己的观点进行论证，本论是研究者研究思路的总体展现，最能体现研究者的研究视野和研究才能，决定整篇论文或整个学术研究的成败。

1. 论述内容

（1）论述方法

毕业论文论述方法有很多种，最基本的方法有两种，即整体论述和部分论述。

整体论述是指研究者从整体上对所研究的课题进行综合性论述。研究者在论文创作中，把研究的工作从理论到实践的整个过程融合起来，将主要的观点提炼出来。即研究者将自己的观点先呈现出来，然后按照认识从低级到高级、由感性到理性的规则进行论述，一般是先介绍所研究的对象，将收集的相关材料进行综合性论述，归纳出结论。这种论述的特点是综合归纳性较强，比较容易突出毕业论文的研究重点。

部分论述，不是指论述一个部分，而是逐个部分地进行论述，将收集的材料散发开来，逐条分段地论述，一个部分得出一个结论，然后再将所有的结论综合起来进行论述，得到一个总体的论述观点。这类论述，要求研究者一开始先对整个研究过程的层次进行一个简要的论述，然后进行分层次、分部分地论述，每一个部分有明确的小结，最终进行所有部分的综合分析，得出总的观点和结论性成果。这种论述方法是按照人们认识事物的先后顺序所进行的分析，思维逻辑比较清晰，写作方法符合认识研究的实际情况，不仅写起来更容易，读者也容易接受。

（2）论述过程

根据毕业论文性质不同，本论的论述过程可分为理论性论述和应用性论述。

理论性论述侧重逻辑推理，通过提出理论的前提条件、使用范围，然后运用归纳、演绎、分析、综合、类比、比较等方法进行论证、阐述和计算，最后得出理论内容和规律性结果等。理论性论述又分论证式、剖析式和验证式三类，论证式是在已有的结论基础之上展开论述的，在完成理论证明之后还需说明其应用的范围，在数学、理论物理等学科中比较多见；剖析式是通过对材料的理论分析从而得出结论；验证式是指在理论分析之后进行试验或实例证明。

应用实践性论述主要针对科技类毕业论文的论述，一般侧重研究过程，即通过观察、调查及实验，得出有关数据资料、照片和图表，在此基础上对实验结果进行分析论证。应用实践性论述一般分为三个部分，首先介绍实验材料和方法，介绍研究成果所运用的手段和途径，方便别人的重复实验，这是研究者的思想方法、技术路线和创造性的呈现。其次，是对实地调查、实验的分析总结，将此过程中所观测到的数据和现象进行呈现和分析，它是结论得以产生的基础。最后，对试验方法和实验结果进行讨论，将实验过程中出现的问题和成果进行讨论，从而得出最终的观点和研究意义。

2. 论述要求

（1）论述内容要实事求是、科学严谨，用事实和数据说话，做到有理有据。

（2）在论述中所引用的材料和实验结果一定要真实可靠，不能随意编造，更不能随意加入自己的主观成分和意见。

（3）如果自己的观点和前人的结果产生冲突时，一定要用真实可信的论据去论述，就事论事，可以对前人研究结果进行批评，但不要对作者进行人身攻击。

（4）论述语言要合乎逻辑，层次清晰；文本的格式内容一定要按照国家毕业论文要求的基本标准，论文中所涉及的中外文字母的使用严格遵循一定的规范。

（三）结论

结论，是对整篇文章的最终总结，是整个研究过程中的精华。它是在理论分析和实验、实践验证的基础上，通过严密的逻辑推理而得出的富有创造性、指导性、经验性的结果描述。同时，它又以自身的条理性、明确性、科学性论证了论文成果的价值。它既不是实验或观察的结果，也不是正文中各段小结的简单重复。

结论的内容一般包括：(1) 对所得出的研究结果的理论意义和实践意义进行论述，如所解决的问题、弥补以往理论的不足、指导实践的意义等；(2) 对结论的适用范围进行论述，以及对已经涉及但仍未解决的问题做出讨论，提出一些设想和意见；(3) 结论须明确具体、严谨、准确、完善、精炼，研究者不能做自我评价。

六、致谢

致谢一般出现在学位论文中，在较短的学术论文中不需要进行致谢。致谢是对研究者的研究工作以及毕业论文创作过程中，对曾经给予帮助的人以书面形式致谢。致谢应放在论文正文的末尾。

七、注释

在论文写作的过程中,如果直接引用别人的文章或观点时一定要加上注释。这是尊重以往研究者著作版权和劳动成果的科学态度的体现,最重要的是,可以证明所引用的论据是真实的,还有利于读者直接查阅所引用文献的原文。

除了对直接引用的别人的观点和材料进行注释之外,还可以对正文中的一些特殊的内容进行注释。

注释的方法有三种。

(一)夹注

正文中直接引用的内容后面用圆括号注明参考文献的方法,即为夹注。

(二)脚注

把同一页中引用的文献资料按顺序依次编号,依次标注在本页的下方。

(三)尾注

把论文全文引用的文献统一编号,依次标注在正文末尾。

八、参考文献

参考过但是并非直接引用的文献资料,需列于正文之后作为参考文献。参考文献的列出,不仅反映出研究者对该专题文献的阅读范围和熟悉程度,而且可能涉及著作权或首创权的问题。

参考文献通常按照作者姓名的音序排列,前方加上括号表明序号。

参考文献体例格式如下。

(一)期刊文章

[序号]作者. 论文题目[J]. 期刊名称,年,卷(期).

示例:

[1] 李柄穆. 理想的图书馆员和信息专家的素质与形象[J]. 图书情报工作,2000,(2).

[2] 李晓东,张庆红,叶瑾琳. 气候学研究的若干理论问题[J]. 北京大学学报:自然科学版,1999,(3).

(二)专著、论文集、学位论文、报告

[序号] 编者或作者. 书名或论文、报告名[文献类型标识]. 出版地:出版社,出版年,起止页码.

示例:

[1] 江平. 民法学[M]. 北京:中国政法大学出版社,2000,179-193.

[2] 辛希孟.信息技术与信息服务国际研讨会论文集[C].北京：中国社会科学出版社，1994,67-69.

（三）专利

[序号]专利所有者.专利题名[P].专利国别：专利号,出版日期.

（四）电子文献

[序号]主要责任者.电子文献题名.电子文献的出处或可获得地址,发表或更新日期/引用日期(任选).

说明：

(1) 文献类型标识方法为：专著[M]，论文集[C]，报纸文章[N]，期刊文章[J]，学位论文[D]，报告[R]，标准[S]，专利[P]。

(2) 对于不同文献的作者、编者、所有者或责任者(为方便描述，均以作者代替)，三个及以下作者的，要把作者名字全部写出来，且作者与作者之间用","分开；三个以上作者的，要在第三个作者后加"等"。

(3) 对于英文文献，三个及以下作者的，与说明2的要求一样；三个以上作者的，要在第三个作者后加"et al"。

(4) 注释格式与参考文献格式一致。

思考与练习

根据毕业论文的写作要求，结合自己所学专业，写一篇学术论文，要求：
(1) 观点新颖，论证严密；
(2) 结构完整，条理清楚；
(3) 语言得体，表述准确。

附录

党政机关公文处理工作条例

(中办发〔2012〕14号,2012年4月)

第一章 总则

第一条 为了适应中国共产党机关和国家行政机关(以下简称党政机关)工作需要,推进党政机关公文处理工作科学化、制度化、规范化,制定本条例。

第二条 本条例适用于各级党政机关公文处理工作。

第三条 党政机关公文是党政机关实施领导、履行职能、处理公务的具有特定效力和规范体式的文书,是传达贯彻党和国家方针政策,公布法规和规章,指导、布置和商洽工作,请示和答复问题,报告、通报和交流情况等的重要工具。

第四条 公文处理工作是指公文拟制、办理、管理等一系列相互关联、衔接有序的工作。

第五条 公文处理工作应当坚持实事求是、准确规范、精简高效、安全保密的原则。

第六条 各级党政机关应当高度重视公文处理工作,加强组织领导,强化队伍建设,设立文秘部门或者由专人负责公文处理工作。

第七条 各级党政机关办公厅(室)主管本机关的公文处理工作,并对下级机关的公文处理工作进行业务指导和督促检查。

第二章 公文种类

第八条 公文种类主要有:

(一)决议。适用于会议讨论通过的重大决策事项。

(二)决定。适用于对重要事项作出决策和部署、奖惩有关单位和人员、变更或者撤销下级机关不适当的决定事项。

(三)命令(令)。适用于公布行政法规和规章、宣布施行重大强制性措施、批准授予和晋升衔级、嘉奖有关单位和人员。

(四)公报。适用于公布重要决定或者重大事项。

(五)公告。适用于向国内外宣布重要事项或者法定事项。

(六)通告。适用于在一定范围内公布应当遵守或者周知的事项。

(七)意见。适用于对重要问题提出见解和处理办法。

(八)通知。适用于发布、传达要求下级机关执行和有关单位周知或者执行的事项,批转、转发公文。

（九）通报。适用于表彰先进、批评错误、传达重要精神和告知重要情况。

（十）报告。适用于向上级机关汇报工作、反映情况，回复上级机关的询问。

（十一）请示。适用于向上级机关请求指示、批准。

（十二）批复。适用于答复下级机关请示事项。

（十三）议案。适用于各级人民政府按照法律程序向同级人民代表大会或者人民代表大会常务委员会提请审议事项。

（十四）函。适用于不相隶属机关之间商洽工作、询问和答复问题、请求批准和答复审批事项。

（十五）纪要。适用于记载会议主要情况和议定事项。

第三章　公文格式

第九条　公文一般由份号、密级和保密期限、紧急程度、发文机关标志、发文字号、签发人、标题、主送机关、正文、附件说明、发文机关署名、成文日期、印章、附注、附件、抄送机关、印发机关和印发日期、页码等组成。

（一）份号。公文印制份数的顺序号。涉密公文应当标注份号。

（二）密级和保密期限。公文的秘密等级和保密的期限。

涉密公文应当根据涉密程度分别标注"绝密""机密""秘密"和保密期限。

（三）紧急程度。公文送达和办理的时限要求。根据紧急程度，紧急公文应当分别标注"特急""加急"，电报应当分别标注"特提""特急""加急""平急"。

（四）发文机关标志。由发文机关全称或者规范化简称加"文件"二字组成，也可以使用发文机关全称或者规范化简称。联合行文时，发文机关标志可以并用联合发文机关名称，也可以单独用主办机关名称。

（五）发文字号。由发文机关代字、年份、发文顺序号组成。联合行文时，使用主办机关的发文字号。

（六）签发人。上行文应当标注签发人姓名。

（七）标题。由发文机关名称、事由和文种组成。

（八）主送机关。公文的主要受理机关，应当使用机关全称、规范化简称或者同类型机关统称。

（九）正文。公文的主体，用来表述公文的内容。

（十）附件说明。公文附件的顺序号和名称。

（十一）发文机关署名。署发文机关全称或者规范化简称。

（十二）成文日期。署会议通过或者发文机关负责人签发的日期。联合行文时，署最后签发机关负责人签发的日期。

（十三）印章。公文中有发文机关署名的，应当加盖发文机关印章，并与署名机关相符。有特定发文机关标志的普发性公文和电报可以不加盖印章。

（十四）附注。公文印发传达范围等需要说明的事项。

（十五）附件。公文正文的说明、补充或者参考资料。

（十六）抄送机关。除主送机关外需要执行或者知晓公文内容的其他机关,应当使用机关全称、规范化简称或者同类型机关统称。

（十七）印发机关和印发日期。公文的送印机关和送印日期。

（十八）页码。公文页数顺序号。

第十条 公文的版式按照《党政机关公文格式》国家标准执行。

第十一条 公文使用的汉字、数字、外文字符、计量单位和标点符号等,按照有关国家标准和规定执行。民族自治地方的公文,可以并用汉字和当地通用的少数民族文字。

第十二条 公文用纸幅面采用国际标准 A4 型。特殊形式的公文用纸幅面,根据实际需要确定。

第四章 行文规则

第十三条 行文应当确有必要,讲求实效,注重针对性和可操作性。

第十四条 行文关系根据隶属关系和职权范围确定。一般不得越级行文,特殊情况需要越级行文的,应当同时抄送被越过的机关。

第十五条 向上级机关行文,应当遵循以下规则:

（一）原则上主送一个上级机关,根据需要同时抄送相关上级机关和同级机关,不抄送下级机关。

（二）党委、政府的部门向上级主管部门请示、报告重大事项,应当经本级党委、政府同意或者授权;属于部门职权范围内的事项应当直接报送上级主管部门。

（三）下级机关的请示事项,如需以本机关名义向上级机关请示,应当提出倾向性意见后上报,不得原文转报上级机关。

（四）请示应当一文一事。不得在报告等非请示性公文中夹带请示事项。

（五）除上级机关负责人直接交办事项外,不得以本机关名义向上级机关负责人报送公文,不得以本机关负责人名义向上级机关报送公文。

（六）受双重领导的机关向一个上级机关行文,必要时抄送另一个上级机关。

第十六条 向下级机关行文,应当遵循以下规则:

（一）主送受理机关,根据需要抄送相关机关。重要行文应当同时抄送发文机关的直接上级机关。

（二）党委、政府的办公厅(室)根据本级党委、政府授权,可以向下级党委、政府行文,其他部门和单位不得向下级党委、政府发布指令性公文或者在公文中向下级党委、政府提出指令性要求。需经政府审批的具体事项,经政府同意后可以由政府职能部门行文,文中须注明已经政府同意。

（三）党委、政府的部门在各自职权范围内可以向下级党委、政府的相关部门行文。

（四）涉及多个部门职权范围内的事务,部门之间未协商一致的,不得向下行文;擅自行文的,上级机关应当责令其纠正或者撤销。

（五）上级机关向受双重领导的下级机关行文,必要时抄送该下级机关的另一个上级机关。

第十七条 同级党政机关、党政机关与其他同级机关必要时可以联合行文。属于党委、政府各自职权范围内的工作,不得联合行文。

党委、政府的部门依据职权可以相互行文。部门内设机构除办公厅(室)外不得对外正式行文。

第五章　公文拟制

第十八条　公文拟制包括公文的起草、审核、签发等程序。

第十九条　公文起草应当做到:

(一) 符合国家法律法规和党的路线方针政策,完整准确体现发文机关意图,并同现行有关公文相衔接。

(二) 一切从实际出发,分析问题实事求是,所提政策措施和办法切实可行。

(三) 内容简洁,主题突出,观点鲜明,结构严谨,表述准确,文字精练。

(四) 文种正确,格式规范。

(五) 深入调查研究,充分进行论证,广泛听取意见。

(六) 公文涉及其他地区或者部门职权范围内的事项,起草单位必须征求相关地区或者部门意见,力求达成一致。

(七) 机关负责人应当主持、指导重要公文起草工作。

第二十条　公文文稿签发前,应当由发文机关办公厅(室)进行审核。审核的重点是:

(一) 行文理由是否充分,行文依据是否准确。

(二) 内容是否符合国家法律法规和党的路线方针政策;是否完整准确体现发文机关意图;是否同现行有关公文相衔接;所提政策措施和办法是否切实可行。

(三) 涉及有关地区或者部门职权范围内的事项是否经过充分协商并达成一致意见。

(四) 文种是否正确,格式是否规范;人名、地名、时间、数字、段落顺序、引文等是否准确;文字、数字、计量单位和标点符号等用法是否规范。

(五) 其他内容是否符合公文起草的有关要求。

需要发文机关审议的重要公文文稿,审议前由发文机关办公厅(室)进行初核。

第二十一条　经审核不宜发文的公文文稿,应当退回起草单位并说明理由;符合发文条件但内容需作进一步研究和修改的,由起草单位修改后重新报送。

第二十二条　公文应当经本机关负责人审批签发。重要公文和上行文由机关主要负责人签发。党委、政府的办公厅(室)根据党委、政府授权制发的公文,由受权机关主要负责人签发或者按照有关规定签发。签发人签发公文,应当签署意见、姓名和完整日期;圈阅或者签名的,视为同意。联合发文由所有联署机关的负责人会签。

第六章　公文办理

第二十三条　公文办理包括收文办理、发文办理和整理归档。

第二十四条　收文办理主要程序是:

(一) 签收。对收到的公文应当逐件清点,核对无误后签字或者盖章,并注明签收时间。

(二) 登记。对公文的主要信息和办理情况应当详细记载。

(三) 初审。对收到的公文应当进行初审。初审的重点是:是否应当由本机关办理,是否符合行文规则,文种、格式是否符合要求,涉及其他地区或者部门职权范围内的事项是否已经协商、会签,是否符合公文起草的其他要求。经初审不符合规定的公文,应当及时退回来文单位并说明理由。

(四)承办。阅知性公文应当根据公文内容、要求和工作需要确定范围后分送。批办性公文应当提出拟办意见报本机关负责人批示或者转有关部门办理;需要两个以上部门办理的,应当明确主办部门。紧急公文应当明确办理时限。承办部门对交办的公文应当及时办理,有明确办理时限要求的应当在规定时限内办理完毕。

(五)传阅。根据领导批示和工作需要将公文及时送传阅对象阅知或者批示。办理公文传阅应当随时掌握公文去向,不得漏传、误传、延误。

(六)催办。及时了解掌握公文的办理进展情况,督促承办部门按期办结。紧急公文或者重要公文应当由专人负责催办。

(七)答复。公文的办理结果应当及时答复来文单位,并根据需要告知相关单位。

第二十五条　发文办理主要程序是:

(一)复核。已经发文机关负责人签批的公文,印发前应当对公文的审批手续、内容、文种、格式等进行复核;需作实质性修改的,应当报原签批人复审。

(二)登记。对复核后的公文,应当确定发文字号、分送范围和印制份数并详细记载。

(三)印制。公文印制必须确保质量和时效。涉密公文应当在符合保密要求的场所印制。

(四)核发。公文印制完毕,应当对公文的文字、格式和印刷质量进行检查后分发。

第二十六条　涉密公文应当通过机要交通、邮政机要通信、城市机要文件交换站或者收发件机关机要收发人员进行传递,通过密码电报或者符合国家保密规定的计算机信息系统进行传输。

第二十七条　需要归档的公文及有关材料,应当根据有关档案法律法规以及机关档案管理规定,及时收集齐全、整理归档。两个以上机关联合办理的公文,原件由主办机关归档,相关机关保存复制件。机关负责人兼任其他机关职务的,在履行所兼职务过程中形成的公文,由其兼职机关归档。

第七章　公文管理

第二十八条　各级党政机关应当建立健全本机关公文管理制度,确保管理严格规范,充分发挥公文效用。

第二十九条　党政机关公文由文秘部门或者专人统一管理。设立党委(党组)的县级以上单位应当建立机要保密室和机要阅文室,并按照有关保密规定配备工作人员和必要的安全保密设施设备。

第三十条　公文确定密级前,应当按照拟定的密级先行采取保密措施。确定密级后,应当按照所定密级严格管理。绝密级公文应当由专人管理。

公文的密级需要变更或者解除的,由原确定密级的机关或者其上级机关决定。

第三十一条　公文的印发传达范围应当按照发文机关的要求执行;需要变更的,应当经发文机关批准。

涉密公文公开发布前应当履行解密程序。公开发布的时间、形式和渠道，由发文机关确定。

经批准公开发布的公文，同发文机关正式印发的公文具有同等效力。

第三十二条 复制、汇编机密级、秘密级公文，应当符合有关规定并经本机关负责人批准。绝密级公文一般不得复制、汇编，确有工作需要的，应当经发文机关或者其上级机关批准。

复制、汇编的公文视同原件管理。复制件应当加盖复制机关戳记。翻印件应当注明翻印的机关名称、日期。汇编本的密级按照编入公文的最高密级标注。

第三十三条 公文的撤销和废止，由发文机关、上级机关或者权力机关根据职权范围和有关法律法规决定。公文被撤销的，视为自始无效；公文被废止的，视为自废止之日起失效。

第三十四条 涉密公文应当按照发文机关的要求和有关规定进行清退或者销毁。

第三十五条 不具备归档和保存价值的公文，经批准后可以销毁。销毁涉密公文必须严格按照有关规定履行审批登记手续，确保不丢失、不漏销。个人不得私自销毁、留存涉密公文。

第三十六条 机关合并时，全部公文应当随之合并管理；机关撤销时，需要归档的公文经整理后按照有关规定移交档案管理部门。

工作人员离岗离职时，所在机关应当督促其将暂存、借用的公文按照有关规定移交、清退。

第三十七条 新设立的机关应当向本级党委、政府的办公厅（室）提出发文立户申请。经审查符合条件的，列为发文单位，机关合并或者撤销时，相应进行调整。

第八章　附则

第三十八条 党政机关公文含电子公文。电子公文处理工作的具体办法另行制定。

第三十九条 法规、规章方面的公文，依照有关规定处理。外事方面的公文，依照外事主管部门的有关规定处理。

第四十条 其他机关和单位的公文处理工作，可以参照本条例执行。

第四十一条 本条例由中共中央办公厅、国务院办公厅负责解释。

第四十二条 本条例自2012年7月1日起施行。1996年5月3日中共中央办公厅发布的《中国共产党机关公文处理条例》和2000年8月24日国务院发布的《国家行政机关公文处理办法》停止执行。

参考文献

[1] 胡伟,等.实用应用文写作[M].北京:人民出版社,2010.
[2] 邹家梅.新编应用写作[M].3版.广州:暨南大学出版社,2010.
[3] 杨文丰.现代应用文书写作[M].4版.北京:中国人民大学出版社,2011.
[4] 赵秀富.公文写作100错[M].北京:冶金工业出版社,2009.
[5] 张文田,等.新编公文写作[M].北京:中国和平出版社,1995.
[6] 孙彧,等.公文写作与常见病例分析[M].广州:暨南大学出版社,2009.
[7] 陈子典.公务员应用文写作[M].广州:暨南大学出版社,2008.
[8] 陈妙云.现代应用写作[M].广州:中山大学出版社,2008.
[9] 唐世贵.应用文写作教程[M].北京:科学出版社,2009.
[10] 张孙伟,吕伯昇,张迅.科技论文写作入门[M].北京:化学工业出版社,2011.
[11] 吴寿林,汤怡蓉,王新春,等.科技论文与学位论文写作[M].上海:东华大学出版社,2009.
[12] 郝维.应用文写作教程[M].北京:商务印书馆,2004.
[13] 张杰,萧映.写作[M].北京:北京大学出版社,2009.
[14] 卢卓群,普华丽.中文学科论文写作[M].北京:中国人民大学出版社,2008.
[15] 杨桐,等.领导干部公文写作模板[M].北京:中国人事出版社,2011.
[16] 杨晶.经济应用文写作理实一体化教程[M].北京:电子工业出版社,2010.